QUE VEUT DIRE « FAIRE » L'AMOUR ?

DU MÊME AUTEUR

D'une logique de la psychose, Point hors ligne, 1983

L'Exception féminine. Essai sur les impasses de la jouissance, Point hors ligne, 1985

L'Ordre sexuel, Aubier, 1989 ; rééd. Flammarion, coll. « Champs », 1995

La Névrose infantile de la psychanalyse, Point hors ligne, 1989

Libido illimited. Freud apolitique ?, Point hors ligne, 1990 ; rééd. sous le titre *Freud apolitique ?*, Flammarion, coll. « Champs », 1998

Le Dénouement d'une analyse, Point hors ligne, 1993 ; rééd. Flammarion, coll. « Champs », 1996

Naissance et Renaissance de l'écriture, PUF, 1993

Du bon usage érotique de la colère : et quelques-une de ses conséquences, Aubier, 1994 ; rééd. coll. « Champs », 2011

L'Amour à l'envers, PUF, 1995

L'Exception féminine, Aubier, 1996

Ceci n'est pas un pape... Inconscient et culture en Louisiane, Érès, 1996

Louis du néant. La mélancolie d'Althusser, Flammarion, 1998 ; rééd. sous le titre *La Mélancolie. Vie et œuvre d'Althusser*, Flammarion, coll. « Champs », 2009

Les Corps angéliques de la postmodernité, Calmann-Lévy, 2000

Qu'est-ce que le réel ? Essai psychanalytique, Érès, 2004

Comment les neurosciences démontrent la psychanalyse, Flammarion, 2004 ; rééd. coll. « Champs », 2007, 2010

Le Nom propre, PUF, 2013

Gérard POMMIER

QUE VEUT DIRE « FAIRE » L'AMOUR ?

Champs essais

ISBN : 978-2-0812-9376-2

Introduction

La sagesse des nations conseille de « faire l'amour, plutôt que la guerre ». Pour la guerre il faut un homme décidé, voilà qui convient au verbe « faire » ! Mais pourquoi dit-on aussi « faire l'amour », alors que cet événement nous fait plutôt que nous ne le faisons ? L'amour déborde facilement notre volonté. Un peu, beaucoup, passionnément, ou bien en n'y étant pour presque rien, nous sommes poussés par une force plus grande que nous. Elle s'impose – à notre corps défendant, ou avec son agrément. Plus abrupt, l'anglais moderne économise l'expression *to make love*, et dit plus volontiers « avoir du sexe » (*to have sex*), l'amour étant surnuméraire à la copulation. Cette expression souligne d'ailleurs une vérité : nous n'avons un sexe (en état d'excitation) qu'à l'heure du désir. C'est une propriété relative, improbable en dehors de ces instants. Peut-être avons-nous un sexe, mais il faut le conquérir, et cela dans des circonstances qui nous échappent en grande partie. Nous sommes les marionnettes de situations où l'amour se fait en nous faisant – ou en nous défaisant.

« Faire » appartient à la famille de ces mots modestes, foisonnants, généreux, dont on oublie les cousinages aristocratiques et le lignage souverain : c'est qu'il faut déjà que naisse un sujet, qui commence par se faire lui-même en parlant : puis l'action semble naturelle, oublieuse de son antécédence verbeuse. Le sujet est d'abord maître de son cri, puis de sa parole. L'homme en « fait » ensuite de toutes les couleurs : ses colères, ses excréments, ses jouets, ses outils, des enfants... et l'amour. Son faire se cousine avec le fétiche, le factice, la facture, les affaires, etc. Et nous, nous avançons sur ces frontières : stratèges, poètes, inventeurs, fétichistes, philosophes, amants, pères, mères, etc. ; sur la limite, au bord de l'anéantissement, nous faisons ce monde factice qui n'existait pas avant. Une simple perception doit elle-même se faire : elle réclame un acte, sans lequel elle n'arrive pas à la conscience – n'en déplaise à Kant. Le faire transforme, même à partir de rien. On se fabrique un rêve à partir d'un rien. On se forge un fétiche à partir d'un objet quelconque, tombé à point nommé à l'heure vide – mais cruciale – de l'angoisse.

Et l'homme lui-même, qui l'a fait ? Dieu le fit, est-il écrit : il créa l'homme à son image. Mais Dieu n'a pas d'image. L'homme en revanche crée des choses qui lui offrent une image. La fabrique des choses usine en retour le corps et lui donne sa facture : la chose créée devient miroir de son créateur. L'homme se reflète dans ses objets : qui était-il avant de se voir en eux ? Il fabrique à l'aveugle, et la vue lui vient au fur et à mesure de sa création.

Encore plus sûrement, chacun peut en témoigner, l'amour fait l'amant au fur et à mesure qu'il grandit en lui. Aimer est un faire bien avant le débordement sexuel qui le soulage. Il existe une pluralité des amours possibles : on peut aimer le lait, la musique ou quelqu'un. Ubiquitaire, le verbe « aimer » se conjugue aussi bien avec les confitures qu'avec la passion des amants qui, comme l'affirme le proverbe, se contentent d'eau fraîche. Interactive, la libido se métamorphose au fur et à mesure qu'elle rencontre ses limites. De multiples amours cohabitent. L'amour filial diffère des amours enfantines, déjà exogames et lancées dans les délices de l'auto-érotisme à deux. Et l'amour sexuel instaure encore un autre régime de l'amour, magnifié par les arts et la littérature. Chacun de ces amours cherche à satisfaire une emprise transitive. L'amour des parents pour leurs enfants revit à travers eux une enfance en lutte contre l'inceste. Ce sera donc un amour refoulant la sexualité (plutôt que désexualisé). Succédant à ce divorce premier de l'amour et de l'érotisme, l'amour sexuel cherche inlassablement leur réconciliation, aidé en cela par la sarabande des fantasmes. Entre ces deux extrêmes – nettement distingués par la désexualisation ou la sexualisation –, Éros présente une multiplicité de visages, allant de l'amour platonique à l'obsession pornographique – sans oublier la voie moyenne : les reviviscences de l'enfance, la névrose, qui sépare à son corps défendant le désir de l'amour.

L'amour sexuel « se fait » selon un modelage subtil, comme se font les entreprises humaines qui engagent la prise, le don, l'échange. Le « faire » de l'amour varie selon les amants ou selon l'instant entre les mêmes amants, toujours dépassés par ce qu'ils partagent. Un certain faire se concrétise grâce à une manière particulière qu'un amant inspire : c'est l'évidence de remarquer que – loin d'être solitaire – l'érotisme dépend d'un autre faire, plus ou moins entreprenant, plus ou moins résistant : il ouvre un monde en rupture avec l'onanisme. Le propre de l'amour n'est pas propre à quelque organe. Le corps ne connaît son plaisir que grâce à un autre corps. Sans les fantasmes dans lesquels il est pris, la jouissance s'interrompt. Les mêmes corps savent ou ne savent pas jouir ensemble selon des circonstances qui provoquent l'excitation sexuelle comme sa conclusion. Et d'où tiennent-ils un tel savoir, sinon d'une parole qui vient parfois de loin et trouve son écho à cet instant[1] ?

Faire l'amour, c'est d'abord une parole, et l'étymologie[2] donne un aperçu de ce cousinage entre l'acte sexuel – qui cherche à saisir un corps – et la parole – qui courtise et déclare sa passion. L'expression « *far amor ad alcun* » signifie seulement dans l'ancien provençal « courtiser » (XIIe siècle) – par la magie du verbe – et cela jusqu'au XVIIIe siècle. Le sens charnel de « faire l'amour » n'est attesté que depuis 1622, et il ne l'emporte qu'au XIXe siècle. L'histoire de la langue nous en dit d'ailleurs encore plus, car elle porte aussi en elle la lutte contraire du masculin et du féminin, condition et enjeu du « faire ». Presque seul en ce

1. Virgile fait dire à Didon lorsqu'elle voit Énée : « En toi je reconnais les vestiges d'une flamme ancienne » (*Agnosco veteris vestigia flammae*).
2. Voir *Dictionnaire historique de la langue française*, sous la dir. d'A. Rey, Paris, Le Robert.

cas dans la langue française, « amour » peut s'accorder au masculin ou au féminin, bien qu'il soit usité surtout au masculin : il est transgenre, contrairement au désir. À partir du Xe siècle, « *Amor* » a surtout été employé au féminin jusqu'au XVIIe siècle, tardivement donc, pour n'avoir aujourd'hui qu'un usage masculin. Il a gardé longtemps le même sens qu'« amitié », l'influence occitane l'ayant peu à peu infléchi vers la passion sexuelle, tandis que l'amitié se détachait inversement de ses connotations érotiques. Cette inflexion doit beaucoup aux conceptions médiévales de l'univers courtois – *fine amor* : idéalisé en même temps que la sexualité. Ce sont des hommes qui chantent la femme aimée, à la fois désirée et sublimée.

De cet enchantement du féminin – qui dura plusieurs siècles – non sans de profondes attaches avec la conception chrétienne de la femme (si virginalement incarnée par Marie) – on peut tirer une hypothèse sur le double genre de l'amour en français. L'amour s'adresse à la femme, et il porte donc le genre de son objet, féminin. Une femme aimée, c'est *une* amour. Mais c'est un homme qui aime cette femme idéalisée. Il est le sujet d'un amour actif, qui en ce sens va finir par se dire au masculin. Amour désigne dès la fin du XIIe siècle la personne aimée d'abord au féminin, genre de la femme virginale, objet de l'amour courtois. Le masculin n'apparaît que plus tardivement, en 1671, au titre de l'acte et même de la possession, dans l'expression « mon amour ». À la fois actif et passif, « amour » reconnaît, durant ce transit, la puissance de la bisexualité.

Un amour d'abord décliné au féminin suit ainsi le chemin de la jouissance, qui ne se réalise jamais si bien qu'avec celle de l'aimée. L'homme jouit par personne interposée, mais alors « personne » ne jouit dans ce pur transit, selon la division dépersonnalisante que programme l'orgasme. La femme aime, elle aussi, cette personne interposée : l'orgasme lui arrive comme à quelqu'un d'autre. Et si Amour s'adresse ainsi à la femme, il aurait dû garder son genre féminin. Mais les hommes comme les femmes préfèrent être les acteurs de l'amour. L'acte d'aimer est viril. L'homme éprouve de l'amour pour une femme, et le genre de son sentiment se décalque sur l'objet. Être aimée, en revanche, se trouve presque dans un autre monde. Car qui est aimée, en cette femme idéalisée ? Dieu seul le sait ! Le genre masculin s'est ainsi emparé du mot amour. Il l'a viré à son actif.

1

Du principe métamorphique des corps

Dans le chapitre III de *L'Interprétation des rêves*[1], Freud commente un rêve d'Anna, sa fille alors âgée de deux ans. Au cours de la journée, elle n'avait pu manger de fraises pour des raisons diététiques. À la nuit, elle se mit à protester dans son sommeil : « Anna Freud : fraises, grosses fraises[2] ! » Cette réalisation de désir onirique étonne à cause de deux caractéristiques grammaticales. Tout d'abord, Anna parle d'elle à la troisième personne, objectivée qu'elle est par les ordres qui lui ont été donnés. Elle ne dit pas « je », mais se nomme comme elle est nommée : par son nom. L'aliénation l'objective, et elle se tient elle-même (comme sujet) à distance de son propre moi machiné. Ce n'est pas tout, car elle ne dit pas : « Anna Freud veut des fraises » ou « mange des fraises », mais : « Anna Freud : fraises, grosses fraises ! » Ce faisant, elle s'identifie aux objets qu'elle convoite. Le sujet, d'abord réduit à un « il », s'identifie aux fraises qu'il désire. Il se dépersonnalise dans la fraise qu'il dévore, ainsi devenue vivante à sa place. L'objet du délice pourrait annuler le sujet, perdu dans la confiture, la musique, le sport : affamé au point d'être avalé par ses propres dents. De même aujourd'hui, certains jeunes gens expriment volontiers leurs goûts en

1. S. Freud, *L'Interprétation des rêves* [1900], Paris, PUF, 1967.
2. *Ibid.*, p. 120.

s'identifiant à ce qu'ils aiment. Ils disent plus aisément « Je suis très Coca-Cola » que « J'aime le Coca-Cola ». Ou encore : « Au petit-déjeuner, je suis plutôt chocolat que café[1] », etc. Ils se perdent ainsi dans leur objet de prédilection. Ils chutent dans ce qu'ils consomment et s'enfoncent dans cette spirale boulimique, puisqu'une fois qu'ils ont mangé qui sont-ils devenus ? Ils sont chocolat, sans doute. L'enfer de l'autodévoration pulsionnelle s'ouvre sous leurs pas.

Cette consomption indéfinie du corps serait-elle spécifiquement postmoderne ? Pas vraiment, puisque Dante la décrivait déjà. On s'en souvient, la porte de *L'Enfer* s'ouvre au premier chant sur les gueules d'animaux menaçants : celles d'une panthère, d'un lion, d'une louve, et la première phrase que le poète adresse à Virgile décrit le vertige d'une dévoration sans fin : « Vois la bête pour qui je me retourne... Quand elle est repue, elle a encore plus faim qu'avant[2]. » La consomption d'un corps qui tombe dans ce qu'il convoite : voilà l'infinité de l'enfer. Le poète décrit ainsi une généralité du rapport à l'objet qu'il mange et qui le mange : de même et dès qu'ils naissent, certains nourrissons, anorexiques, refusent la nourriture, préférant leur mort physique à leur anéantissement psychique.

Existe-t-il une parade à ce *crash* dans l'objet pulsionnel ? Oui, car si chaque enfant refuse la nourriture à un moment ou à un autre, il déjoue la mort psychique lorsqu'il est reconnu dans son droit de dire « non ». C'est ce qui arrive quand leur mère – qui n'est pourtant d'abord qu'un Autre gavant – les reconnaît comme ce sujet qui se refuse. Une subjectivité immédiate du nourrisson s'affirme lorsqu'il crie et refuse – peu importe quoi. Et cette subjectivité négativiste se pacifie lorsqu'elle est reconnue par une autre subjectivité, par exemple celle de sa mère lorsqu'elle lui parle. La pulsionnalité des cris se subjective dans la parole : c'est déjà l'amour qui tord le cou au son des cris au nom du sens des mots. Cet amour, spécifique d'une reconnaissance

1. Voir la chanson d'Olivia Ruiz, *La Femme chocolat*.
2. Dante, « Sept chants de l'enfer », traduit par J. Risset, *L'Infini*, 1983/2, p. 7.

mutuelle entre la mère et l'enfant, pallie l'anéantissement par autodévoration. Loin de l'organisme et de ses besoins qu'il renie, le sujet reconnu par un autre échappe à son Être de fraise, ou à son néant de chocolat. Affamée sur son propre territoire, lancée à la conquête d'un autre corps, la pulsion aurait voulu s'emparer d'un objet, mais elle rencontre un sujet dont la résistance fomente l'amour. Le sujet campe dans cette forteresse, où il refuse simplement d'être l'objet de l'emprise. La pulsion devient méconnaissable sous le masque de l'amour. Elle était cannibale. Ses morsures se retournent en baisers.

Quelle est la caractéristique principale de la pulsion ? C'est qu'elle ne se satisfait jamais, et son principe est la métamorphose. Sous son emprise, le corps enragé aspire à muter, à matérialiser ce qu'il fut d'abord : un rêve [1]. Le corps toujours en fuite de soi refuse d'incarner la demande maternelle, et plutôt que d'être sa chose incestueuse, il préfère s'en prendre aux choses, les manipuler, les transformer, les détruire. Quelle foudre pourrait soulager le corps de son excès, comme s'il fallait absolument transformer cette masse de chair encombrante, toujours en trop d'elle-même, objet à traîner pour elle-même ? « Faire » c'est déjà quitter son statut d'objet, s'oublier soi-même dans l'acte, et dans cette amnésie se projeter dans le créé. Le corps se sauve en s'identifiant à ce qu'il aime, il se transforme d'abord et grandit grâce à ses objets de prédilection.

Avant l'amour, le sujet de la pulsion se projette partout où ses sensations voyagent : c'est un errant, un explorateur de l'infini, notre première dimension. Nous continuons de lui ressembler lorsque nous partons dans nos rêveries, par exemple devant un beau paysage, embarqués loin de nous par nos perceptions, tutoyant les nuages, les montagnes, les herbes, les feuilles : frères de l'infini, en effet. Ce sujet de la pulsion nous projette vers une perte du corps : il aspire au néant. Dans le chatoiement du

1. En ce sens, les greffes, le décodage du génome, la chirurgie esthétique, ou bien l'intrusion du métal dans la chair, le *piercing*, colonisent l'organisme avec la dureté d'un corps de rêve, selon l'idéal d'un corps psychique réconcilié avec son organisme.

monde, le sujet ressemble à un caméléon affolé par une infinité de couleurs, qui toutes lui plaisent et pourraient l'absorber.

L'amour d'une certaine personne met un terme à cette expansion infinie du corps dans l'univers des choses. Il rompt cette effusion illimitée, et offre un gîte corporel à la subjectivité. Des enfers addictifs écrasés dans leurs objets jusqu'aux feux de l'amour, une même puissance se métamorphose. Elle quitte certes cet enfer pulsionnel, mais c'est pour entrer aussitôt dans son enfer propre. Car à quoi ressemble maintenant ce sujet qui échappe à la fraise ? Il ne ressemble plus à rien, il ne lui reste qu'à aimer l'Autre sujet qui l'a sorti de son assiette après la lui avoir tendue. La personne aimée l'est gratuitement – dans le vide, sans que l'on sache le pourquoi de cette passion. Impossible de donner à cet amour sa raison, puisque ce que le sujet oublie en naissant le cause (le refoulement de la pulsion). L'amour s'offre « sans cause » : il efface ses traces en avançant, *sui generis*, né de lui-même et sans autre avenir que lui-même, vertical. Cette gratuité irréductible ne souffre ni « pourquoi », ni « parce que » : elle résiste à la prise comme à la fuite, et laisse bras ballants. Elle ouvre ainsi la porte de son enfer propre, comme Dante l'écrivit dans le même chant de *L'Enfer*. Le poète n'échappe aux monstres dévorants que pour retrouver Béatrice, son amour perdu. Amour dont il écrira ailleurs qu'il ne l'aime que parce qu'il est perdu. *Amor amandi* augustinien.

Dès que l'amour s'enflamme, sa relation à la perte devient évidente, puisque le sujet est reconnu (aimé) aux dépens de la pulsion, ainsi refoulée, perdue en effet. Plus tard, ce lien de l'amour à la perte devient inscrutable. La personne aimée présentifie la perte, bien que l'on ignore de quoi. Cette fatalité insiste dans la rencontre amoureuse comme une souffrance latente dans le bonheur. Elle travaille aussitôt celui qu'elle vient de soulager de sa glu, de ce qui risquait de l'emporter dans un parfum de fraise, dans un goût de chocolat. Dante le dit à Béatrice : « Oh, dame de vertu, grâce à qui l'espèce humaine excède tout ce qui est[1] ! » Par la grâce de l'amour, l'espèce humaine excède sa réification, son oubli dans l'En-soi : elle échappe à « ce qui Est ».

1. Dante, « Sept chants de l'enfer », *op. cit.*, p. 8.

Voilà le soulagement que Béatrice apporte à Dante : « Je t'ôtais de devant cette Bête[1] », lui dit-elle. L'amour sépare des objets, bien qu'il sépare aussi de celle qui en sépare. Car l'aimée pourrait être, elle aussi, un objet consommable, une nouvelle raison de s'écraser en elle, à l'encontre de toute autre raison. Mais justement, non : l'amour sépare, creuse le manque de la personne même qui le provoque. L'aimée crée un manque, même en sa présence.

Par la grâce de l'aimée – telle qu'elle lui résiste –, le sujet cesse de s'envoler dans l'infini des sensations. Il revient en quelque sorte en lui-même et se rassemble. Le monde change de sens, suspend son scintillement, son appel au néant. Éros entier met sous son joug Thanatos. De sorte que l'amour devient le champ d'un affrontement, une aire aux extrémités de laquelle deux sujets se sont rassemblés et se regardent. Ce n'est pas un combat, mais c'en est un. Car la pulsion garde par-devers elle ses droits à la dévoration. Je t'aime, je te mange. L'amour ne réclame-t-il pas toujours sa dramaturgie propre, sans laquelle il périclite ? L'espace entier menaçait, l'amour le délimite, tant qu'il reconduit son drame.

Toutes proportions gardées, cette dramaturgie ressemble aux jeux de l'arène, lorsque le taureau déboule sur le sable. Certes, aucun des deux amants n'est la bête, ni l'autre le torero. Chacun s'affronte à son propre monstre, celui de son infinité pulsionnelle. Chaque amant lutte contre sa propre nuit. N'est-ce pas de même au nom de sa solitude, de sa souveraineté, que le taureau charge celui qu'il considère comme un intrus ? Luis Miguel Dominguin disait que « la mort est comme un mètre carré qui tourbillonne dans l'arène. Le torero ne doit pas marcher dessus quand le taureau vient vers lui, mais personne ne sait où se situe ce mètre carré[2] ». Par la grâce de l'amour, l'amant trouve son aire hors de ce mètre carré et son vagabondage infini tourne en

1. *Ibid.*
2. Cité par F. Zumbiehl, *Des taureaux dans la tête. Dominguin, Vazquez, Ordoñez, Paco Camino, El Viti et El Cordobés par eux-mêmes*, Paris, Autrement, 1987, p. 46.

tourment singulier. Qu'est-ce que cet unique mètre carré dans l'amour, sinon cette singularité à laquelle chaque amant se confronte en un heurt dont l'épreuve peut le faire sombrer ?

L'amour investit si bien le corps aimé qu'il aspire en lui l'amant. Subtils, les multiples pseudopodes des amours construisent chaque corps psychique. Chaque pulsion équilibre son impossible grâce au retournement de l'amour, qui anesthésie son goût de l'infini. Il faut parfois un deuil pour reconnaître l'importance d'un certain amour, lorsque son pseudopode pulsionnel se rétracte et se désubjective. On mesure alors combien le corps de l'autre était le nôtre[1]. Pourtant, à elle seule, cette aimantation ne déclenche pas l'excitation sexuelle : il existe des amours sans érotisme, lorsque l'amour réclame seulement un amour qui le garde. Mais l'excitation sexuelle sait en prendre prétexte pour s'enflammer. L'amour sépare, crée une distance, que le désir cherche alors à combler. De sorte que le manque de l'amour allume la machinerie sexuelle. En réalité, qu'il soit ou non érotisé, l'amour ne reste pas en place. Appuyé à la rambarde du manque, son abri reste précaire et l'entraîne toujours plus loin. En chaque circonstance, son principe métamorphique pousse à franchir les âges, de l'enfant à l'adolescent, puis vers ce qui passe pour la maturité, toujours déjà doublée des rêves de l'enfance. L'amour force la main, commande les mutations d'un corps qui, sans lui, s'envolerait.

Car un choix forcé s'impose à chaque instant. Soumis au même feu pulsionnel, le corps doit grandir, se faire en faisant : se faire dans ses objets – dans ce qu'il fabrique ; et se faire dans l'amour. C'est un *double déboîtement* : d'abord se faire grâce aux objets, puis subjectiver ce faire dans l'amour. Un mythe grec décrivit le premier ce double destin : celui de Prométhée qui, par la grâce d'un éclair volé, initia la conquête des objets, manufacturables et échangeables à l'infini. Il avait apporté aux hommes le feu, symbole du progrès. On connaît la suite : Zeus

---

1. Par exemple, lorsqu'une déception amoureuse ou un décès entraîne un amaigrissement (voir S. Freud, « Deuil et mélancolie » [1915-1917], in *Œuvres complètes. Psychanalyse*, vol. XIII, Paris, PUF, 1988).

se venge, et le même feu, maître des forges et des fabriques, subit une autre métamorphose, celle de la Femme. L'amour des choses et l'amour des femmes déboîtent leurs destins à partir du même éclair. Chaque mythe possède plusieurs versions. Selon la plus répandue, Zeus fit attacher Prométhée au sommet d'une montagne, où un aigle lui dévore éternellement le foie [1]. Malgré ce supplice, il lui reste la gloire du révolté initiateur de la civilisation. Cette version du mythe a prospéré, chaque époque accentuant les traits correspondant le mieux à son esprit [2].

Bien avant Eschyle, dans une version contemporaine de Homère, Hésiode a chanté le même mythe dans *La Théogonie* et dans *Les Travaux et les Jours* [3]. Il s'est moins intéressé au progrès de l'humanité apporté par le feu qu'à ce destin second de l'éclair : l'amour – dont le foudroiement opère la mutation la plus radicale du corps. Car dans la version de Hésiode, cette foudre se métamorphose non pas en une seule femme (c'est Pandore qui tient ce rôle dans d'autres versions), mais en la généralité des femmes, qui tombent comme l'éclair au milieu des hommes et leur portent en un coup le désir et le mal du désir. La vengeance de Zeus s'exerce non contre le seul Prométhée, mais contre la multitude des hommes, receleurs de la foudre volée. Dans *La Théogonie*, Zeus furieux fait modeler dans la glaise une statue féminine d'une beauté implacable, d'un charme infini. L'éclair et son bien civilisateur se métamorphosent en cette grâce maléfique :

> Et quand en place d'un bien, Zeus eut créé ce mal si beau, il l'emmena où étaient dieux et hommes, superbement parée [...] et les hommes mortels s'émerveillaient à la vue de ce piège profond et sans issue destiné aux humains. Car c'est de celle-là qu'est sortie

1. Mais il aurait finalement été pardonné par Zeus, dans les deux pièces perdues d'Eschyle, *Prométhée délivré* et *Prométhée porte-feu.*
2. Eschyle, Schlegel, Shelley ou Gide ont déplacé l'accent vers la révolte contre le destin, la maîtrise de la matière et même le reniement des dieux, selon une sorte d'athéisme sans grand rapport avec l'esprit grec.
3. Hésiode, *Théogonie, Les Travaux et les Jours, Le Boulier*, Paris, Les Belles Lettres, 1996.

> la race, l'engeance maudite des femmes, terrible fléau installé au milieu des mortels [...]. Zeus, grondant dans les nues, pour le malheur des hommes mortels a créé les femmes, que partout suivent œuvres d'angoisse. Il offre un mal à la place d'un bien [...]. Et celui qui se marie, si tel est son destin, peut sans doute épouser une femme agréable, au jugement sain. Mais, même alors, sa vie durant, le mal va compenser le bien. Et s'il tombe sur une folle, alors tout au long de sa vie il porte en sa poitrine un chagrin qui ne quitte plus ni son âme, ni son cœur, et son mal est sans remède[1].

Plus expéditive, la version de *Les Travaux et les Jours* fait dire à Zeus : « Moi, en place du feu, je leur ferai présent d'un mal. En qui tous, au fond du cœur, se complairont à entourer d'amour leur propre malheur[2]. » La femme frappe comme l'éclair et, sous ce coup, le corps se métamorphose au point d'oublier son propre mal. Car les souffrances de l'amour – le manque innocemment créé – sauvent de l'anéantissement pulsionnel, d'un écrasement certain dans le décor des choses. Pour Hésiode, la Femme – plutôt que le partenaire sexuel, plutôt que le partenaire du discours, plutôt que le protagoniste de l'amour – figure ce foudroiement. Si un homme voulait jouer ce rôle, il lui faudrait se travestir en femme, ressembler à Pandore, maquillée et scintillante sous les bijoux du dieu, « superbement parée »

1. *Ibid.*, p. 53.
2. *Ibid.*, p. 88.

2

De l'auto-érotisme à un auto-érotisme à deux, déjà en marche vers l'érotisme tout court…

De la pulsion au phallicisme – de l'Être à l'Avoir

Dans les *Conférences d'introduction à la psychanalyse*, Freud remarque que « les premières phobies de situation des enfants sont celles de l'obscurité et de la solitude [1] ». La phobie naît de nuit dans l'absence de reflet ou lorsque fait défaut l'écho d'une parole – qui, elle aussi et à sa manière, reflète : « quand quelqu'un parle, il fait plus clair [2] ». Dès qu'il n'a plus le support de la vision, l'enfant peut craindre que son corps ne soit aspiré dans l'obscurité et qu'il ne devienne alors ce que lui a toujours demandé sa mère : son objet à elle, son phallus. C'est la conséquence première de l'angoisse de la castration maternelle. La solitude et l'obscurité confrontent au vide de l'Autre et, dans ces circonstances angoissantes, les pratiques masturbatoires commencent : l'onanisme décharge l'omniprésence de cet inceste latent [3]. La peur de l'obscurité a cette

1. S. Freud, *Conférences d'introduction à la psychanalyse* [1916-1917], Paris, Gallimard, 1999, p. 516 ; traduction de l'auteur à partir des *Gesammelte Werke* (*GW*) *XI*, p. 422.
2. « Wenn jemand spricht, wird es heller » (*ibid.*, p. 516 ; traduction de l'auteur à partir des *GW XI*, p. 422).
3. « La phobie de la solitude veut détourner la tentation d'une onanie solitaire », écrit Freud dans *Inhibition, Symptôme, Angoisse* [1925-1926], Paris, PUF, 1968, p. 51 ; traduction de l'auteur à partir des *GW XIV*, p. 158.

conséquence bizarre de provoquer l'érection et la masturbation. Tout se passe comme si l'impérieuse érogénéité du pénis ou du clitoris venait affirmer que le corps n'est pas le phallus. La masturbation est un mouvement de résistance et de protestation. Le corps dit non en jouant la partie contre le tout, en entamant en quelque sorte une lutte du pénis contre le phallus. C'est une façon de dire : « Non je ne suis pas ton phallus, puisque j'ai un pénis. » La jouissance angoissée qui en résulte ne soulage rien, car la décharge est aussitôt suivie de la menace d'une retombée dans le néant de l'identification phallique. De sorte que la masturbation doit reprendre presque aussitôt. Parfois effrénée, l'excitation solitaire devient ainsi une modalité de la survie. Se masturber, c'est plutôt masturber son double, un autre soi-même pris dans le reflet, avec lequel la copulation engendre une chute en abyme. Le corps se débat contre lui-même dans une sorte de masturbation du double qui lutte contre l'anéantissement. Son excitation voudrait contrer une chute dans le miroir. Cette frénésie de l'onanisme reste ensuite parfois une habitude de l'adulte, et peut se prolonger en masturbation devant la glace, ou dans des masturbations à deux qui passent pour l'amour. La puissance de ce soulagement masturbatoire qu'aucune nécessité génitale n'explique précède de loin l'érotisme. Elle demande un éclaircissement.

Aux premiers jours de la vie entre en scène cette « sexualité » bizarre, vêtue de blanc, contrefaçon de l'amour de la mère. Sa demande érotise un enfant d'abord passif : à la force du sein, des caresses et soins corporels, des chansons, etc., son corps est magnifié comme le beau phallus qui lui manque. Mais, dans cette surchauffe, l'enfant merveilleux ne rêve plus que d'anorexie, d'autisme, d'un degré zéro à partir duquel il se reprendrait. Il rejette à chaque instant cet excès qui l'étouffe. Il le rejette pour l'accepter à nouveau avidement, car comment pourrait-il s'en passer ? La pulsion se met ainsi sur orbite, décrivant une boucle sans fin, tournant du passif à l'actif. Même lorsque le corps est repu, notre bouche continue de s'activer toute seule : en cadence, elle mime la dévoration pour éviter au corps d'être dévoré. Plutôt que d'être instrumenté, l'enfant se fait jouir lui-même : il se sauve en se prenant lui-même à son tour comme un objet. La spasmodicité pulsionnelle rythme une alternance entre un « être joui » et un « jouir », l'insupportable du premier temps enclenchant l'impossible réalisation du second. Car si être passivement le phallus maternel aliène (but de la pulsion), il est impossible aussi d'y arriver sans s'anéantir. Un corps psychique pulsatile se construit sur ce tempo infernal, et l'organisme suit la musique comme il peut, tombant malade dès que sa propre vitesse le dépasse. Le moment actif libère l'enfant de sa position d'Être le phallus, et c'est à ce moment qu'il peut l'Avoir : investir une part de son corps d'une valeur phallique, dont la spasmodicité est déjà masturbatoire. Lorsque, à l'extrémité de sa passivité, la pulsion vire en activité, cette rythmicité déjà onaniste met l'érection à l'ordre du jour.

Ce moteur pulsionnel à deux temps paraît abstrait tant qu'il n'est pas mis dans son fuselage, qui prend son vol vers un certain but [1]. Ce but, c'est la transformation du corps psychique en phallus maternel, réalisation si impossible que le sujet n'a qu'une hâte, celle de s'en libérer. Un seul mot d'ordre : s'en sortir. Et la meilleure recette pour cesser d'être le phallus, n'est-ce pas de l'avoir ? Il faut pour cela passer d'une érogénéisation externe à une auto-érotisation, en s'activant sur son propre corps comme sur un objet extérieur. Plutôt que d'être joui du dehors au-dedans, le sujet se fait jouir lui-même – et cela par des voies rythmiques, cette fois-ci, orientées du dedans au dehors : on se masturbe d'abord avec sa bouche, avec son anus, avec telle ou telle partie de sa peau [2].

Parmi ces zones érogènes, une seule rompt la boucle pulsionnelle et s'ouvre vers l'extérieur, sans revenir en boomerang sur le

1. Les théories qui réduisent la pulsion à sa dimension d'objet décrivent un moteur dont on ignore où il va.
2. La « perversion polymorphe » qualifie ces jouissances de pulsions accessibles à l'enfant. Elles sont « perverses » au sens où cette libération se satisfait de ce qui, à l'âge adulte, sera en défaut de la génitalité (sauf perversion proprement dite).

corps : celle que va élire la masturbation pénienne ou clitoridienne. L'onanisme, c'est la liberté ! Par quel coup de baguette magique la pulsionnalité engendre-t-elle l'excitation du pénis ou du clitoris – et finalement l'onanisme ? C'est que l'érogénéité de ces parties du corps échappe à la demande maternelle. Ce ne sont pas des bases pulsionnelles conventionnelles. Elles sont vite le lieu d'un puissant plaisir, comme en témoigne par exemple le jet d'urine, dont la valeur hautement érotisée signifie à lui seul l'équivalent d'un Avoir masturbatoire (et cela d'ailleurs la vie durant)[1]. En quelque sorte, le flot urinaire éteint l'incendie du désir maternel. Et cela d'autant mieux que cette zone reste un port franc : les mères s'amusent peu avec cette partie du corps, et en tout cas, elles n'osent rien lui demander, surtout à cause du refoulement de leur propre infantile. En fait, elles demanderaient beaucoup, si elles se lâchaient un peu. Alors même que le pénis est leur rêve de prédilection, elles y touchent le moins possible (comme si cela ne les intéressait pas) et délimitent ainsi elles-mêmes le seul lieu masturbatoire qui leur échappe. Leur propre refoulement de l'*envie du pénis* ouvre la voie d'un auto-érotisme, grâce auquel leur enfant fait la belle. Le refoulement du sexuel se transmet ainsi de génération en génération.

De sorte que la jouissance d'organe phallique (pénienne ou clitoridienne) libère de la jouissance pulsionnelle qu'elle contredit. Pour faire image, la pulsion se branche sur un organisme propulsé comme une sorte de fusée, jusqu'à la limite qui donne son sens à la jouissance d'organe phallique. Le combustible pulsionnel alimente la fusée de lancement dont les ratés successifs (oral, anal, etc.) allument un nouvel étage, chacun d'entre eux

1. Les garçons comme les filles se soulagent grâce à cette échappatoire urinaire. Plus tard et pendant toute l'existence, de jour comme de nuit, il libère l'agressivité et l'excitation. L'image semble facile mais elle est pourtant adaptée : le jet d'urine fonctionne comme une sorte de lance d'incendie bien propre à éteindre les ardeurs de maman. Peut-on dire qu'il s'agit encore d'une pulsion ? Oui, car nier la pulsion est un destin de la pulsion. D'ailleurs, en elle s'origine une perversion « adulte », celle du pyromane, qui adore mettre le feu pour l'éteindre ensuite, selon le complexe si curieux du pompier pyromane.

étant branché sur le terminal phallique[1]. L'excitation phallique fonctionne comme un contre-feu de la pulsion, car l'érection ne résulte du jeu d'aucune pulsion particulière dont elle chercherait à se libérer. Comme une rétrofusée, la génitalité brûle le combustible de la fusée pulsionnelle pour échapper à son but, et sa poussée s'actualise grâce à l'onanisme. La rétrofusée du « génital » ne va pas vers le but pulsionnel, qui lui a pourtant donné son élan. Sans fantasmes et sans pensées, des érections solitaires résultent de cette sorte de contre-décharge des pulsions. L'auto-érotisme masturbatoire contredit le but pulsionnel, ou plutôt, il utilise sa force pour aller ailleurs que là où il était poussé. Il contrarie l'identification à l'être du phallus en l'ayant, ou tout du moins en se fixant ce nouveau but, compatible avec l'existence du sujet. Ce contre-feu du phallicisme allume une excitation qui ignore ce qui pourrait la satisfaire. La masturbation libère, tout en méconnaissant de quoi. Elle soulage d'une tension insupportable en amont, celle de la noria des pulsions. En aval, le monde s'ouvre, bourdonnant d'une seule certitude, celle de la faute et d'une punition à venir, qui va donner son sens à l'érotisme. Ayant rompu le cercle de l'aliénation maternelle, ce sujet du sexuel trébuche aussitôt sur la culpabilité. Il rencontre l'angoisse, celle de la castration de sa mère : il la découvre puisqu'il la quitte. Il aurait dû être son phallus, s'il était resté fidèle à son amour. Cette mise en branle, qui concerne les deux genres, correspond à une « envie d'avoir le phallus ».

L'excitation de l'enfant va jusqu'à la limite auto-érotique d'un plaisir d'organe, solitaire puisqu'il libère de l'Autre. Ce mouvement si bizarre se range sous la bannière de la perversion, car il ne correspond à rien du point de vue de la future jouissance sexuelle, ni de la reproduction de l'espèce, ni d'aucune excitation organique ou instinctuelle. Démiurges de l'identification au phallus, les pulsions enclenchent une jouissance perverse,

1. Ce processus profile les préliminaires que rejoueront les « adultes » avant l'acte sexuel : à l'excitation pulsionnelle (le baiser, le regard, l'étreinte) succède une rupture hétérogène, celle de la génitalité (avec un peu de chance).

puisqu'elles dénient l'absence du phallus maternel. Un fétichisme latent les anime.

Un corps humain peut-il se soulager de l'excès pulsionnel sans le ressort de l'amour, ou même sans fantasmes ? Naturellement, il le peut ! Mais pas naturellement. L'auto-érotisme solitaire arrive à jouir presque sans cinéma de la seule libération de l'excitation pulsionnelle. L'auto-érotisme peut longtemps suivre sa route sur ce tempo, et même en rester là – précaire, peut-être, mais ni plus ni moins impraticable que d'autres destins pulsionnels, par rapport auxquels son narcissisme et sa puissance sexuelle – animées par la force du désespoir – présentent d'indéniables avantages. Mais sa décharge est aussitôt suivie d'une chute parfois quasi mélancolique, vertige sans fond que cherche à pallier une nouvelle excitation, dans un rebondissement sans fin de l'être à l'avoir [1].

L'emprise de l'auto-érotisme à deux

La pulsion affole le corps et le pousse jusqu'au débordement masturbatoire, mais cette activité la laissera toujours insatisfaite ! Comment va-t-elle pouvoir se soulager, se nier elle-même, faire quelque chose pour se calmer ? Parmi ses destins possibles, elle va chercher à se saisir d'un autre corps à défaut du sien propre. Cette poussée va faire transiter l'auto-érotisme vers un auto-érotisme à deux. L'exigence pulsionnelle hante un corps qui échoue à la satisfaire et – à la limite de son impossible réalisation – elle se saisit d'un semblable. Chaque pulsion fomente ainsi une pulsion d'emprise *Bemächtingungstrieb* [2], prête à s'assouvir sur le prochain, ou tout du moins à essayer. Elle trouve dans le corps qu'elle attrape un nouveau lieu et une nouvelle place : celle du sujet venu remplacer l'objet. La pulsion d'emprise « se saisit » du corps d'un semblable. À elle seule, elle pousse à

1. Ainsi des masturbations frénétiques de certains moments de la psychose.
2. Voir S. Freud, *Trois Essais sur la théorie sexuelle* [1905], Paris, Gallimard, 1987 (par exemple, p. 114-127).

s'accoupler. Cet auto-érotisme à deux actualise déjà la puissance d'une sorte de répétition régie par la pulsion [1]. Il s'agit de répéter activement sur le corps d'un prochain ce qui a été subi passivement, dans l'espoir de se libérer de ce carcan. Dès l'enfance, l'auto-érotisme à deux (ou à plusieurs) soulage les tensions pulsionnelles au moins provisoirement – (mais ce provisoire n'est-il pas le tempo ordinaire de la sexualité humaine ?). Cet auto-érotisme n'est pas un simple déplacement de la masturbation, qui serait plus distrayante en compagnie. Il avance vers l'érotisme tout court, dès qu'apparaît le plaisir d'en donner à un autre corps, ou de l'imaginer.

En mettant le sujet à la place de l'objet, l'emprise crée un manque du sujet à lui-même. En attrapant l'autre, il se sépare de son propre corps, en même temps qu'il se libère dans cette distance. L'autre corps, c'est le nôtre tel qu'il va jouir, peut-être. Le résultat de cet appariement fait penser au narcissisme, mais ce mot évoque un rapport spéculaire. Ce n'est pas le cas, puisque celui qui prend activement le corps de l'autre cherche à se débarrasser sur son partenaire du fardeau d'être le phallus (but de la pulsion). En somme, il s'agit d'une lutte dont l'être et le néant sont l'enjeu, et elle instaure donc une dissymétrie. Cette formulation philosophique d'une « lutte de l'être et du néant » signifie que celui qui prend met celui qu'il saisit à sa place (interversion du sujet et de l'objet). L'emprise de l'autre fait de ce dernier le sujet (être), alors que celui qui prend s'impersonnalise (néant). Si la pulsion se transvase d'un corps à l'autre, alors le corps mis en place d'objet devient le sujet de la jouissance et l'agent de ce transport ne sait plus qui il est, ni ce qu'il fait. Le néant l'habite et la pulsion de mort se profile ainsi à l'horizon de la pulsion d'emprise ; elle va prendre un tempo violent, mettant de quelque façon en jeu un rapport de force : celui que l'érotisme cherchera à soulager.

1. « Il est tentant de poursuivre jusqu'à ses dernières conséquences l'hypothèse selon laquelle toutes les pulsions veulent rétablir quelque chose d'antérieur » (S. Freud, « Au-delà du principe de plaisir » [1920], in *Essais de psychanalyse*, Paris, Payot, coll. « Petite bibliothèque Payot », 2001, p. 90).

Si l'on considère ce rapport de force, l'emprise de l'auto-érotisme à deux se présente selon une double modalité, simple ou croisée. « Emprise simple » veut dire qu'un sujet met un objet à sa place – le plus souvent en le forçant – de manière transgressive (par exemple, dans l'exhibitionnisme). « Emprise croisée » signifie que la première opération « simple » est effectuée aussi par le partenaire (l'objet). De sorte que deux sujets (cette fois, consentants) font la même opération solitaire ensemble (et qu'ils peuvent aussi s'aimer à proportion). Le partenaire de cet auto-érotisme naît dans le fil même du destin pulsionnel. Les enfants l'inventent déjà dans leurs rêveries : ils parlent avec un double, un compagnon secret, un partenaire de jeu que leurs multiples amitiés incarnent ensuite avec plus ou moins de bonheur. L'auto-érotisme trouve sans tarder avec qui s'amuser, expérimenter ces fictions et ces jeux sexuels dont les enfants savent vite que mieux vaut les cacher, car ils prolongent leurs masturbations, si coupables qu'ils les oublient aussitôt.

Freud fit remarquer que ces jeux devaient déjà beaucoup à la répétition. Que, par exemple, un enfant mimera sur un autre une séduction dont il eut à pâtir, réellement ou fantasmatiquement. Il saura jouer à « faire l'amour », s'il a vu des adultes le faire. Il imite ainsi une scène qui l'a frappé, parce qu'elle est tombée à point nommé dans la trame de ses fantasmes. Mais s'il la mime sur d'autres enfants, il ignore ce qu'elle représente, et en tout cas, il n'en tire pas cette jouissance du rapport qui ne viendra que plus tard, à l'heure d'une rupture avec la sexualité infantile et grâce à cet écart. Lorsque les enfants imitent la sexualité adulte, leur jouissance reste dans le cadre de la pulsionnalité infantile et de son exutoire onaniste. C'est plutôt un automatisme de répétition qui les libère sans qu'ils sachent de quoi, car ils se soulagent ainsi de leurs traumas intimes. Cet automatisme, qui n'est pas forcément un plaisir, les tient.

Ce « semblant » de la sexualité infantile importe beaucoup, car il fonctionne comme une sorte de rampe de lancement de l'excitation sexuelle vers la génitalité – par le biais d'une répétition qui est déjà, à elle seule, une libération, sinon une jouissance. Les enfants, puis les adolescents, puis les adultes pendant un certain temps, sont hantés par la répétition de gestes, d'une scène dont ils ignorent encore où elle les mène. Ils exécutent ces scénarios à l'aveugle, s'il le faut en faisant semblant d'être excités, ou de jouir, alors qu'ils ne ressentent que peu de chose sinon une bizarre « libération forcée ». Mais ils persévèrent quand même : ils répètent avec ou sans plaisir, parfois par amour du partenaire. Ils s'y prêtent, cèdent à ce vertige, c'est plus fort qu'eux.

Dans cette recherche de la jouissance, et si plaisir il y a, c'est celui de la pulsionnalité auto-érotique qui perdure. Le plaisir d'embrasser, celui de voir, d'être vu, de tenir, de toucher, de soumettre, etc., occupent le devant de la scène. La répétition apporte une libération, parce qu'elle met en scène activement ce qui fut subi passivement. Et ce soulagement donne un plaisir, parce que la pulsion y trouve un exutoire. Mais il porte à des conséquences qui appellent une suite, soit dans la répétition, soit vers une autre modalité, celle qui sera à proprement parler érotique.

Rien ne montre mieux cette puissance de la répétition que les goûts et les préférences de l'auto-érotisme à deux. Car le plaisir de l'auto-érotisme à deux ne s'actualise pas au hasard. Les hormones, les nerfs – bref, le bazar de la Nature – ne répondent pas en dehors de conditions déjà hautement mentalisées. Dès qu'elle se métamorphose en emprise, la pulsion procède à l'élection de ce qui lui plaît ou lui déplaît : ce sont nos préférences. Selon le partenaire, un baiser engendre le goût ou le dégoût. Son excitation d'apparence mécanique n'est pas un plaisir avec quiconque [1]. Même un coup de fouet sait procurer du plaisir, si une maîtresse l'administre à l'heure propice. À chaque âge de l'érotisme, l'excitation comme sa satisfaction dépendent des goûts de l'amant(e) – quand bien même serait-il passif ou réticent. Le degré d'excitation se plie aux goûts et aux dégoûts – le dégoût n'étant pas toujours le moins excitant.

1. Les prostituées s'y refusent, cela les dégoûte, bien plus que la pénétration d'une cavité dont la faible pulsionnalité les laisse de glace.

Nul ne saurait se chatouiller tout seul. C'est que chaque sensation est investie par la pulsion et les choix de chacun vont dépendre de son destin. En excès constant, la poussée pulsionnelle cherche la décharge d'un trop de jouissance, qui est, par conséquent, « mauvais » et rejeté au moment d'une émotion traumatique [1]. L'excès rend « mauvais » ce qui fut bon, qui garde la mémoire de ce qui plut ou au contraire déplut. Lorsque cette part rejetée investit quelque chose, elle reproduit immédiatement sur cet objet son propre dilemme : elle se divise à nouveau entre « bon » et « trop bon » (c'est-à-dire un trop bon qui tourne mal). Elle porte un *jugement* en fonction de ces critères qui fixent les goûts pour toujours. Ce jugement dépend d'une certaine caractéristique pulsionnelle qui mémorise une expérience scellée dans le passé, sous le coup d'une émotion. Loin derrière ces goûts ou ces dégoûts fondés par la pulsion, le critère esthétique arrive en dernier [2].

Aliénation de principe de la jouissance

Se trouve ainsi délimitée la condition de possibilité de la jouissance humaine à partir de son impossibilité à se satisfaire sur le corps propre : elle s'actualise grâce à un autre corps qui en protège, et qui, du coup, la délivre. Jouit-on jamais autrement qu'à distance, grâce à cet autre corps, comme s'il était le nôtre ? Faire jouir, c'est déjà jouir, décharge qui donne un sentiment stupide de possession au moment où, au contraire, le partenaire s'en va. La jouissance vient grâce à cet autre corps qui jouit : ce n'est pas le nôtre et c'est le nôtre. En réalité, cette sorte de crucifixion centre le plaisir de se donner, donc de prendre. Notre corps enfin envolé nous ravit à distance, dans tous les sens du verbe « ravir ». Le risque de ce ravissement, c'est l'impersonnalisation

1. Cette « émotion » est l'effet d'un refoulement.
2. Ce n'est pas qu'il soit sans importance – bien au contraire –, mais c'est un « critère charnière », parce qu'il dépend des canons esthétiques de l'époque, des modes, etc., et que, par conséquent, il entre dans un champ de comparaisons et de rivalités déjà œdipien.

vers laquelle pousse la jouissance : elle nous effraie et nous séduit. Elle nous pousse sans remède vers ce qu'il ne faudrait pas. Il faut y aller sans y aller, en se l'interdisant, en jouissant finalement de l'interdit lui-même. Cette distance nécessaire au plus intime particularise la sexualité humaine dès ses débuts – distincte en cela de celle des animaux, réglée par la reproduction.

Trouver son plaisir grâce à celui de l'autre annonce un plaisir plus âpre, car jouir de sa jouissance, c'est s'approcher à l'aveugle d'une impersonnalité qui imposera ses propres exigences. Quand se pose la question : « Où suis-je, et qui suis-je quand l'autre jouit ? », les demandes d'exclusivité de l'amour, destinées à se repersonnaliser, ne sont plus très loin. Parce qu'il comporte une exigence narcissique, l'auto-érotisme à deux a déjà pris le risque de l'amour : d'un amour annoncé qui peut aussitôt sombrer, ou tout du moins rester sur le seuil dramatique de son entrée en scène, sans fin réitérée : « je t'aime, moi non plus », etc.

L'amour, destin de la pulsion

L'amour se profile dès le premier temps de la pulsion d'emprise lorsqu'un sujet se dépossède de lui-même au profit de celui qu'il prend. Sous le coup de cette inversion des places, l'objet se subjective, et l'amour peut s'installer dans son manque. Avatar de la libido, l'amour se présente d'abord comme ce destin de la pulsion, qui se saisit du corps d'un autre. Elle se lance peut-être à la poursuite d'un « objet » – comme on dit dans le jargon psychanalytique –, mais pas plutôt saisi, cet objet se métamorphose en sujet, selon les lois mêmes du transitivisme pulsionnel, qui veulent que le sujet donne sa place à son objet. L'amant devient l'objet, et l'aimé(e) le sujet qui le domine : il est ainsi manipulé par son propre désir, auquel il ne saurait résister. L'amour de quelqu'un met dans un seul sac et métamorphose l'emprise de la voix, du regard, de la peau, etc. C'est une métamorphose continue, distillée au goutte-à-goutte, à refaire dans la durée, car cette subjectivation n'aura toujours pas satisfait la pulsion – qui cherche à s'assouvir sur un objet : seule la pornographie l'intéresse. Cet amour semble narcissique, puisqu'il cherche à saisir un autre soi-même, devenu la maison d'un corps en exil. Sujet étrange qu'un tel être aimé, puisqu'il résiste indéfiniment à la prise. Pour distant qu'il paraisse, c'est lui qui règne en maître. Il représente peut-être « un objet » pour celui qui cherche à le prendre, mais sa résistance subjective la pulsion et ouvre donc la porte de l'amour. Pourtant la pulsion d'emprise ne s'apaise pas un instant et elle va continuer d'animer sur son envers un amour qui ne tient pas en place. Vivant, il doit escalader des degrés – au risque de retomber dans sa sauvagerie pulsionnelle d'origine. Sans cesse il doit changer : abandonner ses habitudes anciennes pour de nouvelles, ou bien détruire ce qu'il tient pour le reprendre encore.

Loin de se réduire à un beau sentiment tombé du ciel à l'heure du désespoir, l'amour est ce destin de la pulsion qui rencontre malgré elle l'obstacle d'une subjectivité. Amour certes violent, puisqu'il résulte de cette résistance elle-même. Cette violence reste active dans toutes les formes d'amour, endogames comme exogames, et Thanatos sait se déboîter d'Éros à chaque instant. Sous le coup de son emprise initiale, l'amour le plus simple porte en lui jusqu'à l'idée du meurtre, car que faire de ce corps qui résiste à la prise ? Dès l'origine, cette sombre puissance hante la tendresse des mères, qui contrecarrent à force d'attentions leur soif de dévoration de leurs nourrissons. Et, de proche en proche, le geste d'amour s'oppose à Thanatos, son secret précurseur. Chaque amant ressent la même violence, active jusqu'au cœur de l'acte sexuel. Depuis le début, le corps psychique déborde toujours déjà sur l'autre corps, dans une indéfinie tentative de conquête. Le prochain dont nos pulsions attendent un soulagement nous est dissymétrique : plus grand que nous, il incarne un « moi idéal ». Plus grand, plus beau, il nous aimante et nous l'aimons – lorsque nous ne l'exécrons pas, pour exorciser sa domination. Une aura hallucinatoire nimbe la personne aimée, à cause de ce transit de la pulsion. Qui ne connaît cette dimension irréelle de l'amour, si aveuglante qu'elle métamorphose l'aimé(e), qui en devient méconnaissable, tout du moins tant que la passion dure[1] ?

Vers quel sexe se tourne l'emprise ?

Cet appariement qui dépend du goût pulsionnel est par principe *transgenre*. Il est aimanté seulement par la mêmeté narcissique et la recherche d'un semblable. On pensera donc trop vite que l'auto-érotisme à deux est d'abord homosexuel. Ce serait croire que le sexe anatomique correspond au genre psychique. C'est si peu le cas que les premiers appariements auto-érotiques à deux sont souvent hétérosexuels. Car le garçon qui préfère tout de suite une fille aime en elle le sujet féminisé qu'il a d'abord failli être pour son père. Il aime ce qu'il a risqué d'être et sa masculinité s'assure à proportion de cet amour. On comprend ainsi que l'appariement auto-érotique homosexuel dépend de la façon dont un enfant aura été désiré par ses parents. C'est un cas d'espèce et non la règle. L'auto-érotisme à deux n'implique pas un choix homosexuel (bien que cela puisse être le cas), car ce mouvement s'hétérosexualise à proportion de la séduction paternelle : un sujet féminisé par son père se saisira d'un *alter ego* féminin, plutôt que de rester féminin lui-même : il se virilise à proportion, et cela d'autant mieux qu'il sera masculinisé par sa mère.

Le choix du partenaire de l'auto-érotisme à deux cherche à satisfaire à la fois la pulsion (par exemple, de gros seins, une certaine forme de hanches, etc.) et le narcissisme, c'est-à-dire la mêmeté d'un semblable. Il arrive ainsi – dans ce deuxième cas – que des amants se ressemblent, ou qu'il existe une correspondance secrète, au moins par un trait. Cette ressemblance frappe encore davantage lorsqu'ils adoptent le même style, et suivent

1. L'aura de la pulsion d'emprise auréole l'aimé(e) et l'on verra que l'orgasme peut décharger sa puissance au même titre qu'une crise d'épilepsie décharge les tensions contradictoires de l'hystérie.

des modes vestimentaires identiques. Comme la caractéristique narcissique peut différer pour chacun des partenaires, il arrive aussi que deux amants ne se ressemblent pas, bien qu'ils soient unis sous le régime de l'auto-érotisme à deux. Du point de vue du narcissisme, une image de soi idéalisée – une sorte d'esthétique – commande une excitation qui se consume en prenant l'autre comme soi-même.

On remarque ainsi que deux forces en principe contraires régissent le mouvement de l'auto-érotisme à deux : d'une part, la voie pulsionnelle du goût, qui s'excite de certains objets partiels (par exemple de gros seins, etc.), et d'autre part la voie narcissique transitive de la pulsion d'emprise, qui veut attraper l'autre corps à défaut du sien propre. Ces mouvements se contrarient, puisque l'un cherche la *différence* qui complète et rassasie alors que la *mêmeté* fascine l'autre (jouir de soi-même grâce à l'autre, comme on n'y arrive pas tout seul). Le toboggan de l'auto-érotisme à deux peut profiter de chaque détail sur son versant pulsionnel sans trop s'occuper de la personne. Quelques riens l'aguichent : une bouche appétissante, un regard boudeur, de belles hanches, etc. : il y va ! En revanche, le narcissisme impose des limitations sévères, tatillonnes, entraînant de promptes discordes – chacun doit dupliquer l'autre dans chaque détail de son existence. Ces mouvements sont même si contraires que l'un peut exiger l'hétérosexualité et l'autre l'homosexualité. Mais – alors que les choix sont franchement décidés d'un côté ou de l'autre – on trouvera toujours un trait « homo » sous un attrait « hétéro ». Et on reconnaîtra dans un appariement homosexuel une différence qui duplique l'hétérosexualité – une répartition de rôles masculin et féminin fait rarement défaut [1].

Lorsque l'auto-érotisme passe à l'auto-érotisme à deux, sa tension se soulage avec un partenaire, homo ou hétérosexuel. L'autre n'est pas seulement un compagnon de jeux et un exutoire, il peut être aimé et faire souffrir, bien qu'il soit rapidement

1. Peut-être trouvera-t-on ici l'explication d'une énigme des perversions, parfois homosexuelles, parfois hétérosexuelles, ou bien encore les deux.

interchangeable. Son absence engendre une souffrance, surtout lorsqu'un remplaçant tarde à se présenter. Mais une fois trouvé, l'histoire recommence, égale à elle-même, plus ou moins vite épuisée, usée par l'exaspération sexuelle de l'auto-érotisme. Son hyperconsommation lutte contre la tristesse, voire le dégoût, qui succède à la décharge pulsionnelle. Car tant que la satisfaction dépend de l'excès pulsionnel, elle prend le risque d'un anéantissement après l'amour, semblable à la chute postmasturbatoire qui bascule sans fin de l'être à l'avoir : l'Être signe une sorte d'arrêt de mort que l'Avoir cherche à purger, etc.

3

Invariants et variables de la sexualité humaine

Les variables de la sexualité humaine

La vie sexuelle s'oriente à partir de quelques caractéristiques qui se comptent sur les doigts de la main. Le *sexe anatomique* est la première donnée. Il diffère du *genre sexuel.* Un sujet peut habiter un corps d'homme et se réclamer du genre féminin. À quel point le choix du genre psychique – masculin ou féminin – s'écarte de l'anatomie, voilà ce dont convainc le nombre des exceptions : aucun génétisme assaisonné de pondération hormonale n'arrivera à en donner la clef[1]. Cette distinction de l'anatomie et du genre psychique ne suffit pas encore pour comprendre

1. Les attributs de genre ne relèvent certes pas d'une identité naturelle. Mais peut-on dire pour autant, comme le fait Judith Butler, qu'ils sont régis par des performatifs, « [...] un acte de discours qui fait advenir à l'être ce qu'il nomme » production, qui aurait toujours lieu « à travers une certaine répétition et récitation » (voir J. Butler, « Le genre comme performance », in *Humain, inhumain. Le travail critique des normes*, Paris, Éditions Amsterdam, 2005, p. 13-42) ? Si le terme « performatif » se réfère aux *Speech Acts* de John Austin (*Quand dire, c'est faire*, Paris, Seuil, 1970), on mesure le rôle exorbitant imparti aux actes de discours, qui relègue au second plan les processus d'identification. Mais surtout, un problème insoluble se pose : qui sera le sujet de cette sorte de technologie discursive de nomination ? Dans l'esprit de Butler, il est clair que le patriarcat phallocentré est le « sujet » de cette

le *choix d'objet*, c'est-à-dire le genre du partenaire sexuel : être psychiquement « homme » n'implique pas l'amour des femmes, et s'identifier à une « femme » ne décide pas d'un goût pour les hommes. Un homme peut se sentir femme, et une femme se considérer comme un homme, tout en choisissant comme objet un homme ou une femme [1]. Avec ces trois premières données, pourrait-on faire un tableau qui épuiserait le nombre de « relations d'objet » possibles ? Cette réduction ne tiendrait pas compte des critères narcissiques ou esthétiques – imprédictibles autant que décisifs –, ni surtout des critères symboliques, qui assurent les choix.

D'autant qu'à ces trois premières données s'en ajoute une quatrième, celle du *but sexuel* : car que faire avec le partenaire, une fois qu'il a été élu ? Ce but couvre une gamme d'activités si étendue qu'il serait vain d'en faire la liste : il peut se satisfaire du simple jeu d'une pulsion (par exemple, le voyeurisme), de promenades la main dans la main, de baisers, d'une masturbation, d'une sodomie, ou du rapport traditionnellement recommandé par les Églises et décrit par la Faculté. Enfin, la décharge d'une tension n'oriente pas toujours ce but sexuel : il peut se satisfaire de l'abstinence et de vœux de chasteté.

Avec ces quatre variables, dont une seule, l'anatomie, s'expose clairement, on pourrait déjà programmer des configurations si nombreuses que chaque sujet représenterait un cas à part. On conviendra que cette complexification ne permet aucune classification entre un côté « homme » et un côté « femme ». Ces données empêchent d'expliquer l'érotisme humain par le sexe anatomique, l'instinct, la nature ou la reproduction, et de plus, leur combinatoire est relativement imprévisible. Si bien qu'on

---

discursivité. Mais alors, qui nomme ces « sujets » eux-mêmes, etc. ? Le but politique de l'opération présente de l'intérêt, mais sa base théorique est inconsistante.

1. « Notre libido à tous hésite normalement la vie durant entre l'objet masculin et l'objet féminin [...] il faut un certain temps pour que la décision portant sur le sexe de l'objet d'amour s'impose définitivement » (S. Freud, « De la psychogenèse d'un cas d'homosexualité féminine » [1920], in *Œuvres complètes*, vol. XV, Paris, PUF, 1996, p. 247).

ne saurait conjecturer la façon dont se forme un couple. Ni ce qu'il va faire, ni pourquoi : nous sommes tous une minorité sexuelle, mis en minorité par notre propre désir. S'il existe une multiplicité de figures possibles, elles se déduisent de ces quatre invariants par complexification progressive. En particulier, la polarisation masculin/féminin reste inchangée dans ses présentations successives. On ne peut pas dire, par exemple, que « lesbienne » serait une identité supplémentaire [1].

La combinatoire de ces quatre premiers termes compte un invariant, l'anatomie, pour trois variables : le genre psychique, le choix d'objet et le but sexuel, et elle ne dit encore rien du *désir*, cinquième terme qui doit dépendre d'un autre problème. Car quelle est la source de l'excitation sexuelle, c'est-à-dire de ce désir lui-même ? Sa puissance lui donne une sorte d'évidence, qui n'en est pas moins un problème assez mystérieux [2]. Car on constate que le désir est un enfant capricieux : il s'impose, alors qu'on ne s'y attend pas, il s'évanouit alors qu'il serait le bienvenu, etc., et cela toutes choses égales, alors que les autres données sont présentes (genre, choix d'objet, but). Le compte n'y est pas, car rien n'explique que le désir s'allume brutalement, au point de submerger sans recours un sujet dont il subvertit la volonté. Nos quatre variables ne disent rien de sa mise à feu, puisque, alors qu'elles sont réunies, elles ne fonctionnent pas toujours, en tout cas pas sans des conditions supplémentaires.

Lorsqu'on a distingué le sexe anatomique et le genre psychique, qu'on a ajouté à cette distinction le choix de l'objet sexuel, et celui du but sexuel (que fait-on avec le corps de l'autre ?), et lorsque l'on a fait dépendre leur combinatoire de la cause du désir (qui

1. Comme l'écrit, par exemple, Monique Wittig in *Le Corps lesbien*, Paris, Minuit, 1973, p. 37.

2. Freud écrit plusieurs fois dans les *Trois Essais* que cette excitation pose un problème. Par exemple : « Le procès de l'excitation sexuelle, dont l'essence il est vrai nous paraît à présent bien énigmatique. » Pourtant, il a déjà au moins repéré ses conséquences lorsqu'il écrit que les symptômes névrotiques résultent du traumatisme sexuel. Ils sont « la contrepartie des influences qui régissent la production de l'excitation sexuelle » (S. Freud, *Trois Essais sur la théorie sexuelle*, *op. cit.*, p. 138 et 140).

dépend – on le verra – d'une fantasmatique), on n'aura pas encore pris en considération un sixième terme : comment se déclenche l'orgasme. En effet, rien ne permet de prévoir comment va se conclure l'excitation, et les modalités de son soulagement. Freud a laissé de côté cette sixième variable dans les *Trois Essais*, et il en parle d'ailleurs dans le reste de son œuvre avec parcimonie – surtout en termes d'abolition d'une tension –, en employant des expressions peu poétiques comme celles de « décharge [1] » ou plus souvent de « plaisir terminal ». Aucun des six invariants qui viennent d'être évoqués ne peut être considéré indépendamment des autres. Ils sont en quelque sorte empilés verticalement, selon une synthèse trompeuse, comme si des liens de causalité naturelle les associaient. Leur analyse va montrer que c'est loin d'être le cas, et souvent même c'est le contraire.

Une bizarre bisexualité psychique

Avec les variables qui viennent d'être énumérées, on constate des faits qui sont en réalité des problèmes. Par exemple « Pourquoi le choix d'un genre psychique ? » ou encore « D'où vient l'excitation sexuelle ? ». Ces « faits » ont forcément des présupposés incontournables : si s'opère le choix d'un genre psychique entre masculin et féminin, il ne peut se décider que sur le fond d'une *bisexualité potentielle de chacun*, et l'on peut conjecturer ensuite que cette option elle-même va orienter le désir. Cette bisexualité n'a rien d'anatomique [2], pas plus qu'il ne s'agit d'une bisexualité cérébrale [3], comme l'avait suggéré Krafft-Ebing. C'est une sorte de lutte psychique interne que se livre chaque sujet, conflit dont il cherche la solution dans son désir de l'autre sexe, celui dans lequel il ne se reconnaît pas [4]. Cela ne suffit pas

---

1. Le terme de « génitalité » sonne aussi mal, mais mieux vaut un terme lourd et précis qu'un vocabulaire poétique mais confus.
2. S. Freud, *Trois Essais sur la théorie sexuelle*, *op. cit.*, p. 44.
3. *Ibid.*, p. 48.
4. « Chacun des deux aime en l'autre le refus de ce qu'il est lui-même » (G. Bataille, *Le Coupable*, in *Le Coupable*, suivi de *L'Alléluia*, Paris, Gallimard, coll. « L'Imaginaire », 1961, p. 166).

pour réduire le désir à cette tension, comme si chaque sujet était à la fois masculin et féminin, et que – comme il ne se reconnaît que dans un seul genre – il désire dans l'autre la part de lui-même à laquelle il renonce[1]. Ce rêve d'harmonie correspond, certes, à nombre de mythes de l'amour, mais ces derniers masquent complètement l'enjeu de la bisexualité, implicite à partir du constat d'un choix du genre.

En prenant le problème du désir à partir de ce choix, une contradiction majeure apparaît à propos de la « bisexualité » : comment est-elle compatible avec l'affirmation, moins du primat du phallus que du phallus comme symbole unique de l'érotisme humain[2] ? À lui seul l'auto-érotisme n'implique, on l'a dit, aucune distinction de genre, et fait entrer chaque être humain dans la jouissance phallique, quel que soit son sexe anatomique. Que le phallus soit le seul symbole de la sexualité est assez facile à comprendre, car revenons à l'enfant assuré d'être le phallus de sa mère. Il en tirera la certitude qu'elle l'a, et que si elle l'a, tout le monde l'a : pas de jaloux, ni surtout de jalouse. De sorte que, les garçons comme les filles croiront à l'existence du phallus maternel qu'ils sont. Ils commencent donc par l'être avant d'essayer de l'avoir. Être le phallus érogénéise le corps, mais au-dessus d'un certain seuil, il l'anéantirait. Trop bon, c'est trop. Comment dialectiser cet excès insupportable, sinon dans ce passage jouissif d'Être le phallus à l'Avoir, concrétisé par l'excitation pénienne ou clitoridienne ? En ce sens, le pénis et le clitoris

1. Comme l'écrit Lacan, la « castration ne saurait être déduite du développement, puisqu'elle suppose la subjectivité de l'Autre en tant que lieu de la loi. L'altérité du sexe se dénature de cette aliénation. L'homme sert ici de relais pour que la femme devienne cet Autre pour elle même, comme elle l'est pour lui » (J. Lacan, « Propos directifs pour un congrès sur la sexualité féminine » [1960], in *Écrits,* Paris, Seuil, 1966, p. 732).

2. C'est ce qu'affirme, parmi tant d'autres, cette citation de Freud : « L'hypothèse d'un même organe génital (viril) chez tous les êtres humains est la première des théories sexuelles infantiles » (S. Freud, *Trois Essais sur la théorie sexuelle, op. cit.*, p. 125). De même dans « L'organisation génitale infantile », Freud écrit : « [...] pour les deux sexes, un seul organe génital, le masculin, joue un rôle. Il n'existe donc pas un primat génital, mais un primat du phallus » (in *La Vie sexuelle,* Paris, PUF, 1969, p. 114).

s'érotisent également. Égalité de la jouissance, en dépit de la différence de taille, donc[1]. La croyance en un symbole unique, le phallus, s'installe ainsi. Il continue d'en aller de même pour les adultes, pour la plupart desquels le sexe féminin engendre un doute constant. Il faut vérifier comment il est fait, ou encore – surtout ! – ne pas y regarder de trop près.

C'est à partir de cette croyance qu'un problème se pose : si la jouissance des hommes comme celle des femmes est sous la coupe de ce seul phallus, y a-t-il une bisexualité, ou bien un symbole unique ? Ces deux propositions semblent incompatibles. Comment accommoder ces deux réalités psychiques qui sont sans relation avec la physiologie[2] ? L'existence d'un seul symbole sexuel, le phallus, contredit celle de deux genres, masculin et féminin, à moins de penser qu'il n'y aurait en fait qu'un seul genre : « mâle », et un « non-genre », inexistant : « femelle ». C'est la confusion que font ceux qui amalgament « homme » avec « masculin » d'un côté, et « femme » avec « féminin » de l'autre. Certes, on pourrait trancher la question à la hache : il y aurait ceux qui disposent du phallus (les hommes) et celles qui en seraient privées (les femmes). Mais ce serait alors sortir du problème, puisque ce serait déduire de l'existence d'un seul symbole (le phallus) qu'il n'y aurait qu'un seul genre, le masculin, et d'autre part une absence de genre du côté féminin (un seul genre, opposé à un non-genre)[3].

---

1. Transgenre, ce primat du phallus en rupture avec la physiologie s'informe seulement du désir de l'Autre et donne à la sexualité humaine son tempo désaxé. La zone érogène pénienne ou clitoridienne possède une valeur phallique égale pour les deux genres, même si les filles semblent un peu démunies du point de vue de la taille. Mais, après tout, seule compte la jouissance, en cela égale (et la vie durant).
2. Et en particulier, sans rapport avec une bisexualité organique.
3. Ou encore, pour le dire autrement : de l'existence d'un seul symbole, il faudrait déduire l'existence d'un seul genre, une monosexualité en quelque sorte, et abandonner cette précieuse bisexualité dont Freud n'a jamais démordu.

La contradiction semble insoluble tant qu'on ne la considère pas dans son développement historique. Donnons-en d'abord le scénario qui sera justifié par la suite : que se passe-t-il, une fois une zone érogène unique délimitée ? Pour les deux sexes, la masturbation de cette zone phallique est tout de suite coupable, puisque l'enfant échappe ainsi à sa mère[1] qui voudrait que l'enfant soit son phallus, et qui est trahie par lui lorsqu'il l'a. Cette culpabilité correspond à une angoisse de castration de la mère, multipliée par la peur de perdre son amour, puisque la masturbation trahit sa demande. Cesser d'être un ange pour devenir un diable, entrer dans la jouissance d'organe, celle de masturbations honteuses quoique délicieuses, s'accompagne de culpabilité et de la peur d'être abandonné.

Le sujet entre dans l'ordre de la faute, non parce que des interdits extérieurs auraient pesé sur lui, mais parce que sa culpabilité ordonne déjà un plaisir *qu'il ne faudrait pas*. Comment se débarrasser de cette culpabilité – sinon en méritant une punition, qui laisse espérer que l'amour maternel subsistera malgré la faute. Et c'est ainsi que le mythe d'un père qui punirait est inventé avant même qu'un père réel apparaisse. Car comment solutionner autrement le problème ? Il faudrait se faire punir, mais par qui ? Comme la punition cherche à préserver l'amour de la mère, mieux vaut qu'elle soit administrée par quelqu'un d'autre : un père jouera à bon compte ce rôle fustigateur[2] ! La

1. De manière significative, le mot « enfant » n'a pas de genre en français : « On nomme "épicène" un mot – nom, pronom ou adjectif – qui ne varie pas selon son genre : "enfant", cela peut désigner un garçon ou une fille ; "toi", cela ne dit rien du sexe ; "jaune", cela s'applique à des noms féminins ou masculins. Les épicènes sont les exceptions qui confirment la règle de la catégorisation grammaticale fondée sur la distinction naturelle ou conventionnelle. Mots littéralement bisexuels : ce sont des hermaphrodites linguistiques qui montrent la précarité de "l'identité de genre" dans l'ordre de la langue » (P.-L. Assoun, *Masculin et Féminin*, Paris, Economica-Anthropos, 2005, p. 9).
2. En paraphrasant l'adage romain, l'ange déchu pourra se dire : « Qui est bien châtié sera bien aimé ! » Dans les cauchemars des nourrissons, une instance punitive apparaît déjà.

punition sauvegarde l'amour et préserve en même temps l'excitation sexuelle.

Naturellement, les « coups [1] » devront être portés sur l'objet du litige, c'est-à-dire le pénis, de sorte que le père apparaîtra également comme l'agent de la castration. Dans un enchaînement temporel serré se produisent successivement l'excitation sexuelle masturbatoire, l'angoisse de la castration maternelle, la demande de punition – suivie, enfin, par la castration paternelle. L'apparition musclée d'un père fustigateur préserve un amour maternel désormais désexualisé, et sa punition équivaut à l'excitation sexuelle qu'elle sanctionne. Si la masturbation est coupable, et donc punie, alors la punition prend la même signification érotisée que l'érection. Les « coups », en eux-mêmes, vont la provoquer : sans la punition, l'excitation serait inhibée à cause de la trop forte culpabilité. Bien plus, cette culpabilité est si puissante que finalement, et pour s'innocenter complètement, l'idée de la punition (ou de l'interdit) va *précéder* l'excitation. La reconstruction de cet enchaînement n'a pas de meilleure preuve que le profond masochisme qui conditionne la sexualité humaine, jamais si voluptueuse que lorsqu'une transgression la pimente [2]. Les « coups » du père (purement fantasmatiques) érigent le phallus, et cette condition de l'excitation imprime son masochisme à l'érotisme humain, si friand, sinon de cravaches et de tortures physiques, du moins de larmes et d'humiliations [3].

Au résultat, le père donne le phallus puisqu'il excite, au sens où sa punition provoque une érection. De sorte que les « coups » du père séduisent. D'agent de la castration, il devient également

1. « Coups » purement fantasmatiques. C'est pourquoi nous les mettons entre guillemets. Un père fait peur, même quand il est très gentil.

2. Le désir se structure ainsi : il porte en lui un masochisme que l'on retrouve toujours, au moins dans l'angoisse sourde d'une catastrophe imminente, en germe au fond de l'amour le plus décidé. Ce développement sera argumenté plus loin.

3. On pourrait penser que, pour la plus grande partie de l'humanité, c'est l'amour qui érotise, et qu'il n'est pas masochiste. Mais, même partagé, l'amour engendre lui aussi une sorte de souffrance qui porte un coup – à sa manière propice à l'érotisme.

celui de la séduction, scellant un traumatisme sexuel d'origine d'abord liée à l'angoisse de castration. Résultat inattendu et contraire à la morale : déguisé en agent de la castration et en tortionnaire, le père devient le premier séducteur. Les garçons comme les filles encaissent des « coups » qui les excitent, et ils sont donc séduits par ce père devant lequel ils restent coupables. Cette séduction ne résulte pas d'une minauderie charmante, mais d'une punition dont une rédemption est attendue. Le désir naît dans la faute et grâce à elle. La séduction paternelle accompagne le passage de l'Être à l'Avoir, ou plus précisément : *essayer* de l'Avoir, courir après ce phallus, que l'érection rend un moment adéquat à l'Avoir. Cette érection fait accéder à un état entièrement nouveau, qu'aucune autre partie du corps ne permet d'extérioriser plus commodément. Un père incestueux, fustigateur, impose son mythe lorsque naît le sujet du sexe, c'est-à-dire le sujet tout court : celui de la pensée qui vient de douter (de la réalité de la castration maternelle), et celui qui portera le nom de son père, s'il parvient à se débarrasser de ce monstre effrayant. L'idée du meurtre, ou plus ingénument l'idée de Dieu, ourle la pensée du « je » sexué qui cherche à penser en son nom.

Telle est la découverte de la sorte de noyau infracassable d'une bisexualité inconsciente, incompréhensible par quelque bout qu'on la prenne, celle de la dimension purement subjective d'un trauma sexuel dont le sujet se sent coupable, alors qu'il l'a subi. La honte et l'interdit scellent dans l'immédiat le plaisir masturbatoire pénien ou clitoridien. Sous les coups du père, le fantasme qui met en érection le garçon comme la fille les féminise et donne son sens immédiat à la *bisexualité psychique* : *d'un côté, l'enfant est féminisé par son père lorsqu'il prend des « coups », et d'un autre côté, il est masculinisé, puisque cette punition le met en érection. Cette bisexualité psychique est, en son fond, corrélative de la castration, son synonyme.*

Sous le jour de cette bisexualité, bien des énigmes se relativisent. Ainsi du mystère de la féminité, dont les hommes se fascinent ou s'effraient [1]. Mais c'est leur propre féminité, dont

1. « Néanmoins il convient de remarquer que la confrontation à ce féminin, commun aux deux sexes, n'opère pas de la même manière, chez l'homme et

ils ne veulent rien savoir ! Ainsi de « l'envie du pénis » : la femme, déçue par l'amour de la mère, attendrait le phallus du père. On s'étonne parfois de cette affirmation de Freud selon laquelle « les filles attendent le phallus du père ». C'est que les coups les font bander – tout comme les garçons, d'ailleurs –, et que leur plaisir clitoridien s'assure à l'ombre de ce fantasme violent. Se livrant à leurs activités onanistes, les filles rêvent de bonnes raclées administrées à ces *alter ego* que sont les garçons. Dans cette scénographie de « l'enfant battu », « le père » n'est pas davantage le propriétaire du phallus que les hommes, puisque au contraire il le donne. Le phallus donné par le père s'offre pour les deux genres, dont le choix se décide à cet instant[1].

Choix du genre à partir de la bisexualité

Comment s'oriente le choix d'un seul genre pour chaque sujet à partir de ce triptyque infernal : masculin, féminin, phallus ? Ce sont les conséquences du fantasme de séduction – subi par tout enfant – qui le montrent : cette séduction pourrait fonctionner indépendamment des faits, sans que le père punisse, même une fois ! Le père séduit, même s'il dort. Chacun est séduit par la puissance paternelle, non par son charme ou par des actes, mais parce que ses « coups » excitent[2]. Le traumatisme de la séduction sexuelle du père féminise le garçon comme la fille, jusque-là, certes, différents dans leur anatomie, mais égaux du point de vue de la jouissance du phallus.

À partir de cette communauté, la bisexualité psychique se départage entre ceux qui *refusent* la féminisation et entrent en

chez la femme dans la langue subjective » (R. Gori, *Logique des passions*, Paris, Flammarion, coll. « Champs », 2005, p. 97).

1. « [...] à aucun moment Freud n'a parlé d'une croyance à un seul organe, qui serait l'organe masculin, il a parlé d'une croyance au *Phallus*, qui, précise-t-il, *n'est pas le pénis* » (M. Safouan, *La Sexualité féminine dans la doctrine freudienne*, Paris, Seuil, 1976, p. 58).

2. « Sous l'influence de la séduction, l'enfant peut devenir pervers polymorphe, et être entraîné à tous les débordements imaginables » (S. Freud, *Trois Essais sur la théorie sexuelle*, *op. cit.*, p. 118).

guerre contre ce père : ils seront du côté masculin, en même temps que ce refus participe de leur excitation. Et celles qui l'*acceptent* (les filles) – mais plus ou moins [1]. Ce choix décide du genre masculin ou féminin – indépendamment de l'anatomie. La conséquence est immédiate : celui qui veut assurer sa masculinité doit être violent. À l'érection, il faut la guerre. Dans le rapport du semblable au semblable, l'usage de la force décide de qui se trouve du côté féminin, et qui du côté masculin. La lutte contre l'*alter ego* est le premier trait de la masculinité, alors que le rapport sexuel est encore complètement méconnu [2]. La violence instaure une dissemblance sur le fond d'une communauté d'appartenance : deux garçons s'affrontent pour savoir lequel est masculin, lequel féminin. Jamais gagnée d'avance, la virilité constitue une épreuve constante.

Ce partage des genres n'est pourtant pas symétrique, car celles qui acceptent leur féminisation ne sauraient s'y soumettre jusqu'au bout sans risquer l'inceste et la folie. Elles ne renoncent que partiellement à leur masculinité première avec laquelle elles gardent une subtile attache (de sorte que le clitoris reste presque toujours un passage obligé de l'excitation sexuelle) [3]. Aucune femme n'accepte jusqu'au bout sa féminisation par un père, et les mystiques ne consentent à de telles noces que parce que le père qu'elles épousent est bien mort, certitude proportionnelle à l'éternisation de leur orgasme [4]. Dans le monde terrestre, on ne trouvera pas d'absolu de « la femme », mais une féminisation relative à un homme qui (Dieu merci) tue le père (« À moi,

1. « Le noyau de l'inconscient, le refoulé, serait chez tout homme le contre-sexué [*das Gegengeschlechtliche*] présent en lui » (S. Freud, « Un enfant est battu » [1919], in *Névrose, Psychose, Perversion*, Paris, PUF, 1973, p. 240 ; traduction de l'auteur à partir des *GW XII*, p. 222).

2. Cette lutte ne signifie pas forcément la bagarre. Les jeux où il y a un gagnant et un perdant suffisent largement.

3. « Pas-toutes » féminines, pour reprendre cette expression de Lacan, souvent comprise à contresens et sur un mode plutôt mystique, comme si les femmes échappaient au genre humain.

4. Voir S. Freud, *Cinq Psychanalyses*, Paris, PUF, 1954 : le président Schreber, lui-même, remit son avenir féminin à plus tard.

comte ! Deux mots... », etc.). La femme n'est « pas toute » féminisée : elle reste un peu, beaucoup, ou passionnément masculine.

La ligne de partage du genre psychique s'établit donc à partir de la bisexualité : la masculinité des garçons se décide sur le fond d'un refus de leur féminisation : et s'ils ne veulent pas attendre ce phallus du père, il va leur falloir le donner, s'ils veulent l'avoir grâce à l'excitation du désir, seule capable de les mettre en érection ! La féminité des filles se décide à partir de leur attente du même phallus du père, bien que, toutes réflexions faites, elles trouvent plus prudent de le demander à l'homme qui peut en finir avec ce père décidément impossible. Les filles attendent, et les garçons n'attendent surtout pas (de peur de le recevoir). Ils sont pressés de le donner pour l'avoir [1].

Les garçons comme les filles attendent donc également le phallus du père, au sens où sa punition l'érige, et cela non pour plus tard, dans l'avenir radieux de la copulation, mais pour maintenant, dans le secret de la masturbation : quoi de plus facile, toute honte bue ? Alors qu'on aurait cru que seules les femmes attendaient le phallus du père, c'est ce qui menace aussi les hommes, qui risquent de le recevoir également, quoique à leur corps défendant ! N'accumulent-ils pas les transgressions deux fois plus que les filles, une première fois pour être punis et donc l'avoir (comme les filles), et une fois encore pour le refuser (pour être des garçons) ? Le phallus apparaît ainsi comme le symbole unique à partir duquel s'établit d'abord une bisexualité psychique, puis le choix du genre.

Les hommes deviennent tels en luttant contre leur féminisation. Ils s'activent, donnent des coups, aussi sadiques que le père dont ils pensent avoir pâti. Cela signifie-t-il que les femmes seraient passives et masochistes ? Pour éviter cette confusion,

---

1. Il s'en déduit d'ailleurs une relation différente à la temporalité du désir pour les deux genres. Les hommes n'ont pas le temps, toujours actifs, toujours ils courent, étreints par la crainte d'une passivité de sodomisé. Ce serait le contraire pour les filles, si elles étaient purement passives. Mais ce n'est pas le cas, et leur position n'est donc pas symétrique, bien qu'elles soient nettement moins pressées.

mieux vaut distinguer la « Femme » de la « féminité »[1] ! Car les femmes, elles aussi, préfèrent échapper à la séduction paternelle, qu'elles n'acceptent que plus ou moins et à laquelle elles s'opposent le plus souvent grâce à un homme. Ce héros serait-il celui qui aurait vaincu le père à leur place ? À peine ! Puisqu'il suffit qu'elles aiment un homme, et sans même que ce dernier ait à livrer combat, pour que cet amour porte un coup au père. Quoi qu'il en soit, le danger paternel les amène à s'activer : on l'a dit, elles ne sont « pas-toutes » féminines, et le deviennent plus ou moins sur le fond d'une activité première. Ce devenir féminin prend d'ailleurs parfois du temps, voire une bonne partie de la vie. De sorte que, plutôt que d'opposer un actif (masculin) et un passif (féminin), mieux vaut distinguer une « activité à but *actif* » (masculine) et une « activité à but *passif* » (féminine)[2]. À partir du primat du phallus, puis d'une bisexualité psychique, un enfant s'oriente d'un côté ou d'un autre. De la réponse à la séduction paternelle dépend le choix du genre sexuel. Répliquer à la séduction par la séduction déploie une *activité à but passif* – féminine, donc –, alors qu'entrer en guerre pour se mettre à la place du père et séduire à son tour définit une masculinité parricide. Du côté masculin ou féminin, l'activité est requise, et les femmes ne « reçoivent » pas ce que les hommes leur « donneraient »[3].

1. La langue ordinaire rend mal compte de la distinction entre l'homme et le masculin, la femme et le féminin. Il faudrait le préciser presque chaque fois que les contraintes de l'exposition amènent à écrire « homme » au lieu de « masculinité », « femme » au lieu de « féminité ». « L'homme » est l'hypostase d'une qualité : la masculinité.

2. Est il possible d'assimiler passivité et féminité ? Freud conclut catégoriquement : « Cette conception est erronée et inutile » (S. Freud, « La féminité » [1932], in *Nouvelles Conférences sur la psychanalyse*, Paris, Gallimard, 1971, p. 159).

3. « Actif » et « passif » restent pourtant des qualificatifs utiles, car ils soulignent – on le verra – une caractéristique du fantasme de séduction, dont le génitif comporte en effet un pôle actif et un pôle passif. D'ailleurs, c'est chacun des fantasmes fondamentaux qui se déplie dans un sens passif ou dans un sens actif. Être séduit(e) ou séduire, battre ou être battu(e), anéantir ou être anéanti(e), voir ou être vu(e), etc. : voilà autant d'implications actives ou passives, variables selon l'histoire, ses fixations et ses répétitions.

Les termes « actif » et « passif » ne sont donc pas des concepts – qui définiraient « l'homme », ou « la femme » – mais des qualificatifs d'une activité fantasmatique. C'est la mise en acte d'un fantasme qui est soit active, soit passive. On peut donc décrire quatre occurrences du fantasme de séduction – « activité à but *actif* », « activité à but *passif* » – rapportées chaque fois au masculin et au féminin. Sur le fond de la bisexualité de chaque sujet, l'activité sera le terme fixe, et son but fantasmatique sera une variable dépendante des partenaires et des circonstances. Si l'on s'en tient aux généralités du genre, les femmes déploient de quelque façon une « activité à but passif ». Elles s'activent à séduire en se montrant (passivement) et bien des hommes se comportent de la même façon. Mais elles peuvent aussi être tout simplement actives, c'est-à-dire se comporter dans le « faire » de l'amour comme si elles l'avaient, lorsqu'elles prennent leur amant comme si son pénis était le leur. Avoir été désirées délimite le champ de leur « passivité ». Mais leur amant a, lui aussi, été désiré, même lorsqu'il ne reste pas passif ! Ces multiples combinaisons soulignent que, si la mise en tension érotique résulte d'un certain rapport entre le passif et l'actif, ce rapport travaille chaque sujet et, de plus, il varie selon les amants et les moments.

Pour résumer, les deux sexes empruntent d'abord le même chemin :

1 – Se séparer de sa mère, mais au prix d'entrer dans la séduction paternelle ;

2 – « Tuer » ce père incestueux et séducteur selon des voies cette fois-ci distinctes, décidant du choix du genre :

> 1 – Les garçons font la guerre (au père).
>
> 2 – Les filles font l'amour (avec un garçon qui fait la guerre).

Ce qui va différencier le choix masculin du féminin tient à l'attitude face à la séduction du père : frontale ou oblique. Le choix du genre devient une affaire de manière, et après tout il le reste : on distingue les hommes des femmes à leurs manières (dont le style, l'élocution et les vêtements font partie).

Si la masculinité s'assure de son genre en reniant sa féminisation par un père, ce choix résulte du procès d'identification : ce n'est pas un refoulement, au sens de l'*après-coup* qui engendre les symptômes, les rêves, etc., dans les névroses : la masculinité n'est pas un symptôme ! Il faut seulement situer cette relativité de la virilité par rapport à une bisexualité qui reste son principe – à l'heure parricide de la prise d'identité. Les garçons veulent séduire *comme leur père* a cherché à les séduire (fantasment-ils) et a séduit leur mère. Ils entrent ainsi dans une belligérance frontale avec le père – pour tenir la même place. Et si les filles se laissent séduire – jusqu'à un certain point – par le père, c'est à peine le temps d'accumuler la force que donne la séduction, pour la retourner contre le séducteur, désormais pris à son propre piège.

De la séduction du père résulte non seulement le choix d'un genre psychique, mais la mise à feu du désir : l'enfant qui a été séduit fémininement veut séduire à son tour activement, virilement : il veut prendre un autre lui-même, sur les brisées de la « pulsion d'emprise »[1]. Cette pulsion d'emprise a bien changé sous les coups du père ! Il ne s'agit plus d'une simple décharge pulsionnelle grâce au corps de l'autre, puisque l'érection est désormais érotisée par la castration. Elle est désormais au service de la jouissance phallique, efficace pour les deux genres. Il faut prendre l'autre, l'attraper selon les mille ruses de la séduction. Pour le garçon, sa tentative de prise physique est claire. Mais pour la fille, c'est pareil : qu'elle attrape un garçon ou une autre fille, c'est *comme un garçon* qu'elle le fait. Elle n'a pas renoncé à sa masculinité première. Tel est le sens de l'activité féminine, toujours efficace, même lorsque à un moment donné elle se retourne en « activité à but passif » : c'est-à-dire en cette manœuvre nécessaire et suffisante pour se faire attraper.

Enfin, dans ce départage du choix du genre entre masculin et féminin, le phallus reste toujours le seul symbole ! C'est que ni les hommes ni les femmes n'ont le phallus ! Un homme ne l'a en érection que s'il désire une femme, qui en est donc tout aussi

1. « C'est vraiment une confirmation que quand on est homme, on voit dans la partenaire ce dont on se supporte soi-même » (J. Lacan, *Encore*, Le Séminaire, Livre XX [1972-1973], Paris, Seuil, 1975, p. 80).

bien propriétaire. Nul ne l'a sans l'autre. De sorte que le seul symbole phallique préside non seulement à la naissance de la bisexualité et à son départage en deux genres, mais aussi au jeu de la séduction entre ces deux genres, toujours obsédés de ce même symbole. Comme chacun d'entre eux ne l'a que grâce à l'autre, le désir se tend en fonction de cet *alter ego*, qui seul peut le donner. Chercher à « avoir le phallus », tel est le ressort de l'excitation sexuelle désormais remise pour chaque sujet aux bons soins de cette sorte de moitié d'eux-mêmes qu'incarne l'autre du sexe[1].

Quelles sont les conditions du choix, entre un genre et un autre ?

L'élection du genre à partir de la bisexualité apporte des éclaircissements, mais pose de nouveaux problèmes. Car comment un enfant fera-t-il ce choix entre une « activité à but *actif* » et une « activité à but *passif* » ? Tout dépend de son histoire et de la place que lui accordent ses parents, selon qu'ils se comportent avec lui comme s'il était un garçon ou une fille. Cette détermination résulte de l'attitude de deux personnes, le père et la mère, mais aussi du rapport de force qu'elles entretiennent entre elles, imprédicable. Le mieux est de prendre en exemple deux cas de figure suffisamment clairs.

Le père peut avoir un fils avec lequel il se sent dans une rivalité qui n'est pas un affrontement d'homme à homme : il revit à travers lui sa propre position d'enfant vis-à-vis de sa mère, et ce transitivisme inconscient engendre une rivalité *décalée* (le plus souvent refoulée par la tendresse paternelle). Cet affrontement père/fils se cristallise sur des détails, le plus souvent éducatifs. L'affrontement virilise le fils (à condition qu'il ne soit pas toujours vaincu, ni physiquement battu).

Le sentiment d'être en rivalité avec ce même père va disparaître s'il a au contraire une fille, surtout si – en dépit de son

1. « L'autre du sexe » est une formule plus extensive que « l'autre sexe ».

refoulement – il ressent à son égard un émoi érotisé, signe d'un désir incestueux lui aussi décalé. Il rejoue avec sa fille la partie qu'il n'a pu jouer avec sa propre mère : tous les hommes furent des fils avant d'être pères, et ils le restent. Cette séduction refoulée pousse les feux de la féminisation de leur fille. Le choix du genre dépend à cet égard des façons dont le père aura été plus ou moins séducteur avec son enfant. Un père qui s'affronte à son fils le tire du côté de la virilité. Et si sa fille l'émeut, elle saura y trouver les armes propres à son sexe, pour retourner la situation en sa faveur.

Du point de vue maintenant de sa relation à sa mère, un fils sera d'autant plus assuré dans sa masculinité qu'elle se vivra à travers lui comme le garçon qu'elle a plus ou moins été[1]. Elle peut aussi ressentir à son égard le même émoi sexuel qu'avec son père, selon le saut transgénérationnel d'un désir incestueux refoulé et décalé.

Si la même mère a une fille en revanche, cette dernière risque d'être dévalorisée à cause de l'impossibilité de rejouer avec elle le transitivisme masculin, ou l'érotisation avec le père. Cette dévalorisation culpabilise la fille et noue un lien inextricable entre la fille et sa mère, car comment cette dernière pourra-t-elle jamais être contente d'elle ? Une mère peut néanmoins trouver du plaisir avec sa fille en tant que fille, mais à la condition d'une intimité transitiviste, souvent étouffante, ou bien en maintenant avec elle un rapport où elle tient le rôle de l'homme. Une telle mère reste ainsi phallique grâce à sa fille[2].

1. Elle peut aussi régler des comptes avec lui : car si à la féminisation (normale) par le père se surajoute une féminisation par une mère qui cherche à régler son complexe de virilité sur le dos de son fils, ce dernier a de fortes chances de ne pas résister, et de se voir pousser vers une homosexualité passive.

2. Les scénarios employés au service de cette sorte de pédérastie maternelle sont parfois retors. Une mère peut, par exemple, pousser sa fille dans les bras de son père, en fermant les yeux sur la séduction père/fille. Mais alors ce père n'est plus un père digne de ce nom, et grâce à cette déchéance paternelle, la mère se garde sa fille pour elle. Cette dernière peut d'ailleurs s'en sortir quand même en s'identifiant au père qu'elle aurait voulu avoir, c'est-à-dire en se masculinisant.

En choisissant seulement ces cas de figure, on mesure la complexité des déterminations, puisqu'il ne faut pas simplement compter avec le transitivisme du père ou de la mère, mais avec les deux, et sur ce qui se joue de plus entre eux : les parents peuvent être en guerre à propos du genre de leur enfant. La complexité s'accroît encore, puisque l'enfant lui aussi va dire son mot par rapport à ces déterminations, en refusant ou en souscrivant à ce qui le pousse vers sa mère ou vers son père.

Au résultat, le « genre » psychique ignore l'anatomie[1]. Mais comme son élection refoule ses propres conditions d'effectuation, chacun pensera une fois ce choix fait qu'il a toujours été du côté masculin ou féminin (indépendamment de l'anatomie). Se considérant désormais comme un homme ou comme une femme, il déclarera être né comme ça, selon des dispositions « naturelles ».

La castration, moteur du désir : vouloir avoir le phallus ou vouloir le donner

Certaines réflexions de Freud à propos de la castration semblent privilégier le constat visuel de la différence anatomique des sexes. La simplicité du texte de 1925 sur les conséquences psychiques de la différence anatomique entre les sexes[2] lui donne un rôle de premier plan. En voyant effectivement la différence, et sous le coup de l'angoisse de castration, le garçon sortirait du complexe

1. Comme l'écrit Freud dès 1903 : « Si l'on savait donner un contenu plus précis aux concepts de "masculin" et de "féminin" [...] la libido serait [...] de nature masculine, qu'elle se trouve chez l'homme ou chez la femme et indépendante de son objet, que celui-ci soit l'homme ou la femme » (*Trois Essais sur la théorie sexuelle*, *op. cit.*, p. 161). Vingt-deux ans plus tard, le même point de vue est repris : « [...] tous les humains, par suite de leur constitution bisexuelle [...] possèdent à la fois des traits masculins et féminins, si bien que le contenu des constructions théoriques de la masculinité pure et de la féminité pure reste incertain » (S. Freud, « Quelques conséquences psychiques de la différence anatomique entre les sexes » [1925], in *La Vie sexuelle*, *op. cit.*, p. 131-132).
2. *Ibid.*

d'Œdipe, alors que la fille y entrerait. Elle n'en finirait plus, à partir de ce constat en sa défaveur, d'attendre le phallus du père. Freud a relativisé ensuite ce point de vue. Il s'agit moins de l'entrée ou de la sortie du complexe d'Œdipe – qui joue des tours aux deux sexes leur vie durant – que de l'entrée ou de la sortie dans la féminisation. Les garçons en sortent, ou tout du moins se mettent en marche dans cette direction. Alors que les filles prennent la route en sens contraire.

Certes, le constat visuel de la différence des sexes importe, mais il ne devient efficace que dans un *après-coup* : il reste secondaire d'une angoisse de féminisation par le père qui doit l'avoir précédé. En regardant leurs compagnons de jeu, et pendant longtemps, les filles ne sont pas si impressionnées par ce qu'elles voient. La différence anatomique ne devient le support de l'angoisse que dans la mesure où un risque de féminisation par le père la précède. L'angoisse provoquée par la vision de la différence anatomique ne vient qu'en seconde main, une fois que la crainte d'une castration a porté son coup[1].

Quand bien même l'anatomie serait-elle vue de la manière la plus aveuglante, elle continue de receler un mystère. Le sexe féminin reste ainsi l'objet d'une fascination angoissée : il annonce une altérité inquiétante dont il n'y a pourtant pas moyen de se passer, puisque c'est grâce à elle que la virilité s'affirme. L'incrédulité concernant le sexe féminin contamine l'ensemble de la vie psychique, non pas latéralement ou pathologiquement, mais à titre de fondement. Combien de temps fautil à un enfant pour reconnaître que sa mère n'a pas de pénis ? Toute sa vie, puisque jusqu'à la fin il restera son enfant, qui naquit au lieu de cette absence. Son être dépend donc de cette croyance : c'est sa philosophie.

L'anatomie reste une réalité clivée de la croyance psychique, qui élève le sexe féminin à la hauteur d'une différence à soi – et

1. Pendant un certain temps, les enfants ont beau constater la différence, ils ne veulent pas le savoir. On peut leur apprendre comment les enfants naissent : l'anatomie, la physiologie du rapport sexuel, etc. Ce savoir restera clivé de ce qu'ils ne veulent pas savoir, c'est-à-dire que leur mère est castrée, qu'elle n'a pas le phallus qu'ils sont.

donc en fait un sujet d'inquiétude, sinon d'angoisse. C'est chaque fois le lieu d'une découverte incroyable, d'un mystère sur lequel la prudence commande de jeter un voile. La chose reste inassimilable, clivée d'une autre croyance – celle d'un monde où tout serait égal. De sorte que la nature du sexe féminin reste une énigme. Elle origine la pensée elle-même : elle crée l'univers en ce sens. Le sexe féminin fascine : il génère un doute constant : se présente-t-il vraiment comme l'anatomie le décrit ? Sa configuration s'oublie aussitôt qu'aperçue. Comme au temps hors temps de la mère phallique, le phallus est-il là, ou bien n'y est-il pas ? Cette incertitude contamine de proche en proche l'ensemble des perceptions et troue l'espace de sa discontinuité. Si le doute origine la pensée, *ergo*, c'est elle qui fonde le sujet – tout cartésiennement. Le doute se stratifie à partir de cette origine, dont le doute cartésien n'est que le parent pauvre : c'est la pensée ratiocinante qui fuit infiniment ce qu'elle doit au sexe.

Le célèbre tableau de Gustave Courbet *L'Origine du monde* montre une femme offrant largement son sexe à la contemplation de l'esthète. Mais de quelle origine s'agit-il ? Elle concerne moins l'enfantement que l'existence du sujet du sexe qui, en même temps qu'il doute de ses perceptions, naît à la conscience. Combien d'adultes s'accommodent à la configuration du sexe féminin ? Vraisemblablement aucun. Sa facture demande vérification, mais, même alors et pour les plus équilibrés d'entre eux, personne ne s'y fait vraiment, et demande à voir encore – juste pour vérifier ce qui est devenu une cause d'excitation organisant le visible, dans un espace toujours déjà sexué.

Dans son article sur la « familière » étrangeté[1], lorsque Freud commente le conte de Hoffmann *L'Homme au sable*[2], l'effet d'*Unheimlich* résulte, écrit-il, d'un retour du refoulé. Dans cette histoire, le héros est comme hypnotisé par le regard de la poupée Olympie. C'est la sexualisation du regard qui lui donne son

1. S. Freud, « L'inquiétante [*Unheimlich*] étrangeté » [1919], in *Essais de psychanalyse appliquée*, Paris, Gallimard, 1971.
2. E. T. A. Hoffmann, *L'Homme au sable* [1816], Paris, GF-Flammarion, 2005.

étrangeté : dans l'œil d'Olympie, l'homme voit le reflet d'un manque qu'il craint pour lui-même. Les yeux lui disent qu'elle n'a pas ce qu'il a encore, espère-t-il, et ils disent aussi leur attente de ce qu'il pourrait lui donner... s'il y arrive ! Les yeux s'approprient ainsi à l'avance un phallus dont le regard, plus que toute autre perception, donne la dimension volatile, celle d'une fragile érection d'entre-deux. L'affrontement des yeux soutient (ou ne soutient pas) cet enjeu, celui de l'avoir – ou pas. La fascination, ainsi liée à la castration, montre dans le conte ce que devient l'appel de la féminité, lorsque sa demande est éternisée par un œil de poupée, qui jamais sa paupière ne baisse. Elle laisse celui qui regarde Olympie dans un effroi glacé : c'est lui qui devra baisser les yeux (et le reste avec) [1]. De ce rapport de l'érection au regard, le sexe féminin pourrait se figurer grossièrement comme un œil, celui devant lequel un homme éprouve sa vérité intime : les hommes névrosés déclarent que le sexe féminin est pour eux quelque chose de familièrement inquiétant, écrit Freud. C'est une angoisse familière, puisqu'elle concerne une mise à l'épreuve de l'intimité du désir. Si la castration nomme ce paradoxe, leur propre féminité refoulée fascine et angoisse les hommes : c'est elle qui fait retour dans la familière étrangeté.

La femme incarne une sorte de double – mais visiblement castré [2] – auquel les hommes désirent donc ardemment donner le phallus. Il faut qu'elle l'ait, elle aussi, il faut absolument qu'ils le leur donnent, et leur désir sexuel se proportionne à leur crainte de le perdre eux-mêmes. Car pourquoi désireraient-ils des femmes qui – justement – les angoissent ? Une angoisse de castration fortement érectile oriente en ce sens le désir sexuel : il faut donner afin de rétablir une parité par trop déséquilibrée. Le déni de la castration hante le désir : ce moteur d'angoisse l'active.

1. « La contribution masculine à cette image d'une sexualité féminine inassouvissable ne fait pas de doute – et au premier chef celle de l'angoisse de castration bâtissant un danger à sa mesure » (J. André, *La Sexualité féminine*, Paris, PUF, coll. « Que sais-je ? », 1994, p. 23).

2. C'est dans ce contexte « visuel » que la confusion s'installe à propos du mot « castration », puisqu'il laisse entendre que les femmes seraient privées de ce que les hommes auraient.

Le désir survit longtemps à l'espérance [1]. Cette jolie formule de Freud souligne que le constat de la différence émeut moins le désir inconscient qu'il ne le motive. Car l'espoir est-il si déçu ? Renonce-t-il ? Au fond, non – tant que dure le fantasme de séduction. Car la séduction obtient, par personne interposée, ce que la nature semble refuser. Après tout, c'est bien grâce à la séduction qu'une femme dispose du pénis d'un homme – comme si elle en était propriétaire. Sa jalousie procède du fait qu'elle le considère comme le sien. Lorsqu'une femme provoque une érection, ce phallus lui appartient, et son amant peut en éprouver une angoisse de castration qui le féminise. En ce sens, il arrive qu'un amant fasse le lapsus de se mettre au féminin en parlant à la femme qu'il désire : c'est un lapsus viril, qui antécède sur ce qu'il veut donner [2]. Réciproquement d'ailleurs, il arrive à nombre de femmes – des plus féminines et parce qu'elles le sont – de parler d'elles au masculin. En réalité, il existe un temps réitéré de la mise en couple, pendant lequel chacun cherche à répartir sa propre bisexualité. C'est l'enjeu d'une lutte dont les lapsus masculins/féminins témoignent : ce sont les lapsus du désir. Après tout, on l'a dit, « castration » est synonyme de « bisexualité ».

Dans cette sorte de vœu d'égalisation en jeu dans le désir, à l'*envie du phallus* [3] féminine répond une *envie de donner le phallus*, du côté masculin. Quelle belle symétrie ! Ce commerce équitable a le mérite de la simplicité et le sens de la justice. Il souligne que l'angoisse de

---

1. « Au vrai, l'espoir est une espèce de déni, mais qui, au lieu de porter sur ce que le sujet femme *est*, porte sur ce qu'elle *sera*. Aussi utilisons-nous désormais le déni comme terme générique » (M. Safouan, *La Sexualité féminine dans la doctrine freudienne*, *op. cit.*, p. 100).
2. « Il s'ensuit que dans tout homme qui parle l'absence de l'autre, du féminin se déclare : cet homme qui attend et qui en souffre est miraculeusement féminisé. Un homme n'est pas féminisé parce qu'il est inverti, mais parce qu'il est amoureux » (R. Barthes, *Fragments d'un discours amoureux*, Paris, Seuil, 1977, p. 50).
3. « Le "vouloir l'avoir" dont parle Freud, ou l'envie du pénis, désigne – faut-il le rappeler ? – des vœux inconscients refoulés, que nulle observation ne corrige, et dont l'intensité s'avère être à la mesure de la complaisance que l'analysante met à affirmer sa féminité » (M. Safouan, *La Sexualité féminine dans la doctrine freudienne*, *op. cit.*, p. 96).

castration et son déni activent le désir. Les hommes donnent aux femmes un phallus qui n'est en érection que grâce à leur désir. Ils leur donnent ce qu'ils n'ont pas et qu'elles ont suscité – leur bien en quelque sorte –, qu'ils peuvent craindre de se voir ravir.

À l'heure du rapport sexuel, la coappartenance d'un seul phallus remet en scène le départage de la bisexualité entre féminin et masculin. Les trébuchements ordinaires de la sexualité en témoignent. L'érection ne survit pas toujours aux préliminaires de l'auto-érotisme à deux, même lorsqu'un fort désir les anime. L'impuissance pour l'homme, ou l'impossibilité d'être pénétrée pour une femme, leur succède parfois, même lorsqu'ils furent agréables et excitants. Avec le désir de donner le phallus du côté masculin, ou celui de le prendre du côté féminin (qui est une façon d'avoir également un phallus en érection), c'en est fini du plaisir auto-érotique pour entrer dans le champ d'une jouissance agitée de fortes contradictions, à commencer par la coappartenance d'un seul phallus. En attestent des faits multiples : qu'un homme puisse, par exemple, éjaculer dès qu'il pénètre – comme s'il était lui-même pénétré. Ou encore, qu'après des préliminaires glorieux son érection ne se maintienne pas. Ou bien parfois, que la décharge finale se refuse. Car, à lui seul, ce mouvement risque de durer : l'excitation est là ; on donne et on prend – avec entrain peut-être – mais sans conclusion, dans une sorte de plaisir anonyme du phallus. Cette suspension ne pose souvent pas problème aux hommes, lorsqu'ils s'intéressent moins à leur propre plaisir qu'à celui des femmes. Mais comme certaines femmes raisonnent de même, l'affaire risque de se terminer en queue de poisson. Ces cas de figure courants rendent sensible la mise en commun d'un seul phallus qui s'érige seulement sous le régime de la communauté réduite aux acquêts (ce que la pénétration actualise). Mais comment préciser alors lequel fait l'amour à laquelle, qui est actif et qui passif ? Où situer le masculin et où se trouve le féminin ? Si bien que cette équivoque devient l'enjeu d'une sorte de lutte [1], qui se règle sur le tempo du fantasme de séduction : qui séduit qui ?

---

1. L'expression « guerre des sexes » (*Kampf der Geschlechter*) est employée par Freud dans « Les théories sexuelles infantiles », in *La Vie sexuelle*, *op. cit.*,

Cette sorte de guerre des sexes semble se dérouler à deux, mais si elle est régie par l'angoisse de castration, l'agent paternel n'est jamais bien loin. L'homme – pour être viril – doit prendre la place du père, et la femme dégager sa féminité d'une emprise, celle de la même figure paternelle. Dans les coulisses de cette confrontation, le père se rappelle au bon souvenir des amants. C'est avec sa présence latente qu'il faut se mesurer ! Si le désir prend son élan au rendez-vous de la castration, un père impersonnel surplombe la scène : non seulement l'homme pour la femme, mais aussi la femme désirée pour l'homme, font naître à cet instant une fonction paternelle. Distincte de l'auto-érotisme, la fantasmatique de la séduction paternelle double la dramaturgie de cette jouissance à front renversé, structurée par une ambivalence qui roule sur des contraires s'engendrant l'un l'autre, toujours en coprésence, heurtés jusque dans son épilogue.

Les homosexualités... (et leur importance pour comprendre l'interactivité des positions sexuelles, et le « déclin » du père)

Homme ou femme ? Du point de vue du genre psychique, il existe une sorte de position mythique de départ, celle d'être un ange sans aucun sexe : cette position transsexuelle, en voulant identifier le corps à un pur phallus, le retranche de ses attributs sexuels secondaires. Cette aspiration appartient déjà au registre des homosexualités : c'est le rêve d'une égalité totale entre masculin et féminin : l'*Homo* sans le sexuel, un *homo* autotraversé. Cette aspiration angélique de départ continue parfois d'insister toute une vie, à titre d'un vœu à réaliser dans le futur.

Mais, même dans ce cas, l'urgence subjective de la sexuation phallique est un préalable de la survie. En effet, le choix du sexe s'affirme immédiatement comme la carte qu'il faut jouer pour contrer la pulsion de mort (l'identification au phallus, transsexuelle). La brutalité de ce sceau explique la grande rigidité du

---

p. 23 (*GW VII*, p. 183) : elle apparaît dans le contexte de la « conception sadique du coït ».

choix du genre, si forte qu'elle ressemble à un destin organique contre lequel on ne peut rien[1]. Cette donnée est précoce et constante, qu'elle corresponde ou non au sexe anatomique, et elle se profile sur le fond d'une identité d'abord « masculine ». « Masculine » veut dire ici : « activité », jouissance d'organe et choix de la mère comme objet. Ce « masculin » correspond à l'entrée dans la jouissance phallique en échappant à la jouissance de l'Autre. En ce sens, garçons et filles s'identifient d'abord au père, dans la mesure où ils veulent posséder leur mère, à laquelle il ne faut surtout pas ressembler.

L'enfant entre ainsi en guerre pour une masculinité qu'il n'obtiendra qu'à la condition d'être en même temps féminisé (castré) par le père auquel il veut s'identifier. Dans ce combat, l'objectif souhaité implique un rejet du féminin et l'affirmation du phallicisme. Ce refoulement est tel que c'est ensuite un combat pour les femmes de recouvrer cette féminité qui leur restera en ce sens toujours problématique. Quant aux hommes, ce refoulement régit l'ordinaire de leur hétérosexualité. Un homme aime en une femme ce qu'il a failli être lui-même pour son père, mouvement dont procède l'amour (pour ce qu'il a été) comme la haine (pour ce qu'il a rejeté de lui-même). L'hétérosexualité (exogame) s'appuie sur une « homosexualité[2] » (endogame).

Ce rappel ouvre le champ des homosexualités. En deçà de l'entrée dans le phallicisme, on a noté d'abord un moment mythique « originaire » transsexuel. Il n'a jamais été viable et correspond à une potentialité régressive : s'il veut vivre, l'enfant entre bon gré mal gré dans le phallicisme en s'identifiant à un père[3].

1. Le choix du genre sexuel change rarement grâce à l'analyse, dont ce n'est d'ailleurs pas l'objectif.

2. On mettra des guillemets aux termes « homosexuel » et « hétérosexuel » lorsqu'ils concernent des rapports intrafamiliaux. En effet, l'endogamie ne préjuge pas à elle seule ce qui se produira à la fin de la phase de latence – période où l'adolescent prend souvent le contre-pied de ce pour quoi sa famille l'a programmé.

3. Et plus tard, si ce dernier ne tient pas la distance – et donc plus ou moins vite en fonction des circonstances –, le sujet rêvera d'une solution transsexuelle.

Pour voir comment bifurquent les différentes orientations vers le genre et le choix d'objet, et donc éventuellement l'homosexualité, il faut se situer à partir d'une position de départ qui implique dans tous les cas un attrait « sexuel » pour la mère, c'est-à-dire l'« hétérosexualité » pour les garçons et l'« homosexualité » pour les filles. Ce que l'on peut appeler une « homosexualité féminine active » est la position sexuelle la plus facile à comprendre[1]. Lorsque certaines théoriciennes du mouvement féministe déclarent qu'un rapport premier à la mère commande l'homosexualité des femmes, elles constatent ce fait, bien qu'elles omettent qu'il s'établit à partir d'une identification au père (si parfaite qu'elle reste inaperçue !). Il s'agit d'unc modalité de meurtre du père, sans lequel ce lien si étroit de la fille à la mère n'aurait pu se réaliser[2].

En comparaison, le lien hétérosexuel des hommes à leur mère est moins bien dessiné. D'une part, leur « hétérosexualité » recouvre (refoule) la féminisation potentielle du sujet, et d'autre part, le sort de cette hétérosexualité va dépendre de la place effectivement prise par le père dans la famille. En effet, ce père peut s'opposer à toute tentative identificatoire du fils, ou encore la mère peut faire de son mieux pour invalider la figure paternelle – qui peut d'ailleurs aussi n'être pas très vaillante, etc. Si cela se produit pour une fille, ces ingrédients renforceront son « homosexualité » alors qu'ils affaibliront l'« hétérosexualité » masculine. En ce cas, le lien d'amour identificatoire avec le père restera prévalent, dessinant les prémisses d'un rapport « homosexuel » passif avec le père, susceptible de passer à l'activité par transitivisme.

1. Cette disposition est corroborée par les statistiques : 77 % des homosexuelles font état d'une identification à leur père, alors que 15 % des hétérosexuelles se reconnaissent un tel penchant (J. Corrazé, *L'Homosexualité* [1982], Paris, PUF, coll. « Que sais-je ? », 2006, p. 77). Ces statistiques, sûrement très approximatives, ne font sens que pour les écarts importants qu'elles révèlent.

2. Lien dont elle aura d'ailleurs les plus grandes difficultés à se défaire, les hommes ne représentant souvent pour elle qu'une bouée de sauvetage par rapport à cette passion dévorante.

En effet, l'identification au père comporte côté masculin une conséquence parmi trois possibilités. La première – déjà étudiée – est le passage à l'hétérosexualité. En ce cas, le lien « homosexuel » est refoulé. Ce passage sera encore plus net quand *le père désire la mère, et réciproquement.* On veut dire par là que la castration prend son sens pour l'enfant dans la mesure où il imagine d'abord 1) : que sa mère désire son père (elle a été castrée par lui). Et ensuite 2) : que son père désire sa mère (désir qui d'une certaine façon le castre aussi). Ces deux conditions réunies poussent vers l'hétérosexualité, en même temps que le lien homosexuel est refoulé. Si ce n'est pas le cas, une seule des deux peut l'être, ou bien l'autre (ce sont les trois possibilités envisageables). Évidemment, on ne peut se rendre compte à l'avance dans quelle mesure un homme désire une femme ou le contraire, ou les deux réciproquement. Mais on en a une idée assurée en constatant le résultat, c'est-à-dire du côté de l'enfant une homosexualité soit passive, soit active.

Le choix de l'« homosexualité passive » correspond au cas de figure où *la mère désire le père, alors que le contraire n'est pas vrai.* L'homme incarne alors une figure virile écrasante, mais distante. L'enfant terrorisé par ce père trop puissant (qui n'est pas castré par son désir pour sa femme) va donc se mettre dans une position de séduction passive par rapport à lui. Une fois que le fils aura grandi, il cherchera à être aimé par des hommes – comme il aurait voulu être aimé par son père.

Pour ce qui concerne la fixation d'une « homosexualité active », elle procède de l'accentuation d'une figure opposée : *le père désire peut-être la mère, mais la réciproque n'est pas vraie.* Cette dernière lui préfère son enfant. En ce cas, l'enfant devenu grand aimera un homme comme sa mère l'a aimé[1]. Cette mère invalide le désir sexuel en général, et pour son mari en particulier : donc non seulement son fils aimera activement un garçon semblable

1. Le père est à sa place du point de vue symbolique (il ne s'agit pas de psychose), mais c'est un symbolique auquel il manque une marche : il est à la place du père mort avant d'avoir été vivant, puisque du point de vue du sexe, son rôle est nul.

à ce qu'il a été dans l'amour maternel, mais aussi tel qu'il aurait voulu être désiré par son père. Il lui faut aimer les garçons comme sa mère l'a aimé lui-même, mais en ajoutant, de plus, l'érotisme d'un père tel qu'il aurait voulu l'avoir. S'il est si excitant d'aimer un garçon, c'est parce que cet autre de soi-même doit jouir du désir sexuel que l'amour intense de la mère a laissé en suspens. L'« homosexualité masculine active », en faisant une œuvre de justice (puisqu'elle cherche à pallier le défaut érotique de l'amour reçu en lui ajoutant du sexe), se déploie dans un déni de la castration maternelle prorogé par l'emprise d'un autre corps. Une sorte de passion de la sodomie caractérise son but sexuel.

Comment faire comprendre ces choix forcés ? Pour que la situation apparaisse plus clairement aux hétérosexuels qui refoulent exactement les mêmes formes d'homosexualité, un homme sera en position d'homosexualité passive – mais *refoulée* – lorsqu'il se débrouille pour que sa femme soit séduite par d'autres hommes (c'est un *looser*). Et il sera en position d'homosexualité active – mais *refoulée* – lorsque rien ne l'excitera autant que de conquérir la femme des autres. Il s'agit de positions réglées d'une grande banalité, qui sont facilement observables dans la vie quotidienne.

On vient d'examiner quatre positions : l'urgence de l'identité sexuelle et celle de l'élection d'un objet correspondant distribuent différents choix : celui de l'« homosexualité féminine active », de l'« hétérosexualité masculine », « de l'homosexualité masculine passive » ou enfin « active » [1]. Cette recension concerne les choix

1. Ces trois types d'« homosexualité » fonctionnent selon les théories sexuelles infantiles, pour lesquelles la question de la reproduction se règle par voie pulsionnelle (avoir un enfant clonique oral ou anal). En conséquence, dans ces formes d'homosexualité, le désir d'avoir un enfant diffère de celui de la névrose, orienté par une tentative de résolution de l'angoisse de castration provoquée par l'autre sexe. Ce désir éventuel d'enfant s'impose dans la nostalgie de l'hétérosexualité (une majorité d'homosexuels auraient préféré ne pas l'être). L'idée d'avoir des enfants comme les hétérosexuels témoigne de ce refus. S'exprime ainsi un regret de ne pouvoir régler une dette à l'égard des parents, en leur donnant des enfants.

sexuels (identification de genre et choix d'objet) effectués dans l'enfance : ils ne sont encore inscrits qu'en pointillé. C'est seulement à l'adolescence que ces choix peuvent se confirmer sous forme d'une fixation de la perversion polymorphe de l'enfance. L'hétérosexualité ou bien une des homosexualités peut s'affirmer, mais cette dernière peut aussi, après un certain temps d'activité pendant l'adolescence, virer à l'hétérosexualité plus ou moins fermement établie. La plupart des enfants puis des adolescents manifestent à un moment ou à un autre des penchants homosexuels, qui se confirment ou s'infirment par la suite.

Les possibilités logiques délimitent jusqu'à maintenant trois types d'homosexualité : une « homosexualité féminine active » et deux « homosexualités masculines » : une « active » et une « passive ». L'esprit de symétrie voudrait qu'il existe aussi une « homosexualité féminine passive », or cette catégorie fait problème, puisque le désir se vectorialise uniquement à partir de l'agent de la castration, c'est-à-dire le père. On comprend bien qu'il puisse exister pour un homme une « homosexualité passive » par rapport au père, mais si c'est le cas pour une femme, cela s'appelle, bien sûr, l'hétérosexualité ! Pourtant, l'« homosexualité féminine passive » existe bel et bien. Comment naît un tel penchant ? Afin de progresser, élucidons la question suivante : pourquoi une femme se laisserait-elle aimer par une de ses sœurs, et cela à titre de femme ? On remarque souvent que lorsqu'une femme se laisse séduire par une homosexuelle active, cette aventure succède à un épisode d'hétérosexualité orthodoxe. Tout se passe comme si une déception de l'amour hétérosexuel avait comme conséquence un épisode d'homosexualité, et cela pendant quelque temps, etc. Un certain nombre de « changements d'objets » se succèdent ainsi (mais une fixation peut aussi se produire). On découvre ainsi une règle générale : tout se passe comme si cette désillusion par rapport à un homme succédait à une déception plus ancienne par rapport au père. Ce dernier a provoqué une excitation sexuelle, et comme il ne l'a pas satisfaite, il s'ensuit une déconvenue. Le père déçoit plus particulièrement au moment des premières règles (dont il n'a souvent pas été informé). Les règles signifient l'absence de l'enfant attendu de lui : voilà le motif d'une déception dont la conséquence « réglée » est l'homosexualité comme *première étape* de la vie amoureuse féminine. Cette déception amène à se laisser aimer par une homosexuelle active. En effet, cette dernière peut prétendre à plus d'un titre en remontrer au père défaillant, puisqu'elle représente l'un des stéréotypes de son idéalité : tout névrosé a imaginé à un moment ou un autre que son père était absent, homosexuel ou impuissant (puisqu'il provoque le désir sans passer à l'acte, avec son fils ou sa fille). L'homosexuel, quel que soit son sexe, est ainsi un digne représentant du père. À telle enseigne qu'il devient digne d'intérêt pour nombre de femmes, friandes d'amis de ce genre. Des homosexuelles actives peuvent donc aussi prétendre tenir une place de choix dans cette incarnation du père. Elles signifient non seulement à leur manière que le père est un impuissant, mais de plus qu'il peut être avec profit remplacé par une femme, qui se débrouillera toujours mieux que lui en matière de jouissance.

L'existence d'une homosexualité passive alternant avec une hétérosexualité permet de faire un pas de plus, celui de qualifier ce type d'homosexualité féminine passive d'« adulte », puisque pour y accéder il faut d'abord passer le cap de l'amour d'un père décevant. C'est une homosexualité qui succède à une hétérosexualité déçue – comme c'est le cas par principe avec le père : ce moment homosexuel féminin est la condition exogame du passage à l'âge adulte. On a déjà vu que l'hétérosexualité masculine adulte suppose, elle aussi, le passage antérieur adolescent par une homosexualité latente ou manifeste. Mais, du côté masculin, la déception ne commande pas le passage à l'hétérosexualité : c'est l'angoisse d'être féminisé.

Une homosexuelle passive « adulte » fait souvent couple avec une homosexuelle active par identification au père (articulée à la perversion polymorphe de l'enfant). Mais deux femmes homosexuelles « adultes » peuvent aussi s'appareiller, parce que cette homosexualité féminine est passive de la même façon que la féminité : elle est « activement passive[1] ». Chacune des partenaires peut échanger avec l'autre son amour de la Femme. Il faut souligner que c'est une identification *masculine* qui fait partie de cette homosexualité « adulte », par identification non au père mais à l'homme (par deuil de l'homme décevant). Il y a passage à l'homosexualité par identification à l'homme afin d'en faire le deuil, en se mettant à sa place et en se comportant avec une femme de la même façon qu'il aurait fallu qu'il le fasse. L'« homosexualité féminine passive adulte » peut donc s'accoupler avec une autre forme qui succède à la déception : une « homosexualité féminine active adulte », située, elle aussi, au-delà du cadre de l'enfance. L'homosexualité féminine « adulte » se répartit donc selon deux versants : un passif (qui cherche à être aimé par une femme) et un actif (qui s'identifie à l'homme aimant cette femme).

Ce concept d'homosexualité « adulte » peut sembler bizarre : il correspond au passage de la névrose infantile à la névrose adulte. Il a l'intérêt de se distinguer des trois premiers types d'homosexualité décrits auparavant, qui sont endogames et prolongent éventuellement la fin de partie de l'enfance, de même que la perversion polymorphe des tendres années. Les choix d'objets sont alors des duplicata immédiats des personnages parentaux généralement inversés : par exemple – on l'a dit – un homme aime un garçon comme sa mère l'a aimé, ou comme son père s'est fait désirer, ce qui fait déjà deux attirances homosexuelles bien différentes. En revanche, l'hétérosexualité masculine et féminine, de même que l'homosexualité passive et active féminine, qui méritent d'être qualifiées d'« adultes », traversent d'abord les affres de la fin de l'adolescence, avant que leurs choix s'imposent.

1. Voir le film de Benoît Jacquot *Villa Amalia*, d'après le livre de Pascal Quignard (Paris, Gallimard, 2006). Une femme a brusquement devant les yeux la tromperie de son compagnon. Elle abandonne tout, jusqu'à chercher à effacer son identité dans une sorte d'errance à travers l'Europe. On voit naître alors un amour homosexuel pour une jeune femme qui la sauve alors qu'elle allait se noyer. Dans les dernières séquences seulement, elle retrouve son père qui l'abandonna dans son enfance, événement premier probablement causal de cette répétition du destin.

Cette homosexualité féminine « adulte » se distingue fortement de celle des lesbiennes militantes, qui s'identifient moins à l'homme qu'au père[1]. Outre qu'elle est sûrement plus répandue que l'homosexualité masculine puisqu'elle est de structure – normale pourrait-on dire –, et qu'elle est compatible avec l'hétérosexualité, cette homosexualité féminine « adulte » se reconnaît mal dans la subculture lesbienne. Autant la plupart des homosexuels sont attachés à la culture « *gay* » dans laquelle ils voient une légitimation et une protection, autant la majeure partie des homosexuelles femmes s'en désintéressent totalement.

Il existe une grande différence entre le caractère « adulte » de l'homosexualité féminine et cette partie de l'homosexualité des hommes vus jusqu'à maintenant, ceux dont l'essentiel des pratiques reste fixé à la perversion polymorphe de l'enfance. On en trouve une preuve dans un comportement distinct en matière de fidélité. L'homosexualité féminine « adulte » débute le plus souvent après la puberté dans les suites d'une amitié romantique qui débouche ensuite sur une activité sexuelle. Il n'en va pas de même pour les hommes homosexuels dont la grande majorité privilégient la sexualité au détriment de l'amour ou de l'amitié. Si l'on en croit les statistiques du « Que sais-je ? » sur l'homosexualité, 90 % des homosexuels hommes sont accoutumés à des rencontres totalement dépourvues de sentiments, au cours desquelles la conversation se réduit au minimum. C'est particulièrement vrai dans des lieux de rencontres spéciaux comme les saunas ou les *backrooms*, où il n'y a parfois même pas de lumière. Un nombre important d'hommes homosexuels, en tout cas ceux qui perpétuent de préférence les pratiques perverses polymorphes, se consacrent exclusivement à ce type de relation. L'infidélité est la règle pour eux (ou plutôt la question ne se pose même pas), alors qu'au contraire la fidélité régit l'homosexualité féminine[2]. Certes, on demandera pourquoi la fidélité devrait être

---

1. Celles qui sont surnommées « les camionneurs » dans les groupes militants US.

2. Les hommes auraient en moyenne quinze partenaires par an, contre une seule pour les femmes pendant la même période. Du côté féminin, de plus, seules 20 % des homosexuelles pratiquent le type de rencontre précité. Même

considérée comme un critère de l'adulte ! En réalité, c'est moins la fidélité que la culpabilité qui mérite considération. Pour l'enfant, l'innocence prévaut – tout lui est dû –, alors que le poids de la dette et de la culpabilité pèse après la fin de la phase de latence. L'amant s'engage et éprouve une culpabilité lorsqu'il provoque l'amour, et ce sentiment compte dans son devoir de fidélité[1].

Un motif plus fort valorise la fidélité du côté féminin. L'homosexualité féminine « adulte » est articulée à l'angoisse de castration et non à son déni. À la fin de la phase de latence, le pénis est attendu d'un homme : il déçoit à tous coups, puisque le premier de la série n'est nul autre que le père. Endogamiquement, ce dernier refuse le pénis à sa fille. Il s'ensuit un sentiment de rejet subi avec plus ou moins de violence, qui aura comme contre-violence un temps premier d'homosexualité. En ce cas, aimer une femme (comme un homme aurait dû le faire) servira de base de repli et fonctionnera comme un équivalent au fait d'avoir le pénis. L'*amour* pallie alors l'angoisse de castration et remplace l'envie du pénis : d'où la folie enivrante de cet amour de la jeune fille pour une de ses sœurs, et cet amour, parce qu'il vient à la place de l'envie du pénis, engendrera donc une excitation phallique clitoridienne. Mais, contrairement au type d'homosexualité masculine évoqué, il aura l'amour comme condition préalable. On comprend mieux alors la fidélité des homosexuelles femmes, puisque la condition résolutoire de leur envie du pénis est l'amour qui procède directement d'un fantasme de masculinisation. L'homosexualité masculine en revanche, si elle passe à l'acte aussi à la sortie de la phase de latence, n'a nullement comme condition l'amour (à la place de l'envie du pénis) mais un moment initiatique[2] : pour accéder à la virilité, il s'agit

si les statistiques sont souvent suspectes, l'écart important entre les deux comportements est significatif d'une nette différence de position (J. Corrazé, *L'Homosexualité*, *op. cit.*, p. 68).

1. Et cela d'autant plus que le narcissisme demande à l'amour d'être unique, et qu'il paie cette unicité en retour.
2. « Initiatique » veut dire traversée du *no man's land* du fantasme parricide.

de s'identifier à l'impersonnalité paternelle, ou bien d'aimer comme une mère phallique, passage marqué par les liens homosexuels – actifs ou passifs – avec d'autres garçons.

Déçues par le père, les jeunes filles commencent par aimer d'autres jeunes filles, bien que, le plus souvent, elles ne soient pas déçues bien longtemps et reprennent rapidement espoir. Ce n'est pas parce qu'un homme saurait leur faire miroiter une satisfaction de l'envie du pénis plus conforme à l'anatomie, mais parce que l'homme exogame leur promet la mort du père décevant. Une condition du passage à l'hétérosexualité est donc une sorte de vengeance contre le père (qui pleurera beaucoup le jour du mariage)[1]. Le passage de cette homosexualité à l'hétérosexualité que connaissent la plupart des femmes semble commandé par la passion d'un homme, qui l'emporte sur le penchant homosexuel de celle qu'il aime. Mais cette jolie phénoménologie du prince charmant tirant sa belle au bois dormant de sa déception ne dit rien des fantasmes inconscients qui mènent la danse. C'est que l'homme aime une femme dont il pressent qu'elle aime une autre femme. Son amour n'a pas cette pureté éthérée des contes pour enfants. Il correspond à un fantasme masculin qui requiert deux femmes. Dans son dépit du père, une femme « masculinisée » aime une autre femme. De son côté, un homme cherche à régler son hétérosexualité grâce à l'amour d'une femme (qui le représente) aimant une autre femme (comme lui). Deux femmes lui sont nécessaires pour être lui-même un homme. Aimer une femme qui aime une femme correspond, en ce sens, à un fantasme de l'homme. Et la femme peut aussi continuer à travers lui son rêve d'aimer une autre femme. Portant son parfum, l'homme enregistre au compte de l'hétérosexuel le penchant homosexuel. Du côté féminin, l'homosexualité féminine

1. La phase de deuil identificatoire au père (qui fait si souvent les crises mystiques de l'adolescence) peut ne pas se produire dans certaines conditions, car encore faut-il qu'il y ait du père à tuer, ce qui n'est pas le cas lorsque se présente un certain type d'absence paternelle (par exemple, un père peu présent ou dit « dépressif », c'est-à-dire qui ne désire pas sa fille). Dans ces occurrences, l'homosexualité poursuit sa route, généralement sous la houlette d'une homosexuelle « active ».

n'abandonne pas la partie : elle se transforme en jalousie pour la rivale, jamais absente de l'amour le plus confiant.

On mesure l'importance de cette relation de l'hétérosexualité à l'homosexualité, et c'est sans doute ce qui a amené Freud à utiliser un concept spécial qui synthétise les particularités de l'homosexualité féminine « adulte ». Il a introduit la notion de « désistement » (*Answeichen*) dans son article « Sur la psychogenèse d'un cas d'homosexualité féminine » (1920). Freud reçoit cette jeune fille alors qu'elle est la proie d'une passion unilatérale et platonique pour une femme encore jeune, mais d'âge mûr. Elle vient d'attenter à ses jours quand elle lui est amenée par ses parents. Sa position passionnelle correspond, écrit Freud, à une identification masculine. Son changement de genre et de choix d'objet se produit alors qu'elle aurait voulu un enfant de son père et c'est sa mère qui est sa concurrente victorieuse en accouchant d'un nouvel enfant : « elle se changea en homme et prit sa mère à la place de son père comme objet d'amour ». La jeune fille « se désiste » au profit de sa mère : « En devenant homosexuelle, en cédant les hommes à sa mère pour ainsi dire en se désistant [1], la jeune fille écartait donc un obstacle qui lui avait valu jusqu'alors la malveillance de sa mère ». Cet amour inverti ne cherche pas seulement une identification au père en aimant comme lui des femmes : il cherche à se venger d'une trahison. Il faut faire souffrir un parjure et surtout qu'il paie. D'où des efforts répétés pour que le traître sache tout de ses amours homosexuelles.

Cette particularité vengeresse du « désistement » en rajoute sur une simple identification. Certes le père est toujours – de quelque façon – un traître aux yeux de celle (ou de celui) qui l'aime, le plus souvent sans le savoir. Le pauvre n'a d'ailleurs pas le choix : ou bien c'est un traître – s'il va avec une autre (c'est

1. Le verbe « *Answeichen* », de « désister », a une connotation d'esquive que le français rend moins bien. Freud donne en note un autre exemple de « désistement » concernant l'homosexualité : celui de deux jumeaux, tout deux fort amateurs de jeunes filles, mais l'un d'entre eux ayant plus de succès que l'autre, ce dernier se « désiste » et devient homosexuel.

déjà fait) – ou bien il est incestueux (et cette éventualité le condamne d'ailleurs encore bien davantage). On aura donc en toutes circonstances quelques raisons de tirer vengeance du père, le « désistement » ostentatoire pour choisir un autre genre étant l'une de ses modalités. C'est une caractéristique de nombre d'homosexuels, qui à un certain moment de leur existence doivent dans l'urgence informer leurs parents de leurs choix. Les hétérosexuels se donnent rarement cette peine.

Au-delà d'une monstration vengeresse du changement d'objet, souvent mise sous les yeux du père, la société tout entière doit être prise à témoin de cette affaire intime. Cet aspect est plus délicat, car il faut faire la part d'une révolte justifiée contre une oppression millénaire[1]. Mais est-ce encore le cas lorsque la grande majorité d'une société ne s'occupe pas trop de la sexualité de chacun, ni de ses déviances, chacun ayant les siennes ? Dans un pays comme la France, où la laïcité et l'incroyance sont hégémoniques depuis plusieurs siècles, chacun se débrouille comme il peut avec ses particularités sexuelles et ne souhaite généralement pas en faire une affaire publique[2]. En réalité, cette revendication de reconnaissance ne devient collective que lorsque s'ajoute à la singularité du désistement un vœu transgressif de la loi propre à des formes particulières d'homosexualité (notamment perverses). En retour, l'agacement du père, ou en extension de la couche patriarcale de la société, est proportionnel à ce qui est ressenti comme une provocation. Cette réaction de colère du père devant cette monstration concerne moins une homophobie que le coup qu'il ressent devant la perte de sa filiation, perte à laquelle s'ajoute sa jalousie de voir sa fille (c'est-à-dire son fils) filer avec un(e) autre. Ce versant de la colère avouerait plutôt son homosexualité refoulée.

Le « désistement » a une autre caractéristique importante : il invalide toute conception génétique de la maturation sexuelle :

---

1. En ce sens, il est juste que la lutte contre cette oppression constitue une revanche.

2. Il n'en va pas de même dans les pays où la religion reste dominante, où la loi et l'opinion ne se gênent pas pour s'emparer de la vie intime des citoyens (c'est largement le cas aux États-Unis, entre autres).

il n'existe pas un fléchage progressif allant de l'homosexualité à l'hétérosexualité. Les enfants ne sont pas d'abord homosexuels pour s'intéresser ensuite à l'autre sexe. Au contraire, l'affirmation du genre est immédiate, soit féminin (aimant les hommes), soit masculin (aimant les femmes), soit les différentes combinaisons qui allient ces deux termes, selon des positions délimitées quant au genre et quant au choix d'objet. Dans ces différentes combinaisons, l'identité sexuelle de l'amant est le point en fonction duquel le choix d'objet amoureux varie (c'est le désistement). Par exemple, un homme qui se reconnaît comme homme peut pendant un certain temps aimer les hommes, puis les femmes, ou les deux. Mais son identité ne changera que relativement à ce choix d'objet, qui ne suit pas une progression qui irait du « moins bien » au « mieux », c'est-à-dire d'un premier temps homosexuel pour aller ensuite vers un choix hétérosexuel. C'est sur le terrain de cette variabilité qu'une fixation intervient, en fonction des aléas de l'amour et de l'histoire : elle ne concerne pas un blocage dans une progression de la structure. En effet, la fixation sur un certain objet intervient aussi bien en cas d'homosexualité que d'hétérosexualité. Le sujet aime décidément ce qui, imaginairement, le complète : il aime au défaut de son être l'autre avec lequel il rêve de se retrouver. Il aime avant de savoir ce que la sexualité veut dire : c'est un choix dont le sexe calme comme il peut, secondairement, la brûlure.

Après cet examen de différentes homosexualités, et bien qu'elle n'apparaisse pas au premier plan, il faut considérer maintenant l'importance d'une « homosexualité masculine adulte ». Elle est peu voyante, et pas du tout militante. Mais, au bout du compte, elle est peut-être majoritaire. Naturellement, il existe des hommes névrosés, hystériques ou obsessionnels, dont l'homosexualité connaît ses plus beaux jours à l'adolescence, formant la porte d'accès encore endogamique de leur future exogamie hétérosexuelle. Ce moment « initiatique » est le moteur de l'hétérosexualité à titre de suite logique de l'homosexualité endogame. Outre ces épisodes d'homosexualité de l'adolescence, le choix homosexuel peut persévérer transitoirement, cycliquement, ou plus longtemps. Dans ce cas, l'homosexualité exige à titre préalable l'amour et les pratiques sexuelles n'en sont qu'une conséquence contingente, d'ailleurs le plus souvent limitée (sauf à titre d'expérience, la sodomie active ou passive en est généralement exclue). L'amour fantasmatique pour l'homme peut s'épanouir presque sans passage à l'acte ou même sans aucune sexualité. En effet, le but sexuel peut alors être inhibé, bien que l'amour soit décidé. On voit la différence avec l'homosexualité féminine « adulte » qui s'accompagne presque toujours d'excitation sexuelle (l'amour y vaut comme *Penisneid*).

Dans l'hystérie névrotique (l'ordinaire des hommes), c'est constamment que l'homosexualité endogamique refoulée pousse vers une hétérosexualité exogamique. Dans le mythe de don Juan, certains psychanalystes ont épinglé un peu vite cet archétype du séducteur comme un homosexuel hors norme. Ce héros mythique ne fait au contraire que montrer l'importance de la question du père dans l'hétérosexualité ordinaire, et la façon dont elle aiguillonne la conquête de chaque femme. Ce père impose sa loi, qu'il se présente sous les habits du Commandeur (dans la version de Mozart) ou sous ceux du Père éternel de la religion, lorsque le séducteur repenti entre au couvent (dans d'autres versions). Cette position hystérique masculine a les mêmes objectifs que la séduction féminine, dont elle montre d'ailleurs des scénarios identiques. Si l'amour du père pousse vers une hétérosexualité impérative, elle n'exclut pas l'homosexualité, qui reste son point de régression potentiel : chaque fois que la situation requiert l'amour du père, la même homosexualité que celle de l'adolescence peut renaître de ses cendres.

Cette fixation d'une homosexualité dans l'hystérie se distingue de celle à l'œuvre dans la névrose obsessionnelle. En effet, en ce cas, la mort du père est l'occasion d'un doute constant dont la conséquence est la possibilité de fixation à l'amour d'un homme – éventuellement un père féroce – ou bien, par réversion, l'amour d'un jouvenceau. Cependant, cet amour risque d'être fortement désérotisé par le passage à la névrose adulte elle-même. Dans sa généralité, la névrose se dessine dans une ambivalence par rapport au père : ce dernier est aimé parce qu'il sauve, et il est détesté parce que c'est un rival. L'amour pousse vers l'homosexualité alors que la haine engendre un refoulement de l'amour, et pousse vers l'hétérosexualité (c'est la position hystérique). Dans l'obsession en revanche, l'amour du père s'accompagne constamment du fantasme de son meurtre, sans que l'un ou l'autre de ces termes soit refoulé – selon les arcanes d'un doute perpétuel. Le point de fixation de l'homosexualité obsessionnelle procède du doute concernant la mort du père, événement symbolique rendu incertain par une proximité incestueuse avec la mère. Cela fait une grande différence avec l'hystérie : la mère de l'obsessionnel met son enfant – non pas à la place de son phallus, mais à celle d'un homme qui pourrait lui donner le pénis ! De ce fait, c'est elle qui élimine l'homme qu'est son mari, alors qu'il est en même temps le père de l'enfant. Pour ce dernier il lui faudrait en finir avec ce père selon le vœu œdipien, mais il faut en même temps qu'il vive pour tenir sa place d'homme auprès de sa mère : il en résulte une dette d'amour immense à l'égard du père, puisque cet homme devrait sauver, non pas de la position d'être le phallus, mais de la position d'être le mari de la mère. Sa qualité d'homme est désirée *avant* celle de père. Il en procède une fixation potentielle à un amour de l'homme, d'ailleurs sans arrêt mise en doute, donc inhibée, puisque derrière l'homme se profile le père que l'enfant espère débusquer. L'amour du père pousse vers un choix d'objet masculin, tandis que le fantasme de son meurtre, qui aurait favorisé l'hétérosexualité, est retenu par la manche par ce même amour [1]. De sorte que la sexualité empêtrée se limite souvent à l'onanisme. Remarquons à ce propos le lien consubstantiel de cet amour inhibé au fantasme de scène primitive : voire une copulation correspond à

1. Ce relevé évoque ce que Freud note à propos de Léonard de Vinci lorsqu'il décrit un certain type de relation familiale d'homosexuels : « Un très fort attachement érotique à une femme, le plus souvent à la mère, attachement suscité, favorisé par la tendresse exagérée de la mère elle-même, renforcé ensuite par l'effacement du père de l'existence de l'enfant » (S. Freud, *Un souvenir d'enfance de Léonard de Vinci*, Paris, Gallimard, 1977, p. 79).

une sorte d'obsession salvatrice : celle que le père soit d'abord un homme avant d'être un père. Il devient ainsi un personnage sexuel, un mari, un vrai, et c'est à ce titre qu'il déclenche un étrange amour, destiné à payer la dette du vœu parricide : l'obsessionnel plonge « dette » la première dans la scène primitive.

Au terme de ce parcours, un certain nombre de positions homosexuelles peuvent se fixer sous la pression de l'angoisse de castration. On a énuméré, à partir d'une origine toujours rétroactive du transsexualisme, l'homosexualité féminine active, masculine active et passive, pour ce qui concerne le versant de la perversion polymorphe de l'enfance. Après l'adolescence, on a détaillé les cas de figure (« adultes ») de l'homosexualité féminine passive et active, de même que l'homosexualité masculine active et passive. Il reste une dernière question à envisager : peut-on considérer que l'accouplement, quand bien même concernerait-il deux sujets de même sexe anatomique, mettrait quand même toujours en jeu le rapport masculin/féminin ? Un couple homosexuel ne suppose-t-il pas par principe un tel appariement, au titre d'un paradigme de l'emprise ? En effet, tout sujet se reconnaît dans l'un des deux genres, et quand bien même un couple serait-il anatomiquement homosexuel, l'un des deux représente la femme et l'autre l'homme, puisque c'est chaque fois la complétude imaginaire qui est excitante et motive l'érotisme. Pour l'être humain, l'excitation sexuelle n'a rien de naturel, et elle résulte de l'angoisse de castration, c'est-à-dire implicitement d'un tel rapport à l'autre sexe. Si ce n'était pas le cas, pourquoi les homosexuels vivraient-ils si fréquemment en couple (souvent assez conformistes, d'ailleurs) ? On note à ce propos que, dans un nombre significatif de cas, ces couples homosexuels connaissent la même scission de l'amour et du désir que les hétérosexuels, les mêmes jalousies, les mêmes rêves de liberté débridée opposée à une conjugalité contraignante et ennuyeuse.

Il est clair toutefois que dans un tel accouplement, le « féminin » n'a plus aucun rapport avec la configuration anatomique d'une femme (cela peut être une femme phallique, si l'on veut).

Dans le cadre de la perversion, l'excitation sexuelle elle-même résulte du déni de cette hétérosexualité implicite, de sorte que sa présence sera complètement occultée : si l'on demande aux partenaires d'un couple d'homosexuels s'ils se vivent comme l'homme ou la femme dans leur relation, on s'entend souvent répondre que chacun des deux aime un homme en tant qu'homme. Alors que deux partenaires sont du même sexe, leurs fantasmes inconscients peuvent pourtant leur attribuer des sexes opposés, car c'est l'activité érotique elle-même qui occulte la différence, lorsque chacun traite le partenaire comme il a lui-même failli être traité. Un jeune homme, par exemple, traitera un autre jeune homme comme une femme, c'est-à-dire comme ce qu'il a failli devenir lui-même, alors qu'exactement au même moment son partenaire agira de même avec lui. De sorte que la différence masculin/féminin sera bien en jeu dans cette relation homosexuelle, mais elle restera inapparente : chacun des protagonistes désire un homme en tant qu'homme. La différence aura été déniée dans l'opération. Ce déni commande d'ailleurs la tension érotique elle-même.

Une remarque s'impose enfin, concernant les homosexualités du point de vue de la cure psychanalytique. S'il fallait considérer l'homosexualité comme « une fixation » à un moment du développement, il faudrait alors ajouter qu'un développement sans « fixation », complet et harmonieux, devrait aboutir à l'hétérosexualité, selon une naturalité de la sexualité préétablie. En ce cas, l'homosexualité devrait être considérée comme un accident pathologique, que l'on pourrait débloquer. Le sujet concerné évoluerait ensuite vers l'hétérosexualité. Ce point de vue signifierait que l'homosexualité devrait se traiter comme un symptôme, que l'on peut mobiliser : le transfert entraîne une régression jusqu'au point de fixation historique du symptôme, glissement au cours duquel elle se défait.

Cependant, l'homosexualité n'est pas un symptôme, car il s'agit d'un choix de genre, puis d'objet amoureux, ce qui implique un processus tout différent. La régression sous transfert ne saurait libérer un sujet de son objet d'amour, de la même façon que la régression affranchit d'une conséquence symptomatique. La régression transférentielle ne saurait défaire l'identification homosexuelle ni son objet d'amour, car ce ne sont pas des symptômes, mais le résultat de deux déterminations : celle du genre et celle de l'objet. Une fois le désir du sujet orienté de la sorte, le désir lui-même maintient cette fixation. On voit la différence énorme avec le symptôme, puisque ce dernier n'est pas fixé par le désir. Comment serait-il possible de faire changer une fixation lorsque le désir lui-même la fixe ? Un homosexuel ne demande généralement pas à changer d'identité et de choix d'objet, voilà pourquoi il n'en change pas, en effet, pendant son analyse. Il espère sans doute l'allégement de ses souffrances et de ses angoisses, mais comment pourrait-il demander à changer de désir, alors que, justement, le désir le porte ? Lorsqu'il se produit des changements, ils opèrent dans le cadre de la flexibilité du désistement et des avatars de la bisexualité.

Remarquons pour conclure un cas de figure exceptionnel, mais significatif : dans la cure analytique, l'amour de transfert engendre un traumatisme et une déception, qui se concrétisent parfois par un « désistement ». Certains hommes croient par exemple se découvrir homosexuels au cours de leur analyse. Leur virage – à mettre au compte de la déception transférentielle – sera d'autant plus appuyé que leur analyste leur aura laissé entendre qu'il fallait prendre au sérieux une manifestation quelconque de leur homosexualité refoulée. Au moindre acquiescement intempestif de l'analyste, le patient risque d'être brusquement certain que la vérité de son désir est l'amour du même sexe. Il arrive ainsi que des analysants de bonne volonté virent sur leur choix d'objet et s'astreignent pendant plus ou moins longtemps à une certaine forme d'homosexualité, de même qu'aux pratiques sexuelles assorties (souvent limitées). Le traumatisme de l'amour de transfert aura ainsi fait son œuvre, plutôt que la révélation de la vérité du désir.

L'homosexualité montre la relativité des normes, et leur évolution

Le 27 juin 1968, une émeute éclata dans un bar *gay* de Greenwich Village. C'était le premier acte d'un mouvement qui ne devait plus cesser de s'amplifier. Après bien des controverses, il devait aboutir, par exemple, à une démédicalisation de l'homosexualité, qui ne fut plus considérée comme une maladie mentale dans les classifications américaines du *DSM-III*[1], de sorte que, si le nombre d'homosexuels n'a probablement pas augmenté, leur place sur la scène publique les fait désormais apparaître au grand jour. Cette importance contraste avec leur poids numérique[2].

Comment s'expliquer que le mouvement de cette faible minorité intéresse aujourd'hui toute la société ? Certes, on dira que chacun refoule son homosexualité et que – donc, tous se sentent concernés. Mais il en a toujours été ainsi, et il faut réfléchir aux particularités actuelles du problème. Ne faut-il pas les chercher dans les grands bouleversements qui ont peu à peu délégitimé la *potestas* du père de famille ? Dans le droit romain, le père était l'égal de Dieu, et avait pouvoir de vie et de mort sur sa *gens*. On comprend bien cette « divinisation » du point de vue psychique : lorsqu'un fils devient père, il envoie son père au ciel justement ! Et c'est donc de ce père éternel qu'il tient sa légitimité, fondamentalement oppressive, meurtrière pour tout ce qui s'écarte de son idéal patriarcal. La chrétienté a repris à son compte les principes de cette domination au nom de Dieu. Sous cette férule, la culpabilité des fils vis-à-vis de leur père les a poussés à agir pour leur rédemption. Outre qu'ils eurent des enfants au nom de leurs

1. *Manuel diagnostique et statistique des troubles mentaux* établi par l'Association américaine de psychiatrie (APA).

2. En France, le nombre d'hommes homosexuels exclusifs est évalué à 6 ou 7 %, alors qu'il y aurait moins de 2 % de femmes homosexuelles (J. Corrazé, *L'Homosexualité*, *op. cit.*, p. 13-14). Les statistiques datées sont probablement très aléatoires. Elles donnent pourtant des ordres de grandeur significatifs, comme on l'a déjà fait remarquer.

pères, ils inventèrent, construisirent, fabriquèrent pour assurer leur salut. La culpabilité a activé les feux d'un progrès qui a été en s'accélérant, jusqu'au moment où cette machine des Lumières a dépassé son propre moteur, devenu ainsi contre-productif. Dieu légitimait le patriarcat, puisque la divinité incarnait le père mort, et la Science – son enfant séculier – a fini par montrer qu'aucun Père éternel n'expliquait la causalité. L'insupportable loi patriarcale a poussé vers le futur des fils, qui ont fini par préférer les femmes. Le lien homosexuel refoulé du père au fils est tombé au profit de l'hétérosexualité et, plus généralement, d'une sexualité non refoulée. On voit donc ce qui depuis le siècle des Lumières a délégitimé le patriarcat : la Science a exploré le ciel, les mers, la terre, l'économie, l'histoire, la psyché. Et elle n'a trouvé aucune trace de Dieu, mais seulement des lois. Le Dieu mathématique qui ne meurt jamais et ne connaît que ces lois – qui régissent l'ordre de l'univers – est l'envers du Dieu éternel (mort) : celui du patriarcat et du monothéisme. Le Dieu du monothéisme représentait le père qui devait être fantasmatiquement tué à cause du trauma sexuel qu'il inflige aux garçons comme aux filles. Une fois le patriarche envoyé aux cieux, le désir sexuel en général devait être refoulé, ou alors il n'était licite que pour donner au père un enfant portant son nom. En dehors de cette portion hétérosexuelle, d'ailleurs congrue, le reste de l'activité sexuelle devait être réprimé, et il le fut férocement. Ce père avait été l'objet d'un fantasme parricide parce qu'il avait imposé la castration, c'est-à-dire cette différence explicitée par celle des sexes. De sorte que, dès qu'il perd sa légitimité, plus rien ne s'oppose à l'amour de la mêmeté. D'ailleurs, si le père n'est plus castrateur, on peut l'aimer lui aussi sans réticence, et être aimé de lui. L'hégémonie d'un père aussi naturel que scientifique est non seulement compatible avec l'homosexualité, mais elle convie à l'amour d'un père qui ne se distingue plus d'ailleurs non plus de celui de la perversion [1].

1. L'idéologie de la science n'instaure pas une nouvelle réalité psychique, ni un contenu nouveau du fantasme qui reste inchangé. Mais cet éternel fantasme est désormais en défaut des fictions religieuses qui programmaient au futur une rédemption du père mort. Le père trop vivant qu'Œdipe rencontra

Plus qu'en aucune autre époque, les problèmes de la sexualité apparaissent sur le devant de la scène : chacun s'occupe de la spécificité de ses amours plutôt que d'essayer de les adapter à une norme. D'ailleurs, la norme elle-même est valorisée autrement : les mariages d'amour deviennent la règle (la plupart étaient auparavant arrangés par les familles). De plus, l'intérêt accordé à la sexualité perd toute sélectivité. Il concerne aussi bien la sexualité infantile, féminine, l'hétérosexualité, l'homosexualité ou n'importe quelle forme de perversion [1].

Dans ce mouvement libérateur, l'homosexualité a pris une place à part, grandissante, comme le démontre la fin – d'ailleurs relative – de l'opprobre la concernant. Depuis la Révolution française, les sodomites n'étaient plus passibles du bûcher, mais l'homosexualité est restée longtemps taboue. C'est beaucoup moins le cas aujourd'hui dans la vie ordinaire. Il faut toutefois ajouter à ce progrès une particularité vraiment étonnante, qui concerne davantage l'idéologie de la société. C'est la sorte d'ascendant, de maîtrise, voire à certains moments de terrorisme, qu'exerce le militantisme homosexuel sur la vie culturelle et politique. Cette spécificité dépasse la simple marginalisation des idéaux patriarcaux : on l'a dit, le Père éternel des monothéismes légitimait la *potestas* du patriarcat. Et ce Dieu répressif a été relayé par une sorte de démiurge de la science : un dieu raisonnable, légitimé par les calculs et pour lequel, dans toute sa puissance, la Nature fait la loi : il ressemble au *Deus sive natura* de Spinoza, si semblable lui-même à « l'Être suprême en méchanceté » cher à Sade. Ce genre de Dieu syncrétique aux forces naturelles était celui des sociétés totémiques comme celles de

au carrefour de son mythe, il l'accommoda en deux personnages : un vif, un mort. C'est le second qui était représenté par le Dieu monothéiste. En mettant mathématiquement à nu les fictions du Père éternel, la modernité a retiré son principal atout au patriarcat : son effritement accéléré laisse apparaître ce qu'il servait à refouler, c'est-à-dire d'abord la jouissance féminine et plus largement toute question évoquant l'érotisme.

1. Toutes les particularités sexuelles sont devenues des objets de curiosité, parce qu'elles sont susceptibles d'apprendre quelque chose sur la vérité de la jouissance, et que cette curiosité elle-même est une jouissance.

l'Antiquité gréco-romaine. Et ce n'est pas un hasard si ces sociétés faisaient un sort bien différent à l'homosexualité qui, à l'époque, était considérée comme une activité de bon ton. Le grand César était homme pour les femmes, et femme pour les hommes. Pour le Grec, le Romain, le samouraï japonais ou le guerrier massaï, l'amour homosexuel appartenait à la norme. Dans l'Antiquité, la familiarité avec le père vivant était compatible avec la sodomie. Et si se retrouvent les mêmes familiarités naturelles aujourd'hui, faut-il penser que le Dieu de la science ne serait qu'un sodomite ? Sommes-nous donc revenus à cette aube hellénique qu'appelait de ses vœux Heidegger [1]. Mais non, ce n'est pas le totémisme qui refleurit, car il semble se produire une évolution étonnante : l'homosexualité est idéalisée dans les suites de la sécularisation du monothéisme (elle ne l'était pas dans les sociétés évoquées). Nous ne régressons pas vers le passé : nous avançons vers un autre horizon, que nous ignorons (comme c'est la règle).

Avec le crépuscule des religions, le père mort abandonne les cieux. Comment faire pour se représenter un père mort (ou plutôt seulement son désir mort), père qui vivrait désormais sur terre ? Rien de plus facile ! Il suffit de le représenter comme un impuissant ou un homosexuel. Cette représentation « massifie » le discours assez ordinaire de bon nombre d'analysants, qui considèrent pendant un temps leur père comme un impuissant ou un inverti. Cette certitude procède de leur vœu : comme le père provoque le désir sexuel et séduit sa fille ou son fils féminisé, et comme il ne passe pas à l'acte, il sera taxé d'impuissance ou soupçonné d'homosexualité. Cette croyance si répandue n'est ébranlée que difficilement, car elle explique d'une manière pratique la neutralisation de la virilité paternelle [2]. Le père homosexuel ? Voilà notre Père éternel descendu sur terre !

---

1. Qui dut se contenter de Hitler impuissant et de ses brutes SA gantées et parfumées.
2. C'est en ce sens que l'inévitable « ami homosexuel » de nombreuses jeunes femmes présente souvent une caractéristique paternelle, qui se conjugue harmonieusement avec sa fréquentation sexuelle inoffensive.

Mais pourquoi cette « massification » actuelle ? Dans le monothéisme, les deux figures du complexe paternel étaient réparties entre le ciel pour le père mort, et la terre pour le père vivant. Avec le postmodernisme, ces deux figures sont désormais sur terre, entraînant une nouvelle répartition du complexe paternel (et de nouvelles distributions familiales). Maintenant, le père violeur n'est plus envoyé au ciel : il erre parmi nous et sans le moindre pardon, il est pourchassé de toutes parts. En régimes démocratiques, plus ou moins athées, les pères séducteurs sont traînés devant les tribunaux pour le plus petit geste suspect, et cela plus souvent qu'à leur tour. Désormais privée d'un exutoire religieux, la massification du fantasme entraîne, avec la descente du père mort sur terre, sa descente aux enfers où il rejoint son compère le diable[1].

Cette nouvelle mise en scène du complexe paternel est multiple et se présente de manière parfois curieuse. Par exemple, la prostituée a toujours été une façon pour les hommes de tourner la répression sexuelle du père (donc de le tuer). Ce lieu de transgression connaît une évolution remarquable : c'est que nombre de péripatéticiennes sont désormais des hommes travestis, et en dépit de leur féminité d'emprunt souvent parfaite, leur clientèle n'ignore pas cette particularité. Bien plus, les clients en raffolent. Sous le travesti, on se régale de ce père *nouvelle cuisine*. Il était encore récemment consommé grâce aux femmes, et le voilà désormais mis à la sauce homo.

L'homosexuel représente donc désormais une sorte de figure idéalisée du père. Certes, les homosexuels masculins ont un avantage dans ce jeu de rôles. Mais les homosexuelles sont loin d'être en reste, tout du moins celles qui sont dans « l'activité » qui correspond à la père-version infantile (leur position sexuelle se soutient, elle aussi, grâce à une identification au père). La place

1. Mais l'on peut toujours heureusement opposer à ces mauvais pères séducteurs quelques « bons pères » comme les juges, les éducateurs, et la gent dite « psy » en général : qu'ils le veuillent ou non, les voilà rangés dans la charrette des pères impuissants et homosexuels ; ce sont les nouveaux défenseurs de la loi.

actuelle de l'homosexualité constitue ainsi moins un acquis parmi d'autres de la libération sexuelle qu'une présentation inattendue de la figure du père, sauvée *in extremis*. Prenant la relève du père castré et mort, elle présente à sa manière une face visible du complexe paternel. Les homosexualités masculine et féminine qui s'établissent sur les brisées de la perversion de l'enfance forment le dernier bastion à la gloire du père phallophore antique, celui qui régnait avant notre souffreteux Messie. Voilà le dernier carré où l'on ne plaisante pas avec le phallus, et où l'adoration de la puissance sexuelle n'est pas un vain mot. En ce sens, le militantisme homosexuel peut prétendre à une sorte d'hégémonie spirituelle sur la société.

Car les idéaux n'ont pas disparu – contrairement à l'avis de décès du postmodernisme –, ils s'actualisent directement au présent. Ils sont passés d'un statut futur à un statut virtuel [1]. L'idéal ne se projette plus dans l'avenir comme pendant la modernité, époque de la sécularisation des idéaux. Maintenant, les idéaux semblent avoir disparu, alors qu'ils sont seulement dans cet état de virtualité où le passage à l'acte les réalise. L'homosexualité représente un Nom-du-Père passé du virtuel à l'actuel, et à ce titre il fonctionne comme un idéal *in praesentia*, assurant son service pour toute la société. Pénible tâche que celle de prendre la relève d'un patriarcat déclinant ! Et l'on comprend le terrorisme relatif qu'arrive à faire régner l'aile militante du mouvement *gay*, et cela bien au-delà des campus américains : l'aura particulière de l'homosexuel tient moins au prestige acquis dans une lutte contre l'oppression qu'à la figure paternelle qu'il représente – d'ailleurs bien malgré lui.

En ce sens, certains groupes d'homosexuels *made in USA* revendiquent un rôle d'avant-garde, ou se considèrent en tout cas comme un ferment révolutionnaire pour la société tout entière. Leur subculture ne milite pas seulement pour leur propre minorité (revendication qui la situerait dans le même sillage que

1. Virtuel veut dire qu'il suffit de les passer à l'acte au présent. Le virtuel s'oppose à l'actuel et non au réel.

les mouvements de libération des femmes), elle se présente aussi comme une avant-garde *messianique*[1] de la postmodernité. Certes, le fait est plus frappant aux États-Unis où, sous l'influence des *gay and lesbian studies*, est apparu un nouveau concept, celui de « *Queer*[2] ». Pour ce mouvement, défendre la marginalité sexuelle, c'est défendre tous les marginaux. On reconnaît la rhétorique marxiste de cette proposition : de même que la libération du prolétaire annonce celle de la société, de même les homosexuels luttent pour la libération de toutes les oppressions sexuelles, c'est-à-dire pour l'avenir du genre humain[3].

Dans les pays de la vieille Europe, le « politique » a une signification cadrée par un long passé, et une personne raisonnable ne comprend pas en quoi une revendication concernant l'identité sexuelle aurait une portée révolutionnaire. Elle aura beau jeu de montrer qu'il existe aux États-Unis des mouvements homosexuels franchement fascistes, de même d'ailleurs qu'en France certaines tendances vont dans un sens identique. S'opposer à l'oppression d'une minorité est certes un acte politique, mais cela ne signifie pas qu'être membre de cette minorité serait en soi politique et encore moins révolutionnaire. Le « transgenre » des *queers* semble relever d'une affaire privée : pourquoi en débattre sur la place publique ? Chacun se débrouille comme il

1. Ce rôle donne à lui seul une indication sur la fonction « nom du père » de l'homosexualité.

2. « *Queer* » réapproprie une insulte, puisque ce terme péjoratif désignait plutôt un détraqué, ou une personnalité bizarre avant d'être finalement réservé aux homosexuels.

3. Dans son essai *Peau*, la romancière américaine Dorothy Allison écrit par exemple en ce sens que les mouvements de révolution intérieurs qui ont succédé historiquement à la fin des idéologies servent au-delà de l'homosexualité à rompre les amarres de ce qui a jusqu'alors fonctionné comme modèle de la sexualité (Paris, Balland, 1999). Il s'agit de réunir les exclus de la sexualité normative, et les théoriciens du mouvement militent pour le *transgenre*, selon lequel il faut éviter de lier le genre d'une personne à son sexe biologique. Les moyens de sa lutte sont ceux du *gender fucking*, c'est à dire, « niquer les genres », expression laconique signifiant le refus d'une identité sexuelle précise.

le peut avec sa sexualité, et toute exhibition publique évoque une provocation perverse de la loi, ou une volonté de mettre en difficulté les hétérosexuels, alors qu'eux aussi sont en délicatesse avec cette même loi.

Cependant, si l'apparition de ces revendications est liée à l'érosion du patriarcat, cela se complique : une question se pose à juste titre en effet, car la sexualité n'apparaît comme un problème privé que pour ceux qui la refoulent, c'est-à-dire le patriarcat fraternel traditionnel. Ce refoulement concerne certes l'homosexualité, mais aussi la jouissance sexuelle en général et féminine en particulier – tout cela au nom du lien père-fils. On se trouve donc bien en face d'un problème « politique », quoiqu'en un sens inhabituel. Une remise en cause inattendue du lien social traditionnel se fait jour à travers des revendications qui, pour être marginales, rendent visible un problème de fond. Par ces coulisses, l'amour, de tout temps tenu dans l'ombre, monte sur la scène politique (par-devant et par-derrière, si l'on ose dire).

Il en résulte un embrouillamini difficile à démêler entre le public et le privé, susceptible d'engendrer des équivoques explosives. L'homosexualité est devenue un objet sociologique d'élection. On ne compte plus les études faites à son propos, alors que la dimension psychanalytique reste peu explorée. L'importance de la dimension politique et des études sociologiques donne un étrange résultat, celui de gommer la dimension psychique (et de méconnaître la position d'avant-garde que Freud prit en son temps). Tout est présenté aujourd'hui comme si l'homosexualité était un fait naturel dans lequel l'histoire personnelle aurait peu de place. Il s'agirait d'une incontournable spécificité organique, dont d'ailleurs l'espèce humaine serait la seule affectée : on vérifie ainsi l'importance de la « science » dans cette affaire. Le « gène de l'homosexualité » a déjà été découvert plusieurs fois, ou tout du moins annoncé dans la presse. Comme si elle faisait exception aux choix sexuels du reste de l'humanité, cette homosexualité de naissance est présentée dans la méconnaissance complète du désir inconscient dont elle procède et de ce qu'il doit à la filiation. La position des homosexuels par rapport à leurs ascendants, par exemple, est à peine évoquée : selon les statistiques déjà citées, 2 % seulement des parents d'homosexuels déclareraient accepter les choix de leur enfant. On imagine l'acuité de la souffrance subjective qui en découle. Et l'on n'évacuera pas si aisément, à coup de nouvelles législations, l'impossibilité de régler les dettes avec les ascendants et de se faire enfin reconnaître par eux, notamment par les voies d'une filiation malgré tout assurée. De même, si l'on en croit les mêmes statistiques, 70 % des homosexuels interrogés avant vingt-cinq ans auraient souhaité ne pas l'être et ils ne s'y seraient habitués que malaisément. Si une jouissance plus forte qu'eux les a poussés malgré tout vers ce qu'ils n'auraient pas voulu, alors cet interdit lui-même a exacerbé à son tour la jouissance : il a conditionné le désir, et il a d'abord été *intérieur*. On comprend aussi que ce serait un soulagement s'il devenait seulement *extérieur*.

Plus la libération se concrétise, plus lui fait défaut l'obstacle externe qui soulagerait la douleur interne. De sorte qu'une recherche de l'interdit, ou même de la répression, sous-tend le mouvement de libération lui-même. Le goût de la provocation peut prévaloir sur le contenu de revendications justifiées, comme si tout était fait pour que cela soit refusé. Par exemple, les parodies de mariage homosexuel avec un(e) marié(e) en blanc ne sont pas faites pour attirer la sympathie. La libération flirte avec une impossible limite, car la limite réalise le désir un bref instant[1]. C'est ainsi qu'un certain nombre de revendications, comme celle du mariage, ou de l'adoption d'enfant, peuvent être suspectées d'être surtout une recherche de ce point limite en lui-même peu important, obsolète une fois obtenu. Si l'on ne peut penser simplement que l'homosexualité chercherait à singer l'hétérosexualité, ou qu'elle veut régler un compte qu'elle a d'abord contracté avec elle-même, avec un rêve rentré de « normalité », ce rêve lui-même est plutôt curieux, à l'heure où la norme traditionnelle explose. Peut-être s'agit-il alors surtout de faire grincer

1. Comme l'a justement fait remarquer Foucault dans ses travaux sur la transgression.

les dents de l'hétérosexuel ordinaire, qui devient celui dont on se moque et dont on jouit, et cela au nom de mobiles d'une haute moralité. Aux premiers jours de la république, le marquis de Sade a montré quel délicieux usage pouvait être fait de beaux idéaux comme la Liberté, la Justice et l'Égalité. Ce n'est pas que leur application scrupuleuse flirte avec la perversion. C'est plutôt que la perversion n'est jamais si exquise que lorsqu'elle se réclame de la Justice, de la Liberté, etc. Les conditions de la jouissance et un problème politique se trouvent ainsi bel et bien mis dans une embarrassante contiguïté. Car la fin d'une lourde oppression et la reconnaissance de droits élémentaires restent légitimes, même s'ils s'avancent sous le drapeau d'une provocation manifeste, voire perverse.

4

Les écueils du « devenir féminin »

L'écueil « interne » de la féminisation

La langue commune distingue les demoiselles, les dames et les messieurs. Cette subtilité étonne à une époque où le tabou de la virginité n'obsède guère les esprits. Tout du moins en apparence, car les demoiselles sont peut-être celles dont la virginité refleurit aussitôt qu'elle se perd. Car l'âge à lui seul ne différencie pas la « demoiselle » de la « dame ». Une intuition indéfinissable amène parfois un quidam – et cela sans présentation préalable et dans la méconnaissance de son état civil – à appeler « Mademoiselle » une femme de soixante ans – même si elle est mariée, mère et grand-mère. Alors qu'une personne plus jeune sera indiscutablement considérée comme une dame. Qui sont les demoiselles ? Celles qui restent les filles du père, même lorsqu'elles lui tournent le dos pour devenir des dames ? Qui sont les dames, celles qui en ont fini avec les tourments de la demoiselle ? Sans répondre trop vite à ces questions, gageons que ces appellations sont des gradients intuitifs du « devenir femme ».

Le choix du genre psychique contrecarre une définition sans nuance de « l'homme », et plus encore de « la femme », puisque cette dernière se cherche après avoir été un homme. Freud a écrit dans la cinquième des *Nouvelles Conférences* : « Il appartient à la psychanalyse non pas de décrire ce qu'est la femme, tâche irréalisable[1], mais de rechercher comment l'enfant à tendance bisexuelle devient une femme[2]. » Les hommes aussi doivent devenir des hommes, dans un effort de tous les instants pour être à la hauteur de leur nom[3]. Mais ils rejettent ce avec quoi les femmes doivent composer : elles n'acceptent leur féminisation que jusqu'à un certain point, alors que les hommes la refusent – non pas une fois pour toutes – mais en luttant au jour le jour[4]. Il est plus facile de refuser la féminisation (comme ils le font) que de la refuser pour l'accepter (comme l'implique le « devenir femme »). De même, devenir mère (avoir le phallus) est plus aisé que de devenir femme (le demander). D'ailleurs, les petites filles miment la maternité avant de se confronter au devenir féminin.

Qu'est-ce que le féminin ? Si l'anatomie ne le définit pas, s'il récuse le statut de fille du père, ou de mère du fils, comment le qualifier ? Pas d'absolu, mais du relatif, qui s'enfonce dans un mystère de la féminité, définie négativement comme ce qui refuse le désir du père, et donc se manque à lui-même. Ce mystère s'allège si l'on considère l'objet de ce manque, c'est-à-dire le phallus, qui fonde d'ailleurs aussi le mystère au second degré de la masculinité – c'est-à-dire la féminité récusée des hommes. S'il devait être défini par l'envie du phallus, le féminin serait relatif à l'homme, et d'abord à l'homme que chaque femme est jusqu'à un certain point, tout aussi virilement que les messieurs – les preuves abondent. Si une femme veut récuser cette virilité parce qu'elle menacerait son genre (pense-t-elle), sa féminité sera alors relative à la succession des hommes qui lui auront permis de renoncer au père. Tel homme aura donné ce bijou, tel autre le

1. Cette « tâche irréalisable » correspond pour partie à l'aphorisme lacanien « La femme n'existe pas ».
2. S. Freud, « La féminité » [1932], in *Nouvelles Conférences sur la psychanalyse, op. cit.*, p. 153.
3. Ce qui correspond, dans un autre vocabulaire, à l'« honneur ».
4. Dans l'article « Analyse terminée et interminable » [1937], par exemple, Freud note que l'angoisse de castration tient chaque sujet jusqu'au bout de son existence (in *Résultats, Idées, Problèmes, II, 1921-1938*, p. 231-268).

goût du vin, de la musique, du sport, d'une certaine pratique sexuelle, etc. Cette dimension empruntée de la féminité se construirait ainsi par ajouts successifs greffés sur son propre manque de fondation. Mais il s'agit moins d'un manque de fondation (d'une inexistence) que du refus de la féminisation par le père – après l'avoir impérieusement désirée pour fuir l'appétit maternel : il s'agit d'une féminité inscrite dans un devenir, donc.

Changement de « zone » érogène

Les deux textes tardifs de Freud spécifiquement consacrés à la sexualité féminine soulignent les difficultés que représente le devenir femme : puisque les filles ont d'abord été des garçons aimant leur mère, comment un changement de personne s'impose-t-il ? Et d'autre part, un changement de zone érogène devrait accompagner cet élan vers le père. L'amour pour la mère doit se tourner vers le père, alors que l'érogénéité passe du clitoris au vagin [1]. Pour être plus précis, « attendre le phallus du père » est le fait de la féminité (celle de l'homme comme celle de la femme), et la zone érogène correspondante est d'abord l'anus, ou la bouche, zones en creux déjà érogénéisées par la pulsion, propices à la réception de ce phallus.

Si un « changement de zone » se produit, il succède à l'activité, c'est-à-dire à l'érotisme clitoridien, que rien n'oblige à disparaître. Le garçon jouit avec son pénis, et il n'a pas besoin d'en changer. La fille jouit de son clitoris, et elle n'a pas besoin d'en changer non plus, même sous le coup de l'amour d'un homme. Pour en changer, l'amour ne suffit pas. Ce changement dépend d'ailleurs des circonstances : il se produit ou non, selon le partenaire et le moment. C'est bien un problème fantasmatique, au résultat duquel s'engendre un creux, une faim d'être pénétrée,

1. Ce programme – qui peut prendre une vie – précise les propositions de 1903 sur le choix du genre. Il a le mérite de la simplicité, et il est à cet égard irremplaçable. Mais il gagne encore en clarté si sa relativité (le point de vue de 1903) lui est rendue, en remplaçant « homme » par « masculinité » (activité à but actif) et « femme » par « féminité » (activité à but passif).

de prendre en soi, d'avaler : un fantasme retourne son activité en activité à but passif. Cela se vérifie encore mieux avec un homme féminisé, qui jouit de la sodomie comme s'il avait un vagin. Les femmes n'ont pas toujours un vagin [1]. Il ne se creuse qu'avec l'envie du pénis. Un garçon féminisé peut jouir analement : cela ne l'empêche pas d'avoir un pénis en érection. De même, une fille peut jouir vaginalement : cela ne l'empêche pas d'être excitée clitoridiennement. L'érogénéisation d'un réceptacle se surajoute grâce au fantasme, et elle n'implique qu'un changement de zone relatif [2].

Un érotisme anal existe à proportion de la féminisation (chez des hommes comme chez des femmes) et il précède l'érogénéité proprement vaginale d'abord méconnue. L'idée d'un coït par sodomie précède psychiquement celui par le vagin pour les deux genres, comme le programme le terme freudien peu élégant d'érotisme « sadique-anal », valable pour les garçons comme pour les filles. Cet érotisme représente précocement une « activité à but passif ». L'analité surimpose une érogénéisation phallique au rejet pulsionnel de l'excrément. Ce rejet lui-même sent mauvais au fur et à mesure qu'il se charge de culpabilité : celle de se séparer de la nourriture maternelle. La signification phallique imprègne les aliments, puisque la pulsion orale gonfle le corps pour en faire le beau phallus qui manque à la mère. C'est pourquoi les petits enfants se séparent difficilement de leurs excréments, acte fautif – qui souvent les constipe. Mais comme ils attendent de leur père la punition qui les soulagerait de cette culpabilité, l'analité elle-même tombe sous le coup d'une séduction paternelle érotisante et sadique. C'est ainsi que l'anus devient une zone érogène prête à accueillir le phallus paternel, au rythme d'une féminisation qui vaut pour les deux sexes.

---

1. Comme l'écrit Lou Andréas-Salomé, l'appareil génital reste voisin du cloaque, chez la femme, il ne lui est même guère que pris en location (« Anal et sexuel » [1916], in *L'Amour du narcissisme*, Gallimard, 1980).

2. « D'un côté l'ignorance du rôle fécondant de la semence masculine – de l'autre côté, ignorance de l'existence comme telle de l'organe féminin » (J. Lacan, *La Relation d'objet*, Le Séminaire, Livre IV [1956-1957], Paris, Seuil, 1994, p. 96).

Le rejet excrémentiel des aliments maternels programme la présence paternelle. Comme au même moment ce rejet s'accompagne de l'acte masturbatoire de séparation qui fait passer le sujet de l'Être à l'Avoir, et comme cet acte coupable appelle la punition du père, cette punition elle-même se présente comme un coït anal sadique, mais jouissif, par le père. « Attendre le phallus du père » ne se décline pas au futur : c'est ce qui se produit à l'instant même de la masturbation pénienne ou clitoridienne. Pas le temps de l'attendre, que déjà il s'érige. La séduction *du* père signifie sur le versant objectif du génitif « être pris(e), violenté(e), pénétré(e) ». Du point de vue pratique, elle correspond à une sodomie, puisque à cet âge psychique prévaut la méconnaissance du vagin (il n'est pas investi par une pulsion, contrairement à l'anus).

De même, comme cette séduction du père procède de l'angoisse de castration de la mère et de son oralité prévalente, la fellation fonctionne comme une plaque tournante de l'excitation sexuelle : le chemin de la pénétration passe d'abord par la bouche, les baisers – et par contiguïté, la fellation. L'érogénéité de la bouche programme l'envie du pénis, en suivant la voie de la pulsion orale vers le désir, qui va du maternel à l'excitation par le père. L'intuition de Freud est tombée juste, lorsqu'il a mis sur le même plan l'érogénéisation du vagin et le changement d'objet d'amour : l'amour du père creuse un manque qui creuse le corps. Ce passage de la mère au père ouvre un vide, il appelle une cavité du corps correspondante qu'il faut combler. L'absence d'objet du désir lui correspond [1]. La bouche forme la plaque tournante de ce passage : le baiser découvre en quelque sorte le vagin. Avec un amant qu'une femme n'embrasse que du bout des lèvres, cette métamorphose de l'érogénéité n'a rien d'assuré.

Incidemment, ce rôle de plaque tournante de l'oralité montre qu'il existe une sorte de symétrie entre l'attrait du pénis – du

1. La bouche est la zone érogène principale du lien pulsionnel à la mère, dont la perte creuse un trou psychique, bien avant que l'anus puis le vagin reprennent à leur compte cette mise en creux. Le phallus est attendu du père d'abord par la bouche, au moment de la perte de l'objet maternel. De sorte que le passage du clitoris au vagin va suivre le même circuit.

côté féminin – et celui pour le sein – du côté masculin. Le goût des hommes pour la poitrine des femmes correspond au *Penisneid*, et les seins doivent être voilés et dévoilés à proportion de cet investissement du désir. À l'envie du pénis correspond une sorte d'*envie des seins*, qui prend son élan, elle aussi, sur les brisées de la pulsion orale[1].

De sorte que des pratiques comme la sodomie et la fellation, réputées surnuméraires à une activité sexuelle « normale », sont en réalité les plus originaires (bien qu'elles soient proscrites par les tenants du Livre). Si « l'envie du phallus » érotise le vagin comme la cavité qui lui correspondrait (après la bouche et l'anus), cette « envie » ne succède en rien à la privation d'un organe. Les femmes n'en sont pas privées, au sens où elles ont bien un organe, mais seulement à la condition du désir qui excite ce membre fantôme. Une certaine classe d'homosexuels éprouve une tout aussi forte envie : celle d'un organe dont ils ne sont pas privés, mais qu'ils veulent en érection, au titre d'une réponse au désir (et non un organe qui serait manquant). Il est donc plus clair de parler – comme on le propose – d'une « envie du phallus », car le garçon comme la fille ont le pénis – sous sa forme pénienne ou clitoridienne. Le problème est de l'avoir en érection, sous la forme du phallus (pénis érigé). C'est donc à partir de la fantasmatique du désir que se profilera cette « envie du phallus ».

Changement d'objet : de la mère au père

Pour l'enfant qui grandit, renoncer à sa mère est en quelque sorte programmé par l'impossibilité d'en jouir[2]. Il aura bien des

1. La pulsion orale cherche à faire équivaloir le corps au phallus, branchant symétriquement la bouche des hommes sur les seins ou celle des femmes sur le pénis.

2. Comme l'écrit Freud, les désirs sexuels de l'enfant se modifient suivant les différents stades de la libido, impossible à satisfaire en général. Ils fournissent maints prétextes d'apparition de l'hostilité à l'égard de la mère. Cette impossibilité devrait programmer un changement d'objet : « La nature même de la sexualité infantile, l'excès des exigences amoureuses, l'impossibilité de satisfaire les désirs sexuels, voilà ce qui provoque inéluctablement cette volte-

raisons de rompre avec elle et de se tourner vers son père. Et ces motifs paraîtront d'autant plus fondés que la flambée du désir du père met au second plan l'érotisation pulsionnelle et ouvre le vide d'un désir sans objet, pur sujet. Mais ces motifs existent pour les garçons comme pour les filles. Ce problème d'un « changement d'objet » qui consiste à répudier l'une au profit de l'autre se simplifie si l'on conçoit le transitivisme de la mère, qui revit à travers son enfant sa propre enfance, durant laquelle elle aussi a grandi avec l'idée d'un primat du phallus : elle était un garçon. Ce transitivisme prend des proportions si impératives qu'elle revit à travers son enfant moins ce qu'elle a vécu que ce qu'elle a rêvé. À cet égard, un garçon va la satisfaire, mais une fille peut la décevoir[1]. À l'égard de sa mère, une fille reste souvent empêtrée par sa dette de phallus, source de culpabilité intense lorsque cette mère ne trouve pas en elle le garçon qu'elle a rêvé d'être. Le « changement d'objet » des filles peut donc être inhibé par cette culpabilité. C'est du point de vue de cette dévalorisation inconsciente que grandit l'angoisse de la fille de déplaire à sa mère. Elle demeure en ce cas fixée à elle, au sens où elle se sent tenue de rester son phallus, position qui inhibe son entrée dans la jouissance clitoridienne et, par conséquent, son érotisme : lourde conséquence qui peut aller jusqu'à une frigidité fixe, non relative au fantasme, c'est-à-dire non seulement indépendante des partenaires et des situations, mais indépendante aussi de leur rapport à leur propre jouissance. Nombre de femmes se déclenchent facilement seules, et parfois avec plus d'intensité qu'avec leur amant. Certaines, au contraire, ignorent ce soulagement solitaire à cause de la culpabilité qui les inhibe. Il leur faut un fantasme amoureux, l'alibi d'un amant pour se libérer. Sa présence, doublée ou non d'une figure fantasmatique

---

face » (S. Freud, « La féminité » [1932], in *Nouvelles Conférences sur la psychanalyse, op. cit.*, p. 162).

1. Dans son texte « La féminité » [1932], Freud fait remarquer que la fille se tourne vers son père pour échapper à l'emprise maternelle : « fuyant la liaison à la mère [...]. Elle se hâte d'entrer dans la situation œdipienne comme dans un port » (in *Nouvelles Conférences sur la psychanalyse, op. cit.*, p. 170).

névrotique, pardonne une faute que l'onanisme rend trop évidente.

Pour décrire ce risque de fixation, Freud a employé un terme inhabituel sous sa plume, celui de « préœdipien[1] ». Que décrit cet état sinon celui d'un enfant mis en demeure « d'être le phallus » ? Une fille prise dans cet Être inhibera sa jouissance de l'Avoir, à commencer par la masturbation. La généralité des filles transige vite avec cette dette : lorsqu'elles miment la maternité et jouent à la poupée, elles veulent se débarrasser de leur propre statut d'enfant, en en donnant un à leur mère – initialement leur bébé n'est pas « attendu du père ». Elles ne rêvent pas d'avoir un enfant avec un petit garçon, mais « pour » leur mère en fonction de cette fixation « préœdipienne ».

Mais – comme se débarrasser de sa mère en en devenant une soi-même n'est qu'un pis-aller envisagé au futur – une fiction parallèle se fomente au présent : ne vaudrait-il pas mieux être séduite ou même violée par un père plutôt que de rester dans cet embrassement maternel ? D'où vient une pareille fiction ? Elle résulte d'abord de l'angoisse de la demande maternelle, qui inverse son amour en haine. Cette aversion prépare le terrain à la séduction par le père et au fameux « changement d'objet » – mais cela ne doit se produire qu'à une condition décisive : *celle de le subir malgré soi*. Il faut se tourner vers le père, mais comme ce changement d'objet est coupable, mieux vaut s'en innocenter en imaginant que le père viole. L'invention d'un viol paternel, ce premier mensonge, *proton pseudos* de l'hystérique, est préférable à un étouffant carcan maternel ! Et enfin, la fille se tourne d'autant plus résolument vers son père qu'elle en attendra et en aura – non pas plus tard, mais tout de suite – le phallus, sous la forme de l'entrée dans la masturbation clitoridienne (« Avoir » plutôt qu'« Être »).

---

1. « Il est impossible de comprendre la femme, si l'on néglige cette phase de fixation préœdipienne à la mère » (S. Freud, « La féminité », art. cité, p. 157).

Inhibition de la féminité par le désir de la mère... et l'absence de celui du père !

La culpabilité à l'égard de sa mère inhibe la fille, au point de programmer une frigidité insurmontable, et il est remarquable que ce génétisme de la frigidité soit parallèle à l'anorexie et à la boulimie (« comportements alimentaires » qui concernent presque exclusivement des femmes). La déception de la fille par rapport à sa mère, qui l'amène à se tourner vers son père, est claire lorsqu'il s'agit de la masturbation. Mais elle devient obscure lorsqu'il s'agit de l'alimentation. Pourtant, ce rapport à la nourriture correspond à cette fixation « préœdipienne », puisque le nourrissage est la voie pulsionnelle privilégiée de la demande d'être le phallus adressée par la mère à sa fille. C'est la nature de cette demande maternelle qui engendre les refus alimentaires, l'anorexie ou même un délire d'empoisonnement : car si la nourriture correspond d'abord à une demande maternelle d'être son phallus, alors elle peut tuer puisque cette identification anéantit. La mère devient ainsi une persécutrice, source de rancœur et de détestation.

Ce rapport entre la nourriture, la demande de phallus maternel et la frigidité est d'autant plus frappant que l'anorexie peut débuter seulement à l'adolescence, lorsque la question de la féminité se pose avec acuité. De même que l'on peut décrire une anorexie complète « prégénitale » et une « demi-anorexie » qui commence à l'adolescence avec le devenir femme, de même il existe des frigidités complètes, bien différentes de celles qui débutent en même temps que la génitalité, et qui sont seulement liées aux circonstances fantasmatiques[1]. Il existe des anorexies entièrement articulées dans le rapport mères/filles. Féminines,

1. Dans son texte de 1912, « Considérations sur le plus commun des ravalements de la vie amoureuse », Freud insiste sur le rôle des fantasmes dans la frigidité féminine, dont il écrit : « Souvent elle ne peut plus, ensuite, défaire le lien qui attache l'activité sexuelle à l'interdit et elle s'avère psychiquement impuissante, c'est-à-dire frigide, quand cette activité est enfin permise » (in *Revue française de psychanalyse*, vol. IX, n° 1, 1936, p. 10-21).

ces anorexies accompagnées de frigidité procèdent d'une extrémité de la demande maternelle, qui transite de l'oralité à la sexualité. Au contraire, les « demi-anorexies » correspondent au refus d'un viol paternel par la bouche, viol d'ailleurs marqué par une profonde ambivalence comme le montre le dégoût des nourritures d'origine vivante (la viande rouge, par exemple, entraînant des choix végétariens, « bio », etc.). Le vivant, c'est le tabou qui s'abat sur le totem sexuel du père, l'ombre du phallus paternel portée sur la nourriture.

Le motif du « changement d'objet » de la mère au père ne s'éclaircit pas complètement du fait du transitivisme de la mère envers sa fille. Sans doute entraîne-t-il une déception réciproque qui amène la fille à se tourner vers son père. Mais ces motifs sont en partie vrais aussi pour le garçon, qui refuse également d'être le phallus de sa mère. Il lutte contre la mainmise maternelle et se tourne vers son père – quoiqu'en lui résistant. Comment s'expliquer l'acceptation de la féminisation par le père, du côté des filles ? C'est qu'il faut aussi tenir compte du transitivisme des pères à l'égard de leurs filles, et de la séduction érotisée qu'ils ressentent à leur égard. Le père féminise sa fille lorsqu'il est avec elle dans la séduction (de même qu'il masculinise son garçon lorsqu'il se sent en rivalité avec lui). La séduction du père a un effet garanti, et cela ne se refuse pas, bien qu'il vaille mieux ne pas exagérer non plus : et la manière de l'accepter pour la refuser va caractériser ensuite le « devenir femme ».

Cette séduction du père peut manquer, et la féminisation risque alors de faire long feu, offrant un appui solide à un futur « complexe de virilité » féminin. En effet, la fille cherche à fuir sa mère. Mais si, à ce moment-là, son père ne s'intéresse pas à elle – ou plus exactement à sa féminité –, alors elle s'identifiera au père qu'elle aurait voulu. Si elle continue de se reconnaître du côté féminin, elle n'en sera pas moins équipée d'un solide complexe de masculinité, qui l'amènera d'ailleurs souvent à s'intéresser aux femmes (comme elle aurait aimé que son père s'intéresse à elle).

Pour résumer le problème du changement de la personne aimée, les garçons comme les filles naissent au désir *sexuel* sous le coup de la séduction du père. D'une extrême ambivalence, ce désir bascule du côté de la haine (recouvrant l'amour) pour les garçons, et du côté de l'amour (recouvrant la haine) pour les filles. Mais, pour un genre comme pour l'autre, l'amour de la mère suit son chemin, désormais désexualisé par la naissance du désir du père. Postérieurement pour les filles, la version œdipienne terminale fait de la mère une rivale, mais cette rivalité est sans commune mesure avec l'affrontement entre les garçons et leurs pères. Le garçon comme la fille gardent la mère comme objet d'amour, et cela d'autant mieux que le père débarrasse ce lien de sa culpabilité et de son érotisme.

Ces éclaircissements sur le « changement d'objet » entraînent rétroactivement une meilleure compréhension du « changement de zone ». Cette double opération engendre une culpabilité à l'égard de la mère. Pour la surmonter, la séduction du père devra être « forcée », le plus souvent imaginée comme une sorte de *viol*, matrice majeure du traumatisme subjectif. Comme la culpabilité inhibe en même temps la masturbation, cette dernière suivra le chemin du changement d'objet, s'orientant vers une envie du pénis d'un garçon. C'est le point principal, qui permet de tracer l'évolution de la masturbation : elle peut se heurter d'abord à une inhibition totale à cause de la culpabilité à l'égard de la mère. Mais une fois franchi ce cap, ou plutôt pour le franchir, mieux vaut fantasmer un viol paternel, à l'occasion duquel s'impose alors une deuxième sorte de culpabilité : car en réalité, c'est la fille qui désire le père (tout en rejetant la faute sur lui). Dans cette nouvelle situation, deux cas de figure se présentent : ou bien le père n'est pas du tout séducteur à l'égard de sa fille (il n'est pas sensible à sa féminité) et la masturbation continue son train sans trop d'états d'âme. Ou bien le père est sensible à la féminité de sa fille, et une nouvelle sorte de culpabilité entraîne un refoulement plus ou moins important de l'onanisme. C'est dans ce cas que l'envie du pénis d'un homme – proportionnelle à une angoisse de castration féminine enfin objectivée – devient une préoccupation insistante. L'onanisme du clitoris s'est en quelque sorte translaté sur le pénis d'un homme, qui est alors considéré comme une propriété aussi exclusive que le corps propre. Cette « envie » du pénis prend parfois des proportions frénétiques, au point d'obnubiler la vie psychique, de rendre stupide à l'égard de tout autre but[1]. D'autant plus stupide que – comme obtenir ce phallus réclame des conditions symboliques (par exemple l'amour) – ce but reste dissimulé à celle-là même qui y prétend. L'erreur serait évidemment de prendre cette ruse au pied de la lettre. Lorsqu'une femme se livre à des activités déraisonnables au point de jeter un doute sur ses facultés mentales, il serait erroné de penser qu'elle est folle ou stupide. Elle sait au contraire parfaitement ce qu'elle veut.

Les trois degrés d'une féminité toujours en quête d'elle-même

Le « devenir femme » rencontre les obstacles successifs qui viennent d'être évoqués, chacun ayant ses implications propres. Paradoxalement, la première étape concerne une phallicisation – masculine si l'on veut – qui est la condition de la féminisation : il s'agit – grâce à l'activité masturbatoire – d'en finir avec une jouissance pulsionnelle transgenre et d'échapper à l'excès qui phallicise le corps entier. Cet onanisme « masculin » donne sa basse continue à la sexualité humaine (et il reste le recours soulageant d'une vie par ailleurs « normale »). Premier écueil : en cherchant à échapper à l'emprise maternelle, cet auto-érotisme engendre une forte culpabilité qui peut le faire s'échouer sur une inhibition complète de la féminité.

Une fois cette étape franchie, le phallicisme clitoridien actif peut rencontrer une deuxième cause d'inhibition, si la séduction

1. « Il en va autrement pour la petite fille. D'emblée, elle a jugé et décidé. Elle a vu cela, et veut l'avoir » et « L'espoir d'obtenir un jour, malgré tout, un pénis et ainsi de devenir semblable aux hommes, peut se maintenir jusqu'à une époque incroyablement tardive et devenir le motif d'actes étranges qui sans cela seraient incompréhensibles » (S. Freud, « Quelques conséquences psychiques de la différence anatomique entre les sexes » [1925], art. cité, p. 127).

paternelle prend un tour trop incestueux. Ce fantasme d'une séduction paternelle se produit même si le père dort. Mais il ne dort pas toujours. C'est le cas lorsque, en plus du fait qu'il séduit sa fille, en quelque sorte presque malgré lui, et en raison de sa place –, il la séduit activement. Les filles ainsi fascinées deviendront certes ultraféminines. Toutefois, dans la mesure où elles restent les femmes du père, elles ne deviendront plus les femmes de personne[1].

L'excès de féminisation d'une femme « toute femme » la jetterait dans une passivité complète à l'égard du père, le bijou estampillé de cette ultraféminité étant la frigidité, d'ailleurs toujours proche du suicide, dernier rempart de la séduction (les femmes suicidaires ont leurs amants passionnés). Une féminisation sans partage, c'est-à-dire une séduction totale par le père, programmerait une sorte de mort d'avant la vie, puisque coucher avec son père revient à prendre la place d'un des parents : un tel acte opérerait une sorte de transport hors temps, d'avant sa propre naissance[2]. Vertigineuse, cette féminité totale fascine, en même temps qu'elle est rejetée à différents degrés[3]. « L'Être Femme » majuscule représente une identification limite, une extériorité empruntée, d'ailleurs souvent mise en scène par une mascarade[4]. « La femme » (tout entière femme) existe au titre d'une idéalité psychique puissante, quoique inassignable.

Cette féminité glacée par le désir du père diffère de la frigidité qui résulte de la culpabilité à l'égard de la mère. La première

1. On se souvient de la chanson de Marilyn Monroe, *My Heart Belongs to Daddy*.
2. Ce moment « hors temps » est celui de la crise d'hystérie.
3. Dans « Horror feminae », Jacqueline Schaeffer fait remarquer : « Tout ce qui est insupportable pour le moi – la passivité, la perte de contrôle, l'effacement des limites, l'intrusion de la pénétration, l'abus de pouvoir, la dépossession [toutes représentations fantasmatiques sollicitant le pénis de l'homme] – est précisément ce qui contribue à la jouissance sexuelle [...]. La défaite, dans tous les sens du terme, est la condition de la jouissance féminine » (in *Bulletin de la Société psychanalytique de Paris*, n° 28, 1993, p. 91-97).
4. Voir J. Riviere, « Womanliness as a mascarade », *International Journal of Psychoanalysis*, X, 1929, p. 303-313 (trad. de l'anglais par V. Smirnoff sous le titre « La féminité en tant que mascarade », *La Psychanalyse*, n° 7, 1964, p. 257-270).

cherche le plus souvent une issue grâce à la transgression de la séduction paternelle : elle commande l'intrigue et la constance de la trahison, qui est son meilleur espoir de soulagement. Le premier mari sera parfois, par exemple, traité purement et simplement comme un ennemi et il faudra attendre le deuxième pour que, grâce à l'éviction du premier, l'érotisme fasse valoir quelques droits. La frigidité reste piégée dans les rets d'un amour paternel qu'un mari peut certes contrer, mais avec le risque de devenir lui-même un père glaçant. D'où le théâtralisme des intrigues à front renversé.

Les femmes les plus séductrices sont aussi celles qui peuvent le plus facilement dire non, et il arrive d'ailleurs que, même lorsqu'elles disent oui, leur frigidité confirme le non. De « l'activité à but passif », il ne leur reste que la passivité. Leur féminité s'est embourbée dans le risque incestueux, qui s'est d'ailleurs parfois transformé en traumatisme sexuel objectif si elles furent effectivement séduites par un adulte. Et cet événement va les inhiber par la suite, chaque homme représentant pour elles un père potentiel. Pourtant, une séduction réelle ne s'est pas toujours produite lorsque se présente une aussi malencontreuse configuration. Sans qu'il y ait eu de passage à l'acte directement sexuel du père, il suffit qu'il ne soit pas intervenu pour protéger sa fille contre les sollicitations d'un adulte. Ou qu'il se soit comporté trop jalousement avec sa fille, comme si elle était sa femme [1].

À l'opposé de la séduction plus ou moins active du père, il existe un écueil contraire, celui de son absence totale de séduction. Lorsque son père ne lui prête aucune attention et n'est jamais ému par ses charmes, une fille perdra le goût d'œuvrer à sa féminisation et elle poursuivra sur la voie d'un complexe de virilité. Rien ne lui fera croire qu'elle n'a pas le phallus, dont elle tirera le meilleur parti masturbatoire – non sans quelques ambitions homosexuelles –, surtout lorsque sa mère l'aura plus ou moins sexuellement séduite, plutôt que son père qui s'en

1. Par exemple, lorsqu'il l'empêche de jouer avec les garçons, de s'habiller en fille, de sortir, etc. Ou encore, s'il va à la plage avec elle – lorsqu'elle est un peu plus grande – et qu'il se garde bien de dire qu'elle est sa fille, etc.

garda bien. Cela ne l'empêchera pas non plus d'être hétérosexuelle, à condition de se choisir des amants un peu féminisés (et cela n'inhibera pas forcément non plus tout orgasme, en contrecoup de la jouissance de ces partenaires). Dans le « complexe » de virilité, aucune inhibition ne retient des femmes qui n'ont pas forcément l'allure masculine – bien au contraire – et pour lesquelles un amour hétérosexuel reste compatible avec une jouissance clitoridienne affirmée. Elles peuvent aimer un homme sans grands problèmes (bien que les femmes ne leur déplaisent pas) – cas de figure fréquent dans les névroses obsessionnelles –, aucune séduction paternelle ne leur ayant montré les charmes de la passivité [1].

Entre ces deux écueils, féminisation extrême et complexe de virilité, il existe une voie moyenne : celle des femmes qui ne renoncent certes pas à leur masculinité d'origine, base de leur jouissance d'abord clitoridienne, mais à la condition d'éliminer en même temps l'agent de cette jouissance, c'est-à-dire leur père. Il leur faut donc un homme, dont l'attente déplace l'épicentre de la jouissance de la tumescence clitoridienne au creux de réception vaginal.

Dans ces trois voies du « devenir femme », on aura reconnu les trois occurrences de la féminisation énumérées par Freud dans son texte de 1932 [2], la dernière d'entre elles étant considérée comme « normale » (au sens où elle tient compte des contraires de « l'activité à but passif »). Chacun des trois destins possibles du « devenir femme » présente des degrés. La séduction du père à l'égard de sa fille peut aller d'un degré zéro à une attitude d'homme à femme (n'incluant pas forcément un passage à l'acte). Et de même, l'attitude érotique de la mère à l'égard de sa fille peut varier – jusqu'au lesbiannisme. En fonction de ces variables conjointes, la bisexualité féminine s'infléchit. Comme l'écrit Freud : « L'énigme féminine relève peut-être de cette

1. Comme l'écrit Freud, l'essentiel dans ce processus, c'est le manque à ce stade de développement de la poussée de passivité qui permet l'instauration de la féminité.
2. S. Freud, « La féminité », art. cité.

bisexualité dans la vie féminine. » Elle varie en fonction des événements : c'est ce qui importe, du point de vue de la cure psychanalytique. Certains événements répètent des traumatismes plus anciens, et peuvent décider de changements d'orientation. Par exemple, suite à un désastre amoureux hétérosexuel, une femme peut se tourner vers l'homosexualité tout comme elle le fit à l'adolescence, dans ce qui représenta pour elle une trahison du père, qu'elle pallia en s'identifiant à lui, et en aimant à la folie une autre fille, lorsqu'elle ne trouva pas dans un moment mystique un père éternel plus complaisant. Il faut toutefois se demander si, occupé par la préhistoire du « devenir femme », c'est-à-dire la féminisation de la petite fille, Freud n'aurait pas minimisé le changement de régime de la puberté, et en particulier ce fait qu'une femme sortait de sa névrose infantile non plus en attendant un enfant du père, mais de l'homme qui éliminait ce dernier. La femme s'accorde ainsi, bien qu'avec un décalage temporel, à la fantasmatique masculine, qui entra la première en lutte contre la séduction paternelle. Avec cet homme se joue, plus ou moins dramatiquement, la scénographie orgastique du parricide (souvent grâce aux jalousies de l'amour). Cette voie moyenne laisse la féminité dans une contradiction constante avec elle-même. Elle ne tend vers la féminité qu'à partir d'une masculinité jamais reniée.

De sorte que la féminisation s'entortille sur cette contradiction. Sa manière se retourne sur elle-même. D'un côté, il lui faut plaire, selon la pente du génitif subjectif du « désir de ». Mais il lui faut aussitôt se défendre contre cette séduction, selon la pente du génitif objectif qui pousse à être « désirée de ». Il faut séduire, mais dès que la séduction risque d'aboutir, rien ne va plus. Vivre sans désir serait mourir à petit feu. Mais être désirée représente un danger – tout du moins tant que le séducteur porte le masque d'un père. Et dès qu'un homme cherche à séduire, le masque du père le cache au moins un moment ! Le désir prend son départ dans l'excitation de faire tomber le masque, et il s'actualise en le faisant chuter. Car comment un homme pourrait-il s'en débarrasser complètement ? Cette potentialité incestueuse est à la fois excitante et inquiétante. Le désir sexuel d'un séducteur « paternel » (et chaque homme l'est tant qu'il reste anonyme) s'accompagne du désir de le rejeter, ou même fantasmatiquement de le tuer, vœu de mort proportionnel au désir lui-même.

Dans la suite du « désir de », le « meurtre de » porte à son tour la marque du génitif objectif et subjectif. Celle qui tue pourrait bien se tuer, et elle s'exécute parfois. Mais sans aller jusqu'à cette extrémité, le double mouvement – de plaire et de repousser – risque toujours d'inhiber le désir, de le glacer sur place. Le risque participe de la relance de la séduction. Le « meurtre du père » s'accomplit sur cette frontière, où le danger d'une inhibition relance l'excitation et l'envie du pénis. Dans son célèbre article « La féminité en tant que mascarade », Joan Riviere a décrit cet instant d'incertitude angoissant :

> « Il s'agissait d'une jeune Américaine, engagée dans une carrière militante, l'obligeant à parler et à écrire. Toute sa vie, elle avait souffert d'une certaine angoisse, parfois très intense, qui se manifestait après chacune de ses apparitions devant un public. Chaque fois par exemple qu'elle avait donné une conférence, elle était saisie au cours de la nuit suivante d'un état d'excitation et d'appréhension, de la crainte d'avoir commis un impair ou une maladresse, et ressentait un besoin obsédant de se faire rassurer. Ce besoin l'amenait compulsivement à solliciter l'attention ou à provoquer les compliments d'un homme, ou d'hommes, à l'issue des réunions où elle avait joué le rôle principal. Il devint bientôt évident que les hommes ainsi choisis représentaient, sans aucun doute possible, des figures paternelles, encore qu'elle ne faisait généralement que peu de cas de la valeur de leur jugement[1]. »

Au cours de ses conférences, cette jeune femme brillante supplante des pairs ; et pourquoi son succès l'angoisse-t-il, sinon parce que le père tombe avec les pairs, et que ses sollicitations – dont on comprend le sens sexuel – témoignent de la relance de son désir ?

Le désir féminin fonctionne ainsi à éclipses, selon le battement d'un rejet et d'un appel. Sa gestuelle contrariée, qui appose son

1. J. Riviere, « La féminité en tant que mascarade », art. cité, p. 257-270.

sceau sur toutes les façons d'être, décrit une généralité de la féminité, offerte et défendue, et structure les façons de se tenir, la démarche, l'attitude, le geste, le regard et l'être regardée, la manière de s'habiller et jusqu'au style de l'élocution. Lorsqu'elle s'énonce sous le coup du fantasme de séduction, la parole féminine se déroule selon un tempo qui lui est propre, engageant mais retenu, allant de l'avant, mais empêtré en lui-même. Sa rhétorique est un universel linguistique reconnaissable dans toutes les langues, qu'elle soit exprimée par une femme ou d'ailleurs par un homme. Elle s'exacerbe en présence du séducteur, proportionnellement au risque du désir.

La féminité – sans autre présent qu'un perpétuel avenir

« La femme est l'avenir de l'homme », écrivit Aragon. C'est aussi l'avenir de chaque femme. Si elle s'achemine vers la féminité sur le fond d'une masculinité première, elle est dans une position active qui se choisit un but passif. « L'activité à but passif » comporte une contradiction évidente, souvent source de l'inhibition féminine, ou en tout cas d'une complication constante de la vie amoureuse. Parler d'une « activité à but passif », c'est annoncer une cascade de contradictions qui se déboîtent l'une de l'autre – jusqu'à leur éventuel électrochoc orgastique. La première d'entre elles, c'est que le sujet féminin de cette « activité à but passif » se prend lui-même comme objet, prise en laquelle il se perd, puisqu'il devient alors autre à lui-même, et qu'il peut donc se refuser à ce qu'il a pourtant voulu. Dans l'activité à but passif, l'activité et la passivité fonctionnent dans une discordance constante, corde sensible propice à l'excitation comme à son inhibition.

Quoi de plus épuisant que cette contradiction ? C'est une activité à temps plein que de séduire mine de rien, surtout s'il faut en fin de compte se refuser. L'objectif de la passivité semble clair : déclencher le désir pour avoir le phallus. Au fond, il suffit d'être désirée pour l'avoir déjà, et bien des femmes séductrices, qui se refusent aux conséquences de leurs manœuvres, méritent à juste titre l'étiquette de « femmes phalliques ». Une femme a le phallus dès qu'elle est désirée, ce qui lui demande un certain travail – ou beaucoup. Sans un geste de plus que celui de s'offrir pour se refuser, elle devient phallique à chaque érection qu'elle provoque. Son charme, ce sera de l'avoir dans cette distance magique. Un seul regard porté sur elle, et elle l'a déjà – c'est incontestable – alors qu'on voudrait tant le lui donner. Le but passif est une façon de l'avoir, c'est-à-dire de provoquer le désir, puisque le phallus ne s'érige qu'à proportion.

L'activité a ainsi obtenu son but, qui ne s'affirme jamais si bien que dans le refus : de même que les hommes font la guerre pour nier leur féminisation, de même les femmes affrontent avec d'autres armes la séduction du père. Une fois le désir provoqué, non seulement le refus leur laisse le phallus, mais, de plus, il fait tomber le séducteur, ainsi mis au rang d'un père castré et tué. Victoire totale sur le père, avec lequel le prétendant aura été confondu. La séduction peut se satisfaire ou s'inhiber dans cette confusion du père et de l'homme, situation qui se débloque dès qu'un homme se distingue du père, ou mieux : dès qu'il tue le père, sinon en personne, du moins sous les traits d'un rival qui lui ressemble.

Dans cette contradiction entre l'activité et la passivité, le désir féminin s'exprime d'abord par un « non », puisque l'activité (masculine) précède la passivité, puisqu'elle peut ensuite se satisfaire de provoquer le désir, et enfin dire non à ses propres conséquences. D'où une complication certaine du désir féminin qui risque de s'inhiber dans son propre mouvement, même lorsqu'il est puissant. Le « non » ne veut pas toujours dire non, mais il ne veut pas dire oui non plus. Seul le oui rompt l'équivoque – mais il est moins drôle, et moins excitant. Cette discordance exacerbe l'excitation masculine, et le résultat paradoxal de la fausse note est une sorte de mise en tension du désir des amants. Au fond, la fausse note joue le rôle du diapason, dont le son précède la mise en train des musiciens. Reste à comprendre comment un couple peut s'accorder sur une fausse note.

La sortie du complexe d'Œdipe est-elle seulement « masculine » ?

Freud a parfois simplifié le complexe d'Œdipe en le présentant selon deux versions : masculine et féminine. Les hommes sortiraient du complexe d'Œdipe sous le coup de l'angoisse de castration, alors que les femmes y entreraient à cause d'une angoisse identique, dont elles n'arriveraient jamais à s'extirper complètement. Comme il l'écrit à propos de la fille, le complexe d'Œdipe n'est pas détruit, mais au contraire créé sous l'influence de la castration. On pourrait donc croire que les filles n'en finissent jamais avec une quête du père, une demande d'amour sans fond, la violence des jalousies, etc. Simples et robustes, ces schémas réduisent pourtant beaucoup la problématique. Si l'on confondait la féminité et les femmes, ces schémas les laisseraient leur vie durant dans une minorité psychique, qui les renverrait pour toujours à l'enfance et à l'amour du père. Certes, Freud se contredit en proposant cette simplification, car il n'existe aucune classe qui rassemblerait « les hommes », opposable à une autre qui réunirait « les femmes ». La bisexualité fait toujours valoir ses droits, et la virilité d'un homme s'affirme contre son angoisse de féminisation, alors que la féminité d'une femme ne réduit jamais à rien sa masculinité première.

Il faut donc reconsidérer l'hypothèse selon laquelle « les femmes » resteraient toujours des enfants, alors que « les hommes » accéderaient à la maturité. Un tel raccourci aurait certes pour lui le lourd dossier de plusieurs millénaires d'infantilisation des femmes. Mais, outre que ces temps sont révolus, les hommes ne se comportent-ils pas eux aussi comme des enfants, quoique sur *une autre scène*[1] ? Les femmes jouent leurs comédies souvent puériles sur les tréteaux de l'amour et de la famille, mais les hommes sont-ils plus matures dans l'espace public ? Les messieurs

---

1. « La vraie différence de l'hystérie au masculin et au féminin, c'est la diversité des scènes sociales : c'est sur le chantier de travail ou le champ de bataille, soit "dans le feu de l'action", que, sous l'effet du trauma, s'embraye la passivation au masculin » (P.-L. Assoun, *Masculin et Féminin*, *op. cit.*, p. 49).

en finissent-ils donc si aisément avec leur complexe d'Œdipe ? Comme ils continuent le plus souvent leur débat avec le père sur une autre scène que celle de l'amour, leur course-poursuite de l'Œdipe devient moins visible, bien que cela ne les rende pas plus équilibrés. À la maison ou dans la cité, il s'agit encore et toujours de l'amour mal fagoté du père ! Les hommes dépensent une énergie considérable dans leur lutte contre un danger de féminisation sur les tréteaux de la société, au cours des multiples affrontements de castes, de clans, de classes – et cela en temps de guerre comme en temps de paix. Les femmes paraissent parfois immatures dans leurs relations, en particulier avec l'homme qu'elles aiment, mais il en va de même pour les hommes, avec l'homme qu'ils aiment eux aussi (leur chef de bureau, de parti, de tribu, etc.), bien que cela se voie moins, puisque ces allégeances se donnent les belles justifications de l'idéal.

Le créationnisme continué de la loi et le surmoi féminin

Pour le garçon, le refus de la féminisation est frontal. La lutte commence contre le père et ses lieutenants. Mais le risque de féminisation demeure, car une victoire totale sur le père est d'autant plus impossible qu'il renaît perpétuellement des cendres de la culpabilité. De sorte que le front se déplace : la guerre va se déployer entre les garçons, pour savoir lequel est une fille (le vaincu), et lequel un garçon (le vainqueur). Pour qui regarde jouer les enfants, on dirait que leurs affrontements sont de simples amusements, mais – à un niveau immédiat – l'enjeu est grave puisqu'il concerne le choix du genre. À un deuxième niveau, la gravité s'accroît puisque le jeu représente un déplacement de la lutte contre la séduction paternelle : il entraîne une contrepartie parricide et va se solder par la culpabilité qui en procède. À proportion de leur évidente violence fantasmatique, les jeux des garçons engendrent une culpabilité et des idéaux réparateurs. Cette culpabilité née d'un refus frontal du désir du père pousse à la formation d'un surmoi exigeant.

Il n'en va pas de même pour les filles, dans la mesure où elles acceptent une féminisation, et leur surmoi ne devrait pas avoir les mêmes exigences réparatrices. Le surmoi masculin paraît alors plus visible que le surmoi féminin. Pourtant, ce dernier ne s'en affirme pas moins indirectement : c'est qu'il prend le détour de l'amour. Comme les hommes, les femmes se débarrassent de la séduction paternelle, mais elles ne s'y opposent pas en un choc frontal : elles font le détour de l'homme qui les libère de leur père, jouant la carte d'une sorte de parricide par personne interposée (leur chevalier servant, qui fait la guerre pour elles). En ce sens, leur surmoi – moins claironnant – se met au service de l'amour, ou il fait la loi avec autant de fermeté que les grands idéaux masculins. L'amour joue pour les femmes le rôle d'un surmoi aussi coercitif que celui des hommes. Il a les mêmes ressorts, c'est-à-dire la rédemption du parricide. L'amour pour un homme élimine celui du père, ce dont il faut ensuite payer tribut. De même que du côté masculin, ce surmoi réclame une réparation grâce à des idéaux : mais il s'agit de ceux d'Éros.

Que l'amour fonctionne comme un surmoi féminin n'apparaît jamais si bien que dans l'amour maternel. Avant d'« attendre un enfant du père », une petite fille en veut un pour se débarrasser de sa mère, on l'a dit. Lorsqu'elle joue à la poupée, elle se comporte comme sa mère se comporte avec elle. Elle n'attend pas un enfant du père. Ce vœu ne correspondrait à rien du point de vue de la jouissance sexuelle. Une fois devenue femme, ce sera le contraire, sa jouissance sexuelle l'intéressera d'abord plus que l'enfant (qui peut attendre). Pour la femme, les priorités de la petite fille s'inversent : elle trahit d'abord son père pour un homme, et l'enfant né du désir de cet homme réparera par la même occasion ce parricide commis par personne interposée. Quand elle devient femme, son désir d'enfant sera déclenché par le désir d'un homme qui, quant à lui, veut payer sa propre dette à l'égard de son père [1]. Le surmoi féminin affirme ainsi deux fois ses droits, une fois pour l'amour, une autre pour l'enfant. Par le

1. C'est en ce sens que le don du nom du père à l'enfant a une légitimité.

détour d'amours obstinées, de jalousies stupides, de préférences obtuses, d'envies irrépressibles, de refus sans rémission – bref, par un biais d'apparence plutôt narcissique, bien éloigné des grands idéaux masculins –, la position féminine impose cette forme de la loi qui s'est passée du père en s'en étant servie (pour paraphraser cette belle formule de Lacan).

Si cette coercition du surmoi a un rapport étroit avec l'amour, s'agit-il bien de narcissisme ? Ce « narcissisme » féminin se fragilise à proportion de ce qu'il cherche, vers lequel il avance en funambule. D'un côté, il quitte la position d'« être le phallus » maternel, mais sans assurance de l'autre côté de l'« avoir ». Un rien le déséquilibre dans son exigence extrême, aussi bien du côté de l'être (demande d'amour) que du côté de l'avoir (demande de fidélité, jalousie). Ce pseudo-narcissisme court entre « être le phallus » et « chercher à l'avoir » : il fuit une position impossible, et cherche son salut auprès de qui va pouvoir donner ce qui a été quitté : dans une dépendance, donc, du désir et de la séduction. On pourrait ainsi confondre facilement l'origine et la fin, la demande d'amour et l'envie du phallus. Ces séquences sont pourtant distinctes. La demande d'amour n'a pas de genre, elle réclame une reconnaissance universelle et de chaque instant, auprès des hommes comme auprès des femmes, et cela sans objectif sexuel. Il faut seulement plaire et être au premier plan tout en craignant de l'être, et cela sur n'importe quel terrain. Cette exigence océanique – si propice aux naufrages – se distingue de la demande de phallus faite à un homme et à un seul. En effet, cette demande ne saurait être universelle – donc, rester anonyme – sans risque de dépersonnalisation. Et comme la jouissance prise grâce à ce phallus n'atteint sa dimension orgastique qu'en fonction de la singularité (par exemple du nom), une exclusivité totale, sans partage, tatillonne à l'extrême en résulte.

On objectera qu'un tel impératif d'exclusivité ne colle pas à l'expérience. Trop d'exemples de femmes volages, bizarres, bigames, bisexuelles, etc., viennent le contredire. Cependant – outre qu'il ne s'agit pas des femmes, mais du féminin – une femme bigame qui joue un homme contre un autre ne poursuit-elle pas encore un rêve d'exclusivité ? Elle s'assure l'amour de l'un en le frappant grâce à l'autre. Elle ne rive jamais qu'un seul clou. Liée aux conditions de la jouissance, cette monogamie de principe exige que la pareille lui soit rendue en tous points. Par abus de langage, cette jalousie de structure s'appelle encore narcissisme. En réalité, ce prétendu narcissisme articule si bien le phallus au nom du père que, sans chercher à le faire, la Loi en procède. Ses exigences répètent la scénographie d'origine du complexe d'Œdipe, tant et si bien que l'amour à lui seul réécrit la Loi sur cet arrière-fond.

Les exigences du « devenir femme » fomentent une création continuée de la Loi. Elles ont comme horizon un absolu, car aucun être humain ne supporterait une féminisation totale (l'inceste avec le père, assorti de castration). « Devenir femme » reste relatif : une femme le devient corrélativement à l'homme qui l'arrache à l'amour endogame de son père (et derrière lui de sa mère). Et cette relativité du devenir femme en devenant celle d'un homme inscrit le meurtre du père au cœur de la jouissance féminine. Une mystique éternise le père jusqu'au bout et l'épouse elle aussi. Les rituels de mariage, qui sont des mises en scène symboliques de la perte du nom du père au profit du nom du mari – toujours actuelles dans une majorité de cultures –, montrent l'ampleur de ce ressort. Certes, ce fantasme parricide disparaît derrière l'amour que se vouent les amants. L'amour rend femme, en échange d'ailleurs du phallus qui permet de supporter cette condition. Cette relativité du « devenir femme » en fait une gymnastique journalière, un travail psychique auquel l'amant, le mari, l'entourage en général, sont conviés à participer à chaque instant. Rien de plus socialisé que cet effort quotidien – dont chacun conviendra qu'il met de l'animation dans la Cité. Une femme qui marche dans la rue en appelle à tous ses riverains.

Ce « devenir femme » a-t-il aussi une dimension historique ?

Au XIXe siècle, dans le contexte du triomphe de la bourgeoisie, les jeunes gens faisaient leur éducation sexuelle au bordel, souvent sur l'incitation de leurs pères. Et les femmes alors, en profitaient-elles ? Pas exagérément si l'on en croit Lélia, une des héroïnes de George Sand, qui décrit ainsi l'épreuve de la sexualité : « Je me dévouais en pâlissant et en fermant les yeux. Quand il s'était assoupi, satisfait et repu, je restais immobile et consternée, les sens glacés. » Cependant, l'horizon ne devait pas être si totalement plombé, tout du moins si l'on en croit la réputation de George Sand elle-même ! Il semble probable, quoi qu'il en soit, que le sort de la féminité ait été tributaire des conditions que chaque siècle lui réserva.

Dans la cinquième des *Nouvelles Conférences sur la psychanalyse*[1], Freud a souligné l'importance de la répression sociale du féminin, à l'œuvre depuis toujours. On ne peut préjuger ce que seront les femmes une fois ce carcan levé (il leur reste à en faire l'épreuve). Mais on peut constater qu'il s'est desserré, en espérant que cela va continuer[2]. Pourtant, quels que soient les succès de ce progrès, la féminité restera un problème plus ou moins angoissant – mais cette fois, pour les hommes aussi. Ces derniers disent parfois que la féminité est un mystère pour eux, et c'est d'abord vrai de leur propre féminité. Voilà ce qui deviendra toujours plus évident avec l'extension de la libération des femmes. Cette libération ne signifie pas qu'elles seraient libérées de leur féminité, mais que les hommes vont cesser de rejeter sur elles leur propre féminisation, en leur faisant payer au prix fort leur angoisse de castration. Ils paient d'ailleurs ainsi en retour le lourd tribut de la méconnaissance de leur désir. Qu'est-ce que cette méconnaissance, sinon le désir lui-même, qui donne en même temps à la femme un pouvoir paradoxal, à l'heure même où elle paraît le plus opprimée ?

---

1. S. Freud, *Nouvelles Conférences sur la psychanalyse, op. cit.*
2. La sexualité – notamment féminine – ne s'est pas libérée au cours des siècles selon un processus historique continu. Un coup d'œil jeté sur les poteries mésopotamiennes, grecques, amérindiennes ou les figures tantriques, montre que notre époque n'a rien inventé en matière de liberté sexuelle. S'il y a un mouvement vers une libération, c'est à partir de l'énorme répression qu'a engendrée le monothéisme qu'il s'est mis en marche.

Lorsque Pandore, créature artificielle née de la volonté de Zeus, s'anime et s'humanise, son premier geste, l'ouverture de sa fameuse boîte, plonge les hommes dans de tels tourments qu'ils se mettent au travail. Du haut de sa beauté, c'est bien elle la bourgeoise, par la faute de laquelle le labeur ne prend jamais fin. D'où vient la faute, sinon du mal du désir lui-même, dont il serait vain de purger la femme ? Vouloir l'en débarrasser, ce serait la tuer. Ainsi la femme morte, la femme automate, poupée, mannequin, gynoïde, les mille figures de la belle au bois dormant, hantent-elles les rêves et la littérature depuis son origine [1]. Les hommes rêvent d'une femme qui n'existerait pas, morte – moins selon leur désir que selon cette extrémité où ils seraient débarrassés de leur désir –, c'est-à-dire d'eux-mêmes en somme.

Qui aurait l'idée trop simple que les hommes régneraient sur les femmes depuis des millénaires [2] ? Dans l'esclavage le plus souvent, sans dire mot peut-être, les femmes mettent les hommes au travail sans qu'ils s'en rendent forcément compte. Il est à cet égard relatif de considérer les hommes comme les exploiteurs des femmes. Dans le parler populaire, un homme dira de sa femme qu'elle est sa bourgeoise, surtout si elle ne travaille pas. Et, en effet, dans de tels couples, c'est plutôt l'homme qui s'efforce de faire jouir l'autre, et qui de plus travaille. Même lorsqu'ils ne s'usent pas à la tâche pour acheter ce qui de toute façon ne se paie pas, une femme les tient ou les culpabilise toujours assez pour qu'ils se fatiguent [3].

Dans la Bible, au fondement de la race humaine par Adam, Ève vient en deuxième place après la nébuleuse Lilith, dont plus personne ne dit mot. Cette division de la femme fonctionne au premier pas, et il ne faut pas lire beaucoup plus loin pour la voir

---

1. Voir Catherine Bruno, « Fabriquer la femme qui n'existe pas », *Psychanalyse*, n° 14, Érès, 2009, p. 57-74.

2. C'est l'idée de Marx et d'Engels dans les premières pages de *L'Origine de la famille, de la propriété privée et de l'État* (Paris, Les Éditions sociales, 1974). Une sorte de division du travail entre l'homme et la femme est le premier modèle de l'exploitation.

3. En ce sens, elles sont les bourgeoises dont les hommes sont les prolétaires, comme Lacan l'a fait remarquer dans *Encore*, *op. cit.*

se répéter. Au début de la Genèse, Abraham attend de Sarah un fils qui ne vient pas, et celle-ci ne sera fertile qu'en lui ayant donné d'abord comme deuxième femme son esclave Agar, l'Égyptienne. Il en aura un premier fils, Ismaël, père de l'islam. Mais Agar sera ensuite partout reniée, y compris dans le Coran. Dans les civilisations du Livre, tel aura été le destin de l'autre femme, par la grâce de laquelle la jouissance arrive. Qu'il s'agisse d'Ève (par rapport à Lilith) ou de Sarah (par rapport à Agar), ce sont chaque fois des figures divisées par la faute desquelles le mal du désir arrive (et contre lesquelles, donc, le père se sera toujours cru justifié de sévir).

Bien que partout déniée, marginalisée, diabolisée des millénaires durant, la puissance occulte des femmes n'en a pas moins toujours été soupçonnée ou reconnue. Bien qu'elles fussent écartées de la fonction sacerdotale, saint Jean Chrysostome écrivit à leur propos : « Elles sont revêtues d'une telle puissance que parmi les prêtres, elles font élire qui elles veulent[1]. » Contre le patriarcat s'est toujours poursuivie une sourde guerre d'usure qui, si sa traduction politique est récente, n'en a pas moins assuré à sa manière une forme de domination aux femmes, ne serait-ce que grâce aux vengeances retorses de l'amour – amour des pères, des amants, des maris, des fils. Plus que d'autres, les femmes reléguées aux cuisines ou aux fonctions maternelles se vengent sur leurs enfants, faisant de leurs filles de futures inhibées ou de leurs fils des hommes qui – comme elles – aiment les hommes.

Dans la Cité, les femmes furent peut-être considérées comme des mineures qu'il fallait prendre en patience, eu égard à leur rôle de mère[2]. On se devait d'oublier leurs babils, leurs

1. G. Duby, M. Perrot (sous la dir.), *Histoire des femmes*, tome II, Paris, Plon, 1990, p. 446.

2. Le si docte Aristote n'hésite pas à affirmer que « la femelle est un mâle mutilé » (*De la génération des animaux*, II, 3), Tertullien en rajoute en écrivant : « Femme, tu es la porte du diable » (*De cultu feminarum*). « La femme est inférieure à l'homme en toutes choses. Aussi doit-elle obéir, non pour être violentée, mais pour être commandée, car c'est à l'homme que Dieu a donné la puissance », écrivit Flavius Josèphe, au Ier siècle de notre ère... De même, la malédiction de l'Ecclésiaste rive le clou : « C'est par la femme que le péché a commencé et c'est à cause d'elle que tous nous mourons » (Eccli.,

marivaudages, leur narcissisme, l'envie, les jalousies, les passions plus fortes que tout, leur cervelle étroite, sans autre perspective que le désir et le vouloir obtus de l'amour – sa rectitude. La sorte de folie des femmes, pour lesquelles la féminisation (la castration) n'a jamais été un état, mais un devenir aléatoire, a toujours finalement bousculé l'ordre imposé par les hommes, dans le déni, pour eux aussi, de leur féminité. Les femmes recèlent une valeur qui les dépasse, qui résulte de la lutte en elles d'une masculinité et d'une féminité qu'elles n'acceptent jamais toute. Et de se tenir sur ce double plateau, les figures de la féminité – Athéna, Marie, Marianne, la Bonne Mère – ont mis la Cité en balance sur un imparable fléau, que jamais rien n'équilibre.

xxv, 24, La Bible de Jérusalem, Paris, Cerf, 2005, p. 1212). « Et je trouve plus amère que la mort la femme,/car elle est un piège,/son cœur un filet, et ses bras des liens » (*ibid.*, p. 1107).

5

Les fantasmes fondamentaux, organisateurs du désir sexuel

Le « complexe d'Œdipe », version noire et version rose

Le complexe d'Œdipe passe pour l'apport majeur de la psychanalyse, alors que Freud n'a jamais écrit d'article à son seul propos. Pour lui, il s'agissait d'un mythe, d'une enveloppe formelle pratique pour désigner une vérité contradictoire, stratifiée en plusieurs séquences dont on ne retient souvent que le résultat terminal (sa version rose), occultant ainsi la structuration du désir par une pelote de fantasmes fondamentaux, liant l'érotisme à la mort (sa version noire). Pour comprendre le moment d'éclosion d'un désir plutôt sombre, il faut voir germer dans les dessous cette puissance qui pousse le sujet vers une jouissance impossible, dont il ne lâche pourtant jamais la rampe. Regardons d'abord cette cascade d'événements interactifs, qui aboutiront à la mise en suspens de la phase de latence. On reprendra pour cela certaines caractéristiques qui ont déjà été évoquées en amont pour le choix du genre sexuel. On leur donnera maintenant leur extension en aval, pour la structuration du désir sexuel, c'est-à-dire en indiquant chaque fois la naissance des fantasmes fondamentaux.

Pour cesser d'être l'objet du désir de l'Autre, on l'a dit, le sujet se prend d'abord lui-même comme objet. Il se fait jouir – activement – plus fort que d'être joui – passivement. Cet onanisme concerne d'abord n'importe quelle zone érogène, et se concentre ensuite sur le phallicisme, symbole du passage d'être le phallus à l'avoir. Cette activité soulage, certes, mais elle est coupable, puisqu'elle fait découvrir la castration maternelle. Cesser d'être le phallus, c'est en priver la mère. Plus ou moins ouvertement, cette jouissance cherche donc la punition qui l'exonérerait de sa faute. Et comme cette rêverie d'enfant battu craint en même temps la perte de l'amour maternel, mieux vaut qu'un tiers administre la volée tant attendue. Dans ces circonstances un père fustigateur monte en scène et ses « coups » – seulement imaginés – soulagent au rythme de la masturbation [1].

On a déjà évoqué ce *premier fantasme fondamental de l'enfant battu**[2], et l'on a déjà souligné que les « coups du père » n'ont pas plus de réalité factuelle que la séduction du fantasme [3]. De toute façon, le père effraie, même lorsqu'il est gentil – et en fait

---

1. Le fantasme masochiste de l'« enfant battu » s'articule immédiatement avec la séduction du père. On peut en prendre comme exemple « L'homme aux loups » : « Il voulait, dit Freud, par l'exécution de sa méchanceté [*Schlimmheit*], extorquer une punition et des coups de son père, et se procurer ainsi la satisfaction sexuelle masochiste désirée de lui. » Ainsi, l'enfant se montre méchant pour obtenir du père la satisfaction désirée (*die erwünschte masochistiche Sexualbefriedigung*). Et c'est en vue de cet objectif qu'il s'époumone en cris agressifs : « Ses accès de cris étaient donc précisément des tentatives de séduction. » L'enfant crie donc pour provoquer la punition, qui elle-même réalise « la satisfaction de son sentiment de culpabilité » (S. Freud, « Extrait de l'histoire d'une névrose infantile (L'homme aux loups) » [1918], in *Cinq Psychanalyses*, trad. de l'allemand par M. Bonaparte et R. M. Loewenstein, Paris, PUF, 1954, p. 341 ; traduction de l'auteur à partir des *GW XII*, p. 52-53. Voir également P.-L. Assoun, *Le Masochisme*, Paris, Economica-Anthropos, 2003, p. 33-34.
2. Pour la clarté de ce chapitre, on indiquera par des astérisques les trois premiers fantasmes fondamentaux dont procèdent les autres, puis leurs sous-ensembles.
3. Chaque fois qu'un enfant pleure parce qu'on lui a interdit quelque chose, cela correspond à un tel « coup ». Des coups réels tomberaient dans un autre registre : ils feraient basculer le cadre fantasmatique et seraient vécus comme un viol, un rapport sexuel.

parce qu'il l'est [1]. Une fois franchie la ligne du passif de l'Être à l'actif de l'Avoir, les enfants sont doublement fautifs. D'abord, parce qu'ils trompent leur mère en cessant d'être son phallus. Et ensuite, parce que désormais munis de ce membre érectile, ils pourraient bien chercher à en user incestueusement. En ce sens, la punition du père érotise doublement : non seulement les coups accompagnent l'excitation, mais encore ils punissent comme si la faute avait eu lieu. C'est pourquoi bien des enfants cherchent la réprimande jusqu'à ce que la punition dépasse la faute. Plus la sanction est injuste, plus elle doit concerner une autre faute – obscurément incestueuse – située en amont. Le sentiment d'avoir vécu un inceste passif – mortel – se retourne ainsi en désir incestueux actif, excitant. Une punition effective a donné de la réalité à une faute fictive (l'inceste) [2]. Les coups transforment la défaite en victoire : en réalité, aucun inceste n'a été commis ni n'aurait pu l'être, mais la punition dit le contraire.

Cette apparition du père, sorti comme un diable de la boîte de la culpabilité, entraîne sur-le-champ un retournement de situation : comme la punition accompagne l'excitation, ce père lui-même devient un séducteur, comme si la punition avait entraîné l'érection. La correction apparaît comme la cause prochaine de l'excitation, et cela d'autant plus complètement qu'il ne faudrait quand même pas que maman soit mêlée à cette vilaine affaire. Totale rédemption. Tout se passe comme si les coups devenaient la raison première de l'excitation, et le masochisme ordinaire de l'érotisme en procède, non comme une exception, mais comme la règle.

À partir de ce renversement de situation, la métamorphose du pénis en phallus sera attendue du père, aussi bien par les garçons que par les filles [3]. Qui séduira mieux que le père, puisqu'il fait

1. Une violence quelconque, un accident, un traumatisme de guerre peuvent venir résonner avec le fantasme de l'enfant battu, et donner, par exemple, leur dimension décalée, inactuelle et cauchemardesque aux névroses de guerre.

2. C'est pourquoi, si des coups cette fois-ci réels étaient donnés à un enfant, ils prendraient un sens sexuel profond (et donc mieux vaut s'en abstenir).

3. Dans sa description du fantasme « Un enfant est battu » [1919] (in *Névrose, Psychose, Perversion*, *op. cit.*), Freud écrit explicitement qu'il s'agit

du pénis un phallus, même si c'est par les voies peu civiles de la fessée ? L'« envie du phallus », actualisée d'abord avec le fantasme de l'enfant battu, a donc comme conséquence *le fantasme de séduction*** [1]. L'excitation jointe aux coups fait du père l'agent d'une séduction violente, dont la virtualité double l'actualité des premiers fantasmes masturbatoires.

Cette éclosion du désir programme aussitôt un *fantasme parricide****, puisque cette naissance prend au même instant le risque d'un trauma incestueux. La séduction du père se retourne en un vœu de mort à cause de ce danger extrême. De la violence « subie » à la vengeance parricide, le désir s'écartèle entre jouissance et meurtre, contradiction occultée par la culpabilité qui scelle la sexualité humaine, pour laquelle la faute devient en elle-même excitante [2].

Le sujet du désir est ainsi *Causa sui*, car résumons : s'il existe un sujet, il lui aura d'abord fallu se séparer de sa mère. Mais cette libération lui aura fait craindre de perdre son amour et l'aura culpabilisé. Il aura donc prêté à un père le rôle de le punir. Et comme, en même temps, cette libération aura été corrélative de son excitation, une séduction sexuelle aura eu comme agent un père, dont va le débarrasser un fantasme parricide proportionnel au désir. Les contradictions de ce désir lié à la mort engendrent un traumatisme purement subjectif. Parallèlement, ce père fustigateur sauvegarde un amour désexualisé de la mère, et un motif

---

d'un fantasme féminin. Mais la plupart des exemples qu'il donne concernent pourtant des hommes ! C'est que les sujets féminisés par les coups du père sont aussi bien des hommes que des femmes.

1. Voir la relation féminisée et érotisée de l'« homme aux loups » par rapport à son père, in « Extrait de l'histoire d'une névrose infantile », art. cité. De même, le petit Hans dit à son père : « Tu dois m'avoir battu » (« Analyse d'une phobie chez un petit garçon de cinq ans » [1909], in *Cinq Psychanalyses*, *op. cit.*, p. 120).

2. Séduction et meurtre impriment ensuite pour toujours leur ambivalence sur l'érotisme – par exemple, se dépenser sans compter afin de provoquer le désir, mais pour ensuite se refuser. N'est-ce pas le programme affiché par la séduction féminine, lorsqu'elle impose une violence aux hommes, même lorsqu'elle ne leur est pas adressée ? Mais ne l'est-elle pas toujours, plus ou moins innocemment ?

secondaire de vœu parricide se développe ainsi (garder la mère pour soi, selon la version manifeste mais trompeuse du complexe d'Œdipe). Se dégage ainsi l'engrenage articulé des fantasmes fondamentaux : celui de « l'enfant battu* », le « fantasme de séduction** », et le « fantasme parricide*** » qui est sa conséquence. Les trois fantasmes indiciés d'un astérisque ont une place spéciale parce qu'ils sont fondateurs et associés l'un à l'autre. Ils sont si évidents que – comme l'air qu'on respire – on ne les perçoit même plus. Pourtant, il suffit d'écouter n'importe quelle conversation pour entendre quelqu'un se plaindre (*). Il suffit d'entrer dans n'importe quel espace public pour se rendre compte que la séduction y fonctionne à plein régime (**). Quant au parricide enfin, c'est la vie sociale elle-même, à commencer par le plomb religieux qui éternise le père jusqu'en ses avatars les plus séculiers (***). À ces fantasmes s'ajoutent le fantasme de castration, celui de scène primitive, et divers sous-ensembles de ces cinq fondamentaux.

Mettons en exergue pour son importance psychique le *fantasme de castration*[1], qui est le moins « conscient » : le père donne le phallus, puisque ses « coups » mettent le pénis en érection. Mais comme ce don s'accompagne du vœu de tuer ce père incestueux, au résultat le père est mort et castré. De même que le vœu de tuer le père fait payer le risque incestueux de son désir, de même le vœu de castrer le père répond en boomerang à l'angoisse de se faire castrer. Être castrée, côté féminin, implique une violente envie de castrer. « Tuer et castrer le père » signifie : « être excité(e) par ses coups, séduit(e) par lui pour ensuite l'éliminer tout en gardant le phallus ». Ce déboîtement de fantasmes correspond à un extrême de la vie amoureuse[2].

---

1. « [...] le complexe de castration inconscient a une fonction de nœud, premièrement dans la structuration [...] des symptômes [...], deuxièmement, dans la régulation du développement [...], à savoir l'installation dans le sujet d'une position inconsciente sans laquelle il ne saurait s'identifier au type idéal de son sexe, ni même répondre sans de graves aléas aux besoins de son partenaire dans la relation sexuelle, voire accueillir avec justesse ceux de l'enfant qui s'y procrée » (J. Lacan, « La signification du phallus » [1958], in *Écrits*, Paris, Seuil, 1966, p. 685).
2. Par exemple dans le film *L'Empire des sens* de Nagisa Oshima, qui présente ce raccourci saisissant d'une femme qui tue et castre son amant. Plus

Dans l'enchaînement des fantasmes fondamentaux, le *fantasme de castration* donne ainsi la clef de son mystère. Énigme il y a en effet, car ce terme de castration évoque le retranchement d'un organe, alors qu'au contraire la castration pique le désir [1]. Ces couples d'opposés – risque de castration et excitation sexuelle, ou bien angoisse de féminisation et virilité – paraissent inconciliables, si l'on considère seulement le résultat du complexe d'Œdipe (la version rose). Ils s'engendrent au contraire mutuellement dans la genèse du même complexe (sa version noire) [2]. Le père excite en même temps qu'il punit, et – du fait de cette condensation – la punition va porter sur l'organe de la jouissance – le pénis : c'est dire qu'elle sera figurée comme une castration. Lorsque vient l'heure de l'addition pour solde du désir, le sujet endosse en même temps une culpabilité et cette angoisse. La version rose du complexe d'Œdipe condense et simplifie de beaucoup ce processus : au résultat, il semble que le père castre pour punir le désir du fils pour la mère. Mais si l'on perd de vue le détail de cette genèse, le moment érectile du désir s'opacifie : la castration prend la tournure d'une éviration, alors qu'au contraire elle excite jusqu'à l'érection. Joli cadeau en vérité ! Le père fait naître un désir sexuel inexistant auparavant, un désir désormais orienté par la jouissance d'organe et le manque.

---

banalement, éconduire un ou plusieurs soupirants procure à certaines femmes un plaisir subtil, qui leur suffit d'ailleurs parfois. Cette manœuvre leur donne le phallus, tout en tuant des pères. Plaire à tout le monde de manière anonyme tout en se refusant à chacun est une façon bien féminine d'avoir le phallus – non sans castrer les hommes. Si, par exemple, un vêtement à la mode et une démarche séduisante plaisent à n'importe quel homme, alors le père fait partie de cet universel.

1. Jamais un père ne menace son enfant d'éviration. Et pourtant, l'angoisse de castration par le père – équivalente à une angoisse de féminisation – accompagne l'érection qui de ce point de vue fonctionne comme sa cause – dans la rétroaction de la culpabilité.

2. La « castration » est corrélative de l'érection, puisque la punition l'accompagne au point de la provoquer. Dans la succession des événements, le geste onaniste précède certes le souhait d'une punition. Mais du point de vue psychique, si le sujet ne demande qu'à être puni pour s'autoriser à jouir, alors c'est la punition elle-même qui va déclencher l'excitation parce qu'elle la légitime.

Ce désir n'a d'abord pas d'objet, mais seulement un agent, dont la visibilité s'évanouit dans le mouvement qui le fait naître. La cause du désir est si contradictoire que son ressort efficient échappe à la conscience dès qu'il fonctionne. On constate seulement le résultat : le désir s'anime sans savoir ce qu'il veut. Sa flèche ignore ce qu'elle vise. Elle est seulement tendue sur l'arc des fantasmes par un sujet – dès qu'il choisit son genre. La mère n'a jamais été « génitalement » désirée : elle a été, est et sera cette Chose pulsionnelle sur laquelle les bras s'ouvrent, mais ne se ferment jamais. Le désir ne naît pas parce que la mère aurait été « interdite » par le père – qui n'y pense même pas, et joue son rôle même s'il ne manifeste aucun désir[1]. C'est plutôt que ce père devient lui-même la cause occultée de l'excitation, ou plutôt il le deviendrait, s'il n'était aussitôt voué au parricide[2].

Le traumatisme sexuel du père cristallise la structure : il fonde une subjectivité qui diverge entre conscient et inconscient. Le sujet divisé entre actif et passif vit dans l'incompréhension de ce qui lui arrive, qui le laisse désirant, bien qu'il oublie en même temps de quoi. L'affirmation du désir, sa *Bejahung*, s'entête sur le fond de cette incompréhension. Est-il, par exemple, compréhensible que les coups engendrent le désir ? Ou qu'il s'ensuive un vœu d'en finir avec celui qui l'a fait naître ? La pensée bute sur cette opacité, ou plutôt elle prend son élan pour penser, quoique surtout pour penser à autre chose. Ces sombres contradictions du désir naissant engendrent à elles seules la névrose infantile, dont la solution est renvoyée à plus tard.

1. Comme Marc Aurèle l'écrivit dans ses *Pensées* (IV, 46) : « Héraclite dit, je crois, que même les dormeurs sont artisans du monde. »

2. Aphrodisiaque universel de la sexualité humaine, le père surclasse tous les neurotransmetteurs de la jouissance que l'on voudra. Présent dans tous les systèmes religieux, un « père éternel » figure le père tué et castré dans le secret du fantasme de chacun. Sa version collectivisée thématise à merveille un nœud de contradictions insolubles, celles d'un père à la fois castrateur, séducteur et crucifié. Son désir lui-même traumatise, puisque le sujet ainsi sexué s'engage dans une séduction sans laquelle il n'existe pas et dont il doit payer le prix.

La névrose infantile, sous la bannière de la version rose

Comme elle n'apparaît qu'à la fin du drame, cette version a été privilégiée, à titre de simplification didactique. Elle ne fut pourtant qu'une conceptualisation tardive de Freud, bien postérieure à celle du traumatisme sexuel par un père violeur (la version noire du fantasme de séduction, qui fut à l'origine de la découverte d'un inconscient refoulé). À l'issue de la version noire, la mère, comme objet de jouissance pulsionnelle, devient inaccessible, alors que le père, comme cause du désir, s'évanouit derrière le séduisant fantasme de son meurtre. Ce qui aurait pu être l'objet du désir – la mère – s'amenuise au profit de son amour désexualisé. Quel gain extraordinaire ! Dès que le père fomente les fantasmes excitants, il préserve et pacifie l'amour pour la mère, désormais sans danger, puissant, blanc, sans faute [1]. Seule à seul, une mère et son enfant s'emmêlent souvent dans un corps à corps presque violent : tendresse, mais aussi angoisse, cris, promesses, pleurs. La situation parait sans issue, et puis – belle image d'Épinal – la porte claque, le père vient de rentrer à la maison et tout se calme. C'est que la mère n'est pas la Mère : c'est d'abord une femme qui se débrouille comme elle peut avec cette fonction d'Autre qui lui est tombée sur le dos. La vertu de la présence paternelle ne procède pas de quelque magie patriarcale, mais ce père fait reculer la puissance impersonnelle de l'Autre. Lui aussi n'est qu'un sujet et, parlant à cette femme des choses simples de la journée, ils se retrouvent dans une relation de sujet à sujet qui dissipe la violence de l'Autre. Ce père n'est pas un simple « tiers », comme cela se dit parfois : c'est un homme qui parle à une femme. Commence alors une autre partie, celle de l'amour et de sa demande d'exclusivité. Ce père, dont la présence a calmé le jeu, devient alors seulement un rival.

1. On peut certes dire, en raccourci, que le père interdit l'inceste à son enfant. Dans la réalité pourtant, il ne lui interdit rien du tout, d'autant que le petit ne pourrait pas faire grand-chose. Au cas où le père aurait quelque velléité de « séparer », ce serait plutôt à la mère qu'il devrait s'adresser, laquelle mère pourrait bien avoir quelques visées par trop érotisées sur son marmot.

La scénographie œdipienne classique occupe désormais le devant de la scène, avec le vœu d'épouser la mère, ou de vivre pour toujours avec elle, alors que se développe une rivalité théâtrale avec le père. Cet affrontement de tréteaux recouvre et justifie le mouvement parricide premier, causé par la séduction du traumatisme sexuel. L'ambivalence à l'égard du père prend ici sa force, puisque c'est grâce au père que l'amour pour la mère fleurit en toute innocence. Derrière ce décor, la haine du père procède moins de la rivalité que du désir qu'il provoque. Le père est un séducteur sexuel avant d'être un rival gênant. La version rose du complexe d'Œdipe (décrite dans les manuels et les magazines) surimpose son triangle sur celui du traumatisme sexuel – acte de naissance du désir, inoubliable, insistant, bien que les traces s'en effacent chaque fois qu'il pousse ses feux, la culpabilité occultant le vœu parricide. La surimposition du triangle rose sur le triangle noir enclenche une irrémédiable scission entre amour et désir : l'amour tire dans le rose, alors que le désir préfère le noir. Ce clivage fomente la conflictualité de la vie érotique : le rose et le noir se croisent peut-être, mais ne s'accordent que dans cette sorte d'irréalité qui accompagne souvent l'amour.

Dynamisme du fantasme de séduction

La sorte d'hypnose de la séduction** résulte des coups*. Né du désir *du* père, le génitif du fantasme de séduction laisse chaque sujet dans l'indécision : suis-je séducteur ou séduite ? Cette question cherche à se résoudre grâce à une mise en tension *externe* entre masculin et féminin. La sorte de guerre des sexes qui se déroule à chaque instant soulage le conflit *interne* de la bisexualité. Pour l'homme, il s'agit d'être masculin, en réaction à la séduction paternelle, et il purge le risque d'avoir été séduit (par son père) sur une femme qu'il cherche à séduire. Pour la femme, il ne saurait être question d'accepter sa féminisation sans avoir préalablement éliminé le père qui en fut le premier agent : c'est l'épreuve à laquelle elle soumet l'homme qui cherche à la séduire.

De cette séduction, le désir sexuel prend le tempo « altruiste ». « Altruiste » veut dire que le sujet féminisé (castré) par un père – alors qu'il ne le veut surtout pas – se lance à la recherche d'un *alter ego* auquel refaire le même coup, histoire d'avoir enfin un phallus, plutôt que de se faire avoir par ce père. Avoir été séduit(e) programme l'infinité du vouloir séduire [1]. Vouloir à toute force recevoir le phallus ou le donner. Mais comme cet avoir s'enchaîne aussitôt au risque de se faire avoir par le père, il faut tout aussitôt chercher à le donner pour l'avoir, mais en se mettant cette fois-ci à son compte. Quelle course-poursuite !

À tout instant, chacun grille sur ces charbons ardents au regard de l'autre sexe. Cette tension constante occupe sans discontinuer les espaces publics et privés, et mise à feu par la simple coprésence des corps elle ne désarme jamais, animée qu'elle est par le déni de la castration. Elle fonctionne avant tout pour elle-même, tendue vers un seul objectif, celui de décider du genre : elle ne cherche pas d'abord l'activité sexuelle proprement dite ni un soulagement « génital » et il lui suffit de plaire. Ce rapport conflictuel dure pour lui-même, transformant sans fin l'actif et le passif de la pulsion en contradiction *interne* de la bisexualité, puis cette dernière en contradiction *externe* de cette sorte de guerre entre les sexes. C'est une lutte vraiment étrange, qui ressemble plus à une danse qu'à une guerre [2]. L'enjeu de cette danse se résout dans la seule mise en rapport des corps, coprésence grâce à laquelle chacun décide de son genre aux dépens de l'autre. C'est tout. La guerre est terminée dès qu'elle est déclarée et parce qu'elle l'a été.

La bipolarité de l'emprise pulsionnelle a été métamorphosée en opposition du masculin au féminin. Elle n'est pas

---

1. L'excitation a donc suivi un gradient : tout d'abord un passage de l'être à l'avoir. Le déni de la castration de la mère donne sa permanence à l'obsession sexuelle : celle d'avoir enfin le phallus plutôt que de l'être, mais cet avoir lui-même doit aussitôt être investi pour fructifier.

2. Cette « guerre » est seulement une danse, ou même la danse elle-même : ce pas de deux rythmé par le choix du genre. Il se pourrait qu'un mauvais danseur soit celui qui s'empêtre dans sa bisexualité.

transgenre[1]. Le redoublement de l'emprise pulsionnelle par le genre psychique recouvre « l'activité » par le masculin, alors que le féminin recouvre une « activité à but passif », c'est-à-dire une activité en prise avec sa *négation* ! Cela change tout. Avec la négation, une pensée de quelque chose qu'il ne faudrait pas ourle l'excitation sexuelle. Au moment même où le désir est le plus fort, il peut se retourner en son contraire, à cause de cet obstacle interne qui reste le plus souvent un sentiment latent que quelque chose ne convient pas[2]. Et pourtant, c'est justement vers cette personne que le désir se tourne et s'obsède.

En disant d'abord non, la séduction met en scène un refoulement de la pulsion. La négation signifie : « Je ne suis pas un objet de consommation. » Une séduction bien conduite n'ira pas sans refus : pour bien des hommes, rien de plus excitant qu'une femme qui leur dit d'abord non. À elles seules, la beauté, l'intelligence, les qualités morales seraient bien en peine de déclencher l'excitation sexuelle. Mais il suffit qu'une femme se dérobe aux avances pour que le fantasme de séduction se déclenche. La plupart des femmes préfèrent en ce sens ne pas céder trop vite à une cour empressée – ou même jusqu'au dernier instant, autant le faire tout en se refusant. La difficulté ou même l'impossibilité de la conquête captive nombre d'hommes, friands de virginité, voire de frigidité. L'arrière-monde infantile du désir y trouve son compte, sûr à l'avance que seul ce qui ne se satisfait pas durera.

Le « non » est un de ces petits mots feuilletés dont chaque occurrence ne débouche pas forcément sur le « oui », mais sur un « non » qui change de nature. Un refus tient d'abord la dévoration pulsionnelle en respect sur cette limite où – pourvu qu'ils soient sans suite – un regard, un frôlement de main, un soupir

1. Le passif ou l'actif de la pulsion (auto-érotique) transite de l'être à l'avoir, qui se subjective ensuite dans la relation homme/femme.

2. Cette inconvenance se traduit sous de multiples formes. Par exemple : « Je n'aurais pas dû. Toi avec moi n'a pas d'avenir, n'ira vers rien » ; ou bien encore : « Je trahis avec toi une parole donnée à un autre » ; ou aussi : « Quelque chose de ta personne, un détail physique, une façon de faire, une opinion, une attitude me déplaît et a sonné l'heure de la fin depuis le début, etc. »

métamorphosent le néant pulsionnel en manque. Dans ce manque, le fantasme se déploie ensuite selon ses propres contradictions. En effet, lorsqu'une femme commence par dire non, elle refuse d'être un objet passif, et affirme ainsi sa masculinité première. De sorte que l'enjeu excitant du rapport revient à prouver *lequel des deux* amants est l'homme, proposant ainsi une solution aux affres de la bisexualité.

Mais ce n'est pas tout, car derrière le refus se profile l'arrière-monde infantile : l'amour névrotique s'allume dès qu'un homme se sent rejeté – comme il craignit de l'être par sa mère dans sa première enfance. Enfin, dernière occurrence fantasmatique, l'expression du « non » féminin convoque un père dont l'interdit engendre un désir transgressif qui laisse rarement un homme indifférent. Dans l'actuel, affronter ce refus et l'outrepasser jusque dans l'acte sexuel se joue comme si une violence était exercée, validée par les cris de la jouissance, si proches de l'expression d'une souffrance [1]. Dans la doublure névrotique, la virilité de l'homme s'affirme contre un père qui lui interdirait de jouir d'une femme. Dans cet arrière-monde infantile, ce père impersonnel peut d'ailleurs le vaincre : rien n'est jamais gagné d'avance (défaite, par exemple, signifiée par une éjaculation précoce). Si ce combat tourne en sa faveur, l'homme pensera qu'il a pris sa place, illusion qui ne durera d'ailleurs qu'un temps [2]. On voit donc comment un petit « non » de rien du tout convoque une grosse brassée de fantasmes fondamentaux, combustibles de l'excitation sexuelle. Ce « non » correspond moins à un refus qu'à la contradiction de « l'activité à but passif », c'est-à-dire à une sorte de présence du père interne au fantasme.

Il faut ici faire une remarque, concernant la contradiction du fantasme de séduction qui se polarise au mieux et par principe dans une opposition du masculin au féminin. Elle devrait donc

1. Ainsi en va-t-il de l'acte sexuel, lorsqu'il mime une sorte d'affrontement qui convoque le fantasme de l'enfant battu.
2. Cette conjonction de négations peut faire exploser le désir au point que certains hommes ne se déclenchent avec passion qu'à l'heure d'une rupture.

se décharger plus adéquatement dans une tension « hétérosexuelle » (dans laquelle on inclura des couples dont l'homosexualité recouvre une hétérosexualité travestie – l'un des partenaires jouant le rôle de l'homme, et l'autre celui de la femme). La fonction de la négation est, en ce sens, spécifique de l'amour hétérosexuel, si souvent embarrassé de ces chicanes, mais bénéficiant grâce à cette difficulté d'une jouissance propre que court-circuite l'homosexualité (sinon lorsqu'elle recouvre une hétérosexualité latente). L'hétérosexualité met en scène une présence du père – en exclusion *interne* – qui encombre la scène de son arrière-monde névrotique. Cet interdit interne n'existe pas dans l'homosexualité, dont la sexualité est plus facile, plus légère. Elle présente moins de complications, et un indéniable avantage narcissique[1]. Les conquêtes et la consommation sexuelle s'accumulent à grande vitesse, sans les pénibles mélodrames de l'hétérosexualité névrotique. En effet, cette dernière doit affronter dans la latence de l'amour le dilemme du parricide, qui donne une note spécifique à son électrochoc orgastique (juste récompense de ses peines).

L'homosexualité peut certes aboutir à des résultats analogues. Car rien de plus facile que de convoquer un père ! Il suffit de transgresser. Mais la jouissance de la confrontation à la loi est alors *extérieure* aux partenaires de l'acte et à leurs fantasmes. Cette « confrontation à la loi » ne se réduit pas à agir dans l'illégalité (encore que...). Elle réclame que la transgression s'établisse par rapport à un interdit externe[2]. La transgression se satisfait d'ailleurs aussi aisément de parodies, de moqueries, de déguisements et d'une dérision de l'hétérosexualité. Quoi qu'il en soit, le raccord au fantasme parricide ne se trouve pas dans la tension

1. D'ailleurs Freud s'est étonné que l'homosexualité, plus pratique, ne soit pas une préférence universelle : c'est plutôt le choix hétérosexuel qui pose problème. La reproduction de l'espèce humaine n'a dû son salut qu'aux caractéristiques du fantasme de séduction (et non à un instinct de reproduction).

2. Certains homosexuels ont, par exemple, une furieuse envie de parler de leurs particularités sexuelles à leur entourage, qu'ils espèrent bien choquer – et pas seulement à leurs parents, mais à leurs voisins, leur concierge, etc.

fantasmatique de l'acte sexuel lui-même, comme dans l'hétérosexualité. L'un des partenaires d'un couple homosexuel – par exemple – n'éprouve jamais le besoin de prendre le nom de l'autre, sauf à titre parodique[1]. La sorte de folie du mariage perd ainsi son mystère principal : ce n'est plus qu'un contrat.

La catastrophe est imminente ! Le fantasme d'abandon

Une variante du fantasme de séduction mérite une attention spéciale. C'est celle qui traduit la négation par le sentiment d'être rejeté(e). Alors que la séduction monte à son zénith, que tout témoigne de son succès, que l'amour, l'attention, l'érotisme sont présents au rendez-vous, grandit en même temps la certitude d'une catastrophe imminente. C'est qu'être abandonné(e) par la personne la plus aimée procède du désir sexuel lui-même, tel qu'il apparut la première fois. De sorte que, pour actualiser ce souvenir cuisant, rien de plus constant pour certaines femmes que le choix de partenaires impossibles, qu'ils soient volontiers dédaigneux et rejetants ou que leur situation familiale ou géographique interdise le moindre espoir d'une relation suivie. Les prétendants qui ne présentent pas cette caractéristique sont vraiment trop ennuyeux. Mais, même lorsque l'homme désiré ne présente aucun de ces inconvénients, la certitude s'impose que son amour sera éphémère, que l'abandon menace. De sorte qu'à force de prévoir le pire la catastrophe tant attendue arrive, préparée par les précautions censées la prévenir. La vie amoureuse de certaines femmes répète ainsi un échec programmé, dont elles se rendent parfois compte que rien ne les excite autant.

Pourquoi un destin si cruel ? C'est que, comme le « désir du père », moteur de la séduction, a une dimension incestueuse, le *rejet* sera intimement lié au plus fort du désir. De plus, il suffit

1. Cette extériorité du parricide à l'acte sexuel explique peut-être les revendications et la demande de reconnaissance de certains homosexuels militants à l'égard des hétérosexuels (qui ont pourtant bien assez de tracas comme ça). Ils se plaisent à les défier et à les moquer, comme si de telles attitudes étaient une condition de leur libération orgastique, située en inclusion externe.

qu'un père ait en effet rejeté sa fille en quelques occasions pour que ce geste devienne ensuite le signe du désir. Le fantasme de séduction ne correspond souvent à aucune séduction effective. Le charme d'un regard lui aura par exemple suffi pour fomenter son premier mensonge, *proton pseudos* hystérique sur lequel le désir équivoque. Et un éventuel rejet paternel lui-même viendra ensuite l'alimenter (le père rejette... parce qu'il désire trop). Les marques de dédain du père sont interprétées comme les signes d'un sentiment contraire, réprimé : ce père désirerait trop sa fille et c'est pourquoi il la bannirait, puisqu'elle représente un danger. Quant à cette dernière, une telle certitude lui viendra à proportion du désir qu'elle refoule elle-même. Double renversement, délicieuse souffrance.

Le fonctionnement du « rejet » dans le fantasme de séduction masculin le montre encore mieux. En effet, pour nombre d'hommes, leur désir de séduire va se mettre au service de leur propre rejet. Regardons la scène : un homme aime une femme, mais il ne peut s'empêcher – alors qu'il est en sa compagnie – de chercher à en séduire une autre, à vrai dire n'importe laquelle. La femme qu'il aime va donc le rejeter, ce qui déclenche alors seulement sa passion – parfois trop tard. Mais quel délice ! Selon son souvenir d'enfant, son père aurait été rejeté par sa mère conformément à son désir (outre que cela a pu être effectivement le cas). Le fait d'être rejeté alors qu'il l'a bien cherché l'identifie à ce père, et l'énamoure d'une femme qui masque sa mère et éventuellement devient aussi impossible qu'elle – si le destin veut que la rupture soit consommée pour solde de ses manœuvres. Cette oscillation de la séduction entre acceptation et refus (ou les deux en même temps) se présente selon bien des variantes pendant la vie amoureuse. Et son rythme heurté déclenche chaque fois la même souffrance passionnée, propice à l'excitation sexuelle. Le fantasme du rejet forme une sorte de basse continue de la subjectivité, qui s'invente *après coup* bien des justifications – philosophiques, politiques, religieuses. La solitude, la déréliction, l'exil sont les masques ordinaires du héros désirant.

Bien qu'elle ne soit que marginale pour ce qui concerne la sexualité, il faut mentionner ici une conséquence très masculine du fantasme de séduction lorsqu'il s'accompagne du rejet (et qui mériterait plus largement un traitement anthropologique). Le fantasme de l'enfant battu* s'articule étroitement à celui de séduction** pour la plupart des hommes : chacun étant travaillé par les tiraillements contraires de sa féminité et de sa virilité, il en résultera une forte envie d'en découdre, de s'affronter à un semblable pour que l'on sache enfin lequel des deux n'est qu'une femme[1]. C'est le fond de la fantasmatique ordinaire de chaque homme, dès qu'elle quitte le terrain de son rapport aux femmes : il faut garder son honneur et se tenir prêt à faire justice. Dans ce que l'on peut donc appeler un *fantasme du justicier*, la catastrophe est peut-être imminente, mais grâce au héros seul contre tous, le Bien l'emportera ! De *western* en *thriller*, ce fantasme marginal n'en est pas moins *best-seller*.

La séduction, matrice de l'espace-temps

Lorsqu'un homme entre dans une pièce, il regarde de tous côtés, au cas où quelqu'une pourrait lui plaire – sait-on jamais ? Lorsqu'une femme entre dans la même pièce, elle ne regarde surtout personne, mais se comporte comme si elle était le centre de l'attention – au point d'avoir parfois des difficultés à pénétrer dans un nouveau lieu (« mais qu'ont-ils tous à me regarder comme ça ? »). Dans certaines cultures, ce rapport au corps enflamme à ce point l'atmosphère que les femmes doivent se voiler de la tête aux pieds. La séduction fait battre le cœur et, dans des pays pas si lointains, il est illégal d'aborder les femmes dans les espaces publics (aux États-Unis, paraît-il). On dira qu'aujourd'hui nous vivons dans un monde permissif[2]. Mais alors pourquoi de telles quantités d'alcool, d'ecstasy, de cocaïne, dans les lieux consacrés à la liberté sexuelle, sinon pour surmonter la négation liée au fantasme lui-même ? Pourquoi ce tracas,

1. Lorsque éclate quelque dispute dans la rue, les insultes cherchent à féminiser l'adversaire.

2. Bien que les emprisonnements pour délit sexuel représentent maintenant le quart de la population carcérale en France.

sinon parce que la séduction est dangereuse, coupable, risquée – lourde du parfum incestueux du père ? Une femme séduit au nom du diable, compère chthonien de Dieu, et leur conflit la tient dans une torsion d'espace.

La présence des femmes organise l'espace. Talons hauts, plats, surcompensés, avec lanières ou sans, le rythme de leurs pas oriente les hommes qui marchent dans les rues, ainsi débarrassés de leur néant. Le monde s'organise à partir de la rupture d'espace de la présence féminine, insistante sous ses multiples déguisements. Cette présence fait trou : elle délocalise l'habitat corporel. Pour l'homme, l'envie de donner le phallus part de lui. Il se trouve donc là où il est. Pour une femme, avoir le phallus est attendu de quelqu'un qui se tient à quelque distance. Une femme ne se situe pas complètement là où on la voit, et dans cette distorsion entre elle-même et ce qu'elle attend, une rupture d'espace fonde en réalité – avec le temps de l'attente – un espace-temps : celui du désir. La distance de l'être à l'avoir se redouble de l'attente, du temps qu'il faut pour combler cette faille, d'une durée qui ne se résorbe jamais, laissant le désir toujours à vif, en effet. Si la femme pouvait dire « oui » – à elle-même d'abord –, les lèvres du temps se rejoindraient. Mais elle ne saurait le faire tout uniment sans se quitter, donc en cessant d'exister. Et elle retourne ainsi une nouvelle fois – en disant d'abord « non » – le sablier qui égrène encore un peu de temps.

Les femmes ont leurs accointances avec Cronos, castrateur de son père, lui-même Père mythique, dévorateur de ses enfants, en même temps que gardien du Temps. Le corps féminin – paraît-il – rythmerait le temps, des menstrues lunaires à la fécondité. Mais plus encore que leurs corps, le désir qu'elles suscitent organise un espace-temps sans rapport avec rien d'autre qu'avec lui-même. C'est un temps sans égard pour la copulation, ou pour la reproduction. Il ne se préoccupe du sexe qu'abstraitement : il peut attendre. Les hommes regardent cette sorte d'horloge immobile, eux qui ne veulent pas attendre : contrairement à la féminité, la virilité ne survit que dans l'urgence.

Le fantasme de scène primitive

Une fois devant les conséquences simples – et même niaises – du complexe d'Œdipe, on perd de vue les enjeux du désir. Les représentations œdipiennes terminales procèdent déjà d'un refoulement. Leur *shoot* fait voir la vie en rose. Si l'on considère le fantasme de scène primitive, par exemple, comment comprendre que l'imagination, la vision ou l'audition d'un couple en pleine copulation puisse procurer une jouissance, ou pour le moins une émotion profonde ? On constate le fait sans ressaisir son origine : l'enfant entre dans la jouissance masturbatoire sur le fond fantasmatique d'un père qui le fustige. Il le bat, certes pour le punir de son onanisme, car cette activité coupable risque de priver sa mère du phallus. Mais si elle en est privée, comment pourra-t-elle le récupérer sinon en le prenant en effet dans la copulation ! Et cette copulation réparatrice devra prendre la même forme que celle subie par l'enfant : c'est donc aussi et d'abord cette mère qui doit être battue ; elle doit l'être au même titre que son enfant, et pour la même raison : pour l'avoir ! De cette scène violente procède l'imagination du rapport sexuel : l'acte de le voir correspond à un désir, puisque cette vision signifie que la mère peut récupérer le phallus, et que donc cette charge ne pèse plus sur l'enfant libéré. Cette libération légitime son érection.

Cette vision soulage d'autant plus qu'elle allège la culpabilité. De quoi l'enfant était-il coupable, sinon de priver sa mère du phallus ? Ainsi et circulairement, en même temps qu'il punit l'enfant, ce père compense aussitôt le manque de la mère en forniquant avec elle. La « scène primitive » visionne entre les parents un rapport dans lequel le père joue un rôle violent et castrateur[1]. Dans la vision de cette scène, la jouissance du rapport sexuel lui-même reste méconnue des enfants[2]. Ils n'y

1. Rien ne le prouve mieux que l'attitude souvent revendicatrice de la mère à l'égard du père : si elle réclame quelque chose, c'est bien qu'elle en a été privée.

2. Quand bien même connaîtraient-ils l'existence de la copulation en regardant des animaux ou la télévision, leurs héros, Tarzan, Bécassine, Spiderman,

intuitionnent qu'une violence qui, certes, retentit profondément en eux et les émeut : ils la reconnaissent sans la comprendre, car c'est d'elle que leur culpabilité les fait rêver. Le rapport sexuel entre les parents s'imagine d'abord comme une conséquence de la castration de la femme, scène qui excite l'enfant en pleine masturbation. Si bien que, plus tard, la vision d'un rapport sexuel aura une conséquence érectile, alors que le cri de la jouissance sera en même temps assimilé à celui d'une souffrance.

Le fantasme de scène primitive opère la jonction (c'est le cas de le dire) entre l'angoisse de castration *de* la mère et la castration *par* le père : il montre ce moment rêvé où le père donne le phallus à une mère castrée, en même temps qu'il la bat : c'est une sorte de rapport sexuel bizarre, puisqu'il ne s'accompagne d'aucune jouissance dont bénéficieraient ses protagonistes. En réalité, c'est moins la vision d'une scène d'accouplement qui serait excitante et pousserait à se masturber que l'onanisme qui *produit* le fantasme, en engendrant d'abord la culpabilité et l'angoisse de castration de la mère, puis en déculpabilisant cette angoisse par l'attribution au père du rôle d'agent de la castration, figurée et compensée par un rapport sexuel[1].

Par la suite, cette scène à trois personnages s'abêtit selon la version rose du complexe d'Œdipe : elle est scellée par la rivalité avec le père et la jalousie à l'égard de la mère. Mais cette version oublie le désir propre du sujet : on dirait que le pauvre est la victime d'un combat inégal contre son père, en perdant de vue que rien ne l'excite autant. De sorte que, plus tard, un homme ou une femme vont rechercher plus ou moins consciemment des situations triangulaires qui, pourtant, attisent leur jalousie. Cela

Lara Croft, etc., ne s'occupent jamais de sexualité. Seule la violence les fascine.

1. Dans son article « Les fantasmes hystériques et leur relation à la bisexualité » [1908], Freud évoque l'onaniste qui « tente, dans ses fantasmes conscients, de ressentir ce qu'éprouve aussi bien l'homme que la femme dans la situation qu'il se représente » (in *Névrose, Psychose, Perversion*, *op. cit.*, p. 155), Il remet ainsi à sa place le fantasme de scène primitive, qui procède moins de la vision d'une scène réelle que de la masturbation.

les fait souffrir dans le rose du point de vue de l'amour, alors qu'en même temps leur désir s'échauffe dans le noir.

Le fantasme parricide, exutoire de la pulsion de mort

L'être humain se contente rarement de l'auto-érotisme, pourtant plus pratique, ou même de l'auto-érotisme à deux – qui suffirait à la reproduction de l'espèce –, à cause de la force anéantissante de la pulsionnalité qui pousse vers l'excès, donc vers la mort. La « pulsion de mort » n'a pas été introduite par Freud dans un texte concernant en propre la sexualité humaine, mais la reproduction sexuelle en général, selon un schéma adapté au règne animal (et même végétal)[1]. Chaque individu doit mourir pour la survie de l'espèce : la sexualité s'articule « naturellement » à la mortalité. Mais cette dimension « naturelle » passe au second plan dès que les pulsions sexuelles l'investissent. Car si, en général, le but de la pulsion est irréalisable, impossible, alors la pulsion pousse vers le néant – sans y parvenir non plus –, sauf accident de parcours suicidaire. En ce sens, la pulsion de mort ourle chaque pulsion, qui, chacune pour son compte, court vers un excès mortel. La pulsion de mort travaille à chaque instant dès la naissance, et cela sans relation immédiate avec la fin de la vie. Elle accompagne pas à pas le devenir auto-érotique de chaque pulsion jusqu'à son soulagement masturbatoire, et donne sa tonalité mélancolique à la décharge.

Mais cela ne lui suffit pas : lorsqu'elle passe à l'auto-érotisme à deux, la pulsion cherche à assouvir sur un autre corps une jouissance qui aurait été anéantissante sur le sien propre : son

1. « L'expulsion des substances sexuelles dans l'acte sexuel correspond dans une certaine mesure à la séparation du soma et du plasma germinatif. D'où l'analogie de l'état succédant à la pleine satisfaction sexuelle avec la mort, et chez les animaux inférieurs la coïncidence de la mort avec l'acte de procréation. Ces êtres meurent de la reproduction pour autant que, après la mise hors circuit de l'Éros par la satisfaction, la pulsion de mort a désormais les mains libres pour imposer ses visées » (S. Freud, « Le moi et le ça » [1923], in *Essais de psychanalyse*, *op. cit.*, p. 261).

horizon sera donc une agressivité érotisée à l'égard du semblable, actualisée jusqu'à chercher à le faire jouir à mort. Deux amants peuvent ainsi s'épuiser dans une confrontation où chacun cherche à réduire l'autre. L'être et le néant de la boucle pulsionnelle se translate en lutte à mort entre deux semblables (sur un tempo hégélien) et la différence des sexes se met à son service. Par personne interposée, la pulsion ne s'assouvit pas plus que lorsqu'elle se retourne sur elle-même. Mais son insatisfaction a désormais comme prétexte la résistance de l'amant, contre lequel elle peut s'acharner pour le soumettre, selon des degrés de violence passionnelle qui vont du sadisme moral à la tentative de meurtre. La clinique – ou même l'expérience ordinaire – montre cette vectorialisation : la pulsion pousse sans hésiter vers l'excès, et de l'excès vers ce que l'on peut appeler, toutes catégories d'excès confondues, une mort par overdose [1].

Certains toxicomanes s'approchent toujours plus près de l'overdose à cause de cette correspondance secrète de la jouissance et de la mort. S'il faut en croire ce qu'ils disent, le *flash* vaut l'orgasme [2]. Dans cette proximité violente, le compagnonnage du désir et de la mort met sur la touche la sexualité proprement dite. Un rêve de jouissance se réalise dans l'autarcie de la drogue : sans scénario, il ne raconte aucune histoire idyllique d'épousailles sans fin. Dans un voyage vers l'anéantissement, la torture du désir s'abolit et mime sa satisfaction sans scénographie spéciale [3]. Quelle est cette mort, ce « plus bas niveau de tension »,

---

1. Le terme « overdose », qui évoque la toxicomanie, qualifie ici le but de la pulsion en général. Chaque pulsion a, certes, ses déterminations propres, qui l'accrochent à la bouche, à la voix, au déchet, au regard, etc. Cependant, toutes sont obsédées par la même extrémité : cette « overdose », autre nom d'un excès qui peut mal tourner.

2. « Nous assistons donc ici, dans cette véritable mutation explosive, à la rencontre d'un manque et de quelque chose qui, par l'objet-drogue, transcende ce manque dans et par un état absolument unique pour l'espèce humaine » (C. Olievenstein, *La Drogue ou la Vie*, Paris, Robert Laffont, 1983, p. 125).

3. Tout devient brusquement possible, bien que rien de particulier n'amène à agir. Les inhibitions se lèvent, même si aucun acte n'est préférable à un autre. Les sensations pulsionnelles retrouvent leur fine acuité. Le temps peut s'arrêter, et il s'arrête parfois. Pourquoi minimiser ou réduire au pathologique

plaisir paradoxal qui obsède la pulsion ? C'est la réalisation du but pulsionnel, c'est-à-dire l'identification au phallus de la mère, objet de sa demande. L'inceste cherche à tuer dès avant le début de la vie, puisqu'il actualise un rapport d'avant la propre naissance – en ce degré zéro de la répétition. Ce lien de l'inceste à la mort pousse la pulsion vers une jouissance définitive. C'est elle qui se dialectise, tant bien que mal, dans la sexualité humaine en translatant – grâce à un autre corps – la coaptation de l'être et du néant sur le terrain d'un rapport du masculin au féminin.

Comme le rapport du masculin au féminin est commandé par le désir du père, et comme ce désir du père se conclut par un vœu parricide, la pulsion de mort trouve un *exutoire extraordinaire* dans le meurtre du père. Ce moment de métamorphose civilisatrice caractérise l'adolescence, lorsque se découvre le sens de la sexualité génitale. Plutôt qu'une capacité physiologique, cette jouissance nouvelle requiert un changement de place, quand il faut prendre celle du père – ou rencontrer l'homme qui le supplante. C'est un affrontement ! Et du coup, le rôle du père, jusque-là resté dormant, prend brusquement son sens. Le traumatisme sexuel des premières années et le fantasme de séduction sortent de l'irréalité et s'actualisent lors des marivaudages de l'amour, qui cessent enfin d'être des jeux. Car tout change lorsque le garçon imagine qu'il prend la place du père, ou la fille la place de celle qui rencontre un homme évinçant son père. C'est ce changement qui compte, plutôt que la possibilité physiologique de se reproduire. Jusque-là, les fantasmes étaient restés dormants, car du point de vue de l'enfant, la séduction, l'amour, la guerre, tout cela existait bien, mais encore désamorcé sur l'essentiel : le parricide n'avait pas de sens, et sans lui la jouissance restait un jeu.

Deux actes psychiques distincts encadrent ce moment où le fantasme parricide prend sens. Un désir *du* père d'abord, qui

---

ce lien puissant de l'érotisme et de la mort ? La jouissance humaine prend le risque de l'anéantissement à chacun de ses pas. De sorte que l'anéantissement lui-même exerce une indéniable fascination, qui peut pousser au suicide. C'est lui qui donne sa perspective à des prises de risques ou de drogues, qui seraient incompréhensibles sans ce point de fuite anéanti du plaisir.

procède d'une séduction entre le père et l'enfant. Chaque père séduit sexuellement son enfant grâce à son rôle fustigateur. Et un désir de meurtre procède ensuite de la séduction, à titre de vengeance de la sorte de mort par inceste que ressent l'enfant parce qu'il est désiré et surtout qu'il désire aussi. Le deuxième acte psychique cherche à actualiser ce meurtre en s'identifiant au père par quelque trait, en prenant son nom et en tentant de le remplacer, sinon auprès de la mère, du moins auprès d'une femme[1].

Le désir sexuel métamorphose la pulsion de mort en parricide, lorsqu'il faut « tuer le père » pour sortir de la famille, et jouir de la jouissance d'une femme sans sombrer dans l'inceste. Cette mutation donne sa force civilisatrice à l'amour sexuel, et, à ce titre, le mystère si intime de la sexualité s'articule à l'espace public[2].

Bel exemple de métamorphose de la pulsion de mort en meurtre du père, le mythe de don Juan représente une figure exacerbée du désir dans notre culture. Dans la version de Mozart et Da Ponte, l'opéra est initié par un parricide. Le héros énumère ensuite la liste de ses conquêtes – 1 003 noms du père ; et c'est enfin un père de pierre qui, après lui avoir *demandé sa main* (*dammi la mano*), entraîne notre héros en enfer. Un fils, féminisé (castré) par un père dans son enfance, va ensuite chercher sans fin à se débarrasser de sa propre féminisation en séduisant 1, 2, 3... 1 003 femmes : chaque séduction cherche à le débarrasser de sa féminisation, donc du père, ressort caché de son excitation. La séduction active se profile en négatif de ce qu'elle fuit. Son sujet ignore ce qu'il désire, sinon que cela ne doit surtout pas être son agent : c'est-à-dire ce père. Il ne devrait pas causer le désir : non ! Il ne le faut pas ! Et pourtant ce qu'il ne faudrait

1. Cette reviviscence – qui déchaîne des fantasmes violents à l'égard du père ou de ses représentants dans la société – laisse par contrecoup derrière elle son tribut de suicides adolescents.

2. C'est dans cette mesure qu'il a toujours de quelque façon été consacré par les Églises, puis par la société civile.

pas s'impose[1]. Le père continue de se profiler comme une sorte d'agent double du désir. Souffleur et fantôme de l'acte – bien qu'aussitôt son coup fait il s'évanouisse dans sa propre machination, éternel revenant d'une cause qui paraît sans cause. Le désir s'impose suivant un mouvement ternaire, où le vœu de mort active la répétition et se libère avec l'abandon de chaque nouvelle conquête. Dans son actualisation, le moment transgressif du meurtre constitue le point orgastique de la possession : lorsque les places entre l'homme féminisé et la femme s'inversent, l'emprise d'un père d'enfer se libère[2]. Lorsque la conquête d'une femme cherche à fuir l'angoisse d'avoir été féminisé par un père, la dette du parricide est seulement déplacée... et finalement son paiement clôturera le drame.

Les innombrables versions de *Don Juan* n'insistent pas toutes sur les mêmes caractéristiques, mais elles ont en commun l'accumulation de conquêtes féminines jointe à la transgression de l'ordre patriarcal. Il est cependant une version qui tranche sensiblement dans cette série, c'est celle de Stendhal dans les *Chroniques italiennes*[3]. Il est vrai que François Cenci, héros dramatique d'une de celles-ci, dépasse n'importe quelle autre figure donjuanesque dans l'art de la transgression. Il aime la « corruption pour elle-même » dans cette Rome du XVIe siècle, où, comme l'écrit Stendhal, « c'est à la religion chrétienne que j'attribue la possibilité du rôle satanique de don Juan »[4]. En effet

1. La transgression s'impose donc « à l'envers » comme un franchissement interne. « La transgression n'est donc pas à la limite comme le noir est au blanc, le défendu au permis, l'extérieur à l'intérieur, l'exclu à l'espace protégé de la demeure. Elle lui est liée plutôt selon un rapport en vrille dont aucune effraction simple ne peut venir au bout » (M. Foucault, « Préface à la transgression », *in* « Hommage à Georges Bataille » [1963], *Critique*, n° 195-196, Paris, Minuit, 1991, p. 755).

2. « L'interdit donne à ce qu'il frappe un sens qu'en elle-même l'action interdite n'avait pas. L'interdit engage à la transgression, sans laquelle l'action n'aurait pas eu la lueur mauvaise qui séduit [...]. C'est la transgression de l'interdit qui envoûte [...] » (G. Bataille, *Les Larmes d'Éros*, Paris, Pauvert, 1971, p. 91).

3. Stendhal, *Chroniques italiennes* [1837-1839], Paris, Gallimard, 2009.

4. *Ibid.*, p. 49-50.

ce personnage n'aurait jamais eu la moindre importance dans l'Antiquité, où les débordements amoureux n'avaient rien de licencieux. Pour que don Juan trouve une place dans la culture, il aura fallu qu'apparaisse le père du monothéisme, seul à avoir su lui opposer une limite excitante. Héros chrétien, don Juan brave un père universel. François Cenci appartient donc à ce monde où la transgression prend tout son sens, lorsqu'il accumule débauches et crimes, acculant ses propres enfants à la mendicité – voire à la mort. Il brave lui aussi l'Église et ses commandements, lorsque, friand de sodomie et de jeunes gens, il prend plaisir à les mettre dans le lit de sa femme. Et il n'en profite jamais si bien qu'en accumulant publiquement toutes sortes de turpitudes, dont des prostituées sont les officiantes. De sorte que, très vite, le lecteur a le sentiment de rencontrer un monstre sadien plutôt que notre don Juan, pour lequel une conquête féminine n'en serait pas une, s'il devait la rétribuer. Notre don Juan ne prend pas son plaisir en infligeant de mauvais traitements. Il n'imposerait pour rien au monde la moindre torture physique, et il ne fait connaître que la souffrance de l'amour, dont justement Cenci se rit. Peu lui chaut d'être aimé ! L'intuition de Stendhal aurait-elle été ici mise en défaut, puisqu'il considère Cenci comme l'archétype du don Juan italien ?

Parions pourtant que l'écrivain a eu raison de faire cette hypothèse, laquelle se démontre mieux lorsqu'on lit l'épilogue de l'histoire : ce fut une triste fin pour Cenci, qui mourut assassiné par sa femme et par sa fille Béatrice, résolue à commettre ce parricide après avoir longtemps subi l'exhibition des débauches paternelles et même plusieurs tentatives de viols. Ne découvre-t-on pas ainsi un invariant du mythe, qu'occulte le don Juan masculin, lui dont l'action est orientée par l'angoisse de sa propre féminisation ? Béatrice représente en quelque sorte une sœur de don Juan : elle incarne cette fille séduite qui tue le père, alors que don Juan, en séduisant des femmes les unes après les autres, fuit et tue un père en chacune d'elles. Cette Béatrice nous montre l'image inversée du fils séduit : elle découvre le ressort latent qui donne sa dimension féminine au mythe de don Juan.

Loin d'incarner don Juan, Cenci incarne le père incestueux qu'elle tue. Don Juan est – comme elle – un fils menacé de mort par féminisation, fils qui se débat en accumulant des conquêtes, pour finalement être entraîné en enfer par un père de Pierre, une figure aussi diabolique que ce Cenci : commandeur de la dernière heure plutôt que séducteur. Frère et sœur dans le mythe, les destins de Béatrice et de don Juan ne sont pourtant pas symétriques. La chronique ne le dit pas, mais en enfer, don Juan n'aura pas retrouvé Béatrice. Celle-ci fut guillotinée pour parricide, quoique avec l'absolution majeure de Clément VIII. Elle s'en fut donc tout droit au paradis – si toutefois les paroles d'un pape prononcées *in articulo mortis* servent de viatique pour un tel éden.

Petit nombre des fantasmes fondamentaux, multitude de leurs sous-ensembles

Les fantasmes fondamentaux se déplient de proche en proche, à partir de l'enfant battu, de la séduction *du* père et du parricide. Articulés en pelote serrée dans le cocon du complexe d'Œdipe, ils ne sont que quelques-uns. Mais leurs variantes prolifèrent d'autant plus que la conscience gomme leurs contradictions au profit de l'innocence du sujet, ou qu'elle modifie pudiquement leur dimension transgressive : ces versions blanchies dédouanent le désir de sa culpabilité. Par exemple, on l'a dit, le fantasme parricide sera retourné en son contraire, dans l'idée d'avoir été rejeté(e) par le père (« Père, pourquoi m'as-tu abandonné ? »). Ou encore, un expert en transgression sera animé par un fantasme de justicier et de redresseur de torts, etc. Par exemple encore, le fantasme de l'enfant battu va trouver son compte dans des situations humiliantes plus ou moins déguisées, comme celle d'avoir un partenaire un peu déplaisant, ou dont un comportement agace (une petite mortification suffit). De même, le fantasme de séduction a de nombreux sous-ensembles, comme le *fantasme d'adoption* (avec un père adoptif, tout n'est-il pas permis ?). Ce fantasme d'adoption est à peu près universel, son plus bel exemple étant le mythe d'Œdipe lui-même, qui se présente comme un enfant menacé de mort par un père, puis adopté par un autre père, selon la stratification déjà commentée.

Parmi les sous-ensembles les plus répandus, on examinera le *fantasme de prostitution*. Tout d'abord, en quel sens la prostitution se raccorde-t-elle au fantasme ? La prostitution est une pratique sexuelle immémoriale, universellement pratiquée, paraît-il. C'est le sexe moins l'amour : on paie pour consommer, au même titre que l'on satisfait la faim, la soif : au-delà du besoin, la pulsion en général semble y trouver son compte. Cependant, à la différence de la satisfaction pulsionnelle, cette consommation réclame une partenaire et un scénario implicite. S'il s'agissait seulement de pulsion, la masturbation suffirait à moindres frais. La prostitution laisse au contraire le champ libre au fantasme à partir d'une transgression, sinon d'une culpabilité, et à partir de l'objectivation d'une femme, obscénité susceptible à elle seule d'engendrer du plaisir. La scène semble se dérouler à deux : la prostituée et son consommateur. Mais en réalité, participent au scénario l'épouse officielle du client, le souteneur de la prostituée, les amateurs qui sont passés juste avant, de même qu'un opprobre social ayant une fonction d'interdit. Loin d'être « pulsionnelle », la jouissance émarge donc au compte d'une fantasmatique décalée : la violence subie, l'argent payé, la transgression, l'anonymat. La prostitution n'offre pas un simple pis-aller réservé aux SDF du sexe. Il s'agit d'une jouissance spécifique et même unique pour certains hommes, toutes classes sociales et tous revenus confondus.

Sous le couvert de l'argent, regardons qui jouit et comment dans ce rapport. Demandons-nous d'abord si la prostitution effective est une jouissance. Il fait partie du contrat que la péripatéticienne ne jouisse pas[1]. Elle peut, certes, faire semblant, mais ce serait peu professionnel qu'elle se laisse aller avec chaque client. En revanche, elle peut en tirer un plaisir : certaines prostituées déclarent d'ailleurs qu'elles pratiquent par choix, car pourquoi ne tireraient-elles pas – outre l'argent – une satisfaction du

1. Un collègue ayant une analysante prostituée m'a dit qu'elle avait de temps en temps des orgasmes. Il existe donc des exceptions.

désir qu'elles provoquent ? L'absence d'orgasme, que c'est un devoir de ne pas donner, n'empêche pas un plaisir semblable à celui de l'homme qui n'en trouve qu'à en donner. Cela peut être un plaisir de ne pas donner et de prendre, de faire en sorte qu'un homme rende gorge de son humiliation, de contempler l'impuissance de sa décharge précipitée, lui dont l'anonymat évoque une sorte de père enfin retrouvé. Quel plaisir que cette vengeance, lorsqu'elle démasque cet ersatz de père dans l'un de ses clients, et le lui tarife plus cher que le barème ne le voudrait ! Voilà qui double les intérêts de l'argent facile. Une prostituée *domine* ainsi son client [1]. Quel est le sens de cette domination ? C'est que la péripatéticienne est offerte à l'universalité des hommes... donc son père a pu, lui aussi, se la payer ! Le client peut avoir l'arrière-pensée que son papa vient de quitter la même prostituée juste avant lui, et elle a ainsi un trait commun avec sa mère : c'est la femme de son père [2]. La domination de la putain sur son client est donc sans mesure, quel que soit le prix qu'il paie. Culpabilité illimitée. Bien plus, c'est sa faute qui le fait jouir. Son père le punit au lieu même du délit. Voilà une situation transgressive où l'éjaculation précoce est garantie. Au fond, c'est comme si un père impersonnel venait de la sodomiser. À toute vitesse, la culpabilité parricide engendre sur cette scène une éjaculation précoce comme résultat d'une sorte de sodomie passive par un revenant paternel. En somme, il s'agit d'une forme de jouissance féminine. Un homme approche une sorte d'orgasme féminin, lorsqu'il rencontre une prostituée.

L'universalité de la prostitution a amené à examiner d'abord le fantasme masculin qui lui correspond. Mais le fantasme féminin correspondant est tout aussi universel, bien qu'il ne se traduise par une pratique que dans une faible proportion. C'est un sous-ensemble du fantasme de séduction : se donner à n'importe qui,

---

1. Et cette puissance relativise le supposé masochisme d'une profession dénigrée, qui n'en découvre pas moins un secret du désir masculin.
2. La prostituée est une sorte de vestale du père, et dans l'Antiquité, il a existé de nombreuses formes de prostitution sacrée.

c'est se donner en imagination à son père – ce salaud qui fréquente probablement les bordels[1]. Qu'un père traîne dans les lieux de mauvaise vie et y rencontre sa fille est une banalité du roman occidental, où l'on peut trouver plusieurs versions de cette scène touchante : la prostituée rencontre son père parmi ses clients et le reconnaît juste à temps à cause de tel trait[2].

Comme la plupart des fantasmes, ce sous-ensemble s'actualise sans plaisir particulier, et il peut aussi bien rendre malade. Le seul fait de plaire peut par exemple clouer une femme chez elle, comme si se montrer et séduire, c'était déjà être une putain. Dans le fantasme de prostitution féminin, il s'agit d'actualiser l'inceste, mais sans le faire exprès, et surtout sans en jouir : l'acte de chair doit s'accomplir sans se donner, par exemple en se faisant payer, bon moyen pour verrouiller l'orgasme et se venger par la frigidité. On prendra la mesure de l'extension de ce fantasme si l'on considère l'une des ambiguïtés du rapport des hommes aux femmes dans notre société. Au restaurant, en vacances, à l'occasion des dépenses ordinaires, il fait partie des usages que la femme ne paie pas, même lorsqu'elle le pourrait. Il existe une dimension légitime d'une telle disparité : le don masculin est la contrepartie intuitive du dol de la jouissance offerte. Cependant, dans une dimension voisine, la dépense masculine ouvre aussi la voie au fantasme de prostitution. L'ambiguïté varie selon que ces paiements – ou ces cadeaux – sont assurés par un « père » ou par un « homme ». Lorsque le cadeau est offert par « l'homme », il fonctionne comme un symbole du don : il est sans prix et ne paie rien. Mais il n'est pas toujours facile de le différencier du paiement d'un père honteux qui cherche à acheter. En revanche, il est plus clair du côté féminin que, lorsqu'une femme s'acharne à faire payer les hommes de manière indifférenciée, son fantasme de séduction joue sur la limite du fantasme de prostitution et du parricide. Le fantasme

1. Voir le film de Viviane Candas, *Les Baigneuses* (2003).
2. Le père joue avec sa fille, joue sa fille, rejoue grâce à elle le fils qu'il a été, jouant ainsi les prolongations suspendues de son lien à sa mère.

rejoint ainsi la sorte de position masculine de la femme rétribuée, dont le partenaire entre dans le champ d'une jouissance passive, tout du moins lorsque cela n'inhibe pas son désir.

Un *outsider* exceptionnel : le fantasme amoureux

Ancré sur sa base pulsionnelle, l'amour ne s'analyse ni ne se raisonne. Une personne en aime une autre, souvent comme ça, au premier regard : une certaine caractéristique ou un trait esthétique aimante l'intérêt, et la plupart de ces amours instantanées se perdent aussitôt. On se croise, on aurait pu s'aimer, c'est certain ! En revanche, l'excitation sexuelle – qui dépend du fantasme et non de la pulsion, impose d'autres exigences. Le ménage de l'amour et du désir devient le problème. Un amour n'a pas forcément de conséquences sexuelles, et le désir sexuel sait se dispenser de l'amour. Car l'amour est un destin de la pulsion, alors que le désir dépend d'un fantasme. Il existe toutefois un raccord entre amour et désir avec le *fantasme amoureux*, sous-ensemble des fantasmes fondamentaux dont l'éclair illumine l'ensemble de la vie érotique.

Il est inhabituel de classer l'amour sexuel parmi les fantasmes fondamentaux, car il se développe à distance d'eux et tardivement. Dans l'enfance, l'amour s'attache à une présence – d'abord celle de la mère. Sa puissance sans égale montre l'attachement indéfectible que crée la subjectivation de la pulsion, délivrance sans pareille du poids mortifère de l'Autre, pourtant initialement incarné par la mère elle-même ! Entre l'Autre maternel mortifiant et le sujet féminin qu'est aussi cette mère se serre le nœud d'un amour indéfectible – collet qui ne se referme sur rien d'autre que sur lui-même : cet amour si corporel ne saurait jouir de ce corps. Destin subjectivé de la pulsion, l'amour résulte d'une mise en négatif du pulsionnel dont il procède. Il naît à partir de la présence d'un corps – dont la subjectivation débarrasse de son exigence physique, mais ce soulagement est aussi un exil, une conscience sans pensée de ce dont il provient, sur lequel il voudrait se rabattre, mais ne le peut sans se nier lui-même comme subjectivité. L'amour s'enrage ainsi. Le baiser voudrait en revenir à la morsure et à la dévoration, mais il ne le saurait sans renier la distance subjective qu'accorde le baiser.

Cette pulsionnalité première de l'amour connaît cependant tout de suite une exception : celle du père. Son amour s'engendre lui aussi à partir d'une présence, mais cette dernière résulte de la naissance du désir comme désir cette fois-ci sexuel. En réalité cet amour provient d'une autre source que la pulsionnalité, à telle enseigne que la présence d'un père réel peut manquer, alors que son mythe s'affirme comme une nécessité. Un père *Certissimus* s'impose toujours en pensée comme agent de la fustigation, donc de la séduction, donc du parricide, et ce n'est qu'à ce moment que le père a éventuellement une présence corporelle. L'amour du père, d'abord presque impersonnel, ne s'allume pour sa personne qu'en toute dernière limite, juste après l'idée fugitive d'un vœu meurtrier à son égard : une fois le père vivant occis en imagination, une reconnaissance profonde recouvre aussitôt ce vœu. Le manteau de Noé de l'amour couvre le parricide : le père du complexe d'Œdipe est aimé pour s'être laissé symboliquement occire. Cet amour spécial rend grâce à un Esprit du père, une fois commis le meurtre qui assure une identification et donne un nom[1]. Parce qu'il est commandé lui aussi par la subjectivité, le même terme d'amour s'impose pour le père, bien qu'il ne naisse pas directement du destin de la pulsion.

Cette reconnaissance du père, née à partir de sa fonction, ne se réduit pas à une sorte de spiritualité. Car son rôle se situe à un point de croisement dangereux, celui où l'agent de la castration – qu'il est – risque de virer tout simplement à cause du désir : donc, sa présence séductrice devient le danger, c'est elle qu'il faut détruire, afin de ravaler cet agent – devenu cause – à son Esprit. C'est à partir d'une présence physique du père que le danger se fait sentir, et la pulsionnalité reprend en ce moment charnel ses droits selon un cheminement *inverse* de ce qu'a

1. C'est à ce titre seulement que la présence effective d'un père se légitime, engendrant alors une sorte de reconnaissance pour sa personne, dont la naissance du désir sexuel fut tributaire.

imposé la demande maternelle. La mère a d'abord été pulsionnelle, puis cette pulsionnalité est reniée. Le père a d'abord été l'âme de cette négation, puis il est devenu cause d'un désir physique, sur les brisées d'une pulsionnalité refoulée, prête à faire retour grâce à lui – à la condition de son meurtre. Cette inversion explique ce qui apparaît, comme l'écrit Freud, sous la forme d'une *régression orale* : il faut dévorer le père, selon le schéma du cannibalisme totémique [1], dont l'objectif est en quelque sorte de détruire l'agent charnel de la séduction, libérant ainsi la cause d'un désir vide. De cette dévoration identificatrice naissent la culpabilité et un amour qui est une forme de reconnaissance pour la naissance du désir.

C'est cette genèse du désir sexuel qui va faire retour dans le fantasme amoureux – à l'adolescence –, au titre d'une répétition des conditions mêmes qui ont présidé à sa naissance. À la puberté, lorsque le fantasme parricide flambe à nouveau, un jeune homme s'énamoure de la femme qui lui donne une place équivalant à celle qu'eut son père. Une jeune femme se passionne pour l'homme qui la débarrasse du sien. Élan innocemment meurtrier, d'un côté, contrebalancé par un amour flamboyant, de l'autre : le père brûle alors qu'on n'y voit que du feu. Le terme de « parricide » n'est-il pas un peu fort pour décrire cet instant ? Disons qu'il s'agit de l'affrontement de l'interdit. Lorsqu'un amour se déclare, il franchit une limite pour s'érotiser : il prend la main, vole un baiser, pousse ses avantages : autant de paliers transgressifs qui soufflent sur le feu du désir, dans une situation qui réclame un franchissement. De quelque façon, l'amour s'excite en dérogeant aux règles de la morale ou de la bienséance (Juliette aime Roméo, un professeur son élève, une avocate son prisonnier, etc., et surtout, en un mot : une femme aime un autre homme que son père !). « Ce qu'il ne faudrait

1. Le totémisme en prend ainsi une dimension universelle, pas toujours évidente, puisqu'elle est par principe taboue, c'est-à-dire déguisée (pour objecter aux critiques un peu rapides de Lévi-Strauss dans *Le Totémisme aujourd'hui*, Paris, PUF, 1962).

pas » mène la danse, tout du moins jusqu'au point où, la situation s'étant normalisée, les amants étant reconnus et leurs gestes étant devenus habituels, « ce qu'il faut » rejoint et dépasse « ce qu'il ne faudrait pas ». La situation s'inverse, et l'excitation sexuelle doit alors s'inventer une alchimie nouvelle.

Cet instant, où – à l'aveugle – s'opère une transgression et où quelque chose du père est réduit à son Esprit, sonne donc l'heure d'un franchissement. Toujours fils, le sujet amoureux change de place et s'affronte à un obstacle interne à son propre fantasme. Une sorte de passage à l'acte décrit la percée de ce qui résiste, au cœur même du désir. C'est l'espace obscur où, meurtrier changeant de place, l'amant est brusquement autre que lui-même : en ce sens, il s'abandonne à l'impersonnalité d'un désir qui le dépasse et le machine. Dans l'ivresse de cette impersonnalité, il devient à lui-même son propre objet – pouvant donc enfin se rejoindre, jouir de lui-même, de ce corps qui depuis l'enfance lui était toujours resté extérieur. Cette perte de soi du désir, presque impensable, serait insupportable, s'il ne s'agissait en même temps d'une prise, et ensuite d'un don de soi. Cette sorte d'anéantissement s'affronte d'autant plus aisément qu'elle s'accomplit en effet comme un don. L'amant(e) se perd d'autant mieux qu'il (elle) se donne. Pour le dire un peu romantiquement, les bras de l'amant(e) font de la perte une offrande : l'amour fait rambarde.

Le fantasme amoureux fonctionne en ce sens comme un sous-ensemble tardif du fantasme de meurtre d'un père, ce tenant lieu universel du tiers exclu[1]. « Fantasme amoureux » veut dire que – certes – l'amour s'enflamme sur une base pulsionnelle (la beauté, le charme, etc.) mais que l'aimé(e) présente un trait, un « prêt-à-porter » quelconque propice au fantasme et à sa succursale parricide. L'énamoration recouvre ce fantasme. Loin de jouir de l'anonyme, le fantasme parricide réclame le rapport le plus personnel, il exige la singularité d'un seul amour parmi le

1. Comme le montre si bien la fonction de l'amour dans la chrétienté (voir D. de Rougemont, *L'Amour en Occident* [1939], Paris, Christian Bourgois, coll. « 10/18 », 2001).

nombre des possibles. L'ancrage de l'identité du sujet grâce à ce franchissement fantasmatique engendre une sorte d'amour du nom [1] qui formera – on le verra – l'envers de l'orgasme, au terme de l'excitation sexuelle. Cet amour au singulier bouscule les codes des plaisirs attendus : il tombe à l'improviste, même pour celui qui croyait tout connaître [2].

Le fantasme amoureux est le dernier à monter en scène, au moment du changement de place de l'adolescence. Il fonctionne comme un *fantasme fondamental* d'*après-coup* – au sens plein. Si plein que, pour la majorité de l'humanité, il est le seul qui vaille, et en tout cas le seul conscient. L'amour exogamique adulte se distingue ainsi des autres variétés de l'amour, notamment endogamique. Il brille plus que les autres, lui qui abrite la répétition de l'infantile, ainsi porté à incandescence de l'intérieur. D'un côté, il s'agrafe au terminal des fondamentaux, qui remontent jusqu'à lui. De l'autre, et sous son écran de fumée, les autres fantasmes continuent de machiner le désir : grâce à lui, l'emprise va orienter la pulsion de mort vers l'orgasme. L'excitation parricide poursuit ainsi son cours sur place, faisant sans fin passer la mort d'un bord à l'autre – de l'anéantissement pulsionnel auto-érotique à ce qu'il ne faudrait pas : l'orgasme – à l'énoncé d'un nom qui en trahit un autre. Car dire « Je t'aime », ou seulement murmurer le nom de l'amant, trahit l'amour juré d'avant, celui du père. Le vœu de fidélité à l'aimé(e) télescope celui qui en secret fut promis au père. Le fantasme amoureux n'est pas simplement un fantasme fondamental de plus. Il refoule et rédime le parricide : son exigence singulière discorde avec l'impersonnalité des autres fantasmes (qui, certes, peuvent eux aussi faire jouir). Voilà qui ressemble fort au rêve d'un grand amour pour toujours, que l'on attribue plutôt à la jeune fille encore naïve.

1. Voir M. Broda, *L'Amour du nom. Essai sur le lyrisme et la lyrique amoureuse*, Paris, Corti, 1997.

2. Cet inconnu frappe à la porte alors que personne ne l'attendait. Il peut venir une fois et ne jamais revenir, ou bien s'installer dans la maison, imposer sa vie à lui, rendre insignifiantes les pratiques auto-érotiques du passé, parfois distrayantes, mais soudain trop légères.

Mais, en rêvant ainsi, la jeune fille se situe déjà en femme, en ce sens gardienne de la loi. Car n'est-ce pas de la loi qu'il s'agit, puisque cet amour fait écho au meurtre du père, à un sens du bien et du mal qui procède de son refoulement, et de lui seul ?

Construit en dérivation du parricide, le fantasme amoureux a de la mémoire : il présente à l'avance le programme de la répétition. Cela ne veut pas dire que l'amour remet en scène la névrose infantile, mais qu'au contraire il reprend les mêmes questions irrésolues avec de nouvelles données concernant le sens sexuel de la séduction paternelle[1]. Porteur d'une solution du traumatisme sexuel par le père jusque-là incompréhensible, le fantasme amoureux apporte un tel soulagement que tout ce qui pourrait séparer les amants est d'abord minimisé : comment se fait-il par exemple que, dans une proportion appréciable, les fantasmes en jeu entre deux amants s'accordent mutuellement[2] ? C'est que l'amour enivre et masque leurs dissensions ! Son alcool, c'est d'abord l'irréalité du changement de place de l'infantile dans l'actuel, en même temps que la pulsionnalité rêve de reprendre ses droits dans son alambic. Le fantasme amoureux enivre tant qu'il masque les malentendus. Sous sa férule, les fantasmes fondamentaux taisent leurs discords, qui ne sont pourtant pas occasionnels, puisqu'ils sont constants. Par principe, la mise en contact d'un sexe avec l'autre déclare un état de belligérance, puisque les deux amants sont aux prises avec leur bisexualité et que leur face-à-face doit décider de qui est l'homme et qui la femme. Cette

1. Telle jeune fille, par exemple, va imaginer qu'elle sera séduite par un inconnu présentant certaines caractéristiques qui renouvellent sa problématique à l'égard de son père. Tel homme aura la certitude anticipée que sa femme va le tromper, ou bien telle femme sera certaine qu'elle va être abandonnée, ce rejet présentant un délicieux point commun avec l'attitude de son père – qui, certes, l'aima, mais lui préféra sa mère. Chaque fois, le programme – même assaisonné de larmes – engendre une excitation sexuelle : la tromperie et le rejet, surtout s'ils sont imaginés à l'avance, offrent souvent le meilleur accueil à la jouissance (outre qu'à force de le prévoir, cela finit par arriver).

2. « Mais alors, qu'est-ce qui peut faire tenir ensemble un homme et une femme ? Dans le meilleur des cas, ça s'appelle le symbolique » (C. Melman, *La Nouvelle Économie psychique. La façon de penser et de jouir aujourd'hui*, Toulouse, Érès, 2009, p. 41).

guerre se traduit par une ébullition des fantasmes, qui naissent justement au rythme de la bisexualité (de la castration). Chaque fantasme a ses propres armes et tous – sauf un – veulent la guerre. Voilà qui assure un succès d'estime universel à l'amour : grâce à lui, les yeux se ferment sur les conditions de la jouissance, dont il propose d'ouvrir la porte clefs en main. Non sans une touche de mièvrerie, le manteau de l'amour recouvre aussi bien la perversité pulsionnelle que les discordances fantasmatiques. Cet innocent dernier-né cache malgré lui le jeu de ses malicieux aînés.

N'importe quel fantasme fondamental possède sa virtualité orgastique propre. Nul ne soutiendra – surtout à notre époque – que l'amour aurait seul la vertu d'ouvrir les portes du septième ciel [1]. Avec un seul fantasme, on peut se faire un joli cinéma, et un plaisir autarcique paraît triompher. Ce serait si pratique ! Par exemple, le fantasme de séduction, ou le fantasme de l'enfant battu, se met vite en marche lors de rencontres fortuites. Mais malheureusement, les fantasmes s'articulent en essaim les uns aux autres, et comme le fantasme parricide les chapeaute tous, certaines conditions symboliques finissent par régenter l'excitation sexuelle. De sorte que, alors qu'on aurait pu tellement s'amuser aux feux d'une chaudière pulsionnelle qui mijote en continu, l'activité sexuelle se réduit – ou même se contente d'un désir irréalisé – qui est aussi un désir [2].

Non seulement le fantasme amoureux apparaît comme le dernier de tous, mais il se comporte comme un enfant gâté qui

---

1. Une bonne fessée peut obtenir le même résultat. Toutes sortes de pratiques, violentes, non-violentes, solitaires, collectives, alcoolisées ou mystiques (ou les deux), peuvent soulager les tensions fantasmatiques. Parmi les fantasmes fondamentaux, certains fonctionnent dans une relative impersonnalité, et se contentent d'une mise en résonance avec ceux d'un partenaire presque anonyme.

2. Les conditions sont moins drastiques lorsqu'une réclamation majeure du fantasme parricide est satisfaite. Par exemple, lorsqu'une certaine stabilité monogamique (éventuellement mariage, mise au monde d'enfants) est d'abord assurée : d'autres fantasmes s'actualisent alors, éventuellement sur une autre scène.

supporterait sans patience ses aînés, pourtant propices à l'excitation sexuelle – c'est ainsi qu'il peut faire taire le désir. Il s'accommode plutôt mal, par exemple, des coups ou de l'infidélité qui pourraient le contredire ! Il ne s'arrange avec quelques-uns d'entre eux qu'en les mettant à sa sauce et en les piquant en retour : se gêne-t-il, par exemple, pour faire souffrir[1] ? Il transforme ainsi le masochisme physique en masochisme moral, si l'on qualifie de la sorte le goût du sacrifice qui hante l'amour, son obsession d'un don total de soi. Dire « Je t'aime », n'est-ce pas sous-entendre : « Je me donne » ou même : « Je ne suis plus rien devant toi » [2] ?

Grâce à cette dimension sacrificielle le fantasme amoureux s'innocente au moment même où il s'avoue. Son don l'absout du parricide, le désir se consomme en consumant son propre mal, de sorte que le don se reconduit dans un vœu de fidélité. Sa promesse éponge les vœux de mort latents de la passion, et ce futur aimante la plupart des couples. Cette fidélité a d'ailleurs à peine besoin d'être promise : elle est corrélative de l'aveu d'amour qui programme une rédemption future. Cette jouissance sulfureuse, presque irréelle, est telle qu'elle rend moins attrayante d'autres relations et d'autres fantasmes. La demande d'exclusivité n'est même plus utile, dans cette relance de l'excitation sexuelle au lieu même d'une faute potentielle. Loin d'être un devoir moral, son mouvement irréfléchi va de la faute à la purgation sexuelle qui la reconduit. D'un point de vue extérieur, bien des couples semblent liés par la culpabilité. On ne se quitte

1. La flèche d'Éros perce les enfants battus*, qui en jouissent plus souvent qu'à leur tour, etc. Le charmant Amour s'excite à proportion des coups qu'il donne, de la souffrance exquise qu'il inflige – en un mot, de son enveloppe sadomasochiste.

2. Un tel aveu reprend ainsi à son compte le fantasme de l'enfant battu* et met à feu la mèche masochiste de l'excitation. Du côté masculin, l'érection qui s'ensuit se met au service d'une reconquête de ce narcissisme. Le sujet, qui s'est d'une certaine façon « sacrifié » en avouant son amour, a subi une déflation de son identification phallique. Il la reconquiert grâce à l'inflation érectile. En ce sens, l'excitation sexuelle est le contre-feu de la sorte d'anéantissement consenti de l'aveu d'amour.

plus pour ne pas se faire de peine, par peur de la solitude, pour les enfants. En réalité, cette culpabilité latente masque la dette, et, avec elle, la reconduction du fantasme. Parce que l'on voudrait se quitter, les fantasmes discordent, s'enflamment, et l'excitation sexuelle les soulage.

Appuyée sur l'arrière-monde de la répétition, la fantasmatique amoureuse absout de sa propre dette dans un mouvement potentiellement infini. Elle offre des connexions avec les autres fantasmes, alors que chacun de ces derniers fonctionne en solitaire[1]. Parmi les activités fantasmatiques, toutes de quelque façon fautives, elle est la seule à trouver en elle-même sa propre rédemption. Principe de normativation du désir pour une majorité de l'humanité, elle offre une sorte de pardon de l'inévitable trahison du père[2]. Et la majeure partie de la littérature n'accorde ses lettres de noblesse à la sexualité qu'avec son passeport.

Rédimant le meurtre du père, le fantasme amoureux est programmé « pour la vie » (jusqu'à retrouver le père après la mort). Cette perspective optimiste, qui oriente – entre autres – le point de vue de la chrétienté, ne tient certes pas compte de la durée de vie du fantasme, qui possède sa propre temporalité. Elle occulte le fait que l'excitation fantasmatique ne dure qu'à proportion d'une certaine situation. Une femme, par exemple, désirera moins un homme dès qu'il sera devenu le père de leurs enfants. Cela ne l'empêchera pas de l'aimer, mais l'excitation sexuelle se sera déplacée, au moins pour un temps. Il arrive d'ailleurs si souvent ainsi que l'amour soit au beau fixe, alors qu'en dépit de cette météo la sexualité reste dans le gris ! Le vœu d'éternité de l'amour, prononcé dans les églises, oublie ce temps compté. Plaide en faveur de ces thèses une indéniable esthétique de l'existence, à laquelle on ne saurait pourtant adhérer de force. Mais un amant peut reconnaître que son amour est « pour la vie » (contre la mort), sinon pour toujours.

1. Par exemple, celui qui implique l'humiliation ou le viol, ou encore le rapport au père d'un mysticisme sans corps.

2. En fidèle intransigeant d'un père jamais mort, don Juan ne le supportait pas.

La crise adolescente, détonateur de l'érotisme à partir du fantasme amoureux

Contrairement à ce que dit le mythe, Œdipe ne résout pas les énigmes du sphinx : elles restent en jachère en attendant des jours meilleurs. Découvert dans l'enfance, le nid de frelons des fantasmes reste endormi, et les solutions polymorphes perverses prévalent. Les modifications corporelles de l'adolescence donnent de nouveaux moyens à la vie sexuelle, mais elles restent inopérantes sans l'activation des fantasmes. À lui seul, l'âge n'explique rien et d'ailleurs la flambée de l'érotisme amoureux n'arrive parfois que plus tard. En témoigne le nombre de névroses infantiles qui durent jusqu'à un âge avancé. L'événement physiologique de la puberté ne devient opérationnel que lors de sa reprise par une signification psychique nouvelle. Pourquoi des fantasmes assoupis depuis l'enfance se mettent-ils brusquement en activité ? Comment cette éruption entraîne-t-elle un changement qualitatif de la jouissance, qui cesse d'être un jeu pour devenir un enjeu vital, dont les exigences l'emportent sur toute autre considération ?

Le passage de l'endogamie à l'exogamie fait jaillir l'étincelle qui allume une activité fantasmatique jusqu'alors latente, et propulse l'auto-érotisme vers l'érotisme. À l'adolescence, l'excitation sexuelle dépend d'un changement de place, lorsqu'il faut tenir un rôle équivalant à celui du père : la jouissance ne change de registre qu'à la condition de son élimination, changement qui révolutionne son régime : celui ou celle qui fut enfant s'identifie soit au père, soit à celle qui rencontre un père potentiel[1]. « Changement de place » signifie que le triangle œdipien cherche à tourner sur lui-même : à cause de la lutte amoureuse, l'enfant s'efforce de n'en être plus un, et veut prendre la même place que

---

1. « De sorte que l'élaboration, pour chacun, de sa sexuation à partir de l'Œdipe, en termes d'avoir ou de manque à avoir le phallus, vient rejoindre, à l'adolescence, ce que la loi sexuelle instaure dans l'échange amoureux comme une dialectique de l'avoir et de l'être » (G. Chaboudez, *Rapport sexuel et Rapport des sexes*, Paris, Denoël, 2004, p. 117).

l'un de ses parents. Il ne réclame plus l'amour du même lieu, ni à la même personne. Le fils vient à la place de l'homme (qu'est son père) et la fille à celle de la femme (qu'est sa mère) [1]. Ce bouleversement s'accompagne de l'inversion de deux caractéristiques de l'amour. Si l'on considère son régime à l'intérieur de la famille, l'amour se donne (un peu ou beaucoup) sans y faire attention. À l'extérieur de la famille, en revanche, il faut se battre pour l'obtenir. Une deuxième caractéristique s'inverse en fonction de la première. Dans la famille, la sexualité ne résout pas l'excès de l'amour (c'est tout du moins la loi). En dehors de la famille, au contraire, l'activité sexuelle compense les déperditions narcissiques de la lutte pour l'amour. Le changement de place et l'inversion de ces deux caractéristiques donnent aux fantasmes un sens nouveau, qui les active comme on appuie sur un détonateur.

Certes, les enfants connaissent déjà un amour simple qui accompagne souvent l'emprise pulsionnelle. Cette emprise amoureuse a carburé jusqu'ici au narcissisme, mais ce « narcissisme » rencontre alors une limite sur laquelle il se fracasse ou se relance. C'est que, dans les affres de la jalousie, il réclame la fidélité. Il faudra exclure le rival, et cette exigence remet du coup en scène la ternarité œdipienne. Lutter pour l'amour, c'est lutter contre le rival, donc introduire une scénographie à trois, comme au bon vieux temps de l'Œdipe [2]. Une sorte de souffrance commence à poindre, qui plombe le plaisir de son poids de jouissance. De sorte qu'une demande d'exclusivité finit par en procéder, et qu'un homme et une femme vont préférer rester

1. Ces expressions entre parenthèses ne correspondent pas à une identification consciente : elles sont masquées par le changement de place lui-même, selon une forme de répétition déplacée, elle-même activée par la lutte pour l'amour.

2. L'auto-érotisme à deux passe à l'érotisme de bien des façons, mais imaginons l'un des cas de figure : à l'adolescence, un groupe d'amis, des garçons et des filles, s'amusent beaucoup ensemble. On danse, on rit, on boit. Lorsque la sexualité est au menu, elle n'engage pas trop, et sa jouissance ne va pas si loin non plus : elle fait d'abord partie de ce qu'il faut avoir fait. Puis, s'extrayant du groupe, deux amis et deux amies ne se quittent plus. Ils s'amusent toujours autant, mais plus on rit, plus le plaisir s'éreinte, plus la jalousie et les mises en rivalité résultent de ces marivaudages.

ensemble : il faut exclure les tiers, qui étaient pourtant les bienvenus, et qui, même lorsqu'ils seront hors scène, restent toujours comme une ombre portée sur les couples les plus solitaires. Le narcissisme si l'on veut, une demande d'exclusivité en tout cas, impose sa loi et même la refonde.

Le détonateur de tous les fantasmes, le parricide, n'avait pas beaucoup de sens dans la petite enfance : la mort – comme d'ailleurs la jouissance – signifiait peu de chose. Rêver de la mort du père ne portait pas plus à conséquence que l'histoire de Barbe-Bleue. Lorsque s'enclenche la lutte pour l'exclusivité, le parricide prend brusquement du poids. Car alors, éliminer ou être éliminé s'articule à la jouissance sexuelle, au point que le fait de supplanter un rival devient à soi seul un fort excitant. Il faut pour cela le rabaisser au statut d'un enfant en se donnant du même coup la place d'un père. La lutte contre des rivaux convoque un fantasme parricide qui ourle les jeux de l'amour[1].

Regardons la scène en travelling arrière : deux soupirants s'affrontent, certes, pour obtenir les faveurs de leur élue, mais en même temps, chacun est en proie à un conflit interne pour changer de place, pour quitter la position de l'enfant et prendre celle de l'homme. Lors du face-à face avec le rival, chacun se mesure donc à son insu à la figure d'un père, qui manigance le drame dans les coulisses. La haine s'adresse en apparence à un frère : on ne voit qu'elle et elle semble historiquement première. Mais si, dans cet affrontement, le sujet cherche (par rapport à lui-même) à prendre la place du père, et donc l'« élimine », le fantasme parricide joue logiquement le rôle principal, même lorsqu'il reste inapparent. Cette invisibilité sied au père, jamais si puissant que lorsqu'il se retranche dans l'innommable et l'irreprésentable.

L'amant adolescent s'emporte contre le père sans le voir, au fur et à mesure que l'exclusivité de son amour s'impose. Plus généralement d'ailleurs, il en va ainsi des rivalités fraternelles. Cette haine se déploie sur le fond d'un rapport au père, au nom

1. Une révolte contre le père caractérise l'adolescence : elle procède du *comeback* de cette scénographie œdipienne.

duquel se joue le drame. Naturellement, il n'y a pas de frères sans père ! Ce dernier s'efface, son nom tombe dans l'amnésie : le vœu parricide est refoulé dans l'acte même de prendre sa place. Avec ce meurtre indolore, la pulsion de mort se métamorphose et se civilise[1]. La sexualité prend alors un sens qu'elle n'avait pas dans l'enfance, où le meurtre fantasmatique était facile et vide de jouissance : celle-ci ne vient que sous le poids d'un mort qui la creuse en son centre et lui donne sa gravité.

L'affrontement avec les rivaux reste latent, une fois l'amour installé : les amoureux sont seuls au monde, paraît-il. Ce merveilleux aveuglement masque l'élimination du tiers, et il cache l'œuvre de la répétition. L'amour exclut et occulte la trahison de l'aimé d'avant : il l'oublie. Il trahit les amours antérieurs, à commencer par l'amour du père qu'une femme éprouva, et l'amour du père qu'un homme éprouva lui aussi. L'amour se découvre sur l'arrière-monde que recouvre la répétition des scénarios fantasmatiques. Dans les coulisses de la mise en scène amoureuse brûle une passion infantile, que le changement de place rend méconnaissable. Cet arrière-monde de l'enfance donne à l'amour sa puissance surréelle. Cette immensité lui laissera toujours la première place, même lorsque la sexualité se présente comme une épreuve angoissante. Et il prendra le pas sur l'onanisme, pourtant plus pratique.

À l'adolescence, l'« activation » du fantasme signifie que la lutte pour l'amour engendre une souffrance intimement liée au plaisir, alliage inexistant auparavant, jouissance d'une douleur si l'on veut, à mille lieues des plaisirs auto-érotiques. De cette sorte de violence résulte un choc charnel incompréhensible, puisque les moyens qu'il y aurait de le comprendre s'évanouissent lorsqu'il survient[2]. Un autre facteur que la physiologie fait basculer dans l'âge adulte. Brusquement devient clair ce qui dans

1. Le totem paternel fonctionne ainsi comme le transformateur universel de la pulsion de mort (comme le montrent les religions en général).

2. La dimension traumatique des premières règles de nombreuses femmes, par exemple, s'atteste moins dans le souvenir d'une sensation désagréable que dans l'imprécision de la mémoire : la date et les circonstances demeurent souvent floues. Les hommes sont d'ailleurs souvent tout aussi imprécis quant à leur première éjaculation.

l'enfance demeurait obscur. Mais à l'instant de cette illumination, celui à qui cela arrive cesse d'être un enfant, et il oublie sur-le-champ ce qu'il vient de comprendre. À l'heure de cette intelligence aiguë, il ouvre la porte d'un univers désormais plus grand dont il perd aussitôt la clef, amnésique de l'infantile. Le conflit avec le père signifie maintenant quelque chose, puisque l'enfant prétend prendre cette place où il l'affronte. Et ce choc donne un sens nouveau au plaisir ressenti, au point de pouvoir l'inhiber, ou bien, en suivant le fil même de ses contradictions et non sans retard, d'aller jusqu'à l'orgasme.

Dans *Accident nocturne*, Patrick Modiano a écrit une version romanesque d'une rencontre amoureuse, suturée à son insu sur la cicatrice paternelle, son envers infantile. À la nuit, un homme est renversé par une voiture, accident dont la conductrice sort elle-même blessée. Ils sont brièvement hospitalisés dans la même clinique et se perdent de vue à la sortie, alors qu'un charme indéfinissable a marqué leur rencontre. Armé de faibles indices, l'homme part pendant des semaines à la recherche de cette compagne d'un instant, il erre dans Paris en de longues déambulations nocturnes. À la faveur de cette dimension onirique, le visage de cette femme accidentelle se surimpose à des figures du passé, à des réminiscences de l'abandon du père (mais qui abandonne qui ?). Un détail, une cicatrice semblable à celle d'une jeune femme de son enfance, participe de ce recouvrement. Une sorte de télescopage entre névrose infantile et névrose adulte se cristallise dans le trauma de la rencontre. On comprend que l'amour lui-même aura été cet accident de hasard, une chance peut-être orientée par l'étoile du père, mais à laquelle elle échappe pourtant.

De l'amour au désir

Il arrive qu'une femme à peine croisée fasse rêver – au point que certains préfèrent ce rêve à celle qui le provoque. Cette femme idéalisée ne doit pas descendre de ce ciel onirique. Sa présence réelle est évitée, dans la crainte qu'un mot ou un geste ne vienne contrarier la pureté de son image. L'amour se contente alors du rêve : il se magnifie et s'épuise dans le souvenir de ce qui n'a pas eu lieu. Ainsi de Béatrice pour Dante, de Laure pour Pétrarque. L'amour est ainsi complètement coupé du désir. « Désirer » et « aimer » peuvent se concilier, s'embrouiller, se débrouiller l'un sans l'autre ou l'un contre l'autre. Une bonne partie de l'humanité s'efforce pourtant de les accorder au point que leur harmonie représente une sorte de norme, les autres cas de figure, pourtant nombreux, passant souvent pour des anomalies. Lorsque l'on examine ce qui raccorde l'amour et le désir, il faut d'abord préciser de quel amour on parle. Le verbe aimer se conjugue à la confiture, à la musique, au sport, etc. Et on aime aussi quelqu'un. Dans le bouquet des amours possibles, pourquoi employer le même verbe ? Un dénominateur commun qualifie abstraitement ce passage de quelque chose à quelqu'un : c'est la subjectivation de la pulsion. On commence par aimer « quelqu'un » pour des motifs voisins de l'amour de « quelque chose ». Le premier mouvement aura été déclenché par un regard, un geste, le port de la tête, etc., tout comme l'odeur d'une confiture fait saliver à l'avance. La base pulsionnelle est le dénominateur commun des amours. Chose parmi les choses, l'aimé(e) future est d'abord entraperçu(e) sur fond de réification.

Lorsqu'il n'en reste pas là et se déclare, l'amour de quelqu'un s'appuie sur l'amour de quelque chose, le sujet grimpe une marche. Mais voilà ! L'aimée n'en veut pas de cet amour culinaire. Elle refuse cette cuisine, et va demander à être aimé « pour elle-même » – expression extraordinaire, puisqu'elle récuse sa propre base pulsionnelle, qui alluma pourtant la mèche. L'étincelle pulsionnelle l'aurait flambée, si elle s'en était contentée. Et elle a donc déclaré qu'elle voulait être aimée « pour elle-même », en dehors, en quelque sorte, de ses attraits sensibles. Qui est cette « elle-même » ? Un sujet hors corps ? Certes non, mais en reniant la pulsion, ce sujet enclenche la mécanique du fantasme. Récuser la fascination pulsionnelle fait éclore un manque. L'excès pulsionnel en plein élan cannibalique se casse les dents sur un obstacle immatériel, au-delà duquel le manque et l'excès se relancent. La négation crée le manque, dont l'excès déploie les fantasmes érotiques au-delà de ce corps nié, sur lequel le manque continue d'espérer un soulagement : un manque donne naissance à un manque d'*un autre ordre*.

L'excitation pulsionnelle auto-érotique de l'objet correspond à l'excès de la pulsion (qui aurait pu se contenter de masturbations). Cette pulsionnalité diffère de l'excitation fantasmatique qui naît du manque créé par sa négation, et active sa propre forgerie. L'amour passe au régime sec, il se contente d'eau fraîche, comme dit le proverbe.

L'amour engendre un manque spécial, qui diffère du manque de quelque chose ou de la personne elle-même, puisqu'il s'éprouve en présence de l'aimé(e). C'est une sorte de manque à soi-même résultant d'abord du mouvement d'emprise. Comme le réclame cette pulsion d'emprise, le sujet s'échange contre l'objet, et donc il se perd lui-même en cherchant à prendre. Ce manque commande la sorte d'exil du voyage amoureux. Son défaut participe de son bonheur. De sorte que ce manque peut être aimé pour lui-même, pour l'arrière-monde qu'il fait se lever : il est des amours rassasiées de leurs propres ivresses, préférant l'idéalité à la personne qui la suscite, comme s'il fallait se garder à l'avance des risques et des déceptions de la rencontre elle-même. Il est ainsi des femmes qui se passionnent pour un prisonnier hors d'atteinte[1] ou certains hommes qui n'adorent une femme que lorsque d'autres engagements la rendent inaccessible. Cet amour se poursuit indéfiniment, même lorsqu'elles sont mortes. Cette « création du manque » ne résulte d'aucune qualité sensible. Ce créationnisme du désir va plus loin, puisqu'il s'agit de ce qui, au-delà de l'apparence, fomente le fantasme[2].

Lorsqu'elle engendre un manque en sa propre présence, une certaine personne fomente au-delà d'elle-même un idéal qu'elle n'est pas : voilà son charme ! Le manque se creuse entre la personne pulsionnellement accessible et un idéal toujours à distance, différence en constante progression entre consommation

1. Voir Y. Mishima, *Madame de Sade* [1965], Paris, Gallimard, 1976.

2. En ce sens, le désir peut surgir même là où on ne l'attend pas : la folie, la maladie, les signes de la souffrance par exemple n'évoquent-ils pas aisément le manque ? « Ce qui ne va pas » peut justement déclencher le désir. De même, la déréliction, un sentiment de démérite ou d'indignité que peut ressentir une femme par rapport à elle-même participeront à sa séduction, parfois à sa plus grande surprise.

du corps et reconduction du manque. Cet idéal ne porte pas de majuscule. Ce n'est pas un trait esthétique, un rêve littéraire, une image de l'absolu. C'est une sorte de magie – fantomatique si l'on veut – qui ressurgit sur les traces du refoulé. Par exemple, le geste d'une certaine femme déclenche un rêve éveillé, s'il évoque celui d'une mère. Pourtant, attention ! Ce n'est pas d'une répétition de l'amour maternel qu'il s'agit. Mais plutôt de ce qui l'évoque en lui échappant. Ou encore la posture de tel homme va évoquer une ancienne obsession du père, positive ou négative. Attention là aussi, puisqu'il s'agit de se débarrasser de ce qui n'a pu être oublié. Peu importe le trait : l'hallucinose du désir en profite pour déployer cette sorte d'ivresse qui se libère d'une perpétuelle enfance[1].

Cette subjectivation du pulsionnel définit l'amour : c'est du haut de son abstraction subjective que nous « avons » réflexivement un corps comme une chose extérieure et pouvons espérer en jouir, après l'avoir perdu[2]. Dès que nous sommes conscients, dès que nous parlons ou pensons, nous oublions notre corps. Il s'envole avec nos pensées. Nous pouvons chercher à reprendre cette jouissance perdue grâce à la pulsion d'emprise, et il faudra alors dire que pour habiter notre corps, il nous en faut un autre. Que notre vie commence à deux. Un seul et même corps toujours déjà séparé de lui-même cherche à se rejoindre. « S'aimer à corps perdu » est vraiment une étrange expression. Elle trouve son sens ici : nous nous retrouvons grâce à la perte engendrée par l'amour.

La situation ressemble-t-elle alors à celle de deux gouttes de mercure posées sur une table qui, dès qu'elles sont suffisamment proches, se coaptent et n'en font plus qu'une ? Cette métaphore n'ajouterait qu'un mythe supplémentaire à ceux de l'amour[3] :

1. « C'est comme si je m'étais perdu et qu'on vînt, tout à coup, m'apporter de mes nouvelles » (A. Breton, *L'Amour fou* [1937], Paris, Gallimard, 1989, p. 13).
2. Ce processus est le même que celui du stade du miroir : un enfant se reconnaît dans le miroir à la condition d'une subjectivation de l'image, opérationnelle dès qu'il est nommé par la personne qui le porte.
3. « Cette idée de fusion est en fait un mythe hérité de la relation première de l'enfant à la mère, où faire Un est évoqué dans la mesure où l'enfant, pour être désiré, se fait équivalent à l'objet du désir qu'il perçoit chez la mère » (G. Chaboudez, *Rapport sexuel et Rapport des sexes*, *op. cit.*, p. 133).

tout comme pour le vif-argent, la présence aimanterait la présence. Mais ce rêve d'harmonie présente aussitôt tant d'exceptions que l'exception est plutôt la règle : la présence déclenche aussi bien l'agressivité, qui lutte contre cette captation par le semblable. Non, la présence n'aimante pas la présence, mais une certaine personne crée un manque qui nous aimante. Dans cette provocation de l'amour, le manque aimante le manque, ce qui n'évite pas le malentendu, puisque chaque protagoniste ignore ce que l'autre trouve au-delà de lui. Le mythe se troue du rapport incommensurable de deux manques, qui entrent en *résonance*.

Si l'on peut oser cette image, une fleur s'extrait ainsi du bouquet des amours possibles, et son parfum d'absence est aussitôt propice aux ivresses fantasmatiques. L'emprise engendre déjà un amour – prédateur plutôt que généreux, mais qui va servir d'appât à la machination des fantasmes dont le premier à mordre à l'hameçon pulsionnel sera le fantasme de séduction, auquel les autres vont s'ordonner selon les événements.

Imaginons l'une de ces mises en série fantasmatiques : « Tu me plais, je te plais, et nous nous le faisons comprendre. » Et puis, sur cette base simple, une brisure se produit : « Tu me plais, mais en même temps, cela te déplaît d'être un simple objet de convoitise. Même si je suis à ton goût, tu fais un pas de côté, ou en arrière, pour te défausser de cette objectivation. Et une danse commence, au rythme de la séduction : tu t'offres et tu te refuses. En attendant, ma privation de toi s'accroît, et assure ton empire. Lorsque la danse se prolonge, elle me fait tellement tanguer que j'en souffre : et voilà ce qui suffit pour déclencher le fantasme de l'enfant battu, maître d'une excitation vengeresse. Je commence à comprendre, mais quoi ? Je souffre de ton absence en ta présence. J'ignore où tu es, alors que tu es avec moi. Tu rêves, je ne te suffis pas : où es-tu ? Dans ta rêverie, tu es déjà partie avec un autre, et je vous pressens ailleurs tous les deux, maintenant étreint par votre étreinte : par l'angoisse d'une scène primitive – dont je ne me souviens même pas – j'exige ma place, et j'engage la lutte, sans savoir contre qui le combat commence. Et de cette lutte incertaine, orientée par un parricide ignorant de lui-même, va dépendre un changement de position, qui aura rompu les amarres avec l'amour auto-érotique. Oubliant jusqu'à ta beauté, je suis énamouré – au-delà de toi – du charme que tu as fait lever, de cet arrière-monde de ma vie intime que j'ignorais, que je rencontre grâce à toi. »

Dans cet engrenage de fantasmes, qui peut s'interrompre en cours de route ou revenir sur sa base de départ, seul le dernier pas rompt avec l'enfance, et de manière parfois si nette qu'il s'accompagne parfois d'un désir d'enfant peut-être à peine formulé, mais néanmoins présent. De l'enfance à l'enfant, le fantasme programme sa propre fin. C'est son rêve : l'arrière-monde infantile de l'amour cherche à sortir des limbes.

À partir de l'amour, le désir va-t-il de soi ? La création du manque est encore équivoque. Ses conséquences peuvent aussi bien être érotiques que s'inhiber dans la névrose. Lorsqu'elle résulte du manque d'une certaine personne, l'excitation peut se déclencher comme si l'acte sexuel devait le pallier, rattraper le retard creusé par l'idéal. Ce retard entre en résonance avec un autre retard, car qui a toujours déjà été en retard par rapport à l'idéal, sinon l'enfant ? Un amant est un enfant lorsqu'il s'abandonne dans l'amour. Son excitation concorde avec ce qui a été refoulé et l'idéal qui l'entraîne en avant de lui met en forme ce retour du passé[1]. Il peut donc arriver que l'amour inhibe l'excitation qu'il suscite. De son propre mouvement, la pulsion d'emprise cherche à consommer qui lui plaît et lorsqu'elle n'arrive pas à ses fins, le fantasme germe dans ce creux. Cette création du manque suffit pour susciter l'amour. Mais il n'est pas

1. « Le plein amour d'objet selon le type par étayage est particulièrement caractéristique de l'homme. Il présente la surestimation sexuelle frappante qui a bien son origine dans le narcissisme originaire de l'enfant et répond donc à un transfert de ce narcissisme sur l'objet sexuel. Cette surestimation sexuelle permet l'apparition de l'état bien particulier de la passion amoureuse qui fait penser à une compulsion névrotique, et qui se ramène ainsi à un appauvrissement du moi en libido au profit de l'objet [...]. Ce qu'il projette devant lui comme son idéal est le substitut du narcissisme perdu de son enfance » (S. Freud, « Pour introduire le narcissisme » [1914], in *La Vie sexuelle*, *op. cit.*, p. 94 et 98).

certain qu'elle allume l'excitation sexuelle : l'amant peut rester bras ballants devant l'aimée, si sa névrose en profite pour mettre en scène les figures infantiles de la frustration œdipienne. Un amour névrotique – le passé dans le présent – inhibe alors l'érotisme.

L'expérience montre qu'il existe une autre voie que la névrose, mais ce chemin n'a rien de linéaire. Lorsque l'érotisme n'est pas cloué sur place par un retour du passé, les fantasmes nés de l'amour, qui sont les moteurs de l'excitation sexuelle, rencontrent un obstacle que leur est interne. Pour prendre l'exemple du fantasme de séduction, on a vu comment l'acte de se refuser participait à la séduction elle-même, en mettant en activité du même coup les fantasmes collatéraux. Dans la scène de séduction le « non » implique le « oui », sans exclure le contraire – outre que cette manœuvre martyrise le prétendant et le plonge dans les arcanes de l'enfant battu*, alors que lui-même prend le masque d'un père violeur digne de la potence. Pendant toute la durée de cette mise en scène, le fantasme refoule la pulsion, au sens d'une demande d'être « aimée pour soi-même », et surtout pas pour être consommée. Mais bien sûr, il ne s'agit pas d'une négation pure et simple du corps. Car si le fantasme est contradictoire et dit à la fois oui et non, son « oui » reste constamment raccordé *au « oui » de la pulsion* qui insiste dans la durée sur son envers. Une représentation spatiale permet la compréhension de ce processus. Le sujet dit d'abord « non » à la positivité de la jouissance pulsionnelle, qui se trouve donc refoulée. Le fantasme se propulse ensuite horizontalement en quelque sorte : animé par ses contradictions propres qui courent du « non » au « oui ». Il surfe sur la vague de la jouissance pulsionnelle qui insiste toujours dans les dessous. De sorte qu'il reste toujours connecté, mais par intermittence, au « oui » de la pulsion (qui est pourtant hétérogène à son propre « oui »). Aucune femme ne perd la séduction de son corps parce qu'elle se refuse à un moment donné, bien sûr ! Le fantasme oscille entre un pôle positif et un pôle négatif, et son pôle positif se connecte par intermittence au « oui » de la pulsion, toujours prête à jouir. De sorte que le fantasme pourtant

« hors corps » – mental en diable – se cheville néanmoins à la concrétude d'un corps. Le rapport d'envers et d'endroit de la pulsion et du fantasme apparaît ainsi, car naturellement, la demande d'être « aimée pour soi-même » ne fait perdre ses attraits à personne, bien au contraire.

Le désir décolle contre le vent de la pulsion (tel un avion lors de son envol). Engendrant l'excitation, la fantasmatique (paternelle) feinte les exigences de la satisfaction pulsionnelle (maternelle). L'excitation sexuelle capitalise la puissance pulsionnelle (qui lui donne sa poussée transgenre) mais en la mettant désormais au service d'*un autre but* (entre les sexes), qui la rend méconnaissable[1]. Les pulsions ne s'évanouissent pas dans cette opération : comme ces bougies que l'on ne parvient jamais à éteindre, elles se rallument aussitôt soufflées. Elles fournissent le combustible d'un refoulement qui doit être constamment réitéré. La pulsion reste ainsi la puissance explosive que vient à chaque instant contrer le fantasme[2].

Amour et désir fonctionnent ainsi dans une dynamique d'exclusion interne. Le désir décolle en prenant appui sur le vent pulsionnel, dont s'origine l'amour. Refoulement étrange puisque, jamais abouti, il se réitère à chaque instant. Il se propulse comme une fusée qui s'appuie sur elle-même pour avancer dans le vide. Le désir échappe à la gravité pulsionnelle par une sorte d'antigravité : il s'en arrache, décolle interminablement, et emporte avec lui ce qu'il repousse. Il s'arrache de ce qu'il ne faudrait pas, de ce corps toujours trop incestueux qu'il vaudrait mieux oublier et qui, à proportion, l'obsède, l'attire, sous la forme dédoublée de l'autre du désir.

Cet autre du désir n'est ainsi jamais loin de susciter la haine. On mesure de la sorte la proximité de sentiments en principe

1. C'est grâce à ce processus continu que la pulsion de mort change de sens, liée désormais à la filiation et à la paternité. À l'occasion de cette métamorphose, cette pulsion de mort fournit le combustible de l'agressivité contre le père : le résultat n'est pas la mort, mais la fermentation de fantasmes désormais sexuels.

2. On verra qu'en ce sens la perversion ourle indéfiniment l'envers de la névrose.

aussi contraires que l'amour et la haine, qui en réalité n'appartiennent pas au même registre, mais se déplacent dans des espaces parallèles (pulsion et fantasme). Le contraire de l'amour est moins la haine que le désamour, ou plus précisément le dégoût, son antonyme pulsionnel. Quant à la haine, elle est corrélative de l'extrémité du désir, comme ne le montre que trop la haine universelle des femmes qui a marqué l'histoire, alors qu'elles sont tout aussi universellement chantées. L'amour est d'abord un destin renié de la pulsion, alors que l'excitation sexuelle dépend du fantasme. Le désir cherche à résoudre une contradiction qui lui est *interne* et son partenaire ne lui correspond que tant qu'il représente le pôle opposé de cette contradiction. Son excitation disparaît dès que la contradiction se résout. Des liaisons conflictuelles, par exemple, connaissent parfois une longévité que méconnaît l'harmonie. En revanche, l'amour rêve d'un objet *externe*, dont la rencontre ne garantit pas l'excitation sexuelle. On peut ainsi aimer toutes sortes de personnes sans émoi érotique (par exemple dans l'espace intrafamilial). Contrairement à l'amour, le fantasme n'a nul besoin de plaire : cela peut être le cas, mais le rejet, la plainte (ou même la maladie), l'agression, la tromperie, la mise en rivalité, les insultes (ou même les coups) – particularités en principe dissuasives – peuvent au contraire l'exciter puissamment. En ce sens, l'amour peut être contredit par l'excitation sexuelle, qui s'accommode fort bien de la haine.

À chaque fantasme son « portemanteau »

Le bouquet des amours s'est donc métamorphosé en bouquet de fantasmes, dont les charmes virtuels font presque passer au second plan l'apparence de l'aimée [1]. Le manque de l'amour s'engendre à la frontière entre l'excès – que la pulsion cherche à

1. Bien des amants ne voient plus les défauts de leur compagne ou même oublient certaines de leurs caractéristiques physiques, comme la couleur de leurs yeux, etc.

satisfaire – et la production de fantasmes propices au désir. Celle qui a refusé la satisfaction pulsionnelle déclenche une fantasmatique dont elle est désormais le « prêt-à-porter »[1]. Lorsqu'une femme s'étonne des attentions masculines (« Mais qu'ont-ils donc tous à me regarder comme ça ? ») alors qu'elle s'est ingéniée à les provoquer ; lorsqu'elle refuse les plus modestes sollicitations, elle devient le « portemanteau » de fantasmes qui font d'elle un sujet unique, et non plus un objet consommable parmi d'autres. Un charme naît du manque, au-delà des attraits de celle ou de celui qui se refuse. Certaines femmes, qui n'ont pas toujours beaucoup d'atouts dans leur jeu – ou qui sont même laides, méchantes, stupides –, savent pourtant s'entourer d'une cour de prétendants à proportion des fantasmes qu'elles suscitent, alors que d'autres, pourtant sensibles, belles, intelligentes, affrontent la solitude. Seule la mise en tension du fantasme importe pour le désir. La beauté, l'esprit, la similitude des goûts, toutes ces qualités comptent peu, à telle enseigne que, si le fantasme se désamorce, le désir tombe (alors que la beauté, l'esprit, etc., restent identiques).

Voilà qui ressemble fort à une sorte d'autarcie du fantasme : il conditionne l'excitation sexuelle, et il ne semble jouir que de son propre cinéma ! Mais si le fantasme était si autarcique, personne ne rencontrerait jamais personne et chacun ne jouirait que de ses propres rêveries. Fomenté par une certaine personne, mais au-delà d'elle, dans le manque qu'elle a créé, le fantasme amoureux pourrait presque se satisfaire de lui-même : dans ces conditions, n'y a-t-il pas un onanisme de chacun en compagnie de son fantasme plutôt que la romance à deux, dont le partenaire pourrait même gêner l'orgasme ? Certaines femmes y arrivent mieux seules, ou même elles n'y parviennent que comme ça. Quant aux hommes, la masturbation est un secours longtemps bienvenu. Et pourtant ces habitudes commodes laissent insatisfait, justement parce que le fantasme n'y trouve pas son compte,

1. Voir la nouvelle de N. Gogol, « Le manteau », in *Les Nouvelles de Saint-Pétersbourg* [1842], Paris, Gallimard, 1998.

au point que – un peu plus tôt, un peu plus tard – les plaisirs solitaires s'amenuisent ou disparaissent, et la jouissance devient toujours plus difficile sans l'amour.

Hameçonné par le bout du manque, le fantasme s'actualise ainsi. Cette « actualisation » signifie qu'il ne s'amorce que grâce à un autre corps, qui devient en effet son *prêt-à-porter*. Non seulement une attirance première procède de la pulsion – des particularités et de l'esthétique d'un corps qui appellent l'emprise –, mais de plus cette attirance est aussitôt orientée par sa féminité ou sa masculinité : le regard, le geste, la main, la posture, le style de la parole lui-même marquent cette polarisation, car un sujet parle en tant que féminin ou en tant que masculin – et, en parlant, il séduit ou est séduit, il plaint ou se plaint. Bref, il mouline une fantasmatique. L'amour n'est pulsionnel que le temps de susciter le désir. Dès que quelqu'un affiche son manque, il devient un prêt-à-porter potentiel du fantasme, et cela avant même de savoir du manque de quoi il s'agit, qui s'affiche d'abord en général. Un détail, un bijou, les objets à la mode, annoncent un désir de séduction vague. Puis cet appel se particularise à cause – par exemple – d'une certaine façon de parler, qui déclare un défaut d'amour, ou de sexe. L'agression, l'humour, la maladie, etc., fonctionnent aussi comme des déclarations de manque.

Une femme se dispense rarement d'exposer le signe d'un manque qui est donc un appel à le combler : quelque chose dans les vêtements, les bijoux, les parures l'évoque. À ce fétichisme de basse intensité s'ajoutent le geste, le pas, le timbre de la voix, l'inflexion de la parole elle-même, le regard qui se dérobe, le mouvement de la chevelure. Quelque chose – oui – qui, sans y penser, s'offre et se refuse. La féminité exerce une fascination que la beauté n'explique pas, sa séduction lance un appel en même temps qu'elle se refuse. Les hommes sont à chaque instant sommés de répondre à cette sollicitation qui n'en est surtout pas une et ils attendent la faille, le moment propice où le regard ne se dérobera pas, dira autre chose qu'un « Oui... mais pas vous, pas ici, pas maintenant... ». Le prêt-à-porter du fantasme s'accroche à ces déclarations de manque. Elles ont certes un sens sexuel érotique général, mais dans la mesure où le sujet existe grâce à leur actualisation, il s'en satisfait indépendamment de la sexualité.

Les mouvements fantasmatiques semblaient autarciques. Et on aurait pu en conclure qu'après tout, comme ils fleurissent dans la solitude, l'onanisme pouvait les satisfaire. Et que la rencontre d'un homme et d'une femme se réduisait alors à une simple masturbation à deux, pimentée d'un doigt d'imaginaire. Un prétendu rapport sexuel ne se serait alors jamais produit autrement que dans l'illusion. Pourtant, jamais solitaires, les fantasmes sont en mal de leur « prêt-à-porter ». Ils cherchent moins un autre corps qu'un autre sujet, dont ils rêvent avant de le rencontrer. Le fantasme ne sait se contenter de lui-même et se cherche un partenaire effectif. Car ce « lui-même » n'existe que dans cette tension, celle où il rencontre l'autre de son fantasme. Cette personnalisation du fantasme prend un tour définitif avec le fantasme amoureux, qui impose des conditions symboliques et ne se satisfait jamais de n'importe qui. Nul ne dit « je t'aime » à un partenaire anonyme, sinon par feinte.

Certes, sous le coup de cette condition symbolique, l'amour ne renie que du bout des lèvres son origine pulsionnelle. Mais il en réchappe parce qu'il réclame un autre sujet. Il cherche à rejouer la plus épurée des répétitions, celle de l'aliénation et de la séparation : ce sujet, qui a subi passivement le fantasme de quelqu'un (par exemple, avoir été séduit, battu, anéanti par inceste), le remet en scène activement. Ainsi, tel qui aura été séduit séduira ; tel qui fut battu sévira ; s'il fut anéanti, il agressera ; etc. Il suffit de trouver le partenaire adéquat, l'autre soi-même de ce jeu de rôles, et sa présence sera imaginée longtemps avant sa rencontre. Le fantasme s'actualise en fonction des circonstances, selon une scénographie qui extériorise la division subjective. La tension du fantasme lui est interne, mais cette intimité s'extériorise lorsqu'un autre crée un manque où la moitié de cette intimité contradictoire s'exile. La maison du fantasme, c'est cet autre, qui devient son cœur sans effraction.

L'intimité externe du désir s'extériorise grâce à cette altérité. L'actualisation du fantasme cherche le prochain qui va la soulager : sa rencontre se rêve dans la solitude d'abord, et le rêve ne suffit jamais. Rompant sans retour son apparente autarcie, il faut qu'un corps l'incarne. L'autre du désir présentifie la division du sujet, une moitié de lui-même devant laquelle il se soumet. Ce champ de forces des attirances fantasmatiques est vital pour le sujet, puisqu'il n'existe qu'en tant que sexué.

De quelle façon les fantasmes de deux amants entrent-ils en résonance ? Cela arrive-t-il, ou bien le fantasme de l'un profite-t-il de celui de l'autre, ou bien encore s'agit-il d'un simple malentendu ? Cette mise en résonance évoque le début d'un concert, lorsque des musiciens s'accordent sur un diapason [1]. Cette mise en résonance diffère d'une identité d'accords. Si c'était le cas, le séducteur s'apparierait avec la femme séduite, le fustigateur avec la femme en pleurs, l'homme qui se prend pour un père avec une petite fille déguisée en femme, qui l'assaisonnerait comme il le mérite. Cette rapide énumération ferait croire à des « complémentations » dont une harmonie résulterait. Pourtant, on peut dresser une liste tout aussi longue de discordances qui tombent juste – un accord du discord – et dont résulte une jouissance – positive ou négative. La jouissance négative a l'avantage de montrer la conjonction de fantasmes, bien qu'ils soient dysharmonieux. Par exemple, lorsque la frigidité de l'une n'a d'égale que l'éjaculation précoce de l'autre ; ou encore lorsqu'un homme a besoin d'être marié pour pouvoir profiter d'une autre femme, son épouse ne trouvant, quant à elle, sa satisfaction que dans ses enfants, etc. Lorsque le fantasme trouve le partenaire propice à l'excitation sexuelle, cela n'implique pas l'harmonie. Un homme qui fait souffrir une femme et ne la désire que dans ces conditions peut en rencontrer une qui soit justement fascinée par celui qui la rejette. Consciemment elle se rebellera, mais inconsciemment, rien ne lui plaira autant. De même, cet

1. Dans le Yunnan, en Chine, on placarde sur la porte des jeunes mariés des vœux de bonheur qui disent à peu près que deux instruments de musique différents peuvent néanmoins faire un bel orchestre.

homme la fera peut-être souffrir, mais – selon lui – sans l'avoir voulu. Il ne s'agit pas d'un couple sadomasochiste, mais de l'appariement croisé d'une division subjective. Ils sauront peut-être faire tourner une impeccable machine érotique, quoique dans des conditions qui n'auront rien de paradisiaque.

Dans ces résonances de fantasmes, chaque sujet rencontre cette moitié de lui-même qu'il a risqué d'être[1]. Cet *alter ego* aimante une excitation qui espère un soulagement. Mais cet autre ne complémente pas le fantasme auquel il ne participe qu'en s'y étant *d'abord refusé*. Il ne s'agit justement pas qu'à « séduire » corresponde « être séduite », à « battre », « être battu », etc. : processus qui se rapporte à l'emprise de la pulsion et non au fantasme. Dans le fonctionnement de ce dernier au contraire, à « séduire » correspond « refuser d'être séduit(e) », à « battre », « refuser d'être battu(e) », etc. La négation est l'index de la subjectivation de la pulsion, et le signe de la division d'un sujet qui, tout en le niant, n'en participe que mieux au fantasme.

Ces sortes de mises en résonance diffèrent, on vient de le dire, des réversions actif/passif de la pulsion, à l'œuvre dans les relations sadomasochistes, voyeuristes/exhibitionnistes : dans ces destins pulsionnels, le sujet devient l'objet, et il perd sa subjectivité. En revanche, dans les résonances de fantasmes qui font l'ordinaire de la rencontre érotique, un rapport croisé s'écrit entre les contradictions des fantasmes de deux sujets – dont aucun des deux n'abolit l'autre. Chaque fantasme comporte sa discordance interne qui vibre en fonction de la résistance de l'autre et non de son accord.

Cette attraction pour l'autre du fantasme diffère donc de l'emprise pulsionnelle[2]. Dans le transitivisme de cette emprise, il s'agit de la décharge d'un trop-plein. Avec le fantasme, au contraire, c'est le manque qui vient d'être créé – et non un trop-plein – qui

---

1. « Et je me dépouille, et je me déchire et je me tue pour l'être aimé ? C'est vrai. Tant que l'être aimé est cette projection idéale de moi-même, tant qu'il est mon bien, ma chose, tant qu'il est moi » (J. Anouilh, *Ardèle ou la Marguerite*, Paris, La Table ronde, 1948, p. 70).

2. Qui consiste à voir à la place d'être vu, à prendre à la place d'être pris, etc.

programme la mise en scène. Le but de la pulsion est univoque et s'accomplit dans une permutation au cours de laquelle le sujet se perd : son verbe reste à l'infinitif. Au contraire, celle du fantasme se décline au conditionnel, c'est un acte du sujet : *je* séduirais *plutôt* que d'être séduit(e) ; *je* battrais *plutôt* que d'être battu(e), etc. Il se sauve au conditionnel du *plutôt*. Le fantasme garde en lui-même la contradiction de son génitif (qui séduit qui ?) alors que la pulsion n'en comporte pas. L'actualisation de la pulsion désubjective, celle du fantasme, au contraire, subjective.

De plus, la répétition pulsionnelle est transgenre : en cherchant à se libérer, elle se répète sur un corps, sur un « moi » pris dans la distance. C'est un simple passage du passif à l'actif. La répétition du fantasme est d'un autre ordre : elle concerne non le « moi » (un corps) mais la division subjective (une « moitié » du sujet se soutient dans l'autre), et elle est sexuée : elle élève le passif et l'actif de la pulsion à la hauteur du féminin et du masculin. Elle met ainsi en scène la mécanique du désir, par exemple, entre être séduit(e) et séduire, aimer et haïr, etc., c'est-à-dire les contradictions mêmes qui refendent la subjectivité. Comme ces contradictions mettent en jeu le masculin et le féminin, elles se jouent sur la scène d'une hétérosexualité (manifeste ou latente). L'actif et le passif de la pulsion prennent la valeur du masculin et du féminin seulement dans le fantasme.

Les contradictions internes à chaque fantasme aspirent à la rencontre de quelqu'un qui extériorise leur tension. Le fantasme cherche à faire endosser la moitié de sa division interne pour se soulager de ce discord. Cette quête de quelque autre qui mettrait en tension *externe* une contradiction *interne* pousse les feux du désir. Rencontrer enfin son « porte-fantasme », voilà un vœu qui se réalise plus facilement qu'on ne l'imaginerait, surtout parce que ce « quelqu'un » va y trouver lui-même son compte. Loin que les tensions fantasmatiques s'échangent selon une idyllique complémentarité, elles s'endossent constamment, non sans quelque malentendu.

Chacun fantasme ce qu'il veut et tant qu'il le garde pour lui, le malentendu risque en effet de s'installer entre les amants. Rien n'oblige à parler de ses fantasmes, d'autant qu'ils échappent le plus souvent à la conscience. Mais le malentendu est moins important qu'on ne pourrait le craindre. Car le fantasme n'est pas une vérité idéative que l'on garderait par-devers soi. Si présent qu'il empêche toute réflexivité consciente, il se met tout de suite en scène et se traduit par des passages à l'acte qui ne trompent pas. Le malentendu est donc de pure façade : il sert de prétexte à des protestations contre la tromperie, plaintes qui font elles aussi partie du fantasme. Chacun comprend vite ce que l'autre veut, et le discord appartient ensuite à la mise en scène. Le terme de « malentendu » ne convient donc pas, puisque – par principe – il s'agit d'un échange de discordances, qui réconcilie chacun avec soi-même plutôt qu'avec l'autre, qui reste égal dans son étrangeté. Seul a de l'avenir ce heurt de l'étrangeté, cette étincelle.

Un schéma peut représenter cette mise en résonance. Prenons, par exemple, deux sujets qui carburent au fantasme de séduction. On aura, d'un côté, une discordance interne au fantasme : séduire/être séduit(e) et, de l'autre côté, la même lutte intime. Aucun des deux amants ne supporte cette contradiction, et il mise sur son partenaire la moitié dont il ne s'accommode pas. Du même pas, il refuse d'endosser ce que l'autre mise sur lui : il dit « non » à ce qu'il cherche à faire accepter à l'autre. De sorte que la contradiction interne à chacun donne sa puissance au désir de l'autre. La discordance elle-même appelle un partenaire du fantasme, sans lequel il ne s'actualise pas. Les deux sujets ne s'harmonisent pas : ils continuent de différer, ils « endossent » à leur insu leurs discordances : loin d'être autarcique, la rencontre érotique n'est pas une masturbation à deux : ça colle, d'abord parce que chacun lutte contre ce qui, de l'autre, lui résiste et ne colle pas. Le fantasme met ainsi en scène son propre discord – ce qu'il ne faudrait pas – que l'altérité actualise.

L'emprise a d'abord créé pour chacun des amants un manque, et deux manques ne se complètent pas : les fantasmes de chacun fleurissent dans la sorte d'au-delà suscitée par l'autre. Cette différence maintenue met leurs contradictions à feu, inadéquation qui fait grandir et éclater leur conflictualité interne. C'est d'ailleurs grâce à cette brèche – on le verra – que la pulsionnalité – c'est-à-dire la jouissance du corps – va prendre ensuite son plus grand champ d'expansion.

Le désir s'oriente ainsi grâce à un semblable : toujours il cherche une sorte de portemanteau auquel s'accrocher. Cette fantasmatique avide de qui pourra la supporter – par principe altruiste – s'active à tout instant. Tout corps plongé dans un espace public carbure à la séduction : il se montre, se cache, s'affiche pour se dérober – ou le contraire – ou les deux. Il rapte du regard ou se propose allusivement. Aucun voile ne lui résiste. Le désir bat la mesure selon cette répétition infinie, celle du fantasme plutôt que des signifiants. Et jamais ce désir ne s'étanche, puisqu'il reconduit lui-même le manque : au prêt-à-porter, une taille fait toujours défaut ! Il faut recommencer ! Un nouvel essayage ? Celui qui cherche à se libérer de ce qu'il a subi ne se soulage que le temps de changer de place. Et, finalement, il retrouve la sienne, lestée à nouveau du manque de la personne désirée (la même, ou une autre).

Le désir porte deux fois la négation qui le relance. Négation d'abord dans la relation du sujet à l'objet, puisque cet objet est en réalité un sujet qui suscite le fantasme. Et négation interne ensuite au fantasme lui-même : être séduit(e) met en branle séduire, battre abrite être battu(e), le parricide s'appuie sur l'amour du père : son contraire fait défaut à chaque actualisation. Le sujet portemanteau, s'il refuse d'être un objet, relance les contradictions internes au fantasme : deux négations valent mieux qu'une pour l'affirmation du désir d'une certaine personne et pas d'une autre. Ce sujet du fantasme actualise ainsi son improbable existence d'être sexué, qui le tenaille à chaque instant ! Ce tracas, c'est la vie du sujet lui-même. Le fantasme – ou le désir – ou la répétition – s'acharne à dégager « le sujet » de l'embourbement pulsionnel. En ce sens, le fantasme n'a pas d'objet, sinon celui d'échapper à l'objectivation, réduite à un charme. Aucun objet ne le satisfait, pour le dire autrement, puisque son tracas – sa causalité – se résume à sa propre existence. Peu importe la satisfaction, ou même, mieux vaut l'éviter, selon une lévitation fantasmatique propice à l'existence.

Chaque fantasme fondamental se polarise selon une tension contradictoire que l'on pourrait écrire comme une contradiction du « moins » au « plus », pour emprunter le vocabulaire des champs magnétiques. Cette analogie rend compte de la division du sujet : chacune de ses moitiés est liée à l'autre par la polarisation. Son clivage ne se voit pas. Non seulement le sujet est divisé, mais il cherche à se libérer de cette tension interne. C'est ce qu'il s'efforce de faire en transférant l'un de ses pôles sur une personne externe. Chaque sujet « transfère » constamment l'un des pôles de son fantasme sur une personne extérieure. Il le fait sans demander l'avis de personne, et d'ailleurs sans se rendre compte de cette aimantation.

Il peut arriver – à force de le chercher – que cet investissement externe du désir trouve quelqu'un à qui s'accrocher. Et cela, parfois réciproquement. Par exemple, un homme mise son (moins) sur une femme, qui va placer son (plus) en lui. Pour utiliser jusqu'au bout le modèle magnétique, il s'agit d'un échange croisé des pôles opposés du fantasme. Un tel désir s'aimante ainsi puissamment, bien que chacun des amants méconnaisse ce que l'autre investit en lui, de même d'ailleurs qu'il ignore aussi ce qui motive son propre désir, sinon qu'il l'éprouve. Bizarrement, ce désir partagé engendre moins une harmonie qu'une aliénation réciproque, donc une dysharmonie qui ne recherche qu'une issue : l'égalisation de la tension. Au fond, le problème de la division interne du sujet s'est seulement déplacé : car maintenant, qu'est-ce qu'on fait ?... On l'*imagine*...

Cette mise en tension des contradictions du fantasme dans la rencontre engendre, en effet, un travail d'imagination intense, une production surabondante d'historiettes qui ne sont pas le fantasme lui-même, mais une sorte de torrent libéré par lui à toute heure. Chaque fois que nous rencontrons quelqu'un, nous moulinons une petite histoire. Le temps de croiser une aimable personne sur un trottoir, et l'échange d'un simple regard fait rêver d'une idylle, de sa passion, puis de sa fin – et cela avant même d'avoir quitté la rue. Le désir proroge sa durée grâce à ces imaginations surabondantes. L'impossible se raconte des histoires et se fait vivre tout seul[1].

L'« imagination », les petites histoires, nos mythes intimes résultent de la contradiction interne du fantasme. On déplie sous la forme d'un scénario étalé dans le temps des séquences discordantes surimposées au même instant. Par exemple, la conjonction du désir du père et de son rejet fait inventer une histoire où se produisent d'abord un abandon puis des retrouvailles (voir le roi Lear, Moïse, etc.). L'histoire se raconte de telle façon que le sujet va s'en sortir grandi et surtout innocent, avec comme horizon la réalisation des idéaux du moi. Dans le mythe d'Œdipe, par exemple, notre héros est d'abord abandonné par son père, avant de le tuer[2]. Il en va de même dans la vie ordinaire, où nous imaginons nos activités futures à partir de nos fantasmes, mais en leur donnant une forme présentable. On s'essaie ensuite à les mettre en scène. Tout va-t-il se passer selon le plan prévu ? Pas sûr ! Car une fois sur la scène que l'on a soi-même voulue, le fantasme peut imposer soudain ses impératifs contradictoires, et donc faire déraper l'objectif tant désiré en son contraire[3].

---

1. Cette « imagination » n'est pas l'imaginaire, qualité synthétique qui prête ici à confusion.
2. Otto Rank, dans *Le Mythe de la naissance du héros* [1909] (Paris, Payot, 2000), a montré la régularité de telles mises en forme.
3. Par exemple, une dame entrant dans un café s'imagine qu'elle va séduire (I). Mais si quelqu'un lui adresse la parole, elle va éconduire ce prétendant (II), même s'il lui plaît, contredisant ainsi le premier temps de son fantasme – qui ne se joue dans aucune des deux séquences imaginatives, mais dans la tension sur place de l'acte I et de l'acte II.

6

D'où vient la puissance du désir ?

Un désir toujours déjà là

La naissance du désir succède-t-elle aux drames de la première enfance, puis de l'adolescence ? Pour les adultes qui ont déjà franchi ces deux caps, celui du complexe d'Œdipe, puis celui de la puberté, le mot « désir » a surtout le sens d'une attraction sexuelle. Et d'autres formes du désir, actualisées dans la création, le travail, les liens sociaux ou seulement dans la parole, passent pour des sublimations, ou bien des formes de refoulement ou même des perversions d'une attraction qui aurait été originellement érotique. Quelle erreur ! Car le mouvement du désir s'impose en même temps que l'existence du sujet, et plus tard seulement il trouve un soulagement contingent et provisoire dans ce qui passe pour sa normativité « génitale ». Certains théoriciens de la psychanalyse soutiennent même que le désir serait seulement « postœdipien » et résulterait d'une sorte d'interdit de la jouissance de la mère imposé par le père. Comme s'il suffisait d'interdire quelque chose pour que le désir en procède, selon ce que l'on pourrait appeler le « principe de Parmentier [1] » : d'après

1. Lorsque Parmentier voulut introduire la pomme de terre en France pour combattre les famines, personne ne s'intéressa à ce tubercule. Parmentier installa alors des barrières autour des champs, qu'il mit sous bonne garde.

ce dernier, un maigre ruisselet recèle une force extraordinaire pour peu qu'un barrage l'arrête ; donc le désir ne serait jamais si puissant que lorsqu'il est contré. Si c'était le cas, il faudrait vite en revenir aux bons vieux temps où les sodomites étaient brûlés et les femmes légères lapidées. Mais le désir n'entend que tardivement les bruits de la cité. Il dépend d'abord d'une fantasmatique, et la répression familiale ou sociale n'appartient qu'à un deuxième cercle, utile pour se dédouaner des inhibitions intimes du premier. Une fois scellé par la culpabilité et ses contradictions, le désir trouve dans une loi extérieure la justification de ses embarras : selon les sociétés, il faut être monogame, bigame, polygame, homosexuel, bisexuel, etc. Ce qui compte, c'est l'existence d'un règlement [1].

Au contraire le complexe d'Œdipe n'est qu'une mise en forme tardive et aléatoire du désir, qui s'accomplit justement parce que le désir le *précède*, et sous sa poussée ! Cette contrainte procède du refoulement originaire lui-même. L'existence autonome d'un sujet suppose qu'il refoule ce qui l'objective, c'est-à-dire les déterminations que lui impose l'Autre maternel. Il se trouve donc dans une détresse première, *Hilflosigkeit*, celle de se séparer de ce que sa mère aurait voulu qu'il soit : une sorte d'ange, de double de rêve, de « moi idéal ». C'est une telle séparation de soi à soi qui engendre par contrecoup le premier mouvement du désir, dès qu'il existe un sujet : il va en effet chercher à se rattraper, à se rejoindre dans ce « moi idéal ». Il cherche à remonter le temps de sa séparation d'avec cette idéalité de lui-même qu'il aurait fallu qu'il soit, c'est-à-dire à revivre activement le traumatisme qu'il dut subir passivement. Ce traumatisme, ce ne fut rien de tangible, rien de matériel, puisqu'il résulta seulement d'une séparation du sujet d'avec l'ange idéal. C'est pourquoi, à la place de ce traumatisme sans consistance, n'importe laquelle des sensations qui accompagnèrent l'instant de la détresse sera mémorisée

---

Grâce à cet interdit, tout le monde se précipita sur les frites, devenues « désirables » parce qu'elles étaient « interdites ».

1. Dans certains pays où règne la polygamie, il est interdit de tromper ses femmes, etc.

« passivement ». Ce sont les « représentations de choses » qui s'accumulent dans les premiers instants de la vie, et d'ailleurs pendant tout son cours, chaque fois qu'un événement incompréhensible se produit, et à cause de cette incompréhension. On se souvient de la couleur du ciel, d'une odeur, d'une musique, etc., en lieu et place d'un choc parallèle qui reste incompris et irreprésentable.

Dès sa première nuit, un nourrisson essaie de rattraper le retard qu'il a pris sur lui-même en rêvant activement ce qu'il a vécu passivement. Le rêve répète – selon ce qui est une première *réalisation hallucinatoire du désir*. Ce n'est pas ce qui aurait été perdu dont il rêve, mais des « représentations de choses » qui ont accompagné la perte. Ce n'est en aucun cas « la mère » qui serait cet objet perdu, mais cette part de lui-même qui lui aurait donné satisfaction, ce double idéal irreprésentable qu'il cherche à rejoindre. L'acte d'halluciner les représentations de choses réalise le désir, et non ces choses elles-mêmes. Parmi les représentations de choses qui permettent d'halluciner le désir, on en mettra spécialement une en valeur pour son importance spécifique parmi les petits objets procurant une sensation : c'est le petit animal, l'ours en peluche qui a été offert, justement, pour consoler la détresse. Le voilà, le double de lui-même que l'enfant a besoin de prendre dans ses bras pour s'endormir, pour faire venir à lui la masse de représentations de choses de ses rêves ! C'est le premier « sujet transitionnel », qui profile le prototype de l'autre du désir, l'*alter ego* de l'autre sexe avec lequel, beaucoup plus tard, il aimera s'endormir, celui dont le contact, la main, la chaleur sauront, à leur tour, faire venir la masse des rêves suspendus et le sommeil.

Tout de suite hallucinatoire, la dynamique du désir est régie par la répétition, c'est-à-dire un mouvement allant du passif à l'actif, dans l'objectif d'en finir avec la division subjective, ou encore de se rejoindre. C'est ce vœu que le désir d'appariement œdipien, puis postœdipien, reprendra à son compte. Ce désir d'origine est en son fond inconscient, puisque ce sujet – qui se court après lui-même – se dépasse et se perd en le faisant. C'est même encore trop peu dire qu'il est inconscient, mieux vaudrait parler d'une *aphanisis* du sujet à l'heure du désir, ou, pour être plus précis encore, d'une sorte de connaissance première de la mort, d'une abolition de soi au cœur du désir qui – la vie durant – ne cesse de la pousser en avant en la prenant par son milieu. Cette force inexorable, c'est le destin, puissance qui n'est ni d'avant, ni d'après, mais perpétuel milieu. Avant, c'est le lieu où le sujet a été attendu, mais dont il s'exile. Après, c'est la réalisation hallucinatoire du désir grâce à laquelle il cherche à se rejoindre. Dans l'entre-deux, il faut traverser ce lieu d'abolition de soi d'un désir toujours déjà naissant. Ces trois forces du destin, ce sont les *Moires*, les trois Parques, à cette différence que la troisième – celle qui coupe le fil de la destinée – ne se trouve pas à la fin, mais en plein centre : au cœur de son désir le sujet s'impersonnalise, s'automatise au-delà de son vouloir. Freud a découvert en même temps que l'automatisme de répétition ce lien de la mort au désir. Cette puissance anéantissante figure au cœur du désir le « sombre précurseur » de la pulsion de mort, pour paraphraser ce qu'écrivit Deleuze à propos de la répétition [1].

L'enfant qui caresse son ours en peluche et s'endort, sentant la masse de souvenirs hallucinatoires le pousser vers sa vie à lui – onirique –, semble bien éloigné de l'amant qui s'apaise et s'endort, lui aussi au côté de celle qui détient le même pouvoir idéal. C'est que, sous la poussée de son désir d'origine, le sujet s'est avancé jusqu'au nœud de fantasmes de l'Œdipe, qui va lui donner son genre et érotiser ce désir. Le désir, d'abord hallucinatoire, se sexualise ainsi secondairement. L'ours en peluche de nos débuts s'érotise sous le coup de l'Œdipe, et prend les traits de l'aimé(e). Nous avons dû nous quitter comme idéal (de notre mère) pour nous trouver comme sujet, et depuis l'idéal nous fascine, prenant, avec le coup du père et sa séduction, le masque d'un attrait pour l'autre sexe. Pourtant, cette métamorphose du désir laisse leur place à d'autres modalités de la répétition, qui ne sont pas des sublimations d'une activité sexuelle, mais des

1. La *Moïra*, c'est, par exemple, l'éclair hallucinatoire qui tombe au milieu de la crise d'hystérie, et fait vivre une autre scène passée dans la scène actuelle.

mises en forme différentes du désir d'origine, fonctionnant d'égal à égal avec sa forme érotique, la moindre d'entre elles n'étant pas la parole, que le même rêve de se rejoindre anime aussi.

L'érotisme, le désir sexuel proprement dit, prolonge donc la poussée hallucinatoire première libérée dans les rêves. L'amant fait rêver, lui aussi. Non seulement la personne aimée permet de dormir, mais sa présence branche la masse de sensations oniriques qui font nos goûts et nos dégoûts : elle les connecte sur les perceptions actuelles du monde. Nous « voyons » mieux n'importe quel spectacle en sa compagnie, ou plutôt grâce à elle, nous pouvons supporter le poids de la pulsion de mort – l'angoisse du réel – qui double les perceptions. La beauté des choses, qui pourrait à chaque instant nous aspirer hors de nous-mêmes et nous perdre, est ainsi tenue en respect[1].

Ce qu'il y a d'excessif dans la jouissance, la subjectivation de sa menace hallucinatoire, tombe ainsi dans la dépendance de l'autre du désir. Pour éviter l'hallucinatoire, la jouissance fait le détour d'un autre corps. Faire jouir, c'est déjà jouir, comme si le plaisir donné ou arraché engendrait le seul écho qui vaille. C'est que l'*Écho* fut le premier abri du corps psychique, lorsque – hors de lui, dans l'Autre – il se construisit d'abord. Son transitivisme idéal se vectorialisa du dehors au dedans. Lorsqu'un enfant en entend pleurer un autre, il pleure à son tour – comme s'il s'agissait de lui. Ses lèvres bougent lorsqu'il regarde parler quelqu'un. C'est cet autre – son double sensitif, son jumeau de rêve – qu'il continuera d'aimer à travers chacune de ses métamorphoses. De même que – beaucoup plus tard – un homme se sent transporté en entendant la jouissance d'une femme. L'autre de la jouissance nous attend d'abord dans un rêve : le désir est hallucinatoire et s'incarne ensuite comme il peut, plus ou moins en porte-à-faux, comme les anges – maîtres de l'aura – savent le faire.

---

1. Voir T. Mann, *La Mort à Venise* [1912], Paris, LGF, 2001.

Peut-on pourtant parler d'un « pur désir[1] » ?

Après la métamorphose du désir par le complexe d'Œdipe, on ne voit plus que son résultat, c'est-à-dire la crème de l'amour pour maman, et l'ambivalence à l'égard de papa. Et l'on en déduirait trop vite que le désir se lance désormais à la recherche d'une sorte de mère introuvable aux « objets perdus ». Pourtant, dès qu'il naît, le désir sexualisé évapore son objet et l'excès du manque l'obsède aussitôt. Une fois la séduction paternelle mise en scène, la jouissance de la mère tombe à plat dans un amour blanc. Le moyen même d'en jouir se dérobe, puisque l'érection dépend désormais de l'excitation *du* père, ne laissant fleurir pour la mère qu'un amour indéfectible, consolant mais désexualisé. L'instrument phallique de la conquête s'érige au moment où son objet se dérobe. L'érection se produit dans le vide. Ce vers quoi elle aurait pu tendre s'évanouit sous le coup des conditions qui la font naître. Le manque d'objet relance l'excès du désir : cela n'en finit pas de faire défaut – mais quoi ? Car quelque chose (mais quoi ?) s'est infiniment dérobé pendant le vertige de la séduction.

L'excitation sexuelle prend ainsi son élan, mais elle a perdu son objet en route. Certes, ce vide d'objet dépend de l'ensemble de la structure fantasmatique précédemment décrite. C'est une « cause structurale », qui procède sans doute de ses différents invariants. Mais aucun d'entre eux, ni leur résultante, n'est « la » cause du désir, qui naît tout armée du geste d'un sujet – c'est lui et c'est à lui, sans autre moteur que sa propre existence. Aussitôt suspendu dans ce vide infini, le désir ne sait comment s'assouvir en avant de lui, et, s'il se retournait, il ne pourrait pas dire non plus ce qui le pousse – qui serait encore derrière lui. C'est une cause qui le refend à l'instant même où il existe. Le sujet désirant ne voit plus ni de qui, ni de quoi, ni comment jouir, bien qu'il en ait follement envie.

---

1. Voir B. Baas, *Le Pur Désir. Parcours philosophiques dans les parages de J. Lacan*, Louvain, Peeters, 1992.

De sorte que « Ce qui arrive » va donner forme à ce sans forme : les plus minimes traumatismes prennent du relief à cause de ce vide, donnant une cause d'*après-coup* à ce désir sans préjugés. L'histoire et sa répétition donnent *a posteriori* chair et visage à des fantasmes dont la vacuité revêt les habits trouvés en chemin. Animées par l'existence subjective, les raisons d'agir fonctionnent toujours dans l'après-coup de la causalité psychique à cause de ce vide. On invente le « pourquoi » d'un événement une fois qu'il est accompli, alors que ce que l'on construit ne cause qu'à proportion du vide qui l'inspira. Et ce « pourquoi » inventé devient lui-même coercitif de ce qu'il faut faire.

Le désir prend la route sans savoir où il va, ni pourquoi il le doit. Henri le Navigateur écrivit que naviguer était nécessaire, alors que vivre ne l'était pas : *Navigare necesse est, vivere non necesse !* Ainsi de notre désir : il nous pousse plus fort que notre vie. En réalité, nul ne cède sur son désir, même lorsque son actualisation vogue vers la perdition. Le désir nous fait toujours céder, s'il le faut en ses retours symptomatiques, qui lui donnent encore une voix, sinon la parole. Oui, c'est plutôt le désir qui ne cède jamais, et pousse le sujet à l'aveugle, au risque de sa vie, d'accidents, d'actes manqués, de répétitions de destin désastreuses ou heureuses. Il est plus grand que notre vie, au point que les hommes ont presque toujours cru que la vraie vie ne commençait que dans l'au-delà, auprès d'un père divin, de ce père qui le premier mit le désir en branle – et en mourut, rejoignant ainsi le monde des Esprits, où il nous attendrait.

Le temps de naître, l'objet du désir s'évanouit. Il se tend vers rien. Sa vacuité précède quelque choix que ce soit. De sorte que sa tension semble résulter d'une sorte de moteur *sui generis*, d'une naturalité du désir élevé au rang d'un concept *a priori*. Or, cet apparent « pur désir » est pris dans une mécanique, celle d'un fantasme mis en activité par un agent, ce père qui s'éclipse une fois porté son coup érotique. Cette naissance seconde du désir sexuel est moins désir de ce qui serait toujours « autre chose » ou « au-delà » que désir de *ce qu'il ne faudrait pas* – c'est-à-dire être séduit par le père. Cette séduction traumatique, d'abord paralysante, porte en elle sa propre limite, contrebalancée qu'elle est par un meurtre mystique, qui fait d'un père l'éternel artisan d'un désir excessif, sans fin, puisque pour toujours irréalisé [1]. L'apparente « pureté » du désir résulte du vœu parricide qui le suspend en son milieu.

On peut le vérifier plus tard, dans l'expérience ordinaire, lorsque ce désir monte en scène par les coulisses du fantasme de séduction. Son érotisation provoque aussi bien un repli dans la forteresse de la pureté (la frigidité ou l'impuissance résultent d'un désir) que le déclenchement d'une course donjuanesque qui exprime – certes, plus concrètement – une dimension érotique en s'articulant plus ou moins explicitement au vœu parricide [2]. Car dans l'un ou l'autre cas, le même vœu s'actualise également.

Nul ne le montre mieux que les mystiques, ces zélotes d'un désir orienté par son véritable objet : réduire l'agent du désir – le Père éternel – à une cause pure. Elles ne sont jamais plus proches d'un dieu irreprésentable que lorsqu'elles annulent le moindre de leur plaisir et veulent se réduire à rien. N'être que néant, ce serait être enfin près du Très-Haut, lui qu'aucun nom ne doit plus nommer. Si proche du Père éternel parfois, que, de Néant à Néant, Dieu lui-même disparaît en même temps que sa créature. Ce néant serait sa seule apparition possible, si l'on en croit maître Eckart, les fervents du courant quiétiste ou ceux qui s'égalent au Bouddha : ne bougez plus, devenez un néant et le néant de Dieu vous habitera ! Plus de différence entre Dieu et vous. Suivant la voie d'un parricide aussi retors, vous jouirez alors, du fond de cet abîme [3]. Les voies du Seigneur sont certes

1. « Par quoi est plus marquée encore que révélée la vraie fonction du père qui foncièrement est "d'unir (et non pas d'opposer) un désir à la loi" » (J. Lacan, « Subversion du sujet et dialectique du désir dans l'inconscient freudien » [1960], in *Écrits*, Paris, Seuil, 1966, p. 824).

2. Voir la version de *Don Juan* de Mozart/Da Ponte.

3. Ainsi Mme Guyon écrit-elle dans une lettre à Bossuet : « Le désir en Dieu n'a plus la vivacité d'un désir amoureux qui ne jouit point de ce qu'il désire, mais il a le repos d'un désir rempli et satisfait » (voir C. Millot, *La Vie parfaite. Jeanne Guyon, Simone Weil, Etty Hillesum*, Paris, Gallimard, 2006, p. 99).

impénétrables, et il est bien des chemins qui, empruntant la voie d'un désir irréalisé, n'en découvrent pas moins la jouissance.

Mais, dans un contraste saisissant, une pratique comme celle du *peep-show* ne montre-t-elle pas, elle aussi, un tel désir ? Dieu me pardonne, mais lorsqu'une femme presque nue danse au milieu d'un cercle de cabines, dont chacune contient un homme qu'elle ne voit pas, le *peep-show* met en scène une sorte d'inaccessibilité de l'objet de la jouissance : « Jouissez de l'impossible lui-même, messieurs ! Aérienne, je suis votre phallus en érection loin de moi – oui. Mais non ! Je fais un pas en arrière, car je suis d'abord moi. » Le tempo de la danse se marque au rythme d'une séduction consentie, qui dit oui autant qu'elle se refuse. L'excitation trouve en elle-même sa propre fin, dont aucune perspective ne brise le cercle magique. Le désir trouve sa satisfaction dans ce qui, la tenant à distance, justement la réalise. Sur la scène, la danseuse s'anime comme si le regard des spectateurs l'électrisait, telle une marionnette tenue par des fils. Une communauté masculine anonyme se réunit autour de cette indéflorable pureté. Au centre du *peep-show*, cette Vierge putative montre un corps dansant inviolable exposé au seul regard, et le manger des yeux le laisse intact. Elle pourrait être vierge en effet, les hommes profiteraient tout autant de sa transe, enfermés dans le cercle de leur fraternité. : ils jouissent d'une femme prise par ce rythme – mystique au second degré.

Le regard est porté par un fantasme, celui d'une inépuisable virginité féminine, renaissant de toutes les consommations que l'on voudra, dans autant de montages pulsionnels que l'on en saurait inventer. Pour qui contemple son transport, la femme reste vierge, et rien ne peut lui être pris. Dans le *peep-show* – comme dans la prostitution –, une femme idéale préserve ce continent noir où elle fraye avec un père satanique. L'idéal féminin projeté de l'enfance est d'abord cette image avec laquelle le plaisir se prend des yeux. Si sa tournure était plus érotique, il ne serait plus l'idéal d'une femme entièrement vouée au Père – interdite. Et nombre d'hommes s'attachent à des femmes dont la distance ou la frigidité les fascine, et déclenche leur jouissance plus sûrement que si elles prenaient du plaisir. D'un Père mystique à une Vierge maîtresse des jouissances, quelle contradiction entre ces figures qui mettent également le désir en tension !

La répétition sur place du fantasme

Sous l'empire de l'Autre, la jouissance impose une impersonnalisation première. L'obsession du désir cherche à transformer cette impersonnalisation passive en acte. Aller de soi-même vers cette perte, même à son corps défendant, c'est n'être plus perdu. Dès le départ, le désir répète, il s'enivre dans ce tournis, courant aussi vite qu'il le peut du passif à l'actif – selon un mouvement infini, invisible. Par exemple, la part active (masculine) oublie, veut oublier sa féminisation première, et cette rage d'oublier l'excite – c'est l'excitation elle-même. En essayant de se libérer de la séduction en séduisant à son tour, l'enfant d'abord, l'adulte ensuite, passe d'une position passive à une position active. Il change donc de place et ne se libérera pas par ce moyen [1]. Il ignore en même temps qu'il répète, puisqu'il change de place en le faisant : il rejoue sur une moitié de lui-même ce qu'a subi l'autre moitié, et cela dans l'espoir de s'en libérer. Ce changement de position le soulage peut-être un instant, mais ne le réconcilie pas avec lui-même. Le désir n'aura fait qu'exacerber la division qui le porte. La répétition reconduit, mais ne purge pas la division. Cette course-poursuite machine le désir [2], répétition sur place qui fonctionne comme son moteur perpétuel.

Le rêve lui-même est motivé par la répétition. Nous nous débarrassons la nuit des petits traumas du jour, branchés sur leurs aînés infantiles. La répétition n'est pas une formation de

---

1. Si, dans l'admiration d'un père qui le séduit, un garçon tente de séduire une fille, qu'il investit de ce qu'il a été pour son père, il ne sera pas débarrassé de son angoisse de féminisation.

2. C'est pourquoi « vouloir son propre désir » – vœu qui peut définir la fin de l'analyse – est si difficile, puisqu'il faudrait se libérer d'une culpabilité interne de désirer, si différente d'un interdit externe, social ou familial, qu'il faudrait transgresser.

l'inconscient de plus qui s'ajouterait au rêve, au lapsus, au symptôme, etc. Elle engendre cette dynamique qui qualifie l'inconscient justement parce que le sujet n'arrive pas à s'y réaliser, mais s'y évanouit.

De sorte que la répétition s'emballe, insiste sans trouver de repos. Elle résulte de sa seule mise en acte : lorsque c'est gagné, c'est raté, au sens où le sujet actif, une fois son coup réussi, n'est plus celui qui a subi un coup semblable. Cette folie interne de n'importe quelle réussite résiste à l'historicisation : on voit d'où vient le fantasme, et comment il fonctionne, mais il n'aboutit qu'à son autoreconduction. À rien d'autre qu'à la division du sujet par son propre désir, qu'il réitère pour être un sujet. Plus il va bien, plus sa fantasmatique se déploie, plus il se divise dans son propre acte, s'objective, se mortifie à travers l'intimité de ce qui le fait vivre, tiré en avant par son désir comme un poisson croché à l'hameçon. Le désir se relance perpétuellement selon le cycle de Cronos, temps du père dévorant ses enfants : c'est notre temps à nous, qui fuyons la séduction paternelle au fil de notre excitation sexuelle. La vitesse du désir se proportionne au refoulement. Ne rien vouloir en savoir active la mécanique désirante, jamais soulagée de ce tourment premier. La répétition du fantasme engendre un rapport d'infinité : pas plus tôt aboutie, elle doit recommencer. Elle ne s'abolit que le temps de renaître, puisque celui qui ne fut qu'une marionnette, un objet dans l'histoire passée, devient le sujet de ce qu'il met en acte. De sorte que celui qui agit est le pantin de son propre désir, qu'il n'arrive jamais à soulager : il agit ce qui l'agite. Il s'agite[1]. Le succès du fantasme sonne l'heure de sa relance et donne son mouvement infini au désir, reconduit dès qu'il se réalise, puisque cette répétition constitue le sujet du désir lui-même. Nous sommes des sujets à réaction, eu égard au traumatisme subjectif dont nous avons pâti. Par principe, la répétition réitère une vacuité d'être

1. On verra que ce qui reste insatisfait au cœur même de la satisfaction forme le cœur de la « névrose actuelle », jamais assouvie. Au cœur du plus grand bonheur érotique, l'excitation sexuelle propulse avec elle cette opacité, ce noyau interne que rien n'apaise.

jusqu'à donner l'impression de passer à côté de sa vie, de se mouvoir dans un rêve – qu'il soit paradisiaque ou cauchemardesque. Le désir manque ainsi d'une définition positive : on dira seulement qu'il cherche à se satisfaire, sans que l'on sache ce qui pourrait l'apaiser.

Cherchant à se débarrasser d'un traumatisme qu'il reproduit dans son propre mouvement, le fantasme se développe selon des implications logiques qui soutiennent une seule cause : l'existence du sujet. Le fantasme s'actualise implacablement sous la poussée de cette cause psychique ignorée d'Aristote, *Causa sui*. Dès qu'existe un sujet, la sarabande des fantasmes se déclenche. Car il ne s'agit pas seulement des fantasmes en général, mais de *leur articulation entre eux*.

Le désir se reconduit dans le mouvement qui cherche à résoudre l'oxymore de chaque fantasme. Ce ne sont pas les « interdits » qui rendent le fruit défendu appétissant, mais une contradiction interne pousse chaque fantasme vers son soulagement. Et si jamais ce dernier est atteint, ce n'est pas fini, car ce soulagement le fait tomber dans les rets du fantasme suivant. Les contradictions du désir le font voltiger de fantasme en fantasme. La séduction** fait souffrir ? Et voilà l'enfant battu !* Sous les coups, ce malheureux enfant jouit ? Et voilà le parricide*** qui vient purger le risque incestueux ! La culpabilité du parricide plonge dans l'angoisse ? Et l'amour remet aussitôt le couvert, relançant la machinerie séductrice !** Chaque station fantasmatique comporte ses exutoires ou sa symptomatologie propre, du plaisir sexuel à la souffrance des symptômes, sans omettre la mort elle-même qui actualise aussi le désir, puisque le parricide porte à son revers le suicide, l'anéantissement, le goût du danger ou la toxicomanie[1]. Les fantasmes s'enchaînent selon une vectorialisation circulaire : enfant battu* → séduction** → parricide*** →

1. La prise de n'importe quel psychotrope ne lève pas seulement l'inhibition, en même temps qu'elle calme l'angoisse ou procure une ivresse ; car l'autodestruction fascine pour elle-même, à titre d'extrémité incestueuse du désir, en même temps qu'elle apporte sa libération : le mal et le remède en un seul geste.

culpabilité → (et de nouveau) enfant battu*, etc. Le désir, c'est la flèche que chaque fantasme décoche vers le suivant. Il renaît sous d'autres traits au-delà de son but, dès qu'il l'atteint. Il tourne en rond, voltigeant d'un fantasme fondamental à l'autre, selon une circularité qui va de la séduction aux plaintes de l'enfant battu, puis à l'agression. Par exemple, celui ou celle qui prend un coup (ce peut être celui de l'amour) s'en trouve séduit(e). Quelle contradiction ! Le jeu de la séduction déclenche ensuite son agressivité. En voilà une autre ! Et l'agressivité entraîne une culpabilité qui le ramène à la case départ, et cela alors que rien ne s'est passé et que souvent rien ne se passera. Une sorte de répétition sur place du fantasme correspond à cette mise sur orbite stationnaire. Existe-t-il un processus plus insaisissable ? On peut considérer le désir dans toute son extension comme ce qui, sans se réduire à un seul fantasme, parcourt infiniment le cycle qui les enchaîne. Dans ce fléchage obligatoire qui va d'un fantasme à l'autre, tous peuvent entraîner une excitation sexuelle, à la condition que le fantasme ne soit pas empêtré dans sa propre contradiction, c'est-à-dire qu'il soit en phase active. À cette condition, « répétition », « fantasme », « excitation sexuelle », « désir » s'équivalent.

Lorsque le désir s'arrête en phase passive et se fixe sur un seul fantasme, il brûle de sa combustion interne. Le désir apparaît alors contradictoire : il s'empêtre sur lui-même, fidèle à son destin de déplaisir plein de plaisir. Une femme peut, par exemple, faire beaucoup pour séduire, et ne cueillir que rarement les fruits de ses efforts, ou même rejeter chaque prétendant, tout en souffrant de sa solitude. Le plaisir de sa séduction actualise un désir qui se satisfait de son opposé : il concerne, par exemple, aussi bien la pureté que son contraire : le désir du père s'accommode de la pureté, comme le montrent les mystiques, qui ne font guère mystère de leur jouissance [1]. Mais ce désir court bien vite du plus pur au plus pervers, l'un n'allant souvent pas sans l'autre, comme

1. À force d'oraisons, elles vont jusqu'à la transverbération, pour reprendre ce terme propre à leur expérience – qui exprime si bien leur pénétration par le Verbe.

le montrent leurs pratiques masochistes parfois assez répugnantes (boire, par exemple, le pus d'un scrofuleux).

La contradiction interne du fantasme aboutit à un résultat remarquable. Dans son régime de croisière ordinaire, il reste suspendu, tournant sur l'orbite stationnaire d'un désir en attente. Sa non-réalisation si fréquente resterait incompréhensible, si l'on oubliait qu'elle fait aussi partie du désir. C'est la routine : le désir insatisfait jouit déjà de lui-même, et son propre rêve lui suffit dans la suspension de tout érotisme pratique et encore moins de l'orgasme, se délectant de sa propre tension et la laissant s'accroître, au risque de son incarcération dans le symptôme. Si les fantasmes peuvent s'articuler les uns aux autres, chacun d'entre eux comporte sa jouissance propre, qui n'entraîne pas forcément une excitation sexuelle (par exemple, le parricide trouve un exutoire dans la geste guerrière, ou dans ses représentations). Chacun d'entre eux cherche à s'actualiser grâce à un partenaire (dans le même exemple encore : l'ennemi de la patrie). Là aussi, la décharge sexuelle n'est pas obligatoire et la guerre trouve dans sa seule violence un ersatz de satisfaction qui évince le sexuel. De même pour la séduction qui arrive sans effort à se satisfaire d'elle-même (d'un désir irréalisé). Son propre conflit met en tension interne chaque fantasme fondamental, et cette énergie statique donne sa puissance d'expansion potentielle au désir, qui reste inassouvi à l'aplomb de sa propre conflictualité. Au fond, en y réfléchissant mieux, l'irréalisation du fantasme est la règle, à laquelle excepte – dans certaines circonstances – une rencontre qui l'actualise.

Le désir n'est pas un plaisir, mais un déplaisir plein de plaisir

En son point de départ, le désir résulte d'une tension : ce n'est donc pas un plaisir. Et en son point d'arrivée, il rate son objectif, puisque la tension ne s'est déchargée que grâce à un autre, et à un changement de place. Il faut donc tout recommencer. Parce que le désir tente, par les voies de la répétition, d'en finir avec le traumatisme sexuel, il engendre une tension déplaisante, mais néanmoins pleine de plaisir, selon l'équivoque du *Lust* allemand, qui signifie l'excitation comme la décharge[1]. Cette contradiction entre un plaisir et un déplaisir trouve une première explication si l'on considère que le plaisir concerne un soulagement par rapport à une étape *antérieure* (mieux vaut désirer que rester dans l'angoisse) et le déplaisir résulte en même temps de la tension vers l'étape suivante – encore insatisfaite. C'est par exemple un plaisir de passer de l'aliénation d'Être le phallus à celle de l'Avoir (plaisirs préliminaires). Mais c'est un déplaisir par rapport à ce qui n'est pas encore là : l'emprise de l'autre corps et sa pénétration. Il existe une différence de niveau entre le plaisir des zones érogènes et le déplaisir de n'en être pas encore à l'emprise puis, quand c'est le cas, de n'en être pas encore à l'orgasme[2].

Cependant, cette explication ne suffit pas. En effet, on vient de le voir, le désir peut rester suspendu, sans progression ni régression, et l'on ne se satisfera donc pas d'un modèle qui situerait le plaisir comme la satisfaction d'avoir surmonté une étape, alors que le déplaisir résulterait d'un « après » qui tarde trop.

En réalité, le déplaisir plein de plaisir résulte d'un principe interne au désir lui-même. N'est-il pas contradictoire que les « coups » soient corrélatifs d'une excitation ? que la séduction soit corrélative d'un vœu meurtrier ? que le parricide le soit d'un

1. Pour laquelle il existe un mot plus spécifique souvent employé par Freud, celui d'*Entlastung*, « décharge/soulagement » (*Trois Essais sur la théorie sexuelle*, *op. cit.*, p. 147).

2. « Le premier peut être légitimement désigné comme plaisir préliminaire, par opposition au plaisir terminal ou plaisir de satisfaction de l'activité sexuelle. [...] Le plaisir préliminaire est en ce cas identique à ce que la pulsion sexuelle infantile était déjà en mesure de produire, quoique à un degré réduit ; le plaisir terminal est nouveau et donc lié vraisemblablement à des conditions qui n'ont fait leur apparition qu'avec la puberté. La formule de la nouvelle fonction des zones érogènes pourrait dès lors être énoncée ainsi : elles sont destinées à rendre possible, grâce au plaisir préliminaire qui, comme dans la vie infantile, peut en être tiré, la production du plaisir plus grand de la satisfaction » (*ibid.*, p. 141). « Ce plaisir final est le plus élevé en intensité et diffère dans son mécanisme de ceux qui l'ont précédé. Il est entièrement provoqué par le soulagement, entièrement plaisir de satisfaction, et avec lui s'éteint temporairement la tension de la libido » (*ibid.*, p. 146-149).

amour du père ? etc. En ce sens, un sujet « équilibré » serait-il celui qui ne penche ni d'un côté ni de l'autre de son fantasme ? La latence des contradictions elle-même peut procurer cette sorte de jouissance de l'équilibre dont beaucoup se satisfont. Cette jouissance est le point neutre, stationnaire de la contradiction interne à chaque fantasme. Une femme qui aime plaire, par exemple, peut s'en contenter, et refuser d'aller plus loin. En ce sens suspendu, le désir irréalisé devient lui-même une jouissance : il s'équilibre d'une négation qui le relance. À l'aplomb d'un déplaisir plein de plaisir, le désir peut ainsi se satisfaire de lui-même sans chercher de conclusion orgastique [1].

Les contradictions du fantasme de séduction réunissent alors en un seul nœud la passivité et l'activité – être séduit(e) et séduire. Ce désir en suspens est aussi bien un déplaisir – une tension – qu'un plaisir, une « tension pleine de plaisir ». À la passivité correspond le déplaisir et à l'activité le plaisir. Ce plaisir reste lui-même ambigu, puisqu'il s'agit de l'équilibre des tensions, d'un résultat nul de l'excitation, degré zéro qui ressemble plus à la mort qu'au sens ordinaire du mot plaisir : c'est bien le sens donné par Freud au plaisir. Toujours préliminaire à son propre effacement, il annonce l'infinité de sa répétition. Le déplaisir de la tension vectorialise un désir que le plaisir n'assouvit pas. Dès qu'il sort de son immobilisme, le désir s'avance en équilibriste, il court en avant pour éviter la chute, mais vers quoi se précipite-t-il ? Vers le plaisir au sens qu'a ce terme à l'ordinaire ? Il s'en amuse peut-être mais ce n'est pas son objectif. D'ailleurs, il n'en a pas, sinon le soulagement de sa tension interne. La tension interne elle-même est un déplaisir, et la fin d'un déplaisir n'est pas encore le plaisir. Toujours déjà préliminaire, il reste par principe inabouti, sinon dans son ouverture infinie.

1. En ce sens, le *Faust* de Goethe chante dans la scène « Forêt et caverne » : « Ainsi, je tombe du désir dans la jouissance, et dans la jouissance je me consume de désir » [*von Begierde zu genuss*]. Le personnage faustien illustre à merveille une transgression qui, à elle seule, proroge un désir en lui-même jouissif, sans lien donc avec l'orgasme (et encore moins avec la reproduction).

Le fantasme se branche sur l'histoire : il enclenche son traumatisme subjectif sur un traumatisme objectif

Le fantasme est animé par une sorte de répétition sur place, qui cherche à se dégager d'un traumatisme à l'origine seulement *subjectif*. Le sujet a d'abord été pris dans la séduction paternelle, mais cette séduction elle-même résulte de son propre engagement dans la jouissance phallique. Ce n'est pas « le père » qui est traumatisant, mais « le désir du père » qui est d'abord celui du sujet, et c'est ce qu'il ne faudrait surtout pas. La naissance du désir est ainsi à elle seule subjectivement traumatisante. Quel drame ce serait si le désir entraînait l'inceste ! Et pourtant, le fantasme s'active dans cette imminence du drame : il flirte avec un anéantissement par inceste. Le traumatisme subjectif est tout de suite pris entre désir actif et désir de ce qu'il ne faudrait pas (être désiré passivement). C'est pourquoi, bizarrement, la souffrance peut satisfaire le désir, ou plus exactement celui-ci la trouve sans la chercher – comme une compagne familière – sur son chemin. Nous refoulons ce traumatisme subjectif par un procédé simple : en faisant comme s'il nous avait été imposé. Nous refoulons ainsi notre engagement, de sorte que – par la suite – le désir ressemble à une force étrangère qui nous manipule malgré nous.

Le traumatisme subjectif se distingue d'un traumatisme objectif (si l'on appelle ainsi des atteintes sexuelles effectives). Traumatisme « subjectif » il y a toujours : c'est la conséquence du désir lui-même. Il frappe lorsqu'« on » ne sait plus qui désire qui : il s'agit du désir *du* père, marqué par le génitif à la fois subjectif et objectif. Pour sortir de cet anonymat honteux – ce désir « du » père où l'on ne sait plus qui a désiré qui – naît un fantasme de meurtre d'un père désormais déchu de sa majesté paternelle par le désir. L'amour et la haine se bousculent, s'entraînant l'un l'autre dans une contradiction qui rend cet événement psychique opaque à la conscience[1]. De cette chute, le

1. Fidèle en cela à *La Logique* d'Aristote, la conscience n'admet pas la contradiction.

désir garde la dimension d'une violence méconnue d'elle-même, qui coupe les jambes, recroqueville parfois et casse son élan au moment où il est le plus fort. C'est ce trauma qui donne au féminin sa réputation de passivité. Comment penser, même fugitivement, au meurtre de celui-là même qui est désiré, et comment aussi ne pas le penser : car faire l'amour avec son propre géniteur, ce serait n'être jamais née. La dépersonnalisation du non-né paralyse le corps à l'instant d'une jouissance qu'il ne faudrait pas.

De sorte que chaque sujet scrute son histoire et recherche à quel traumatisme objectif du passé sa souffrance intime pourrait correspondre. Il veut ainsi s'innocenter de son propre désir, en lui trouvant une cause extérieure, dans l'ordre d'une séduction paternelle. Il trouvera toujours un tel signe de séduction, petit ou grand. Parce qu'il est purement subjectif, le traumatisme reste invisible – mais il se sera plus ou moins mis en forme grâce à un événement particulier de l'histoire, auquel le sujet se sera fixé dans la petite enfance. Le fantasme de séduction n'est d'abord qu'un fantasme, mais au fur et à mesure des événements effectivement vécus avec le père, puis lors des rencontres amoureuses, le traumatisme subjectif s'objective dans des histoires qui requièrent *à leur tour* leurs répétitions propres, greffées sur celle du fantasme. De sorte que vont se répéter des événements qui se sont effectivement produits avec le père, selon sa plus ou moins grande séduction, etc. Le passé ne cherche pas en lui-même à revivre, mais un certain événement insiste, parce que la force du fantasme, qui fut son âme et son moteur, vient le mettre en scène. À telle enseigne que, si un traumatisme, même grave, tombe hors du pli d'un fantasme, il reste sans conséquences à long terme. Mais il n'en ira pas de même dès qu'un traumatisme réel aura objectivé son jumeau subjectif.

L'entrée dans les jeux de la séduction répète « ce qui a été subi » en ignorant qu'elle le répète, d'abord parce que l'événement passé ne scella qu'un traumatisme subjectif, vécu dans une « demi-conscience », si l'on désigne ainsi un fait pleinement remémoré, mais dans la méconnaissance du désir en jeu. La certitude d'avoir été sexuellement séduit dans l'enfance ne s'appuie, par exemple, que sur des souvenirs très vagues. Quelque chose a dû se passer... mais quoi ? La mémoire papillonne autour d'images incertaines, et ce sont elles qui s'imposent et s'actualisent à nouveau à l'heure d'une séduction. Une certaine situation va mettre exactement en scène – quel hasard ! – ce qui active le désir, sans que l'on en sache la raison. Et cette répétition ne peut s'abandonner à un plaisir actuel sans qu'à sa faveur se rejoue une scène vécue autrefois comme une brutalité initiatique.

D'abord purement fantasmatique, le désir répète non seulement l'infantile dans l'actuel, mais n'importe quel événement qui le remémore. De petits faits de l'histoire l'objectivent, et cela d'autant plus facilement que le sujet choisira de croire qu'il a pâti de circonstances extérieures plutôt que de son propre désir [1]. Aucun enfant n'est abrité de son propre désir, et il préférera toujours que son traumatisme subjectif prenne la forme d'un trauma objectif. Il l'imagine, il l'invente s'il le faut (c'est le *proton pseudos*). Nous refoulons les traumatismes subjectifs parce qu'ils résultent de notre propre désir, au point que nous refoulons aussi les traumatismes objectifs lorsqu'ils résultent de séductions réelles, et cela comme si nous y étions pour quelque chose [2]. La répétition s'organise alors autour d'une fixation du subjectif sur l'objectif : du point de vue psychique, histoire et fantasme ne s'opposent pas. Mais l'histoire, notre vie telle que nous nous la racontons, ne présente qu'une version autant que possible expurgée de la partie du fantasme qui nous engage. Car à cette répétition qui se sert d'événements objectifs pour matérialiser le traumatisme subjectif correspondent les versants passif et actif du fantasme. Plus le traumatisme aura été réel, plus le fantasme se fixe sur son versant passif, inhibant l'activité du désir. On peut se représenter ce rapport subjectif/objectif comme une balance en équilibre sur ce fléau ambigu. Si une séduction réelle

---

1. Un garçon, par exemple, préférera détester son père comme s'il l'avait torturé, plutôt que de reconnaître son risque de féminisation à son égard (voir F. Kafka, *La Lettre au père* [1919], Paris, Gallimard, 2002).
2. Ainsi, par exemple, la petite fille qui a été serrée de près par un vilain monsieur aura honte de s'en plaindre auprès de ses parents.

par un adulte s'est produite, elle va faire pencher le plateau de la balance d'un seul côté, annulant la subjectivité du désir, dès lors lancé dans la répétition en boucle du traumatisme objectif lui-même. Par exemple, une très jeune fille violée risque bien ensuite d'être frigide. Et il en ira de même pour tous les événements de la vie familiale : telle présence de la mère, telle présence du père, telle rivalité fraternelle vont cristalliser leurs traumas, et se fixer dans la mémoire selon le recoupement d'un trauma subjectif (le désir) et d'un trauma objectif (l'événement)[1]. L'actualisation des fantasmes prend son relief sur le fond d'une histoire, d'un certain type de personnaison. Puis cette scénographie se répète et se met en boucle sous la poussée du fantasme, dont l'élan antécède n'importe laquelle de ses actualisations : qu'il en jouisse ou qu'il en souffre, le sujet se trouve pris dans les conditions mêmes de son avènement, c'est-à-dire des coups (de l'interdit et de sa transgression) de la séduction et du parricide (sous le manteau de l'amour), de la scène primitive enfin (sous le couvert de la jalousie, qui en inverse la présentation).

Si cette « fixation » concerne des faits qui sont souvent flous dans la mémoire, c'est qu'en réalité ce qui se répète concerne moins ces « faits » que des situations qui se sont longuement prolongées dans le temps. De sorte que ce sont des types de relations désirantes qui vont se reproduire. Cela n'apparaît jamais si bien que dans l'*érotisme de situation*, qui se déclenche selon une sorte de jeu de rôles. Par exemple, l'homme qui veut conquérir la femme de son meilleur ami ne s'intéressera plus à elle dès qu'il aura obtenu satisfaction et que son amitié aura fait naufrage (un fantasme de scène primitive irréductible machine un désir qui tombe dès que le fantasme s'actualise). De même, les sollicitations sexuelles d'un homme aimé peuvent devenir insupportables dès qu'il devient un mari. Les cas de figure abondent. Citons seulement pour sa banalité la chute du désir qui suit une paternité et une maternité, la sexualité se situant désormais dans une constellation différente –

1. Fuir un père bourgeois va s'actualiser par exemple grâce à la séduction d'un marginal. Celui qui eut une mère cuisinière se déchaînera au bruit des casseroles, etc.

l'excitation s'amenuise alors que l'amour répond toujours présent : la première dépend uniquement de l'actualisation des fantasmes, alors que le second ne varie pas. Le désir change selon des situations qui en remémorent d'autres. Une femme désirée dans certaines circonstances ne le sera plus si sa place change. Alors que – par exemple – l'excitation sera à son comble si des rivaux la sollicitent, le désir s'amenuise dès qu'elle semble conquise.

Parce qu'elle contraste avec le passé, une certaine situation est parfois à elle seule propice au désir : une fille de la bourgeoisie va préférer un artiste. Ou bien, un homme tombera amoureux de la femme de son patron. Ou bien encore, un trait précis pas toujours conscient crée le choc : une femme aura un penchant pour un homme qui exerce une certaine activité, ou bien une de ses caractéristiques se répète : brun, blond, barbu, vieux, jeune, petit, malade, musclé, infirme, etc. Certains hommes, par exemple encore, tombent toujours amoureux du même genre de femme – des garces, des ingénues, des soldats, des mères, des grands-mères, etc.

Sorte de moteurs immobiles, les fantasmes se saisissent de l'histoire qui ensuite se répète, poussée par leur vide. De même, la mise en résonance des fantasmes entre deux amants va tenir compte des répétitions de l'histoire, que ce soit celle du passé dans la névrose, ou celle de la fuite du passé (dans cette sorte de normalité du désir lorsqu'il vogue vers l'inconnu, vent debout, ou vent arrière). L'amant(e) excite par la grâce du fantasme qu'il ou elle suscite, mais comme ce fantasme s'est fixé sur des traumas passés, il flambera mieux encore en montrant ses cicatrices. La séduction ne sera jamais si forte que lorsqu'elle évoque quelque fantôme d'autrefois, pris dans le relief de la répétition. Les destins semblent ainsi se croiser dans le malentendu : par exemple, telle fille effectivement séduite voudra séduire, pour mener finalement son « séducteur » dans le mur, souvent d'ailleurs pour son propre désarroi, sa seule issue étant alors de recommencer. Réitérant la ternarité œdipienne, une situation à trois va par exemple pousser un homme à ne s'intéresser à une femme que dans la rivalité : la situation l'excite plus que le motif de sa convoitise. D'où provient alors le désir : d'un fantasme de scène primitive ou de la répétition d'un traumatisme infantile ? Mais rien n'oppose l'actualisation du fantasme et la répétition de traumatismes de l'histoire ! Le fantasme est déjà une répétition sur place, sur laquelle s'embranche la répétition des événements passés, qui ne furent traumatiques qu'à cause de leur connexion au fantasme. La mise à feu du désir va dépendre, dès lors, d'une certaine personne élue parmi d'autres pour l'une de ses caractéristiques, dont la portée reste d'ailleurs souvent inconsciente. Les cicatrices de l'histoire racontée laissent deviner le fantasme de celui qui les montre. Les fantasmes de deux amants entrent ainsi en résonance, orientés par les repères des circonstances et les traits de leur histoire.

Une femme qui, par exemple, a été effectivement violée dans son enfance peut être sexuellement inhibée, si la dimension subjective de son fantasme s'est entièrement objectivée. Mais, en fonction des rencontres qu'elle fera après son adolescence, ce destin s'infléchira selon sa propre répétition. La répétition amène à agir d'une certaine façon, mais ensuite ce nouvel acte lui-même peut avoir des conséquences traumatiques, et se répéter à son tour selon sa vie propre, en apparence différente de sa source première. De sorte qu'une scène de séduction anodine de l'enfance va se rejouer à l'adolescence dans une autre langue directement sexuelle, et c'est ensuite ce deuxième événement qui va se répéter en orientant la vie amoureuse.

De plus, des traumatismes sans rapport apparent avec la sexualité, comme des accidents ou des violences physiques réelles, vont se répéter de manière parfois cauchemardesque, sans moyen de s'en défaire, parce qu'une petite caractéristique va capitaliser à leur profit les traumatismes subjectifs de l'enfance. L'histoire passée se met en boucle sur de tels accidents. Comme la répétition seulement fantasmatique – qui est le cœur battant de son processus – n'a en elle-même aucune consistance (c'est le vide du désir), elle va s'arrimer à n'importe quel événement objectif, devenant ainsi l'âme souffrante d'une fausse connexion (*falsche Verknüpfung*) qui devient sa seule vérité. Lorsqu'elle se met en boucle sur un traumatisme passé, spécialement infantile, cette fixation désormais névrotique plombe chaque situation présente. Le sujet cherche à s'en débarrasser en remettant en scène certaines situations, en passant du passif à l'actif. Mais ce faisant, il méconnaît qu'il répète, puisqu'il change de place en agissant. Il aura l'impression d'une libération alors qu'il roule sur les mêmes rails : c'est le programme optimiste ! Une sortie de prison le plus souvent possible, grâce à un acte qui entôle à nouveau.

Les traumatismes de l'histoire se réitèrent au rythme de la répétition fantasmatique, et ils inhibent ou débloquent son actualisation en fonction de circonstances *actuelles* – dans la mesure où elles se produisent par rapport aux scénarios passés. Par exemple encore, un enfant dont la culpabilité aura été soulagée par des « coups » seulement fantasmatiques ne jouira ensuite jamais si bien que dans les conditions d'un masochisme au moins moral, ou avec le concours du fantasme d'être attaché, humilié, etc. En revanche, s'il a vraiment reçu des coups, le fantasme bascule et s'inverse en violence effective. D'autres modalités mettent mieux en évidence la répétition de la division subjective : par exemple, « l'envie du pénis » d'une femme s'actualise en réclamant l'exclusivité de celui d'un certain homme. Elle s'assure ainsi de sa « masculinité » contre sa propre part féminine. De sorte que sa jalousie des autres femmes correspond à sa propre division interne entre masculin et féminin. Et même lorsqu'elle n'aura aucune raison d'être jalouse, elle fantasmera la présence d'une rivale, et cela jusque pendant l'amour. De plus, le même fantasme peut aussi inverser son orientation masculin/féminin selon les accidents de sa propre histoire[1].

L'âge du fantasme et sa durée de vie

On trouvera un bel exemple de progression du fantasme amoureux en fonction des événements dans la nouvelle de

1. Par exemple, on l'a vu, lorsqu'un homme a déçu une femme, cette dernière peut passer de l'hétéro à l'homosexualité : elle va se comporter désormais avec une femme comme un homme aurait dû le faire avec elle.

Tolstoï, *Le Bonheur conjugal*[1]. Son devenir est d'autant plus exemplaire qu'il est expurgé de toute incidence sexuelle, ou de connexions avec le désir de maternité ou de paternité. Le mystère de cet amour est d'ailleurs sanctifié par une dimension religieuse : celle qui a été pendant des millénaires consacrée par les Églises, comme si seules en effet elles pouvaient témoigner de cette sorte de folie, embrasée sur l'arrière-fond d'un amour du père dont elles sont bien placées pour donner le sacrement. Un homme connaît donc une femme – Macha – alors qu'elle n'est encore qu'une enfant. C'est un ami de son père et, lorsque ce dernier meurt, il est supposé devenir son tuteur. Lorsque Macha devient jeune fille, elle sent grandir en elle une passion violente pour ce Serge, qu'elle ne voit pourtant que rarement lorsqu'il vient assurer la gestion du domaine et des biens de l'orpheline qu'elle est désormais. De leurs rencontres de plus en plus fréquentes naît la plénitude d'un bonheur manifestement partagé, d'une rare dimension esthétique, alors qu'aucun érotisme n'accompagne cette puissance de sentiment. Pas de frôlement de main, aucune coquetterie ni aucune séduction. Il n'arrive jamais qu'un baiser soit échangé. Coupé du monde, c'est la merveille d'un amour parfait, qui ne l'empêche pourtant pas d'être poussé par sa temporalité secrète. Serge se considère comme trop âgé, et même si ce n'est pas dit de cette façon, il se sent investi d'une aura paternelle : il ne doit donc pas aller plus loin, bien qu'il brûle d'une passion enthousiaste.

C'est le jour où il a décidé d'annoncer que son devoir l'empêche de poursuivre ces rencontres et où il s'apprête à annoncer un départ définitif qu'il se produit tout le contraire, et que le mariage est décidé. Voilà qui ressemble à une sorte de sacrement de ce qu'il ne faudrait pas au nom du père ! Les courtes années de bonheur conjugal qui s'ensuivent sont peu à peu minées par le sentiment de Serge que sa femme s'ennuie à la campagne, et qu'il faut qu'ils aillent vivre à Saint-Pétersbourg, ville de toutes les séductions. On a peut-être appris incidemment, en pas plus

1. L. N. Tolstoï, *Le Bonheur conjugal* [1859], Paris, Gallimard, 1974.

de cinq lignes, que un puis deux enfants sont nés, mais des nourrices s'en occupent, et ces événements pourtant majeurs semblent rester en marge de l'évolution d'un amour réglé sur sa propre boussole. Serge lui-même a poussé sa femme vers la ville où sa beauté est fêtée, sa grâce reconnue. Il l'a encouragée dans cette voie – comme un bon père après tout aurait pu le faire. Elle n'est pas restée insensible aux hommages qui lui ont été rendus. De sorte qu'il finit par lui en faire grief : il lui reproche en somme son propre désir, puisque c'est lui qui l'a poussée dans les séductions de la vie de Saint-Pétersbourg et qui l'a encouragée à se mettre dans des situations où il se trouve confronté à des rivalités masculines devant lesquelles d'ailleurs il se dérobe. Mais de ce désir ternaire, qui aurait pu relancer sa jalousie et son érotisme, il ne veut rien savoir. Et ses reproches pourrissent lentement son amour pour sa femme, à laquelle il n'a pourtant rien à reprocher. L'épilogue de la nouvelle laisse entendre que le bonheur conjugal va trouver son issue dans celui de la famille. N'est-ce pas ce genre de mise en suspens d'un bonheur annoncé qui aura été le mieux partagé jusqu'à aujourd'hui dans la famille patriarcale ?

Cette nouvelle montre une sorte de temporalité du fantasme : aux circonstances générales de son scénario s'ajoute son « âge », dont les objectifs varient selon les moments de la vie. À fantasme égal, un enfant actualise une scénographie différente de celle d'un adolescent, elle-même distincte de celle d'un adulte, etc. Assez curieuse, cette notion « d'âge » du fantasme est cependant irremplaçable : cet âge ne correspond pas toujours à celui de la vie. Par exemple, un adulte peut actualiser des fantasmes adolescents, ou infantiles, etc. La répétition change, elle diffère de l'événement passé qu'elle remémore à l'aveugle. Bien plus, elle engendre sa propre répétition élargie : une fois le fantasme mis en scène avec une certaine personne, il se répète, selon des scénarios qui se déboîtent l'un de l'autre. Par exemple, une fois une femme conquise, l'amant veut devenir le mari. Une fois dans cette nouvelle situation, il rêve de devenir le père, etc. Une telle progression peut seulement être tentée, et lorsqu'elle échoue, il lui faut revenir à la case départ.

Pour illustrer cette temporalité, les mythes présentent souvent le fonctionnement de l'inconscient de manière inversée. Ainsi de la Belle au bois dormant, réveillée par le Prince Charmant. Dans la réalité psychique, c'est le contraire : la Belle tombe dans le sommeil après avoir rencontré le Prince Charmant. Elle peut ainsi continuer à rêver. Ou encore, une princesse embrasse un crapaud qui se transforme en Prince Charmant. Dans la réalité, c'est souvent le contraire : la jeune fille rencontre un prince charmant qui, lorsqu'elle l'embrasse, se transforme en crapaud. La jeune fille va alors se lancer à la recherche d'un autre prince charmant, ou bien demander au crapaud de réaliser un autre fantasme, celui d'être père de famille, par exemple. Puis ce père ne sera pas à la hauteur de sa tâche, etc.

La libido cherche à se réaliser selon une modalité programmée pour un âge supérieur. Par exemple, une jeune fille cherche à connaître l'amour. Quand elle le connaît, elle veut se marier, puis avoir un enfant, etc. Chaque mode de réalisation engendre un rêve qui concerne l'étape supérieure : une dysharmonie actuelle engendre le rêve d'une harmonie future. À chaque étape, la libido continue de pousser vers la résolution de la phase actuelle. Tout du moins, tant que l'inhibition n'arrête pas cette puissance que d'ailleurs rien n'arrête, car lorsque c'est le cas, elle régresse en symptôme.

Selon son âge, le fantasme actualise non seulement sa propre répétition sur place, qui le libère, mais il le fait aussi en fonction de sa propre histoire passée, et des traumatismes qui l'ont fixée. Il le fait quoi qu'il en soit : il s'appuie sur ce qui est déjà arrivé, il grandit en fonction de ses succès, ou de ses échecs. Le moteur du désir ne tournerait pas longtemps sans ratés, si son actualisation ne gravissait des degrés selon les moments de la vie, et s'il n'accomplissait une sorte de progrès qui le renouvelle, bien qu'il reste en son fond identique. Cette progression donne de l'espoir à ce sujet qui s'arrache au jour le jour à sa névrose, dans une sorte de course contre la montre de la répétition « contre-névrotique » – si l'on peut définir ainsi la « normalité ». Ces actualisations successives gravissent en quelque sorte les marches d'une histoire. Chaque amour a son roman : il se développe selon ses exigences propres. Il progresse en s'appuyant sur lui-même. Chacun des événements réalisés se réitère en se déployant, en construisant sa propre destinée. D'une certaine histoire d'amour, un sujet tire une leçon qui l'amène à faire un pas de plus – ou bien un échec l'engage sur une autre voie.

Les fantasmes se déboîtent les uns des autres comme des poupées gigognes. L'amour, loin de proposer un idéal statique, veut réaliser un certain objectif, puis un autre, à moins qu'il ne soit inhibé dans son trajet ou qu'il n'échoue. Il retourne alors à la case départ, avec le même partenaire ou en en changeant. Cela signifie non pas que l'échec serait programmé dans l'amour, mais que des paliers se franchissent selon une extension qui n'est d'ailleurs pas infinie. Le temps suspend son vol un instant lorsque le fantasme se réalise. En ce moment d'épiphanie, on ne sait plus si l'on rêve, ou si ce qui arrive s'actualise vraiment. Cependant, cette ivresse ne dure guère, un autre fantasme prend la suite, et retend le temps. Mais ce temps psychique a toujours un terme, en tout cas pour la plus grande majorité. De sorte qu'une question latérale se pose : n'arrive-t-il pas un moment où la vie psychique a parcouru les potentialités de la répétition (par exemple, du fils au père, puis au grand-père) et où l'heure d'une sorte de fin a sonné ? Des généticiens nous annoncent que bientôt nous saurons vivre plus longtemps, ou même éternellement. Mais le désir souscrira-t-il à ce programme, lui qui porte en soi depuis le début sa propre fin ?

Répétition restreinte, répétition élargie

La répétition donne l'impression d'une force effrayante. Elle peut certes agrandir son champ, changer de costume au cours des âges et paraître différente. Mais elle anime le désir avec tant de force que devant elle, toute résistance paraît inutile. Pouvons-nous changer de programme, ou avoir une autre perspective que celle de jouir de nos malheurs, frères en cela de Dante qui, ayant perdu Béatrice, n'aimait plus que cette perte elle-même ? Il faut d'abord faire remarquer que « répétition » ne signifie nullement « catastrophe ». Elle peut programmer un bonheur ordinaire. Par exemple, lorsque quelqu'un veut avoir un enfant, il représente celui qu'il aurait voulu être : il répète par personne interposée, et s'en trouve le plus souvent content. Mais, quoi qu'il en soit, bonheur ou malheur, les dés semblent jetés une fois pour toutes.

Pourtant, il existe une énorme différence entre deux modalités de la répétition : nous pouvons agir pour répéter un événement traumatique de l'histoire passée, ou bien au contraire pour le fuir. On distingue ainsi une répétition *restreinte* de l'infantile (névrotique) et une répétition *élargie* (au sens où elle prend le large) qui cherche à inverser les contraintes de la première. Quand la répétition est restreinte, il s'agit du *même* scénario. Et quand elle est élargie, elle fuit cette mise en scène, qui reste son déterminant négatif, sans programmer ce qui va arriver. Par exemple, au lieu de chercher une femme qui ressemble à sa mère (bon courage !), un homme en préférera une qui s'en distingue totalement (voilà qui laisse davantage de choix). Le terme de « répétition » s'impose aussi dans le deuxième cas, car l'empreinte maternelle – *quoad matrem* – continue de jouer un rôle, quoique seulement réactif. Le désir joue alors la carte d'une « contre-détermination », au joint de la répétition restreinte et de la répétition élargie. Dans la répétition restreinte, le désir poursuit la partie de la névrose infantile, et les problèmes érotiques s'accumulent, ou même une inhibition sexuelle totale s'installe et contraste souvent avec un amour passionné et exclusif. Dans ces circonstances, le désir sexuel – en tant qu'incestueux – se dérobe et louvoie, s'inversant en désir de non-désir. La contradiction du fantasme met le désir en équilibre avec le non-désir, dans une instabilité qui peut brusquement l'empêtrer : c'est que le « non-désir » veut éviter le danger incestueux, mais du coup il l'authentifie. Il arrive ainsi que le désir semble basculer d'un coup vers son contraire[1].

1. Par exemple, l'élan d'un amant fait brusquement horreur : un prince charmant se transformant en crapaud plus souvent que le contraire.

L'amour programme un manque qui – dans son principe – ne relève pas de la névrose, mais peut la remettre en scène. Comme le manque est celui de l'amant, dans ce gouffre resurgissent ses propres fantômes, les obsessions qui le hantent. Il suffit d'une similitude avec le passé pour que la répétition restreinte s'enclenche. Cette surimposition bizarre correspond aux scénarios de la névrose, par exemple lorsqu'une femme attirante possède en même temps une caractéristique maternelle, ou bien lorsqu'un séducteur évoque un peu trop un père. Dans l'au-delà de la personne aimée, une réminiscence infantile enflamme la passion. Le manque lui-même assure ainsi l'empire de l'infantile dans l'actuel, se nourrissant de son propre incendie, quelquefois une vie durant[1]. Il est seulement demandé à l'aimé(e) de faire resurgir un fantôme passé. C'est le cas, par exemple, pour des hommes et des femmes qui se passionnent exclusivement de partenaires impossibles, avec lesquels ils n'ont parfois eu presque aucune relation concrète. Dans ces circonstances, le manque infantile passé provoque l'amour, plutôt que l'amour n'engendre un manque. C'est dans cette sorte de répétition du manque que le désir sexuel s'inhibe ou même se suspend. Le manque de l'emprise a certes fomenté l'amour. Mais la même personne peut donc engendrer, à cause de certaines de ses caractéristiques, un amour névrotique, c'est-à-dire glacé dans la répétition restreinte[2]. Le trait de fixation peut être infime. Ce sont surtout des détails qui génèrent la répétition névrotique, bien plus que des évidences qui voudraient – par exemple – qu'un homme d'un certain âge et d'une certaine prestance évoque un père, ou bien

1. Voir le film de Wong Kar-wai *In the Mood for Love* (2000).

2. Par exemple, une femme aimée aura le même regard qu'un ami de la petite enfance. Un quinquagénaire rangé par exemple encore va quitter la maison à l'âge où son fils est sur le point de le faire. Ce père de famille, dont le fils vient d'avoir vingt ans, revivra à travers lui ce qu'il aurait voulu connaître à son âge, et il peut brusquement tout abandonner : il répète, quoique à une place où il l'ignore complètement. Il ne pouvait rejouer ce scénario avant cet âge, et son expérience ne lui sert à rien. De même une femme s'attachera à un homme moins pour ce qu'il est que pour sa race, sa religion, un accident, un malheur réel ou supposé, un divorce, etc.

encore, qu'une femme habile en cuisine remette la maman en scène, etc. L'amour échappe au contraire à la névrose, dans la mesure où il fuit le même schéma (répétition élargie). Dans cette deuxième occurrence, l'amour et le désir sexuel se mettront plus facilement en ménage. La longévité du ménage dont il s'agit est d'abord celle de l'amour et du désir. La répétition élargie invente l'existence, et nullement ce qui irait du pareil au même. Parce que nous cherchons à échapper au programme, nous entrons dans cette répétition, heureuse ou malheureuse. Le désir répète en refoulant sa cause qui paraît vide, selon la propulsion aveugle qui contre-détermine la liberté humaine. L'ivresse de l'amour, par exemple, flotte en pleine irréalité : c'est que son rêve éveillé rejoue une autre scène dont il libère, élevant la répétition à la hauteur d'un acte – et en ce sens, qu'importe son égarement ? Les conditions de la répétition (du désir) sont aussi celles d'un refoulement de ce qui la détermine. Le sujet oublie qu'il répète au fur et à mesure qu'il le fait.

Le passage de la répétition restreinte à la répétition élargie soulage l'empêtrement du désir. Dans la répétition restreinte, la culpabilité névrotique inhibe ou symptomatise la sexualité. Dans la répétition élargie, si la sexualité franchit un espace transgressif, elle se déclare simplement coupable. Et rien n'empêche de jouir de cette culpabilité elle-même, au point de la rechercher. En réalité, le moment orgastique lui-même a partie liée avec cette culpabilité. Par exemple, une femme peut tomber malade de sa propre séduction (dans la répétition restreinte). Cette séduction la clouera facilement chez elle, dans l'impossibilité de s'habiller, de se maquiller, etc., difficulté qui programme des retards assurés à chaque rendez-vous. Mais – plus tard – elle peut trouver fort distrayant les jeux et les intrigues de la même séduction, qui sait être aussi l'occasion d'amusements infinis. Il arrive que la faute inhibe, mais qu'elle procure également du plaisir, avec un rien de bonne volonté (dans la répétition élargie).

En ce sens, on le verra, la « situation » qui pousse l'excitation jusqu'à sa résolution orgastique va dépendre du fantasme et de l'histoire, prise sous le jour de sa répétition élargie. Toute la question est de sortir de la répétition restreinte, c'est-à-dire de la famille, moins en « assumant » la culpabilité qui en procède qu'en en jouissant. Par exemple, telle femme frigide, glacée dans les sucres amoureux de la répétition restreinte, jouira au contraire avec un inconnu qui l'aura fait souffrir : la souffrance payant le prix de sa culpabilité, elle en profitera. Sera alors portée à son comble une contradiction qui va réclamer sa résolution. La frigidité est plus souvent relative à certaines situations qu'absolue. C'est un problème de position subjective : la « faute » peut inhiber, mais il est possible aussi d'en jouir. Ce passage à la « jouissance de la faute » s'accomplit lorsque l'objectivation par la culpabilité est surmontée, et cela grâce à une certaine sorte de subjectivation de la culpabilité qui signifie pouvoir jouir de soi, comme on a été joui tel un objet [1].

La répétition prend son rythme de croisière au sortir de l'infantile. Le désir cherche alors son cap et il change de profil pour aller vers l'érotisme. C'est lors de ce changement de place, en refoulant l'enfance, que s'amorce – en dehors de la famille – ce qui une fois déjà s'est joué en son sein : et cela soit sous la forme d'une répétition restreinte, soit sous la forme d'une répétition élargie – celle qui vogue vers l'inconnu (le large). Ce changement de régime engendre parfois une telle libération qu'il oriente ensuite à lui seul le désir. Prendre le large en larguant l'infantile aura été si enivrant que – par la suite – le désir va répéter cet instant lui-même : il faudra partir, quitter, lâcher tout ce qui ressemble à un lien. Des amours florissantes se terminent ainsi parfois d'un coup, peut-être parce que l'homme ou la femme aimés retombèrent trop vite dans les formatages du passé, faisant de l'existence un exil répété de l'enfance. Le désir ne se réduit certes pas au soulagement de ce genre de sortie répétitive de l'infantile. Cet exil permanent représente pourtant une sorte de paradigme du désir en Occident, hautement vanté dans la chrétienté qui l'a chanté dans de nombreux mythes – notamment celui de don Juan – qui modélisent le passage de la répétition restreinte à la répétition élargie, s'enivrant d'une rupture réitérée avec le même partenaire, ou avec plusieurs mis en

1. On montrera qu'il s'agit au bout du compte d'un rapport au nom.

série, selon un scénario que les femmes mettent en acte aussi bien que les hommes, lorsque au premier baiser l'amant se transforme en père.

C'est seulement à l'heure de la répétition élargie que s'ouvre un monde nouveau. « Répétition élargie » signifie que les luttes pour l'amour, ses conquêtes, ses rivalités réactualisent la scénographie de l'Œdipe, mais sur un mode méconnu et dédoublé par le changement de place : derrière la lutte de l'adolescent, les revendications infantiles continuent de s'imposer, de sorte que les événements se déroulent sur le fond de cet arrière-monde. Ils prennent une profondeur de champ et une gravité qu'ignorait la ténuité de l'enfance. Tout s'agrandit brusquement, chaque fait résonne d'un sens caché. La force d'une répétition élargie pousse vers une sexualité nouvelle, servie par un appétit fantasmatique désormais efficace. Cette répétition, en apparence vide de sens, pousse vers ce nouveau monde, en tout point inconnu, effrayant même à certains égards, dans lequel il faut s'avancer sous des déguisements. Masquée, la répétition fait valoir ses droits : elle s'empêtre dans les imitations de modèles sexuels. De sorte que le sou du plaisir neuf sonne d'abord faux, il paraît mal pratique, angoissant. Il est, somme toute, moins commode que la masturbation, sans problème et rapide. Et pourtant ! Tenir un corps dans ses bras, peut-être avec un plaisir mince ou simulé, ou même au nom d'un amour maladroit et d'une tendresse rudimentaire, ouvre un autre temps dans le temps. L'actuel se double d'un rêve infantile jamais réalisé, et la perspective ouverte, pour difficile qu'elle soit, pour symptomatique qu'elle puisse être dès le début, sera tout de suite préférée, si l'on peut appeler préférence ce qui souscrit aux exigences de la répétition.

Αυτ-ερως (Ant-Éros) – Le « contre-amour », moteur de la répétition élargie

Dans *Phèdre*, Socrate argumente la thèse de Lysias, qui trouve plus prudent de ne pas répondre à l'amour par l'amour : « C'est aux vœux de celui qui n'aime pas qu'on doit céder, plutôt qu'à ceux de celui qui aime[1]. » À un certain moment de la discussion (dans le chapitre intitulé « Psychophysique de l'amour »), Platon introduit un terme curieux, celui de « contre-amour » (*Ant-Éros*) : il l'emploie alors que Lysias vient d'inviter à refuser l'amour pour ne profiter que du désir sexuel. Lorsque le terme « contre-amour » est introduit, il concerne l'aimé qui, à force d'être fêté, s'énamoure à son tour lui aussi[2]. Les sentiments violents qui lui sont adressés finissent par l'enivrer, et il brûle à son tour sans réaliser ce qui lui arrive.

En lisant ce passage, on peut comprendre que celui qui est excessivement aimé s'enflamme à son tour, mais au profit d'une autre personne que son incendiaire. C'est là, après tout, une caractéristique banale de la passion, qui consiste à s'éprendre d'une personne qui ne vous le rend surtout pas, mais trouve dans l'amour qui lui est donné la force d'en aimer une autre, introduisant ainsi de proche en proche un tiers dans l'amour : quelqu'un aime quelqu'un, qui aime une troisième personne, etc., selon une circularité brisée qui de proche en proche devrait concerner l'humanité tout entière. Splendeur de cet hymen universel, douloureux et magnifique, s'il n'était si souvent empêtré dans sa dimension névrotique[3] !

Quelle leçon tirer de cette lecture ? Celui à qui l'amour s'adresse est aimé pour plus[4] que ce qu'il est, et pour se

---

1. Platon, *Phèdre*, in *Œuvres complètes*, tome II, Paris, Gallimard, coll. « Bibliothèque de la Pléiade », 1950, p. 30 *sq*.
2. « Ainsi donc il est amoureux ; mais de quoi, il est embarrassé de le dire : ce qu'il ressent, il ne le sait même pas, il n'est pas capable non plus de l'exprimer. Il ne se doute pas qu'en celui qui l'aime, c'est lui-même qu'il voit, comme en un miroir : en sa présence, la cessation de ses souffrances se confond avec la cessation des souffrances de l'autre ; en son absence, le regret qu'il éprouve et celui qu'il inspire se confondent encore : en possession d'un contre-amour qui est une image réfléchie d'amour » (*ibid.*, p. 32).
3. Mais notre interprétation est peut-être une erreur de lecture de l'*Ant-Éros* : dans une note, le traducteur propose une lecture différente. En réalité, ces quelques phrases de Platon font partie de ces propositions claires et incompréhensibles qui produisent de la pensée pendant des millénaires.
4. Comme l'écrit Freud dans « Deuil et mélancolie » (art. cité), le mélancolique sait qui il a perdu, la personne disparue, mais non ce qu'il a perdu, l'objet du fantasme.

débarrasser de cette aliénation pesante il aime à son tour, mais quelqu'un d'autre. Ce processus l'a fait passer d'une position passive, « être aimé », à une position active, « aimer », qui le débarrasse de cet amour objectivant. Cette poussée de l'amour vers le contre-amour ne commande-t-elle pas le passage de l'endogamic à l'exogamie ? Le terme « contre-amour » souligne que l'amour exogame se construit en contrepoint du pli d'amour pris dans la famille. Il montre de plus que cet amour sera toujours tourmenté par le vent contraire de son pays d'origine (mais un avion ne décolle-t-il pas toujours mieux contre le vent ?). On pressent l'importance de ce processus : le contre-amour, *Ant-Éros*, va donner sa force à la libido. Cette libido n'est pas un terme vague employé par Freud. C'est au contraire un concept à part entière : il décrit une force qui va d'abord de la mère à l'enfant. Mais sa violence est telle que ce dernier n'en peut plus et retourne cette libido vers l'extérieur, vers ses propres objets pulsionnels, dont l'un des destins est aussi l'amour [1]. Les enfants aiment très tôt en dehors de leur famille, rien ne les soulage autant. Le contre-amour se situe au point de retournement de l'amour endogame vers l'amour exogame. La force de la libido acquise décide des capacités opérationnelles des enfants.

Comment comprendre ce trajet si spécial ? Les parents reportent sur leur enfant ce qu'ils n'ont pas réalisé de leurs fantasmes : ils jouent avec eux la partie de leurs propres désirs œdipiens à laquelle ils ont renoncé. Leurs parents leur vouèrent un amour désexualisé par le refoulement, qui, en réalité, transmit aveuglément une érotisation cachée. Pour l'enfant, ce « pur » amour a une conséquence subjective : il est fortement érotisé, alors même qu'il ne comporte aucune conséquence sexuelle. Tel est le « traumatisme subjectif », distinct du « traumatisme objectif », produit lorsqu'il y a malheureusement de la sexualité entre un adulte et

1. Dans le fameux jeu de la bobine décrit par Freud à propos de son petit-fils, l'enfant ne s'amuse pas seulement avec des objets parce que le pauvre a été abandonné : il se marie déjà exogamiquement avec la bobine, ce qui le soulage en le faisant passer d'une position passive de bobine de sa mère à une position active. Il lâche la Chose pour les choses.

un enfant. La libido s'oriente ainsi – du moins sexuellement – vers l'extérieur de la famille et cherche à se libérer de la charge d'amour érotisée des parents, ou plutôt de sa dimension incestueuse refoulée. La libido est donc propulsée exogamiquement à proportion du traumatisme sexuel positif que l'amour des parents engendre.

Ce processus est encore plus clair si on examine son effet contraire : un défaut d'amour des parents engendre une absence de contre-amour, une stase de la libido : on fonde ainsi un autre concept de grande portée, celui d'*inhibition.* Cette inhibition résulte d'un « traumatisme par absence de traumatisme », qui engendre une sorte de flottement du corps, lequel reste en plan parce que les parents n'ont pas traumatisé leur enfant au sens du traumatisme subjectif ! Cette notion d'un « traumatisme par absence de traumatisme » correspond au manque d'érotisation, qui implique qu'aucune occasion n'a fait germer un fantasme de séduction. Le corps de l'enfant a laissé froid ses parents [1]. L'enfant n'a pas été aimé au point d'en être écœuré – comme le sont la plupart des enfants, que l'amour en excès propulse vers d'autres horizons. Plus un enfant est aimé par ses parents, plus il aura de facilités à surmonter ses inhibitions [2] : c'est un passeport pour l'action.

L'amour désexualisé des parents résulte des particularités du désir d'avoir un enfant

Le désir sexuel ne serait-il pas tout simplement orienté par l'accomplissement des voies de la nature, c'est-à-dire la reproduction de l'espèce ? À « ce qu'il ne faudrait pas » s'oppose-t-il un

1. Ce désintérêt n'a pas d'implication structurale, il ne décide pas si le sujet sera du côté de la psychose, de la névrose ou de la perversion.
2. « Quand on a été sans contredit l'enfant de prédilection de sa mère, on garde pour la vie ce sentiment conquérant, cette assurance du succès qui, en réalité, reste rarement sans l'amener » (S. Freud, « Un souvenir d'enfance dans *Fiction et Vérité* de Goethe » [1917], in *Essais de psychanalyse appliquée*, *op. cit.*, p. 161).

« ce qu'il faudrait », par exemple un désir orienté par la procréation ? Le désir sexuel se raccorde certes parfois à un certain moment au désir d'enfant, quoiqu'en dépit du bon sens. Trop d'exceptions empêchent de penser qu'il s'agit d'un instinct inné. La biologie, la raison, l'Église, l'État, etc. voudraient que la reproduction tracasse ceux qui s'accouplent. L'expérience montre au contraire qu'aucun instinct procréateur n'a d'abord poussé ceux qui veulent des enfants, le plus souvent pour des motifs inconscients. L'excitation sexuelle se soulage sans souci pour la reproduction. Non seulement l'érotisme s'active à chaque heure de la journée sans égard pour la procréation, mais il ne cherche pas le plaisir non plus. Seule la dureté d'un désir méconnaissant son propre objet s'impose.

Le désir d'enfant n'est qu'un sous-ensemble – relativement tardif – du désir tout court et du feu d'artifice de fantasmes qui l'actualise. Le miracle de la nativité arrive par surcroît, dans un nid de fantasmes que la multiplication de l'espèce ne préoccupe pas. Arrive-t-il jamais qu'aux premiers instants d'un amour des amants se donnent avec l'idée d'enfanter ? Il faut d'abord parcourir un chemin, dont les écueils font germer l'idée de l'enfant. De ce point de vue, un certain échec de l'amour programme aussi une avancée.

Le désir d'enfant a certes une porte d'entrée pulsionnelle, lorsqu'il s'agit du désir de dupliquer un autre soi-même, un clone narcissique – désir qui anime déjà les rêves des enfants très petits. Mais, passé ce stade, le désir d'enfant s'articule à la fantasmatique de l'excitation sexuelle. Par le biais du parricide, le désir sexuel engendre un désir d'enfant à titre de paiement de la dette au père. Par le biais de l'amour, un désir d'enfant peut se présenter comme un don, impayable repartie de la déperdition orgastique. Du point de vue transgénérationnel, une ambivalence plus ou moins exacerbée le porte. D'un côté, l'enfant paie une dette à l'égard des grands-parents. Par rapport à la génération qui les précède, les parents purgent un vœu d'amour à l'égard de leurs mères, et ils paient une dette à l'égard de pères voués à la mort. Mais d'un autre côté, ce désir d'enfant est soutenu par un sujet qui cherche à échapper à sa propre enfance, et rêve d'éviter au nouveau venu les difficultés qu'il a connues avec ses propres parents, à commencer par les tourments de la séduction. Dans ces circonstances, le refoulement du désir sexuel dans sa dimension pédophile trouve son motif le plus puissant. Les parents refoulent leur désir incestueux à l'égard de leurs enfants, parce qu'ils leur souhaitent un autre destin que celui qu'ils croient avoir connu. Un amour fortement désexualisé investit ainsi ces petits innocents, qui, du fond de leur pureté, n'en seront pourtant pas moins séduits. Car rien n'exacerbe autant la séduction que la pureté de l'amour, sa blancheur si propice aux érections angéliques. Ce refoulement sexuel des parents à l'égard de leurs enfants est d'ailleurs parfois si puissant qu'il inhibe leur propre sexualité. L'endogamie refoule ainsi l'érotisme et le fameux interdit de l'inceste est moins une loi qu'un avatar du fantasme de séduction refoulé[1].

En quelle mesure l'amour s'oppose-t-il au désir ?

Détaillons les caractéristiques de cet amour des parents. Il se différencie complètement de l'amour exogame qui comporte des conséquences sexuelles. Non seulement il se distingue du désir, mais il le refoule selon une opposition de départ entre le désir et l'amour. Ce n'est pas un résultat du complexe d'Œdipe, mais une opposition présente dès le début. Cette scission de départ se résume en deux phrases : c'est que le désir d'enfant précède et dépasse les parents qui en sont porteurs. Et leur amour cherche ensuite à réparer les dégâts que cause ce désir transgénérationnel[2]. Les parents veulent des enfants sous l'impulsion d'un désir

1. Ce fait universel constaté par l'anthropologie n'est pas une loi, mais une conséquence du traumatisme sexuel, que chaque génération s'efforce d'éviter à la suivante. C'est à partir de cette réalité psychique que le totémisme, à titre de conséquence du parricide, prend lui aussi sa valeur universelle (n'en déplaise à Lévi-Strauss).

2. « La jouissance de l'Autre, de l'Autre avec un grand A, du corps de l'Autre qui le symbolise, n'est pas le signe de l'amour » (J. Lacan, *Encore*, *op. cit.*, p. 11).

qui les dépasse, et à une dimension objectivante. Et leur amour vient contredire ce qu'il y a d'anéantissant dans ce désir. Lorsqu'ils les éduquent, lorsqu'ils les font manger, les nettoient, etc., cette éducation pulsionnelle les dépasse et les traverse. Il leur arrive de donner des ordres qui font pleurer les enfants, mais à peine l'ont-ils fait qu'ils le regrettent et les consolent : un tel mouvement montre bien l'opposition d'un désir toujours autre et de l'amour parental. Parce que leur propre attitude les dépasse, ils finissent par réparer ce qu'ils ont eux-mêmes provoqué : ils ont pitié de leur enfant, si l'on peut caractériser ainsi l'amour parental oblatif.

Le désir des parents est d'abor propulsé par le désir de l'Autre, tuant et incestueux. Il plonge l'enfant dans une détresse (*Hiflosigkeit*) qui passe pour un défaut d'autonomie, alors que c'est une détresse psychique de n'être qu'un objet et de le refuser. L'amour maternel vient ensuite s'opposer à l'objectivation de ce désir, et c'est en ce sens qu'il ressemble à de la pitié, à de l'oblativité. Écoutez une mère parler à son enfant, et vous entendrez toujours cette note de pitié et de compensation. Lorsqu'une mère se rend compte du bourbier dans lequel elle plonge son enfant et contre lequel il se débat, elle passe de la position de grand Autre à celle de sujet. C'est le moment où un enfant reconnaît sa mère, et est reconnu par elle. Mais cette pitié manque de dignité pour celui à qui elle s'adresse. C'est pourquoi elle engendre un contre-amour, qui fuit ce si peu digne amour endogame.

Le don d'amour des parents gonfle le narcissisme, qui peut aller se dégonfler ailleurs[1]. Si l'amour-pitié fait défaut, la puissance de l'action faillira elle aussi[2]. L'enfant aimé agit sans

1. Si l'on veut rapporter ce processus à la castration, l'angoisse de la castration maternelle engendre une dette qui tire le sujet en arrière et l'empêche d'agir, elle le tire vers la régression pulsionnelle. L'amour maternel permet de surmonter cette force rétrograde. Plus cet amour sera grand, plus l'action prendra de la force.

2. La distinction de l'amour et du désir de l'Autre amène à diversifier les sources de l'angoisse. Une angoisse correspond à l'instauration de la structure, mais il existe aussi une autre forme d'angoisse qui résulte du défaut d'amour. Elle entraîne un défaut de pression exogame de la libido et de

s'occuper de cet amour et même en ignorant qu'il a été aimé. Il le considérera comme un dû, en contrepartie de sa venue au monde, destinée à compléter le désir de l'Autre : cet amour solde les comptes. En ce sens, le contre-amour s'appuie contre cet amour qu'il ignore, qui donne sa force à son action oublieuse, ingrate. Grâce à lui, il agit avec la force de l'oubli [1] – sinon sans savoir ce qu'il fait, du moins sans savoir pourquoi. Vecteur du contre-amour, l'amour endogame est variable. En effet, contrairement au désir de l'Autre, l'amour des parents n'est pas toujours présent, et lorsqu'il l'est, il comporte plusieurs degrés :

1 – Des parents peuvent ne pas aimer leur enfant et le lui montrer ;

2 – Des parents peuvent ne pas aimer leur enfant et le lui cacher ;

3 – Des parents peuvent aimer leur enfant, mais ne pas lui donner de signes de cet amour, par exemple sous la forme de petits cadeaux, ou surtout sous la forme de paroles qui déclarent cet amour (les cadeaux cherchent parfois à remplacer la parole : on retombe alors dans le cas de figure 2) ;

4 – À un degré supérieur, ils peuvent aimer leur enfant et lui donner des signes d'amour ;

5 – Ils peuvent ensuite aimer, donner des signes d'amour, mais interdire le contre-amour, en prohibant les activités en dehors de la famille ;

6 – Enfin, ils peuvent aimer, donner des signes d'amour et autoriser l'action exogame (le paradis).

---

l'action. Elle constitue peut-être la seule définition acceptable de la dé(pression).

1. On peut noter ici une dimension amusante du clivage amour/désir : les grands courants de la psychanalyse (c'est-à-dire l'IPA et les lacaniens) ont porté l'accent dans leurs théorisations soit du côté de l'amour, soit de celui du désir. Nombre d'auteurs anglo-saxons, par exemple, ont choisi avec insistance le camp de l'amour (c'est-à-dire la mère « suffisamment bonne » ou la mère « rejetante », la symbiose, le *holding*, etc.). Ferenczi, Winnicott et la plupart des Anglo-Saxons négligent en même temps le désir dans ce qu'il a d'implacable et de structurant. En revanche, les lacaniens insistent sur le désir, en négligeant ou en réduisant souvent l'amour au narcissisme ou à l'imaginaire.

En fonction de ces six occurrences se produit une fixation plus ou moins forte dans la structure, c'est-à-dire une inhibition plus ou moins grande de l'action. Cette mise en batterie rend compte des degrés de fixation de la névrose ou de la psychose. En effet, il en existe différents niveaux d'intensité : un grand nombre de psychosés ou de névrosés ne sont pourtant pas malades dans la mesure où leurs activités ne sont pas inhibées. Certains auteurs ont décrit des personnalités plutôt schizoïdes ou paranoïdes, etc., en voulant exprimer par là qu'elles ne sont pas en souffrance au sens psychiatrique du terme. De même pour l'hystérie et la névrose obsessionnelle : la plupart de ceux qui en pâtissent sont loin d'être cloués au sol par les symptômes, dans la mesure où ils peuvent agir. La levée de l'inhibition leur permet de se sortir au jour le jour de leur psychose ou de leur névrose. Ces gradients de gravité dépendent ainsi d'un don d'amour transstructural (il a le même effet bénéfique quelle que soit la structure). Un enfant psychotique, par exemple, peut être très aimé ou au contraire mal aimé. Il faut distinguer, d'une part, la structure névrotique ou psychotique, et d'autre part, ses différents degrés d'intensité en fonction de l'amour reçu. On pourrait décrire, en fonction des six gradients de l'amour endogame, six degrés de fixation névrotique ou psychotique, allant d'un faible à un haut niveau d'intensité.

L'inhibition totale du passage de la névrose infantile à la névrose adulte, c'est-à-dire le degré zéro du don d'amour, devrait correspondre à la perversion, ou encore à la perversion maintenue de la perversité polymorphe de l'enfant, si l'on en croit une remarque de Freud, dans « Le cas Dora », où il note que les adultes ne deviennent pas pervers, mais le restent. C'est que l'inhibition les a cloués dans l'enfance.

Enfin, dernière remarque sur la désexualisation de l'amour endogame : une mère ne donne pas le même genre d'amour que celui offert par un père. L'amour de la mère contrebalance les effets anéantissants du narcissisme[1] et, de la sorte, la première

1. C'est-à-dire de l'identification au phallus maternel, manque de l'Autre.

condition de possibilité de l'action est obtenue. Mais pour que l'action s'engage, une deuxième condition s'impose : il faut que le sujet porte son nom, c'est-à-dire qu'il puisse s'identifier au père, le « tuer » en prenant sa place. Avec l'amour de la mère, la machine est prête à fonctionner, mais le conducteur doit pouvoir la faire rouler. Une chose est l'existence d'un sujet, et une autre encore qu'il porte son nom. Un sujet peut se considérer lui-même comme anonyme, si son père ne supporte pas qu'il prenne son nom (par exemple, en l'empêchant d'agir, de jouer, d'étudier, d'aller danser, de se marier, etc.). Dans le seul rapport à la structure et à l'amour de la mère, un sujet existe déjà. Et l'inhibition se lève d'autant mieux que le sujet porte son nom, selon la loi d'un parricide fantasmatique. Le don d'amour de la mère concerne le moi, alors que celui du père concerne le sujet.

Dans les deux cas, l'amour et son contre-amour se présentent différemment. L'amour de la mère provoque une levée de l'inhibition qui met en marche la machine qui autoriserait l'action, s'il y avait un sujet capable de l'utiliser. Mais le don du père n'est pas symétrique : l'amour du papa (l'homme qui incarne la fonction paternelle) contrebalance ce que le rapport au père mythique comporte de trop violent. Son amour n'engendre pas directement un contre-amour, mais il contrebalance la haine et le fantasme de meurtre. L'amour du papa éponge la haine que l'angoisse de castration par le père provoque : il n'a pas lieu d'avoir pitié, mais il pardonne.

Si une parole du père ne pardonne pas la haine du fils qui lui est inconsciemment adressée, cette haine n'arrive pas jusqu'à ce virage où elle se reconnaît en amour[1]. En conséquence, l'action reste grevée par l'angoisse de castration. Le père reste en cet état mythique où il signifie seulement l'interdit, sans revirement possible de cette angoisse. À cet égard, une sorte de pardon du père est le passeport de l'action efficace. Sans elle, le sujet tente de passer en force contre ce père sans pardon. L'action cherche

1. Lacan a écrit en ce sens dans *Encore*, *op. cit.*, p. 82 : « Ne point connaître la haine, c'est ne point connaître l'amour non plus. »

ce passage en force malgré lui, sans jamais jouir de rien. Ainsi des hommes en guerre leur vie durant. Sans jamais s'amortir, leur ambivalence s'acharne contre n'importe quelle figure de l'autorité : à l'école, à l'université, sur les lieux de travail, etc. La transgression devient la règle, son but étant de personnaliser le père, d'incarner une figure qui ne serait plus mythique et qui localiserait l'angoisse sur une personne ou une institution particulière.

À la mère, la pitié, au père, le pardon : ces présentations de leur amour comportent autant de combinatoires que le permettent deux fois six entrées, sans la moindre prévalence entre le père ou la mère, puisqu'un père peut aimer tel enfant et une mère peut en même temps ne pas aimer le même enfant, etc. Le résultat dépend d'un rapport de force, et l'un ne supplée pas à l'autre. L'amour du père ne succède pas à l'amour de la mère, mais peut lui être ou non contemporain. À partir de ces sentiments, le contre-amour prend sa force.

Passage à l'amour exogame

L'amour engendre d'abord un contre-amour impersonnel : une obligation intime d'aimer s'impose avant d'aimer quelqu'un en particulier. En même temps, cet amour et ce contre-amour ont une présentation inversée dans la famille ou hors de celle-ci. Dans la famille, l'amour égal des parents colmate au jour le jour ce qu'il y a d'anéantissant dans le narcissisme. Au contraire, hors de la famille, l'amour de quelqu'un décomplète et appauvrit, ou même anéantit celui qui aime [1]. L'amour ressenti pour quelqu'un en dehors de la famille prend de telles proportions à cause d'une surestimation [2] de cette personne, qui est à la fois elle-même et

1. « Une heure après l'entrée de cette femme dans ma maison, j'avais jeté toute mon existence par-dessus bord et je me précipitais dans le vide » (S. Zweig, *Amok* [1922], Paris, Stock, 1990, p. 60).
2. « Cette surestimation sexuelle permet l'apparition de l'état bien particulier de la passion amoureuse qui fait penser à une compulsion névrotique, et qui se ramène ainsi à un appauvrissement du moi en libido au profit de l'objet » (S. Freud, « Pour introduire le narcissisme » [1914], art. cité, p. 94-98).

l'idéal qu'elle évoque. Quoi qu'il en soit, le contre-amour exogame aliène[1], il provoque une déperdition narcissique qui est le contraire de l'amour endogame. Pas de pitié, pas de pardon. C'est pourquoi le sujet cherche à combler cette déperdition grâce à la sexualité, qui permet de récupérer érotiquement la jouissance perdue à cause de cette hémorragie narcissique. L'érotisme masqué dans la famille se démasque à l'extérieur à cause de ce changement de position. De sorte que l'amour se sexualise : ce qui est endogamiquement refoulé s'actualise exogamiquement. L'érotisme s'appuie continûment sur l'interdit de l'inceste.

Mais pourquoi un sujet s'expose-t-il à aimer en dehors de la famille, si cela le met dans un tel danger ? Autant n'aimer personne et rester dans l'amour endogame de ses parents ! C'est justement le choix de certains, que l'amour de leurs parents rempare ainsi. Cette préférence définit d'ailleurs la névrose, lorsqu'elle actualise l'amour des parents en se servant d'autres partenaires qu'eux. Pourquoi aimer, quel est le gain, sinon parce que, grâce à l'amour, la pulsion se subjective ? L'amour propulsé par le contre-amour n'est pas narcissique : c'est le plus subjectif des actes, qui consiste à donner ce qu'on a perdu. L'amour est un acte, le seul au sens plein, peut-être[2]. Toujours déjà d'abord subjectif, il actualise la liberté du sujet contre la structure, même lorsque la répétition névrotique le piège, même lorsque l'amour ne se déclenche jamais si bien que lorsqu'il est impossible. La subjectivité s'affirme encore dans cette souffrance elle-même, qui est celle du sujet en lutte contre ses déterminismes : il paie ainsi les gages de son aliénation.

Cet amour ne procède pas d'une satisfaction narcissique, même si une telle satisfaction, c'est-à-dire un rêve de complétude, serait son moyen de réalisation. Il résulte d'une effraction

1. « C'est que le sujet saisi par la passion apparaît à ses propres yeux et à ceux des autres comme dépossédé de lui-même, n'ayant plus la maîtrise, ni de ses pensées, ni de ses actes » (R. Gori, *Logique des passions*, *op. cit.*, p. 32).
2. Cette remarque ne contredit pas Lacan, qui a soutenu que le seul acte réussi était le suicide. Au contraire, elle souligne que l'amour et le suicide ont quelques traits communs (remarque freudienne du point de vue de l'effondrement du narcissisme consécutif à l'amour).

narcissique : non seulement le narcissisme ne cause pas l'amour, mais il n'est pas non plus sa fin (ou lorsque c'est le cas, il débouche sur l'anéantissement). Le narcissisme est seulement un moyen, une étape réflexive dont la finalité n'est pas non plus une satisfaction animale ou instinctuelle, mais la réalisation du sujet lui-même, sa séparation. Le narcissisme n'est que le moyen terme de l'amour, son *pneuma*, parce qu'il procède de l'acte d'un sujet. On ne peut plus parler « d'objet » d'amour lorsque le fantasme s'actualise ainsi. « L'objet » d'amour est en réalité un sujet : ce sujet qui permet de se reconnaître. Il cherche donc à aimer en dépit du risque que cela représente.

L'altérité, c'est le sexe

Nous pourrions reconnaître en notre semblable quelqu'un de différent parce que nous le sommes pour nous-mêmes. La naissance de l'altérité pourrait résulter de la division du sujet, puisque nous sommes à chaque instant la proie d'un dédoublement interne [1]. Nos parents nous voulurent à une certaine place et nous avons commencé par les contredire. Notre existence s'affirme en prononçant ce « non » qui est notre premier Nom et le reste. Le patronyme nous fouette et fait de nous d'éternels voyageurs. Mais cette duplicité intime ne nous amènera pas à reconnaître l'altérité. Au contraire, nous courrons facilement du pareil au même pour oublier notre différence à nous-mêmes. Nous l'oublions dans la grégarité et l'amour du prochain – prêché par le christianisme qui a valorisé cette similarité. Mais est-il si certain que nous aimions notre semblable ? L'amour grégaire a plutôt mis à feu le contraire de l'amour.

1. C'est sans doute à cette expérience que Lacan faisait allusion dans la séance du 8 mai 1957 du Séminaire : « Le "je" et le "tu" ; tout démontre que ce "tu" est le signifiant limite [...] un autre qui d'ores et déjà est en nous sous forme de l'inconscient, mais qui vient dans notre propre développement [...] un autre absolu comme siège de la parole » (J. Lacan, *La Relation d'objet*, *op. cit.*, p. 372).

Pour Levinas, la découverte de l'altérité – le visage du semblable – se fait au nom d'une transcendance divine, d'un grand Autre qui assiste au face-à-face. Cette reconnaissance d'autrui frappe celui qui la fait et l'éveil de la conscience reste le... « mouvement premier vers autrui dont la réduction intersubjective relève le traumatisme frappant secrètement la subjectivité du sujet [1] ». Mais on ignore d'où vient ce traumatisme, de même que l'on comprend mal ce qui pousse à l'affronter, sinon un choix éthique d'origine mystérieuse.

La nature de ce trauma s'éclaircit au contraire si on la rapporte au traumatisme sexuel, celui de la première enfance, tout d'abord inapparent, puis à ses conséquences érotiques lointaines à l'âge adulte, enfin à ses conséquences dans le rapport à la différence, qui s'impose à partir de celle des sexes. Avant ce moment violent, le semblable existait sans doute, mais il était seulement l'autre du narcissisme, celui avec lequel on peut s'amuser, jouir un peu ou beaucoup en retombant en soi, jusqu'au moment où se rompt la solitude de l'enfance. Un jour, le sujet apprend ce que veut dire l'altérité : sa relation au sexe la lui enseigne d'abord de force, dans une sorte de violence où le tiers fait partie de son intimité.

La différence des sexes impose l'expérience d'une altérité redoutable : celle que chacun entretien d'abord avec lui-même. Ce n'est pas simplement que « l'homme » aurait à découvrir « la femme », et réciproquement. C'est pour chacun de la castration, de la bisexualité et de l'existence du féminin qu'il s'agit [2]. Mais cette reconnaissance conflictuelle de l'autre sexe reste seulement corrélative à l'affirmation du genre. Et l'altérité va se découvrir dans une tout autre dimension dès que l'érotisme s'actualisera dans les jeux de l'amour.

La présence d'un tiers est toujours implicite dans l'amour, en même temps que la demande d'exclusivité. C'est à partir d'elle, en comptant jusqu'à trois, que le « nous deux » du couple fait ses

1. E. Levinas, *Entre nous. Essais sur le penser à l'autre*, Paris, Grasset, 1991, p. 38.
2. Naturellement, l'homosexualité n'invalide pas cette reconnaissance de l'altérité.

comptes. L'amour fait sortir le sexe de son anonymat, il oblige à un choix *contre* un tiers, et mettant en jeu l'interdit, la jouissance prend un autre sens. Le rapport narcissique de l'auto-érotisme, toujours susceptible de rabattre le deux sur le un, se rompt ainsi. L'exclusion de la troisième personne est le mode d'apparition de l'altérité au cœur du deux, et elle ne se découvre jamais si bien qu'à l'heure de la rivalité malheureuse. Ce traumatisme actuel remémore ceux du passé, et actualise les fantasmes qu'ils engendrent. Voir une ou un rival l'emporter, c'est se confronter à une sorte de scène primitive, et la souffrance de cette défaite remémore et fait comprendre la séduction subie dans l'enfance. L'adolescent n'en prend rétroactivement la mesure que lorsqu'il voit devant lui quelqu'un qui lui ressemble en proie à cette séduction. Dans les *Études sur l'hystérie*, c'est lorsque Katarina aperçoit ce que son propre père fait à une fille de son âge qu'elle tombe malade, puis qu'elle se souvient que son père a tenté de faire la même chose avec elle dans le passé, sans qu'elle ait compris ce qu'il voulait.

Le plus souvent, le père du traumatisme sexuel, celui qui a été considéré au moins une fois dans une rêverie comme un violeur potentiel, imprime un traumatisme subjectif alors qu'il ne s'est rien passé. C'est l'amour du père lui-même qui engendre la rêverie, alors que sa conséquence sexuelle est insupportable : elle réclame vengeance de la jouissance même qu'elle provoque, celle qu'il ne faudrait pas. La conscience ignore cette conjonction de l'amour et de la haine jusqu'à ce qu'elle tombe sous les yeux : lorsqu'un semblable dévoile malgré lui cette souffrance qui est aussi une jouissance. Devant la victoire du (ou de la) rival(e), sa jouissance est imaginée – cette jouissance qu'il ne faudrait pas – et la copulation cesse d'avoir la dimension comique qu'elle avait pour l'enfant – lorsqu'il en était informé. C'est parce que devant ses yeux un autre que lui jouit, et que cette jouissance qu'il convoitait traumatise, que le sujet saisit brusquement ce que le rapport à l'autre sexe signifie : cette souffrance le saisit soudain sans qu'il la comprenne, sinon qu'elle le ramène dans les défilés de son enfance où cela arriva, cette séduction obscure dont il ressent aujourd'hui les effets.

L'altérité ne se découvre qu'après avoir appris à compter jusqu'à trois, et quand elle n'est pas malheureuse, la demande d'exclusivité de l'amour n'en programme pas moins une scénographie à trois (2 – 1 = 3), qui rallume le drame œdipien d'autant plus vivement que le tiers exclu est une personne à laquelle on peut s'identifier : par le biais de ce transitivisme, le traumatisme devient jouissif, au point que la trahison est parfois recherchée pour elle-même, au point de fomenter une souffrance délicieuse, souvent ruminée ensuite durant des années. La remémoration du traumatisme est le contenu latent de n'importe quelle forme de jalousie. Elle extériorise la castration, c'est-à-dire l'angoisse de la féminisation, motif central de la différence, de l'altérité.

La « scène primitive », qui comporte trois personnages, est d'abord un événement interne : une autre personne est introduite, afin de se représenter ce moment violent où le corps jouissant se sépare un instant de lui-même. En même temps qu'à une femme, l'orgasme arrive à une autre qu'à elle-même. Et à un homme, cela ne lui arrive que par le biais de la femme qu'il a risqué d'être, celle qu'il rejette sur celle qu'il aime. Cette mise en scène de l'amour sexuel découvre une troisième personne : séparé de sa dimension incestueuse, ce troisième *se distingue du père*. C'est une altérité qui naît loin de lui et fait naître le rapport au semblable, à l'altérité.

Contemporaine de la jalousie, la « troisième personne » naît de la division interne de la jouissance. Toujours déjà couplé, chaque partenaire érotique est en quelque sorte gros du tiers. La jalousie « fait une scène » au sens propre : ce bâti d'altérité qui colonise à l'avance l'impersonnalité orgastique. L'altérité est ainsi doublement ce que découvre la rencontre de l'autre sexe. Dans son rapport à l'érotisme, chacun diffère d'abord de lui-même. Et l'amant se dédouble ensuite d'une tierce présence par rapport à celle qu'il aime. L'homme présentifie au-delà de lui ce qui, de la mort du père, l'engage dans l'acte sexuel. La femme se divise entre elle-même et l'autre femme, celle qui la ferait mourir ou l'empêcherait de jouir si elle s'égalait à elle. La jouissance sexuelle impose cette reconnaissance de la différence, d'ailleurs presque insupportable et aussitôt recouverte, car n'est-il pas trop étrange que la même personne soit à la fois elle-même et une autre ? La division du corps par sa propre jouissance fait naître une altérité à partir de deux personnes, chacune étant divisée par la rencontre de l'autre. Du côté féminin comme du côté masculin, du tiers se dégage à partir du deux. La « troisième » personne dégage l'altérité de la femme, alors que du côté masculin, le vœu de mort et sa prévisible punition débarrassent l'homme de la figure paternelle.

L'altérité qui vient d'être décrite semble se limiter à la sphère étroite de la vie privée. Quoi de plus intime, puisqu'elle ne concerne même pas l'ensemble de nos proches, mais seulement la personne souvent unique avec laquelle chaque amant engendre ce troisième, cette présence efficace mais inscrutable. Voilà une définition de l'altérité qui ne ressemble en rien aux conceptions courantes ! Que deviennent alors les millions de gens côtoyés sans le moindre érotisme ? La question de l'altérité ne se pose-t-elle donc pas avec eux, ou bien ne les reconnaissons-nous que vaguement, à titre de personnages du décor dans lequel nous nous déplaçons ? Il faut plutôt comprendre que ce tiers qui naît du plus intime de la sexualité est anonyme. Ce n'est personne et c'est ensuite quiconque, la Personne majuscule. N'importe quelle femme incarne potentiellement l'autre femme : son habit et son allure se transmettent de proche en proche. Cette altérité contagieuse fait mode. N'importe quel homme porte en lui la guerre du fils contre le père, dont le conflit construit l'édifice politique des frères. N'importe quelle femme se dédouble en une nuée de femmes. C'est la multitude en un regard. Cette altérité contamine de proche en proche les millions de nos semblables. Ils participent du secret de notre érotisme, qui nous reste aussi étranger qu'eux. Lorsque nous les haïssons sans raison, c'est notre propre étrangeté que nous leur prêtons.

Le rapport entre les sexes engendre cette ternarité dont le « troisième » terme n'est pas une personne en plus qui s'ajouterait au rapport du un au deux. Il est inégal au un et au deux qui, sans lui, retombent l'un dans l'autre. « Troisième » fonde l'altérité qui surplombe le couple et vaut toujours plus que deux. Un infini troisième assiste cet étrange rapport. Il contamine de proche en proche l'ensemble des humains, dont aucun ne peut être excepté. Chaque fois que le regard porte sur un semblable, il tombe sous le coup de notre propre division, à l'aplomb de notre obsession sexuelle. C'est de lui que nous nous abritons. Sans doute ne s'occupe-t-il pas de nous, mais nous ne l'oublions pas lorsque nous fermons la porte derrière laquelle cela nous arrive, cette étrangeté.

7

De la perversion à la perversité névrotique

Perversions

Le mot « perversion » a d'abord eu le sens simple d'une sexualité qui ne répond pas aux lois de la nature. Et force a bien été de constater que c'est d'abord celle de l'enfant, qui n'a aucun rapport avec la génitalité ni la reproduction. Et puis, ce devrait être aussi celle de l'adulte, qui se construit sur celle de l'enfant ! Ce qu'il y eut de « sexuel », ce furent pour lui les pulsions qui poussent le corps à s'identifier au phallus maternel. Cet élan premier l'érotise du dehors et instruit tout de suite une sexualité – hors nature, en effet – qui mérite l'étiquette de perversion : si l'érotisation dépend d'abord du destin pulsionnel, elle perd tout rapport avec la génitalité et la reproduction. C'est du moins ce que démontre la multitude de perversions qui, en usant d'objets pulsionnels comme le regard, la voix, les excréments, les fétiches, etc., arrivent à une décharge sexuelle complète sans souci de la génitalité et encore moins de la reproduction. Le but des pulsions est bien d'identifier le corps au phallus. Mais comme ce phallus n'a pas de consistance par lui-même, ce but *se rabat* sur la pulsion, de sorte que cette dernière reprend à son seul compte la valeur copulatrice du phallus, sans autre soutien qu'elle-même – et, en ce sens, auto-érotique.

Qu'il existe une telle « perversion polymorphe » de l'enfant dédramatise la perversion. En montrant ses dessous, Freud lui enlève le manteau médico-légal dont Krafft-Ebing – entre autres – l'avait revêtue. Loin de relever de la pathologie, cette perversion est un passage obligé, outre qu'elle garde ses prérogatives la vie durant. Et loin d'entériner les classifications morbides des perversions, des faits considérés comme anormaux sont intégrés dans le régime de croisière de l'érotisme normal, qui se construit avec ou contre eux. Cependant, et jusqu'à aujourd'hui, la perversion garde un sens péjoratif, sinon criminel, alors que la plupart des perversions sont inoffensives. D'ailleurs, pourquoi innocenter le côté diabolique du désir ? Mieux vaut être prévenu qu'il est prêt à faire des siennes dans n'importe quelle structure ! Quoi qu'il en soit, que d'innocents bambins méritent l'appellation de « pervers polymorphes » demande des explications qui, jusqu'à aujourd'hui, passent mal[1]. Il faut s'y prendre à plusieurs fois avant de commencer à comprendre, puis oublier, pour avoir finalement quelques lueurs sur une bizarrerie que chacun préférerait omettre.

Car nous ne sommes pas d'un côté des « sujets », et de l'autre « sexués ». Nous sommes tout uniment des « sujets sexués » et notre intelligence ne va pas plus loin que nos modes de jouissance. Une fois faits certains choix, ils se rivent si bien à notre identité que nous croyons être nés comme ça, avec un genre, des sentiments et des goûts qui seraient notre nature, ce qui d'ailleurs devient vrai une fois ces choix faits. Or, nous pouvons souffrir – et parfois gravement – de l'oubli de ce qui nous a fait devenir ce que nous croyons être. Nous avons bel et bien fait un choix, et nous avons ensuite agi comme si nous n'y étions pour rien, rêvant d'une innocence – bien perverse en effet. Qu'y a-t-il donc de si résistant à la compréhension, que des psychanalystes

1. « Si l'enfant possède une vie sexuelle, celle-ci ne peut-être que de nature perverse, attendu que, sauf quelques vagues indications, il lui manque tout ce qui fait de la sexualité une fonction de procréation » (S. Freud, *Introduction à la psychanalyse* [1916], Payot, coll. « Petite bibliothèque Payot », 1969, p. 196).

eux-mêmes (comme s'ils étaient des êtres humains) ne cessent de remettre en question ? Comment comprendre le « primat du phallus » tout d'abord ? Pourquoi n'existerait-il que ce seul symbole ? C'est que les enfants – on l'a montré – sont d'abord le phallus de leurs mères, qui ont désiré avoir un enfant selon le pli du *Penisneid*. Leur mère possède un phallus, puisqu'ils le sont ! Cette croyance, qui dénie la castration – perverse, donc –, s'enracine ainsi profondément et laisse de beaux restes tout au long de la vie. C'est une croyance clivée, et la connaissance de la réalité anatomique n'y change presque rien, sinon qu'elle accroît la perplexité. Que ce clivage vivace vire sur le compte de l'esthétique cette gloire obscène du corps féminin, qui troue et met en perspective notre espace-temps, voilà qui n'y change pas grand-chose non plus.

Remémorons-nous brièvement le décor en soulignant maintenant ses potentialités « perverses » : le *déni de la castration maternelle* (c'est-à-dire l'axiome de la perversion) est en quelque sorte une nécessité de l'existence, qui pousse en même temps vers la jouissance d'organe : c'est qu'il s'agit d'Avoir le phallus plutôt que de l'Être. Toutes les formes de masturbation active cherchent à démontrer cet « avoir » et libèrent de l'aliénation passive à l'Autre maternel. De son propre mouvement, la jouissance de l'Autre va trop loin. À la deuxième bouchée qu'avale un nourrisson, c'est déjà presque assez. L'excès voudrait se décharger, mais sa propre passivité devant le plaisir le bloque, de sorte que le problème se translate : comment devenir l'acteur de cet inévitable excès sinon en se prenant soi-même de haut, par exemple dans la prise onaniste d'une partie du corps. Cette masturbation active commence par le jeu avec les pulsions, ainsi destinées dès le départ au plaisir pervers. Mais – on l'a dit – cette libération engendre une culpabilité intense, qu'une punition soulagerait. De sorte que, très vite, chaque enfant s'efforce de se faire punir, donnant dès le départ son sens sexuel au masochisme[1]. Être puni – souffrir – fait jouir : tant et si bien que

1. Voir les qualificatifs du fantasme donnés par Freud : « Être bâillonné, attaché, battu de douloureuse façon, fouetté, maltraité d'une façon ou d'une autre, forcé à une obéissance inconditionnelle, souillé, abaissé [*geknebelt*,

le *sadomasochisme devient l'enveloppe formelle* des perversions, et finalement de l'érotisme tout court.

Ce rappel d'ensemble de l'entrée dans la jouissance d'organe phallique expose les points clefs de la perversion. On définira d'abord son enveloppe formelle (le sadomasochisme) ; puis ses moyens d'actualisation (les pulsions) ; enfin son but, ou encore sa clef de voûte (le fétiche).

1 – L'entrée dans le phallicisme se fait donc sous l'égide d'une punition que l'enfant, poussé par une culpabilité régie par l'angoisse de la castration maternelle, est amené à rechercher. Pour préserver l'amour maternel, il préférera qu'un père tienne le rôle du fustigateur..., mais – et c'est la différence qu'il faut souligner ici – le père peut être invalidé dans cette fonction par la mère, formant ainsi la ligne de partage future entre névrose et perversion proprement dite, dans le tableau de laquelle la femme à la cravache, l'ange de la punition, prend une telle importance. La punition est nécessaire. Mais son agent est contingent : le rôle du fustigateur – mythique – n'est pas toujours tenu par un père.

Plus tard, au titre d'une réversion de ce masochisme premier en sadisme, les comptes avec ce fantôme vont se régler sur le dos d'un *alter ego*, avec lequel la scène initiale sera répétée. Tout ce que le sujet a subi passivement, il cherche à le lui faire subir activement : cette répétition se fait sur le dos d'un semblable qu'il faut contraindre à changer de place [1]. Elle est donc *transgressive* (et à elle seule une transgression quelconque peut faire jouir). Cette emprise de l'autre procède de l'aliénation pulsionnelle : une violence sourde, même lorsqu'elle est consentie, forme une sorte de préalable de la mise en couple, sinon d'un accouplement, efficace dans toutes les perversions (un voyeur doit exercer

gebunden, deslagen, gepeischt, mishandelt, dezwungen, beschmutzt, erniedrigt] » (S. Freud, « Le Problème économique du masochisme » [1924], in *Névrose, Psychose, Perversion*, *op. cit.*, p. 289).

1. C'est une place passive, et en ce sens féminine. « Lacan disant que le masochisme féminin "est un fantasme du désir de l'homme" [« Propos directifs pour un congrès sur la sexualité féminine », in *Écrits*, *op. cit.*, p. 731] nous en donne la clé » (C. Soler, *Ce que Lacan disait des femmes*, Paris, Éditions du Champ lacanien, 2003, p. 77).

une sorte de violence, de même qu'un exhibitionniste, etc.). On la retrouvera même lorsqu'elle reste feutrée, ou garantie par un contrat [1].

2 – Les moyens d'actualisation des perversions sont les pulsions. Le fait est là : certains sujets peuvent jouir complètement en se servant d'objets, d'artifices, de situations qui n'ont aucun rapport avec l'accouplement. Qu'une pulsion partielle, le regard, l'excrément, la voix, etc., puisse faire jouir sexuellement est incompréhensible, si l'on oublie que le but de la pulsion est d'identifier le corps au phallus, et que par conséquent, si cette pulsion est retournée pour instrumenter un semblable, cette manœuvre va provoquer une érection. Le catalogue des perversions [2] énumère la jouissance des diverses pulsions, dont le but, c'est-à-dire le déni de la castration maternelle, n'apparaît que dans son résultat paradoxal : l'érection.

« Instrumenter » un *alter ego* signifie qu'il s'agit de prendre un autre soi-même comme support de cette soulageante actualisation. Lorsque la pulsion échoue sur son corps d'origine, elle cherche l'emprise d'un corps qui lui ressemble. Ce n'est pas une pulsion supplémentaire : chaque pulsion cherche à se saisir d'un autre corps, dès qu'elle rate son but sur le sien. Elle se saisit, par exemple, d'un camarade de jeu, sur lequel le polymorphisme pervers exerce ses talents (plutôt innocents). À dire vrai, la perversion n'aurait guère de visibilité et pas beaucoup de sens, si elle ne cherchait à s'assouvir sur un semblable. Toutes les pulsions peuvent se dédoubler en emprise sur un autre corps (I). Et comme au même moment l'excès pulsionnel engendre l'excitation du pénis ou du clitoris (II), cette emprise s'accompagne d'une excitation phallique (I) + (II). L'emprise, la *violence* en général, s'accompagne d'une excitation sexuelle. Comment

1. Voire galante dans l'érotisme tout court (car un excès de prévenance envers les dames revient à les traiter comme des empotées).

2. Deux ouvrages s'imposent à cet égard : R. von Krafft-Ebing, *Psychopathia sexualis. Étude médico-légale à l'usage des médecins et des juristes* [1886], Paris, Presses Pocket, 1999 ; et D. A. F. de Sade, *Les 120 Journées de Sodome* [1785], *Œuvres I*, Paris, Gallimard, coll. « Bibliothèque de la Pléiade », 1990.

comprendre autrement que le sadisme et le masochisme, le voyeurisme et l'exhibitionnisme, puissent avoir une conséquence érectile ?

L'« emprise » double le destin de chaque pulsion, ou plutôt, elle le dédouble grâce à une mise en couple, en se déclenchant au point même où la pulsion rate son but. Si elle l'atteignait, le sujet s'anéantirait (par identification au phallus). De sorte que la pulsion de mort hante l'emprise, donnant aux perversions la sorte d'ivresse morbide qui fait leur éventuelle dangerosité (et leur compagnonnage avec l'impersonnalisation toxicomane). L'auto-érotisme à deux des perversions stabilise la signification phallique selon une sorte de complémentation : le sadique cherche son souffre-douleur, l'exhibitionniste celui qu'il va surprendre, etc. : ce n'est pas un masochiste que cherche le sadique, ni un voyeur l'exhibitionniste, etc. Car la pulsion ne transfuse d'un corps à l'autre que grâce à un coup de force. Elle se quitte d'un côté pour se retrouver de l'autre, mais à la condition d'une violence. Habituellement alternés pour un même sujet, les deux pôles de la pulsion – qui oscillent entre être et néant – se répartissent entre deux sujets dont l'un contraint l'autre à encaisser à sa place sa propre part de néant.

La réversion de la pulsion d'emprise métamorphose, par exemple, le masochiste en sadique par personne interposée, lui-même n'étant plus personne à l'heure cruelle. Le mouvement de réversion du voyeur qui jouit au moment où il est surpris en train de regarder est plus démonstratif encore : en ce cas, le passage de la passivité à l'activité pulsionnelle affiche aussitôt sa conséquence, c'est-à-dire une érection. On ne saurait montrer plus clairement que l'excès pulsionnel (être) se soulage lorsque s'ouvre la porte de sortie de la jouissance d'organe (avoir). Aucune pulsion spéciale ne correspond à l'érection, et l'on se demande comment se connecte le regard au pénis, jamais défaillant en ces occasions. C'est que le but des poussées pulsionnelles est d'abord la fétichisation phallique du corps : tel est leur excès. C'est donc grâce à un retournement du corps phallique en pénis en érection que se produit l'érection soulageante, sinon honorable, de l'excès. L'excitation du pénis correspond au passage entre « être passivement » le phallus (le corps entier) et « l'avoir activement » (le pénis seulement) – mais en érection, à la condition d'un changement de vectorialisation du regard. Celui qui « était » l'« a », en mettant l'autre à sa place. Ce retournement s'accompagne d'un moment d'impersonnalité, puisque le sujet échange sa place contre celle de sa victime. Cette impersonnalité signifie que « personne » n'a agi : « ça » s'est fait.

Le qualificatif de « plaisir » ne convient pas vraiment pour désigner cette jouissance du pervers, car il s'y trouve contraint. Intense, forcé, dépersonnalisant, ce « plaisir » libère plutôt qu'il ne fait jouir. Son sujet veut souvent s'amender, ou bien il se jure qu'il le fait juste encore une fois. Mais cette feinte appartient justement à son plaisir. Il n'arrive pas à dominer cette force qui évoque la répétition restreinte d'un plaisir violent ressenti dans l'enfance, fixé dans le souvenir et ensuite réitéré, sur un modèle voisin de la répétition des traumatismes de guerre. L'action se déroule en dépit de son acteur, qui considérera parfois que la faute incombe à la victime. Elle aussi, souvent d'ailleurs, se sent coupable, comme si elle avait provoqué ce qui lui arrive [1]. Cette impersonnalité de la décharge pulsionnelle perverse contraste avec la subjectivité de l'érotisme, qui résulte du manque d'une personne singulière et pas d'une autre [2].

Cette jouissance n'est pas prise grâce à la jouissance du partenaire (comme dans l'orgasme névrotique), elle s'exerce à son encontre en lui faisant violence (ou avec un semblant de violence, lorsque le partenaire y consent) [3]. La libération de la

1. La victime est parfois incapable de porter plainte, ou même de parler de ce moment irréel avec des proches.

2. Il faut le souligner, car certains soutiennent que la différence entre pornographie et érotisme serait purement culturelle, et dépendrait des habitudes d'une époque (voir R. Ogien, *Penser la pornographie*, Paris, PUF, 2003, ou encore M. Marzano, *La Pornographie ou l'Épuisement du désir*, Paris, Buchet-Chastel, 2003).

3. Il existe aussi une dimension de franchissement dans l'orgasme névrotique – mais, on le verra, elle dépend des contradictions internes au fantasme :

jouissance repose avant tout sur le transitivisme de l'emprise. Il faut métamorphoser de force l'objet en ce sujet que l'on a risqué d'être, et pour cela le prendre par surprise, malgré lui, et en ce sens enfreindre la loi, contrairement au consentement dont la névrose se satisfait. Le plaisir ne se renouvelle jamais si bien qu'au rythme de la transgression. Il faut braver des interdits, tels qu'ils existent à une époque, en un certain lieu, affronter la conformité et les normes sociales – même celles des groupes restreints dans lesquels il est de bon ton d'avoir exploré plusieurs pratiques : amour en groupe, homo, bisexualité, etc. Allégée des tracas de l'amour, cette extension des limites de l'interdit bénéficie d'une indéniable liberté dans le plaisir [1].

Pourtant – à cause de son impersonnalité – ce soulagement de la tension pulsionnelle ne débarrasse pas son acteur du tourment de son existence, puisqu'il ne légitime pas son nom, comme l'érotisme peut le faire. Il ne requiert aucune reconnaissance et une multiplicité de partenaires lui convient : seule leur annulation compte, au moment de l'échange des places. Pendant l'échangisme de cet auto-érotisme à deux, le partenaire est pris comme pur objet de l'actualisation. Cet anéantissement de la subjectivité du partenaire fait partie de la jouissance, ou même à lui seul il en tient lieu. L'assassinat pervers est une forme (heureusement rare) de cette dépersonnalisation du passage à l'acte, comme le montrent les scènes meurtrières coordonnées à l'orgasme décrites par le marquis de Sade. Cette neutralité impersonnelle – cette « apathie », aurait dit Sade – explique la fascination qu'exerce la perversion, au point qu'elle représente parfois une sorte d'idéal pour les névrosés [2].

---

dans la perversion, il faut au contraire la constituer par rapport à une norme quelconque, souvent sociale.

1. Tout du moins pour ceux qui y arrivent, car les autres en rêvent plus qu'ils ne passent à l'acte, tourmentés qu'ils sont par l'amour, qui leur fait perdre le goût de ces amusements.

2. Ce qui objective le sexuel exerce un attrait puissant : celui d'en finir avec la frénésie de l'excitation pulsionnelle à chaque instant contrée par les angoisses, les précautions de l'amour et de l'idéalisation de la personne.

3 – Le fétiche forme une sorte de clef de voûte des perversions : chacune d'entre elles cherche une satisfaction sexuelle complète grâce à un *objet* pulsionnel. Mais comme le *but* de chaque pulsion est d'identifier le corps au phallus maternel, et comme le fétiche symbolise ce but, il représente une sorte d'objectif au moins virtuel. Il concrétise de manière visible le déni de la castration maternelle, alors que les autres perversions cachent leur jeu : l'excitation sexuelle que peut provoquer une pulsion isolée reste un vrai mystère, puisque son enjeu phallique demeure latent et n'apparaît qu'avec son résultat : l'érection, encore une fois, véritable énigme dénaturalisant le sexe.

Ce fétichisme a une portée théorique exceptionnelle, puisqu'il démontre rétroactivement l'importance du phallus comme seul symbole sexuel dans les premiers âges de la vie [1]. Après tout, rien ne démontre son rôle dans les relations initiales de la mère et d'un enfant, qui ne saurait en témoigner à cet âge ! C'est en mesurant les conséquences que l'on évalue ce rôle : si des pervers usent de fétiches – qui représentent un phallus maternel dont ils dénient l'absence –, c'est bien qu'ils l'ont d'abord été eux-mêmes pour leur mère ! L'utilisation d'un fétiche déplace sur lui l'investissement phallique de l'Être, et du coup, leurs interlocuteurs peuvent l'Avoir. Le recours au fétiche déclenche ainsi une érection.

Pourquoi un fétiche excite-t-il ? Il ne tient pas cette vertu de sa valeur d'usage, mais de sa valeur d'échange [2]. Des réminiscences investissent cet objet, surtout s'il a servi dans le passé à parer la beauté maternelle, et qu'il symbolise ainsi son manque. La mère portait des bijoux, des chapeaux, des gants, etc., pour aguicher les hommes, pour provoquer chez eux l'érection de ce qu'elle

1. « L'examen du fétichisme est à recommander instamment à tous ceux qui doutent de l'existence du complexe de castration » (S. Freud, « Le fétichisme », in *La Vie sexuelle*, Paris, PUF, 1969, p. 136 ; traduction de l'auteur à partir des *GW XIV*, p. 315).

2. On emploie à dessein ces termes de connotation marxiste [usage *vs* échange] pour évoquer l'efficacité du fétiche, eu égard au fétichisme de la marchandise (voir K. Marx, *Le Capital* [1867], livre I, Paris, Gallimard, 2008).

n'avait pas, et du coup, ces symboles imbibés de désir prirent la valeur du phallus – qu'elle n'eut pourtant toujours pas. Le fétiche fonctionne comme un ersatz du phallus maternel et il dénie sa castration : d'un côté il la masque, alors que de l'autre il la reconnaît. Un « écran » cache et montre. En réalité, le fétiche en lui-même n'est rien, n'était la promesse d'une érection. Entre être et néant, cette dynamique le rend excitant. C'est un passage de frontière, contrebande dont l'efficace procède de son imposition. Une chaussure, par exemple, n'a en elle-même rien d'érotique. Mais lorsqu'une femme est invitée à la chausser, cette contrainte la féminise, tandis que son partenaire se masculinise grâce à son acte de domination. Le passage violent de la valeur d'usage de la chaussure à sa valeur d'échange lui donne sa puissance érotique.

Le fétichisme, comme les autres plaisirs pervers, réalise une jouissance sans fantasme grâce à un scénario, celui d'un échange de place forcé. Il réitère l'entrée dans le phallicisme : un sujet a été le phallus de sa mère. Il se saisit du fétiche qui symbolise ce phallus, et il l'impose à quelqu'un : du coup, il ne l'est plus lui-même, mais il l'a. Cette libération engendre un plaisir intense quoique fautif, délicieusement coupable, et la femme sollicitée pour cette mise en scène sera alors bien avisée si elle administre à son compagnon de jeu une petite fessée (ou une correction plus importante). Par exemple, avec une cravache, qui pourrait bien d'ailleurs devenir elle-même un fétiche (ou même fonctionner comme le seul fétiche de cette saynète). La punition peut varier, aller des insultes aux coups, ou se contenter seulement d'atteintes morales – mais avec elle sonne l'heure d'une deuxième décharge de tension, celle de la culpabilité. Ce bouquet final peut alors se clore sur une éjaculation, un sommet du plaisir qui signifie sa fin. Ce *culmen* vaut en intensité celui de l'orgasme, bien qu'il ne mette pas dans la balance la subjectivité et le rapport au nom, mais le contraire. Les résultats valent largement ceux qui soulagent les contradictions fantasmatiques. S'il fallait les coter à la bourse d'Éros, les plaisirs pervers seraient, sans conteste, plus pratiques et moins encombrants que ceux de l'amour. Mais, outre qu'il faut être doué pour cela, ils laissent irrésolues des questions cruciales comme celle de la subjectivité, que l'amour sexuel soulage plus aisément – non sans lourdeur ni pathos, qui font du coupable névrosé un ennuyeux encouplé.

La perversion proprement dite

Le passage de l'enfance à l'adolescence modifie le régime de la jouissance pour les névrosés. Chercher à « avoir le phallus », le déni de la castration, passe désormais par la relation à l'autre du sexe, dont ce phallus est attendu. Ce déplacement de la quête phallique entre le masculin et le féminin (dont le parricide est la condition) entraîne un refoulement de la « perversion polymorphe » de l'enfant. Il en reste une perversité ordinaire qui forme l'envers de la névrose. Elle se distingue de la perversion proprement dite, qui constitue l'activité monomaniaque d'un adulte. Une décharge complète du plaisir avec éjaculation la caractérise, et cela sans autre secours que celui d'une pulsion partielle (le regard, l'excrément, les coups, etc.) ou d'un fétiche. Ce qui fonctionne comme préliminaires dans les névroses sert de fin dans la perversion, que définit cette caractéristique d'une décharge complète grâce aux seuls objets partiels. Un tel plaisir allant jusqu'à sa fin n'existe pas dans les perversions polymorphes de l'enfant, ni dans la perversité névrotique. La perversion proprement dite résulte de la fixation des modalités de la sexualité infantile, qu'il s'agisse de jouissance pulsionnelle, d'identification transitiviste (homosexualité perverse[1]), ou bien du fait de s'en prendre à un enfant semblable à celui que l'on a été (pédophilie).

Contrairement à la sexualité névrotique qui carbure au fantasme et dépend donc de la subjectivité, la perversion se règle sur l'objectivité de la pulsion selon un circuit en boucle sans

1. Ce n'est pas dire que l'homosexualité serait une perversion. Car le choix d'un objet sexuel du même sexe anatomique ne veut pas dire qu'il est du même genre. On retrouvera donc des choix d'objets homosexuels dans toutes les structures – névrose, psychose et perversion – dont il est question ici.

panne ni raté. Quoi de plus pratique, par exemple, qu'un fétiche ? De sorte qu'on se demande pourquoi la perversion polymorphe de l'enfant passe au régime plus complexe de la génitalité. Et comment, dans certains cas, elle se prolonge en perversion tout court. S'agit-il d'un simple prolongement de la sexualité infantile ? Oui, du point de vue du rapport à l'objet, non, du point de vue du but sexuel. Si l'on considère le plaisir pulsionnel et l'objet qu'il met en jeu (fétiche, regard, voix, emprise, etc.), il reste identique à celui qui fixa jadis un plaisir traumatique. Mais, depuis le moment du choc psychique, le sujet a grandi et son but sexuel s'est considérablement modifié ! Dans l'enfance, le but sexuel soulageait en pointillé, si ténu qu'on le remarquait à peine : une bousculade, des coups, quelques jeux sexuels, des attouchements, plutôt que de franches masturbations. Les adultes ne remarquaient rien : qui pouvait croire que ces jeux innocents réalisaient des buts sexuels ? S'il se produit un saut qualitatif des perversions enfantines à la perversion adulte, c'est que le *but sexuel* change du tout au tout : désormais la décharge s'impose au premier plan. Ce but ressemble à celui de la génitalité, dont il se distingue pourtant, puisque si l'auto-érotisme se libère, il n'y arrive que par force : il a tout à prendre et rien à donner. Si le but commande désormais une pénétration, elle doit prendre le sens d'un viol – au moins en parole. Pour un pédophile, par exemple, l'objet reste le même. C'est l'enfant qu'il a été : il va donc se contenter d'abord d'attouchements sur un enfant semblable à celui qu'il fut. Mais comme le but sexuel a changé, une éventuelle pénétration donne une autre tournure – dramatique – à ce viol.

La fixation d'une scène de l'enfance se répète, selon un schéma auto-érotique transitif, auquel le partenaire ne doit pas consentir. Il faut qu'il soit forcé... même s'il est d'accord ! Et la signature d'un contrat institutionnalise parfois ce viol consenti. Un tel contrat ne singe pas la loi : c'est un moyen d'obéir à un scénario passé, de se mettre à distance, d'imposer une sorte d'impersonnalité mécanique, qui permet de jouir au moins de loin : la perversion est un esclavage auquel il faut se soumettre dans l'apathie chère à Sade – parce que cela a été décidé ainsi. C'est la routine !

Le comte de Sacher Masoch, qui donna son nom au masochisme, faisait signer à ses compagnes de tels contrats qui imposaient – dans certaines circonstances – la répétition d'une scène de coups qu'il avait subis dans son enfance. Rappelons d'abord le souvenir de cette scène : un dimanche après-midi, alors qu'il jouait à cache-cache avec d'autres enfants, le jeune Sacher s'était dissimulé dans le placard d'une soupente. Une de ses tantes, la comtesse Zénobie, beauté d'une force impressionnante, entra alors dans la pièce suivie de son amant, avec lequel elle se livra sur-le-champ au plaisir de la chair. Sur ces entrefaites, le mari pousse brusquement la porte et, loin de venger son honneur bafoué, c'est au contraire lui qui se voit administrer une volée par la terrible Zénobie. Bien plus, le malheureux ainsi fustigé semble en tirer du plaisir, balbutiant des phrases incompréhensibles entre larmes et supplications. Enfin, le jeune Sacher sur le point d'être sacré Masoch – découvert au fond de son placard – doit subir à son tour une mémorable raclée pendant laquelle, cloué au sol sous le talon de la comtesse, il jouit pour la première fois de sa vie.

Est-ce cette seule décharge de plaisir qui fixa le scénario de ses répétitions futures ? Encore faut-il lui ajouter la mise en perspective *latente* d'un mari humilié par sa femme. Car c'est cet arrière-fond qui détermine la fixation, lorsque l'affrontement œdipien avec cette sorte de père perd tout son sens, puisque le parricide vient déjà d'être réalisé – non par l'enfant – mais par une sorte de mère ! La mère (identifiée à une puissance masculine – ici, par sa violence) dérobe au fils l'acte final du complexe d'Œdipe, celui du meurtre du père dont dépend l'assomption génitale « névrotique ». Le père auquel il aurait fallu s'affronter a disparu ! La perversion proprement dite s'impose dans ce ravalement d'une des fonctions paternelles, désamorçage effectué par la mère. Un tel défaut suffit pour que les fantasmes restent en leur état dormant : celui où ils étaient pendant l'enfance –

jouant ainsi une prolongation de la perversion polymorphe enfantine. Les fantasmes restent alors dépourvus de la dimension parricide qu'ils prennent pour les névrosés à l'adolescence. Pour ces derniers, l'affrontement au père impose l'épreuve nécessaire et suffisante qui les fait passer de la perversion polymorphe de l'enfance au régime névrotique de l'adulte. Le parricide fait en effet entrer dans un nouveau régime de la jouissance : la culpabilité refoule le pulsionnel, donc la perversion (qui insistera désormais sous cette forme de retour du refoulé qu'est la perversité névrotique).

Ce paradigme de la perversion est encore plus éclatant dans l'exemple de Sacher Masoch, puisque à sa naissance il ne reçut pas le nom de son père, mais celui du père de sa mère, et cela afin de perpétuer la lignée grand-paternelle, en voie d'extinction[1]. Épris d'une femme de noble lignage, ce père roturier accepta que son fils porte le nom du père de sa femme, condition qui lui était imposée s'il voulait se marier. En ce sens, le père de Sacher Masoch aura été humilié au plus profond, celui de l'extinction de son nom. Dans la scène de fixation où le parricide est effectué par cette sorte de mère qu'est Zénobie, cette mère par procuration « tue le père » à la place du fils, qui reste à distance de l'acte qu'il aurait voulu et dû commettre. Et c'est dans cette distance que, par la suite, le plaisir se répète : il jouit *du dehors* du rapport sexuel, ce dont il est au même instant puni – comme son père, auquel il peut, au tout dernier moment, s'identifier sous les coups. Obligatoire, la punition devient ainsi à l'âge adulte un droit garanti par contrat. Être battu et avili comme le père, c'est – en toute dernière extrémité – prendre, sinon sa place, du moins sa posture, donc, en ce sens limite, le tuer. Ce parricide de la dernière chance donne à la punition son issue orgastique.

---

1. « On notera que c'est le père, nommé Sacher, qui se voit affublé, en même temps que son fils premier-né, du matronyme. Destin du nom propre voué à l'antonomase : c'est ce *matronyme patronymisé* en quelque sorte qui a donné naissance à la perversion éponyme » (P.-L. Assoun, *Le Masochisme*, *op. cit.*, p. 22).

La perversion est bien en ce sens une « version vers le père » – comme a pu le dire Lacan. Mais c'est une version vers le père disposée à l'envers de la névrose. Dans la névrose, c'est la « perversion » du père (son rôle fustigateur) qui déclenche la série des fantasmes névrotiques jusqu'au parricide. Dans la perversion, au contraire, la « version » vers le père est celle que le sujet construit de toutes pièces, dans la mesure où un « père à tuer » lui fit défaut – sa mère ayant fait le travail à sa place, et devant lui. Il ne lui reste plus qu'à s'identifier à elle, en différents scénarios pouvant avoir comme conséquence l'homosexualité ou l'élan pédophile. Sans exclure les différents montages destinés à faire vivre un père aussi féroce qu'il aurait dû l'être pour mériter la potence[1].

La pédophilie... avatar du désir « de » l'enfant

Les actes pédophiles, surtout lorsqu'ils ont une issue dramatique, provoquent d'autant plus le dégoût et la révolte qu'ils touchent profondément l'infantile de chacun. Plus qu'aucune autre perversion, la pédophilie montre au névrosé le refoulement de sa propre perversion. Cette proximité peut s'illustrer à partir de l'expression : désir « de » l'enfant et de ses équivoques. Une ambiguïté existe d'abord entre le désir d'*avoir* un enfant et le désir *sexuel* pour un enfant, l'un n'étant pas sans relation avec l'autre[2]. L'équivoque de l'expression « désirer un enfant » permet de développer la dialectique du désir, selon qu'il reste incestueux ou qu'il refoule, au contraire, sa dimension sexuelle. La perspective socialement admise du « désir d'enfant » consiste à en avoir un, alors que sa perspective socialement honnie consiste à désirer

1. Car se faire emprisonner à vie ou condamner à mort appartient à cette construction des père-versions.
2. Le génitif installe en même temps une forte équivoque dans la vectorialisation du désir : on ne peut savoir à l'avance, de l'adulte ou de l'enfant, qui désire qui, et chaque éventualité peut s'envisager jusqu'au précaire équilibre d'un désir virtuel réciproque.

sexuellement un enfant. Ces deux perspectives ne sont pas antinomiques. Le fait de « désirer avoir un enfant » n'exclut pas de le « désirer sexuellement » aussi, mais bien sûr ce vœu est généralement refoulé. On voit ainsi la complexité du désir « de » l'enfant. Très vite, un enfant veut avoir un enfant pour cesser d'en être un. Il commence par engendrer des enfants fantasmatiques, « oraux » ou « anaux » [1]. C'est de l'enfance en général qu'il se sépare ainsi [2]. Nous quittons dès le premier jour cet enfant oublié : c'est notre « nous-même » idéal, notre ange gardien. Ce double rejeté incarne ce que nous aurions dû être pour nos parents : un enfant de rêve. C'est de lui que nous nous souvenons en voulant procréer. Mais, dans le même temps, toujours dans l'espoir de se séparer de l'infantile, un enfant traite les autres enfants comme il s'est senti traiter lui-même, dans une sorte de mimétisme sexuel qui méconnaît son but. Par exemple, la petite fille séduite sera séductrice avec d'autres enfants, etc. Le « double désir » de l'enfant fonctionne ainsi très tôt, et de son agencement va dépendre plus tard un vœu de procréer. Ce vœu cherche trois objectifs : d'abord, avoir un enfant semblable à celui que l'on a été. Ensuite, faire un enfant *pour* son père ou *pour* sa mère, au sens d'une dette transgénérationnelle [3]. Enfin, avoir un enfant avec son partenaire sexuel par amour. Seule la dernière occurrence, celle de l'amour, refoule la dimension incestueuse du désir de l'enfant.

« Faire un enfant » pour solder une dette transgénérationnelle procède du vœu parricide : ce vœu procède donc au second degré d'un fantasme de séduction et de viol, liant ainsi en un seul paquet les deux composantes du désir « de » l'enfant. Ces deux composantes, érotique et procréative, s'articulent sous le coup de la castration paternelle. Celle-ci crée de toutes pièces

1. Par exemple, en avalant un noyau de cerise, ou en étant constipé, etc.
2. Comme le font les adultes : les enfants en général représentent leur propre enfance rejetée (de sorte que n'importe quel enfant du monde nous touche toujours).
3. Ou bien non pas *pour*, mais *avec*, non sans conséquences symptomatiques parfois lourdes.

le désir sexuel, mais elle métamorphose le père en séducteur, faisant courir un risque incestueux : la séduction se retourne ainsi en désir de meurtre. L'amour s'empêtre avec un vœu de mort. À partir de ce nœud serré va naître à la fois le désir sexuel et le désir d'enfant. Alors que l'enfant déclare la guerre au père, une sorte d'hypnose le saisit, et il laisse tomber ses armes... le temps d'être à nouveau séduit, de reprendre les armes, etc., non sans la pensée latente d'avoir subi un viol – que la pédophilie peut répéter pour se soulager. D'un côté, le viol désiré menace, de l'autre, la vengeance de ce viol. Une faute indéterminée excite[1], et de la profondeur de ce péché naît le vœu d'une rédemption. Comment se faire pardonner de ce père désiré, Minotaure toujours présent au fond du labyrinthe, sinon grâce à l'offrande d'un enfant qui portera son nom ? Le don du nom du père pousse violemment en avant le « désir d'avoir un enfant », à commencer par celui des hommes, celui des femmes étant tout aussi virulent, quoique par personne interposée[2]. Le « désir de l'enfant » (sexuel) va être ainsi refoulé au profit du « désir d'enfant » (en avoir un) à proportion de l'importance du fantasme parricide.

Mais refouler n'abolit pas, et, en ce sens, les adultes sont envahis de fantasmes concernant l'infantile. D'une part ils refoulent leur propre perversion polymorphe, de sorte que, pour eux, défendre l'innocence de l'enfance, c'est renforcer leur propre refoulement. D'autre part, des enjeux sexuels insistent entre adultes et enfants au titre d'une répétition transgénérationnelle : le « désir incestueux » reste incompréhensible, si l'on méconnaît qu'un homme peut jouer avec sa fille la partie qu'il n'a pu terminer avec sa propre mère, de même qu'une mère peut voir dans son fils un homme semblable à son propre père, et chercher à le

1. Faute à l'égard du père, comme le montre la religion chrétienne sous la forme d'un mystère si opaque qu'un croyant ne fera jamais la relation entre son désir sexuel, son vœu de meurtre d'un père violeur, et sa foi en un père éternel. Cette méconnaissance ouvre l'abîme de sa croyance.
2. Une femme épouse un homme qui tue le père, selon la structure du *Cid* de Corneille.

séduire. Le désir transgénérationnel concerne cette permutation de place vertigineuse qui amène un fils, lorsqu'il devient père, à éprouver un émoi sexuel à l'égard de son enfant – non en tant que père, mais en tant que fils de ses propres parents. Comment comprendre autrement qu'un adulte puisse éprouver une excitation sexuelle en tenant un nourrisson dans ses bras ? Au prix d'un changement de place qui l'occulte – le désir incestueux investit le corps enfantin en sautant en secret une génération. Insaisissable par la conscience des parents, s'impose en sourdine un rejet violent comme un meurtre, adressé à ce qu'il y a d'incestueux dans leur désir d'enfant [1]. La lutte contre Thanatos anime avec force l'amour des parents pour leur enfant. Il leur faut le protéger d'abord contre l'obscurité de leur propre désir, qui leur fait craindre pour lui. Chaque parole d'amour, le moindre geste de tendresse exorcisent cette sombre imminence. Comme le refoulement du désir incestueux laisse place à une érotisation désexualisée, le corps des nourrissons est « normalement » érotisé par leurs parents : leur refoulement par rapport à leurs propres parents se transmet ainsi. À cet égard, le refoulement, c'est la transmission même d'un érotisme désexualisé, qui tracte positivement les enfants dans le désir. L'enfant naît avec la force de ce que l'amour de ses parents et leur amour entre eux contiennent et recouvrent.

À quoi correspond le désir sexuel d'un adulte pour un enfant ? Lorsqu'un enfant devenu adulte désire des enfants semblables à celui qu'il fut, il continue sur la lancée de sa sexualité infantile : la perversion polymorphe de l'enfant se transforme en perversion tout court, qui résulte de la fixation d'une des modalités de la sexualité infantile, qu'il s'agisse de jouissance pulsionnelle (exhibitionnisme, voyeurisme, sadisme, etc.) ou d'identification transitiviste, comme aimer un semblable (dans l'une des homosexualités) ou bien aimer un enfant semblable à celui que l'on a

1. Nombre de civilisations anciennes sacrifiaient le premier-né au totem de l'ancêtre et aujourd'hui, le désir d'avorter sacrifie souvent sur le même autel (il y a toujours autant d'avortements, malgré les moyens qui permettraient de les limiter).

été (pédophilie). Le pervers pédophile continue son enfance en poursuivant avec des mineurs l'enfant qu'il fut, dans la mesure où la séduction paternelle ne l'a pas poussé jusqu'au fantasme parricide, donc vers la culpabilité, donc au don d'un enfant rédempteur. Il continue par conséquent de hanter son enfance, à défaut de l'acte de sang qui initie l'Œdipe et se répète à l'adolescence. Paradoxalement, le fantasme de séduction *subjectif* du père lui a manqué, soit parce que son père aura été objectivement séducteur (lorsque l'acte est là, le fantasme s'annule), soit au contraire parce que son père aura été totalement absent de l'érotisation (absence de fantasme également) et l'aura laissé pieds et poings liés aux prises avec sa mère, parricide à sa place. Il lui faudra ensuite dénier l'angoisse de la castration maternelle selon les divers procédés pervers [1]. Dans l'un ou l'autre cas, la faiblesse du fantasme de séduction aboutira au même résultat, c'est-à-dire la fixation de la perversion infantile et son retournement en perversion adulte (qui lui donne une apparence génitale).

La perversion devient « adulte » par retournement sur le corps d'un semblable qui est un fantasme du passé. Elle jouit (comme un adulte, génitalement) mais par la voie des seuls préliminaires pulsionnels (comme un enfant). L'adulte reste ainsi toujours obsédé par l'enfant. Il garde le même *objet*, alors qu'il a changé de *but sexuel*. Cela veut dire que, si le but sexuel de l'enfant s'épuise dans le voyeurisme, l'exhibitionnisme, les masturbations (qui sont d'ailleurs surtout de simples attouchements), le pédophile ne se contente pas toujours de ces jeux légers. Dans le désir sexuel d'un adulte pour un enfant, de toute façon un enfant disparaît. Le pédophile s'identifie d'abord à l'enfant, et donc lui-même s'évanouit. Et c'est lorsqu'il se trouve dans cet état dépersonnalisé qu'il peut tuer un enfant déjà disparu, déjà évaporé dans l'acte sexuel lui-même. Un meurtre impersonnel est l'équivalent orgastique de cet inceste étendu. Si – heureusement, rarement – un pédophile tue, son acte frappe l'enfant qu'il a été,

1. Il faudrait étudier dans quelle mesure les deux formes de défaut du « fantasme de séduction » aboutissent à des modalités différentes de la perversion.

et cela dans un moment de quasi-dépersonnalisation qui pousse jusqu'au bout cette logique de l'inceste, selon laquelle faire l'amour avec l'un de ses géniteurs, c'est mourir dès avant sa propre vie. Cet érotisme meurtrier correspond à ce que les névrosés refoulent et échangent contre un geste de protection : chaque enfant éveille en chacun l'enfant qu'il a été. Nul n'est indifférent à sa présence, et cet émoi palpite au cœur de la relation normale avec l'enfant.

Pourquoi la perversion polymorphe de l'enfant se métamorphose-t-elle ? À l'adolescence, la demande d'amour exogamique, sa réclamation de fidélité, les jeux de la rivalité, remettent en scène le complexe d'Œdipe et sa scénographie à trois : elle se joue entre la personne aimée et le vœu d'exclusion du rival, tout comme dans la petite enfance. De sorte que, coup de théâtre : le rôle sexuel du père devient brusquement compréhensible, provoquant une brusque flambée d'ambivalence à son égard. Cette agressivité renouvelée, parfois violente, accumule une culpabilité dont la dette fomente un désir d'enfant, plus ou moins rapidement mis en acte. On voit ainsi comment l'enfance bifurque vers un autre âge, sous le coup d'une dette contractée au détour de l'amour, qui ravive et occulte un vœu parricide : derrière ce paravent de l'amour, un désir d'avoir un enfant mûrit. Il enterre à grands frais la perversion polymorphe, qui reste son négatif. Il la refoule d'un coup, ou bien à la petite semaine, pendant un temps de vie plus ou moins long[1].

La dette à l'égard du père s'articule à l'angoisse de castration qu'il provoque. Par ce biais, une demande concrète se profile, celle d'avoir un enfant-pénis *(Penisneid)* pour une femme, et celle de donner ce pénis-enfant pour un homme. Le désir d'avoir un enfant correspond à la dette due au père et il s'est longtemps accommodé de mariages arrangés par les familles, le curé, le rabbin... Il n'en va plus de même lorsque l'amour est aux

1. Par le biais de l'amour ou du travail, les névrosés refoulent tout au long de leur vie leur perversion. Si ces soupapes de sûreté lâchaient, cela ne signifierait pas que la névrose se métamorphoserait en perversion, mais que la pulsion se replierait sur le symptôme, base de repli du père, apte à refouler la perversion pulsionnelle.

commandes : il subjective la pulsion qui manigançait la perversion polymorphe. Le refoulement de la pulsion par l'amour résulte du passage de l'endogamie à l'exogamie, qui s'accompagne d'une sorte d'échange croisé entre amour et sexualité polymorphe. On l'a dit, la famille garantit une certaine quantité d'amour, alors que le sexe y est interdit. À l'extérieur de la famille, c'est le contraire : il faut se battre pour l'amour, et panser ses blessures grâce à la sexualité[1]. Le passage de l'endogamie à l'exogamie refoule la pulsionnalité perverse sur l'envers de la génitalité[2]. L'amour *refoule* les racines endogames du désir d'enfant jusqu'au moment où chacun des partenaires d'un couple est habité par l'idée d'avoir un enfant, non pas abstraitement, mais avec cet homme-là, ou cette femme-là (et avec personne d'autre) : c'est le vœu d'un enfant « pour la vie », et contre la mort que porte chaque amour. Un tel enfant leur fait oublier la dimension transgénérationnelle de leur désir, leur vœu narcissique de se dupliquer, le paiement de la dette et l'angoisse de castration vis-à-vis de leurs parents, bien que ces motifs restent puissamment actifs sous le manteau de l'amour. Ce sujet du refoulement est le même que celui de l'amour : il ignore ce qu'il cherche, sinon qu'il le cherche.

Pourquoi avoir tant insisté sur le destin duplice du « désir "de" l'enfant » ? Quiconque ouvre un quotidien remarquera l'inflation des faits divers pédophiles. Dans le passé, les malheurs des enfants mobilisèrent souvent les foules. Au XIXe siècle, par exemple, la morgue de Paris était un lieu de promenade familiale, car les enfants morts inconnus y étaient exposés. Que l'on songe à un épisode moyenâgeux aussi extraordinaire que la croisade des enfants : les parents laissèrent partirent leur progéniture vers une mort certaine, avec la bénédiction des Églises. Que l'on

1. L'amour inflige une déflation narcissique : l'amant n'est plus rien devant l'aimée. Et il cherche à compenser cette perte de valeur phallique grâce à la jouissance d'organe (pénis ou clitoris).
2. La passion inverse les impasses auto-érotiques de l'enfance : le crapaud paternel devient un prince charmant, le désir éveille la belle au bois dormant, etc.

songe encore aux voyages pédophiles que faisaient, il y a quelques dizaines d'années, de grands écrivains qui affectionnaient d'autant plus l'exotisme des colonies qu'ils y assouvissaient leurs penchants. Personne n'y trouvait alors à redire. Quelque chose a changé aujourd'hui.

C'est que la chasse au père est ouverte, au père violeur, certes, mais à travers lui au père en général comme en simple soldat[1]. Ces nouveaux rapports avec l'enfant dépendent de ce qui est en train d'arriver au complexe paternel. La laïcisation progressive de la société, sous l'effet du discours de la science, a enlevé peu à peu sa puissance au patriarcat, légitimé pendant des millénaires par les religions. Or, ce n'a jamais été « le père » qui faisait la loi, mais la loi résulte de la culpabilité du sujet qui refoule son fantasme parricide. Chaque fils rêve la mort du père, et cherche à réparer son vœu meurtrier par son désir d'enfant, donc grâce à l'amour. De sorte qu'il est plus juste de dire que l'amour plutôt que le père fonde la loi. Le triomphe de cette loi sur celle du patriarcat caractérise notre époque. Majoritairement aujourd'hui, les couples se forment par amour, et non pour des motifs patrimoniaux[2]. Dire que ce remaniement correspondrait à un « déclin du père » ne reflète pas un double mouvement : alors que les pères qui ne devaient leur légitimité qu'au patriarcat s'enfoncent, une valorisation – sans doute majoritaire – de la fonction paternelle se produit. La baisse de puissance du patriarcat ne remet nullement en cause la fonction paternelle. Une image légiférante du père recule, alors que les pères n'ont sans doute jamais été aussi soucieux de tenir leur place. Ils s'occupent de leurs enfants bien mieux que la plupart des pères des générations antérieures, plus volontiers intéressés par les courses, la guerre, les cafés, les bordels, etc., que par l'éducation de leur progéniture.

---

1. Un président des États-Unis, Bill Clinton, a pu être traîné en justice pour des faits qui montrent que, dans son pays, les femmes sont largement considérées comme des mineures. Il était suspecté d'avoir caché au juge une pratique de *felacio* avec sa secrétaire.
2. En 2009, plus de 50 % des enfants sont nés hors mariage.

Dans le patriarcat, le lien du fils au père prévalait et les femmes étaient mises en minorité. De sorte que l'amour lui-même était une valeur secondaire. Or, c'est grâce à l'amour que la perversion polymorphe de l'enfant est refoulée. Lorsque l'amour d'une femme baissait d'intensité, les hommes retournaient au café : ils retombaient dans leurs perversions polymorphes, dans leur attrait pour les petites filles ou les petits garçons. Ces penchants font partie du régime de croisière du patriarcat, incestueux pour les filles, meurtrier pour les garçons envoyés à la guerre. Plus l'amour des femmes monte en intensité, plus ces traits du passé deviennent visibles. La pédophilie n'est pas plus fréquente aujourd'hui : on aperçoit seulement ce qui restait inaperçu ou passait pour normal auparavant. On ne peut attribuer la pédophilie à un déclin de la fonction paternelle puisque, au contraire, elle devient visible au fur et à mesure que la fonction paternelle prend une place différente, qui doit plus à l'amour de la femme qu'à la dette à l'égard du père.

Cette visibilité nouvelle de la pédophilie survient alors que (en bonne partie grâce à Freud) l'existence d'un univers prépubertaire différent s'est dégagée. Les enfants y ont gagné d'être traités avec davantage de respect, alors qu'il y a peu ils étaient plus maltraités encore que les adultes[1]. Paradoxalement pourtant, l'angélisme de l'enfance est sorti renforcé de ce progrès. Au nom de la protection de l'enfance, et d'un prétendu « symbolique », différentes espèces d'intégrisme volent au secours d'un patriarcat mal en point. L'enfant est peut-être un sujet, mais il

1. En France, par exemple, grâce aux travaux de Maud Mannoni et de Françoise Dolto, les enfants ne sont pas perçus de la même manière que dans des pays de même niveau de vie. Aux États-Unis, par exemple, on ne parle pas aux nourrissons dans les maternités, les hôpitaux, les institutions en général. L'enfant a gagné un statut de sujet qu'il n'avait auparavant que pour sa mère, laquelle était elle-même souvent considérée comme une mineure ou une demeurée (car ne faut-il pas qu'une mère soit un peu folle, pour parler à un nourrisson qui ne comprend rien ?). On abusait d'eux de mille façons, au même titre que d'une bonne partie de l'humanité : les femmes, les classes défavorisées, les races dites inférieures, elles aussi considérées comme mineures. La psychanalyse peut s'enorgueillir d'avoir fait reconnaître que, pour être mineur, l'enfant n'en est pas moins sujet.

doit rester un innocent. Toutes sortes de psychologues sont appelées en renfort pour élever un mur de protection autour de l'enfance. Les fantasmes sexuels des mineurs sont pris comme les preuves d'une intrusion des adultes dans leur virginité psychique. Les praticiens sont désormais tenus de signaler de simples fantasmes sexuels comme s'ils étaient des réalités, et il ne leur est pas toujours facile de se démarquer d'un rôle de « police psychique »[1].

Dans des sociétés de plus en plus obsédées par la pureté du père (pas seulement en terre protestante), les plaintes contre les adultes qui auraient abusé de leur enfant s'accumulent, et cela parfois des années après les « faits ». Bien plus, des plaintes sont portées contre les enfants qui s'écarteraient de l'idéal d'innocence de l'enfant[2]. Entre renouveau de la fonction paternelle et chasse au pédophile, tout se passe comme si les contradictions de la société reflétaient les ambiguïtés du désir « de » l'enfant. « Désirer avoir un enfant » recouvre la version sombre et assassine du « désir sexuel d'enfant » : ce vœu retourne à la fois l'inceste en horreur de l'inceste, l'auto-érotisme pulsionnel en hétérosexualité, la pédophilie en vœu d'avoir un enfant, l'obsession de l'enfant mort en vœu idéal de bonheur pour l'enfant vivant.

Les beaux restes de la perversion polymorphe refoulée : la perversité névrotique

La mère fustigatrice qui « tue » le père à la place de l'enfant n'est certes qu'un cas de figure paradigmatique de ce qui laisse

1. Les modalités de la circulaire de Ségolène Royal de 1997 enjoignent à tout fonctionnaire « d'aviser [...] le procureur de la République [...] dès qu'un élève a confié des faits dont il affirme avoir été victime ». Cette imprécision a entraîné une multiplication d'accusations infondées. De 1997 à 2004, 75 % des 849 affaires de pédophilie n'ont pas eu de suite. Mais les dégâts humains : exclusions, suicides, étaient accomplis.

2. Ainsi de ce jeune garçon de huit ans, qui fut convoqué dans un commissariat parisien sur plainte de la mère d'une petite fille qui les avait surpris en tenue légère.

un sujet dans sa perversion d'enfance, derrière lui. Il existe d'autres configurations qui aboutissent au même résultat, notamment une inhibition résultant d'un défaut d'amour (et donc de contre-amour) qui empêche l'acte du sujet, à commencer par le parricide. Ce défaut d'affrontement au père jusqu'à un vœu de mort, donc du refoulement qui enterre l'enfance en même temps que le père, laisse le pervers proprement dit jouer les prolongations de l'enfance. Le deuxième temps du parricide adolescent ne se produit donc pas. Lorsque le refoulement de la pulsionnalité par le fantasme joue au contraire son rôle, la « perversion polymorphe » perd son but, c'est-à-dire la jouissance transgenre du phallus. Cette jouissance se déplace sur une nouvelle scène, celle du désir entre le masculin et le féminin : le phallus devient désormais l'enjeu d'une guerre entre les sexes. Cependant, la pulsion garde ses droits pendant le temps de l'emprise, à titre préliminaire, dimension qui laisse ainsi sa place à une *perversité névrotique*. Elle va continuer à jouer sa partie sur l'envers de la névrose. En somme, elle s'invite au titre d'un retour du refoulé pulsionnel : chaque fois que le fantasme amoureux fait défaut, ou perd de sa puissance, la perversité névrotique prend le relais de l'excitation sexuelle. Le fantasme amoureux recouvre les revendications des autres fantasmes et il innocente ce sur quoi ils s'appuient : leur dimension perverse, qui resurgit dès qu'il s'estompe. Universellement chanté, l'amour n'est pourtant pas toujours au rendez-vous. On en rêve, on vérifie dans les livres et les chansons que ce merveilleux sentiment existe. On l'attend – mais il manque souvent à l'appel. De sorte qu'avec regret, peut-être, avec une culpabilité qui en rajoute, sûrement, une partie de l'humanité trouve son plaisir grâce à quelque scénario pervers[1].

Aujourd'hui, une belle proportion de l'humanité actualise sans doute davantage sa sexualité grâce à l'amour. La plupart des rencontres paient d'abord leur ticket d'entrée à Éros. À leurs débuts

1. La famille patriarcale, qui arrangeait les mariages selon des critères dont il serait un peu court de prétendre qu'ils auraient satisfait le « symbolique », tombe dans ces schémas.

sûrement, mais ensuite ? À l'heure de la satiété, et là encore, les autres fantasmes seront appelés à la rescousse, tant pour l'excitation sexuelle que pour sa décharge. La pulsionnalité qui les sous-tend, c'est-à-dire leur dimension « perverse », apparaîtra alors au premier plan : elle ne signifie pas la perversion proprement dite : cette perversité se profile avec tous les fantasmes, à l'exception du fantasme amoureux [1], seul à symboliser le don – tribut du parricide [2].

C'est si vrai que – sans amour – les autres fantasmes fondamentaux ne vont jusqu'à l'orgasme qu'à la mesure d'une transgression. N'importe quel fantasme sait déclencher l'excitation sexuelle, et, en ce sens, la jouissance pourrait se dispenser d'amour, certes charmant, mais parfois ennuyeux. Cet érotisme sans amour représente peut-être un jeu risqué, mais ne suffit-il pas de mettre en scène une transgression qui tiendra lieu de parricide ? Quoi de plus facile ! Il suffit de bafouer les pratiques ou la morale actuelle de la société. C'est la perversité névrotique.

Chaque fantasme tient boutique à son compte et cherche à s'actualiser sans état d'âme particulier (surtout à notre époque). On trouvera toujours un amateur de fessées, de chaînes, de cuir, de coups, etc., ou une curieuse prête à se costumer en Vampirella, en nurse, etc. Et puis, une fois l'excentricité consommée, tout sera oublié dans le brouillard des réseaux internet et des métropoles nocturnes. Ces pratiques développent leur culpabilité latente, solde de petits parricides innocents. La transgression elle-même est jouissive, et elle tire parti d'une faute qui gît au sein même du plaisir au point d'en tenir lieu. Le cœur du fantasme bat sur une limite transgressive : les cris de l'enfant battu, la jalousie de la scène primitive, la promesse de la corde et du fouet : les ficelles d'un libertinage désormais banal remplacent à

1. Sans être « pervers », quiconque regarde un film pornographique s'en trouve sollicité. Jean-Jacques Rousseau, grand paranoïaque, avait besoin d'une petite fessée pour se mettre en jambes à l'heure de l'érotisme. Ce n'était pourtant pas un pervers.

2. Le fantasme amoureux occupe ainsi une position d'après-coup d'exception : à la fois soupape de sûreté des fantasmes fondamentaux dont la chaîne remonte jusqu'à lui et transformateur universel de la pulsion de mort.

moindres frais l'aveu d'amour, parfois un peu plat. Ce jeu avec l'interdit se voit mieux dans les pratiques perverses, jamais si délicieuses que lorsqu'elles bravent la loi [1]. La transgression vaut comme un meurtre du père « extérieur » au fantasme. Furtivement ou au grand jour, en commettant ouvertement le mal ou sous le couvert du mensonge, de la feinte, voire d'un jeu ou d'un contrat, la transgression dispense de l'amour et joue la carte parricide sur un autre tableau.

La puissance de cette père-version – cette mise en forme si étrange du déni de la castration maternelle – se retrouve ainsi dans toutes les structures, alors couplée à quelque impulsion satanique destinée à faire vivre, pour mieux l'occire en transgressant, l'agent premier de la fustigation [2]. C'est une forme banale de perversité névrotique que de commettre les petites transgressions qui vont faire venir le gendarme. Ces bricolages ordinaires montrent l'ampleur de cet appel au père et l'on n'y prête même plus attention.

Plus démonstratives, on l'a dit, étaient les pratiques masochistes des mystiques, alternant avec les prières adressées au père. Leur perversité n'apparaît jamais si bien que dans leur goût immodéré de la souffrance : le froid, le jeûne, les coups, les scarifications, les *piercings* d'époque, les calvaires à genoux, les oraisons des jours durant : aucune sorte de souffrance ne les rebuta, non plus que les soins apportés aux malades et aux mourants. L'élan mystique retourne les plaisirs de la pulsion – les biens terrestres « maternels » – en leur contraire : comme si un père absent, quoique spiritualisé, le leur enjoignait, ravalant la jouissance à une souffrance – c'est-à-dire menant une lutte

1. Peu importe d'ailleurs sa nature, qu'elle soit légale, seulement morale ou même immorale. Ce qui compte, c'est le défi. La décharge se produit à la condition d'un interdit, d'une honte, d'un dégoût, d'une répression, d'une mise en dérision.

2. « Il faut néanmoins, on le sait, distinguer cette perversion actuelle – devenue à ce point fréquente qu'on peut la qualifier d'ordinaire – de la structure perverse à proprement parler, à laquelle elle ne semble pas correspondre » (J.-P. Lebrun, *La Perversion ordinaire*, Paris, Denoël, 2007, p. 309).

constante dans son champ, et finalement à son service. La « version vers le père », ce si sadien amour de Dieu, a toujours fait de la mystique une enfant quelque peu satanique des Églises. L'absence sans fond d'un père violent est palliée par des actes d'apparence autopunitive : ce sont ceux qu'il aurait dû commettre ! Reproduire sur soi-même les coups qu'il aurait dû donner le fait vivre courtement, juste le temps de la douleur, preuve de son existence. Le mal prouve tout sadiennement, en effet, l'existence de Dieu, que la bonté ferait dépérir sans retour. Cette version mystique vers le père est à cet égard exemplaire d'une expérience moderne : loin de nourrir l'athéisme, les grandes catastrophes, les génocides, des malheurs sans nom, nourrissent au contraire la gloire du Sans Nom, et prouvent son existence. En témoigne ce fait presque incroyable que les camps d'extermination ont souvent été appelés « holocauste », c'est-à-dire sacrifice consenti pour la gloire de Dieu.

Fidèle à son enveloppe formelle sadomasochiste, la perversion proprement dite construit une figure paternelle fustigatrice. Elle ne fait pas défaut non plus dans les névroses, mais – différence – un tel père y est présent sans avoir besoin d'être construit. C'est d'ailleurs cette présence qui engendre le fantasme parricide. On retrouve donc la même figure dans la perversion proprement dite ou la perversité névrotique. Cette secrète accointance permet de comprendre l'indéniable fascination qu'exerce le pervers sur le névrosé, qu'il aime à manipuler par ce biais [1].

On peut prendre comme exemple de cet ascendant de la perversion sur la névrose un fait de société comme la pornographie : ça marche bien ! S'agit-il de l'extension d'une perversion dans une société déboussolée ? L'érotisme demande du temps et consomme de l'énergie : il résulte d'une situation à laquelle un fantasme donne son sens. Si cette situation se modifie, l'érotisme se déplace ou s'évanouit. En revanche, la pornographie jouit du

1. Le marquis de Sade, par exemple, a exercé son talent en ce sens. Dans la longue liste des perversions qu'il a énumérées, il en a omis une : *son écriture*, grâce à laquelle, depuis plus de deux siècles, il sodomise ses innombrables lecteurs névrosés par le biais de leur perversité latente.

corps dans tous les cas de figure pulsionnelle où il peut s'attraper. Cela paraît tellement plus commode ! De plus, cette apparente neutralité du plaisir se viderait de sens si elle ne possédait cette dimension choquante, transgressive, qui montre l'ascendant de cet exhibitionnisme sur la perversité voyeuriste du névrosé. Au pulsionnel du spectacle s'ajoute sa monstration à des spectateurs qui le voient en s'en cachant, alors que d'autres – qui ne veulent pas le voir – protestent et réclament son interdiction. Ces derniers participent de la jouissance des premiers : ça fait du monde !

Dans la brève histoire du film pornographique, les scénarios montrent des hommes surpuissants et des femmes offertes à quiconque et n'importe quand, selon une problématique d'apparence pulsionnelle puisqu'elle ne réclame aucune subjectivité : l'excitation se produit d'elle-même, indépendamment des personnes, des situations, des interdits et de leur transgression. On assiste à des décharges de trop-plein plutôt qu'à des orgasmes mijotés par l'amour. Il n'en faut pas plus pour faire du *hardeur* l'idéal d'une jouissance enfin maîtrisée et objectivée ! Il se livre à ses ébats dans des conditions qui défient moins la morale que les capacités ordinaires. Comment s'y mettre avec un peu de cœur, en effet, lorsque plusieurs techniciens règlent la lumière et le son, et que le réalisateur hurle des consignes de mise en scène ? Ce serait un bel exemple de naturalité sexuelle, dispensée du travail psychique auquel se livre le commun des mortels pour parvenir aux mêmes fins de temps en temps !

Cet élan qui semble réduit à une pure pulsionnalité n'élimine pourtant pas les fantasmes, car on ne peut omettre ceux du metteur en scène, des acteurs, des spectateurs et des non-spectateurs, puisque l'immense public de ceux qui se cachent les yeux en y pensant et condamnent ces spectacles réintroduit l'interdit et sa transgression dans l'anonymat des salles obscures ou des réseaux internet. On est loin d'une simple réduction au pulsionnel ! Au contraire, cet énorme montage fantasmatique requiert un nombre respectable de participants. On ne voit que l'écran et on oublie ce qui s'est passé avant, pendant, après, dans les coulisses et dans la salle obscure. Des fantasmes ordinaires se soulagent ainsi – plutôt qu'un voyeurisme pervers, qui jouit plutôt de la présence réelle de ceux qu'il surprend. Le *hardeur* apparaît comme un idéal, tant que l'on ne sait rien de ses pulsions exhibitionnistes, ni de ses fantasmes de sodomie des spectateurs qu'il va faire effectivement jouir, foule parmi laquelle son père ou même sa mère se trouveront peut-être, reconnaissant brusquement leur fils ou leur fille au moment d'un orgasme enfin partagé. Car, pour être déplacées, tenues en respect par la distance et l'anonymat du spectacle, les conditions de l'orgasme seront pourtant réunies : pas si naturelles que ça, on en conviendra !

Le film montre en boucle répétitive une copulation indéfinie dont le court scénario retombe sur les mêmes scènes : c'est un prêt-à-porter du fantasme que chaque spectateur pourra déployer s'il le veut : il peut se consommer lui-même sur place, et il s'y active d'ailleurs souvent. Il voit tout, sauf ce qui l'excite. Son fantasme se loge dans l'interstice d'un impossible à voir qui exacerbe son voyeurisme. S'il est un événement dont la cause lui échappe, c'est l'érection de l'acteur, qui résulte d'un désir presque impossible à mettre en scène. A-t-on déjà montré dans un film (pornographique ou non) moins la lente tumescence d'un sexe que ce qui la provoque[1] ? Comment voir en même temps l'actuel qui provoque cette érection, les fantasmes et la répétition d'un passé, qui ne peuvent tenir dans la même scène ? Ils datent d'avant, ou encore ils sont projetés après, ou bien plutôt, ils sont en principe atemporels, incorporels. Et le spectateur pourra d'autant moins apercevoir cette surimposition qu'il fait lui-même partie de la scène. Il profite de ce qu'il ne peut voir pour projeter ses propres fantasmes. Ce qui provoque l'érection de l'acteur lui échappe, mais dans son obscurité, il ressent la lente montée de la sienne.

---

1. Il en va d'ailleurs ainsi pour les conditions fantasmatiques de la jouissance en général. Le film de Catherine Breillat *Une vieille maîtresse* (2007) est sans doute l'un des rares à montrer les contradictions fantasmatiques dans lesquelles une femme se trouve prise, jusqu'à l'explosion de son plaisir.

La pornographie fonctionne ainsi dans un entre-deux : cela pourrait être la perversion, mais elle s'appuie aussi sur le rêve du névrosé, qui voudrait en finir avec la dure subjectivité du manque. Elle ne propose pas une solution en marge, à jeter dans le fourre-tout des perversions, mais montre le mirage d'une mécanisation de la jouissance, soulagée des états d'âme et de la passion[1].

La pornographie dénote le moment historique où, sous les feux du siècle des Lumières, la vision des corps s'accommode sur son véritable objet : la jouissance sexuelle[2]. Avant cette date, la pornographie n'était-elle pas déplacée et transposée ? Si l'on considère comme « pornographique » le plaisir de voir un corps jouir, et cela même malgré lui, ou si le spectacle de la souffrance est un équivalent psychique de la jouissance, alors les jeux du cirque romain, les tortures de l'Inquisition, un crucifix, la béatitude d'une sainte martyrisée sont autant de spectacles pornographiques (de même que les œuvres d'art qui exhibent ces scènes). En ce sens, la pornographie proprement dite donne au spectacle son scénario authentique : l'infracassable noyau de nuit de la sexualité (pour paraphraser Breton). Elle accommode son spectacle sur ce dont il s'agit – sans essayer de montrer autre chose. Postmoderne dans son genre, sa narration s'appauvrit, mise en boucle sur des obsessions dont les images s'intercalent de force dans les réseaux idéatifs de la perversité ordinaire[3]. Ce spectacle force à regarder en face, sur une scène innocente, une hantise qui tourmente chacun. Il œuvre donc pour la vérité – bien qu'il n'ait que faire de cette veine philanthropique. Il remet à leur

1. La sexualité doit résoudre leur inconnue, et curieusement les films pornographiques ont été classés « X », dénomination intéressante, si l'on songe que cette lettre désigne l'inconnue d'un calcul aussi bien que l'ignorance d'un patronyme : le nom se perd dans l'océan d'une jouissance proscrite.

2. Le terme n'apparaît qu'en 1769 sous la plume de Restif de la Bretonne.

3. Cette dimension provocatrice ne l'éloigne pas de certaines caractéristiques de l'art contemporain et elle ne démérite pas non plus dans un autre sens de l'idéologie des neurosciences, qui elles aussi mécanisent le sexe, réduit à ses flux hormonaux et à leurs câblages.

place les souffrances infligées dans le passé dans la méconnaissance de leur sens sexuel.

Plutôt que d'une décadence, l'existence de tels spectacles serait donc le signe d'un progrès. Car il ne s'agit que de spectacles, dont la vision ne pousse nullement à l'acte, puisqu'ils en tiennent lieu [1]. Ce sont des fantasmes mis en scène pour être vus, aux fins d'une jouissance en elle-même complète, de même que les désirs se réalisent en rêve [2]. Voir est un acte, le spectacle ne pousse pas plus à l'imiter qu'un lecteur de romans policiers ne devient meurtrier. L'amateur de romans noirs serait peut-être horrifié à la vue d'une goutte de sang. Le pornophile a cependant un temps d'avance, car les millions d'amateurs de romans policiers, de meurtres en poursuites du coupable, d'innocentes victimes en assassins confondus, méconnaissent la jouissance qui les fascine. Si le meurtre leur plaît tant, c'est qu'il faut transgresser – tuer – pour jouir – comme le pédophile. Il n'y a pas si longtemps la jouissance terrestre avait comme condition d'envoyer religieusement le père aux cieux, pour être un peu tranquille. Maintenant on n'y croit plus, et comme ce père est redescendu sur terre, les histoires de mort vivant et de meurtre sont devenues une obsession. Ainsi par exemple de l'apparition des histoires de vampires, et plus tard de celle du roman policier, centré sur la culpabilité et sa résolution [3]. Accompagnant la pornographie, le goût pour les crimes est, lui aussi, daté dans la modernité. Que signifie cet étalage de cadavres, sinon, là encore, un excès de jouissance porté à sa limite ?

Exemples idéatifs d'une perversité transgressive, le roman policier et la pornographie se disposent dans une sorte de chassé-croisé. Les modalités de la jouissance portent la marque d'une

1. Si les héros pornographiques devaient créer des émules, les personnes les plus menacées seraient les membres des commissions de censure !

2. La violence de certains films pornographiques, dont les titres à eux seuls soulèvent le cœur, devrait limiter ce point de vue libéral (voir, par exemple, les réflexions de M. Houellebecq, in *Rester vivant*, Paris, Libris, 1991). Pourtant une violence équivalente accompagne certains films d'horreur, de crime de guerre, etc., sans entraîner les mêmes levées de boucliers.

3. Voir J.-C. Aguerre, *La Naissance du vampire au* XVIIIe *siècle* [1981], diplôme d'études supérieures de l'Institut polytechnique de philosophie, université Paris-VIII, dirigé par F. Châtelet (non publié).

époque. Dans notre société, la jouissance se donne en spectacle entre crime et pornographie. Dans l'immense production filmique et imprimée, les crimes appartiennent à la jouissance glorieuse, alors que la pornographie reste largement honteuse. Suivre les péripéties d'un assassinat dans un roman n'est pas un délit. Tuer quelqu'un est un crime, mais non en rêver. En revanche, faire l'amour n'est pas délictueux, mais le montrer l'est. Le meurtre appartient à notre fantasmatique « civilisée », alors qu'il n'en va pas de même pour la pornographie [1].

Avec cet échantillonnage de la pornographie et du roman policier, on a donné des exemples « spectaculaires » de l'ascendant qu'exerce la perversion sur la perversité névrotique. À cette fascination de masse, il faut ajouter la banalité d'une perversité « pratique ». Ainsi de l'importance du fétichisme dans l'érotisme ordinaire. Clef de voûte de la perversion, le fétiche déborde largement son cadre. Dans quelle mesure un cadeau, qui accompagne les préliminaires amoureux, a-t-il partie liée avec le fétiche ? Un bijou ou un présent de prix tient son investissement de la castration, et du désir qu'elle engendre. De même le fétiche symbolise une absence, et sa valeur d'usage n'importe pas. De même enfin, de nombreuses caractéristiques vestimentaires n'ont aucun intérêt pratique et sont seulement destinées à plaire. Loin d'entrer dans le seul cadre de la « perversion » et à y mieux regarder, un fétichisme latent existe partout [2]. On en trouvera autant d'illustrations que l'on voudra dans la mode, les parures et leurs usages, dont les excentricités pimentent une perversité bien tempérée [3]. Chaque nouveau *scoop* de la mode lance son petit déni,

1. En ce sens, on verra plus loin la position d'envers et d'endroit de l'orgasme et du nom du père.

2. « Dans la mesure où ce terme de "fétichisme", forgé dans le cadre d'une *théorie de la culture*, s'est retrouvé au centre de la conceptualisation psychanalytique, il doit être également questionné comme un "pont" entre "psychanalyse" et "culture" » (P.-L. Assoun, *Le Fétichisme*, *op. cit.*, p. 4-5).

3. Dans une lettre à Karl Abraham du 18 février 1909, Freud écrit : « L'expérience quotidienne nous démontre [...] tous les jours que la moitié de l'humanité peut être rangée parmi les fétichistes du vêtement » (*Correspondance, 1907-1925*, trad. de l'allemand par F. Cambon, Paris, Gallimard, 2006, p. 79).

qui nous en met plein la vue. Cette ostension érotique du manque par la parure qui l'occulte ne fait défaut dans aucune civilisation. Une dimension esthétique sert de prétexte à cette perversité fétichiste latente. La « beauté » d'un vêtement, d'un bijou, etc., masque cette fonction directement érotique. Les escarpins, la lingerie, les fourrures, les cravates, etc., participent à cette discrète fétichisation de la mode. Il s'agit d'une contrainte aussi violente qu'invisible, dont aucun canon de la beauté féminine ne se dispense. Qui la commande ? Si le fétiche est son contenu manifeste, quelque père doit la régir secrètement. Ce fétichisme passe en contrebande sous les parures d'une beauté jamais nue. Qui peut expliquer à quoi servent une cravate, des talons hauts, une somptueuse fourrure, etc. ? Adossée au fétichisme, l'esthétique ourle de cette discrète perversité l'érotisme ordinaire. Il est vrai que les caractéristiques de « ce qui plaît » requièrent des critères reconnus par des tiers pendant un certain temps (la durée de la mode). La parure fétichisée est conçue pour plaire à tout le monde pendant ce temps. Sa fonction érotique anonyme, destinée à participer à l'excitation générale (bien perverse en effet), ne s'adresse à personne en particulier. On voit bien se dessiner ici le rapport d'envers et d'endroit de la perversité névrotique au fantasme amoureux. La « mode » cherche à séduire tout le monde... mais en se dérobant, jusqu'au moment où la séduction choisit un élu et un seul. Ce choix d'un seul homme s'accomplit en refoulant la dimension perverse évoquée par le fétiche, dont une majorité de femmes est parée. En ce sens, en ne concédant ses faveurs qu'à un seul, l'innocente perversité névrotique s'est niée elle-même. Les critères « esthétiques » de la mode ont donc une fonction latente, celle de subjectiver la force de la pulsion, qui devient ainsi, contre son gré, le messager d'Éros. L'exigence pulsionnelle n'a pas disparu, mais elle est dès lors rejetée sur l'envers de la névrose.

Ce fétichisme latent de la mode ne remet pas simplement aux bons soins de la collectivité la charge d'appâter le fantasme de séduction, il correspond en même temps à un autre problème, celui de la division de chaque femme entre elle-même et une image de la femme qui lui échappe. Lorsqu'elle s'impose un maquillage, certains vêtements, des chaussures particulières, des bijoux, ces fétiches anonymes de la féminité, loin de se réduire à une mascarade, exhibent la division du sujet féminin – celui qu'un père anonyme aimerait – entre un travesti de la femme et elle-même.

La pacotille de la mode a le grand intérêt de remettre à sa place et d'introduire un rapport plus étendu à l'esthétique. Car quelle relation existe-t-il entre le sentiment de la beauté et le déni de la castration ? Ce qui est considéré comme « beau » ne recouvre-t-il pas le manque tout en le démasquant, et cela comme un fétiche pourrait le faire ? Pourquoi un certain spectacle, un certain objet, va-t-il nous apparaître si « stupéfiant » : une sorte d'opium, en somme, qui endort son propre érotisme ? D'où nous vient ce goût qui départage le monde entre ce qui plaît et ce qui déplaît, et cela comme si c'était une évidence ? Le fétiche résulte de l'investissement phallique d'un objet élu. Il cristallise en lui le but de la pulsionnalité. Avant qu'aucun objet précis occupe cette place, les pulsions en général réfléchissent sa puissance dans la perception des choses. La signification d'un corps de rêve se reflète dans le monde. Une sorte d'excitation sexuelle latente mitonne dans le simple rapport pulsionnel au monde. Chaque perception n'est-elle pas doublée par la pulsion, c'est-à-dire par le désir de l'Autre ? Les sensations les plus élémentaires, le vent, le ciel, le bruit de l'eau, celui des feuilles, ont une résonance sexuelle qui tire le sujet hors de lui-même. La beauté du monde déclenche les rêveries qui l'embarquent : « Viens avec nous, quitte-toi, perds-toi en nous ! » Si le vent dans les branches l'excite ingénument, le promeneur croira voir les nymphes des sous-bois ou le dieu Pan, toujours prêt à sodomiser sa passante, ou même son passant. Tout comme l'enfant se libère de l'emprise pulsionnelle diffuse de sa mère en se masturbant, l'érection impromptue du rêveur lui remet l'esprit d'aplomb. Lesté par cette excitation vide, il résiste à la coaptation pulsionnelle.

À cette émotion diffuse, la parure de pacotille puis l'objet d'art donnent une orientation, offrent un cadre et surtout une signature. L'esthète ressent-il la même émotion qu'un promeneur dans la forêt devant les œuvres de son choix ? Une différence s'impose, car une œuvre ne montre pas directement la beauté du monde : un artiste signe le travail de la sublimation qui circule ensuite sur un marché où elle prend une place et sa valeur. À la simple pulsionnalité des choses s'ajoutent une subjectivation et les règles de l'échange. Que l'œuvre d'art possède une valeur phallique propice au fétichisme résulte de la sublimation, qui consiste pour l'artiste à projeter dans la création la pulsionnalité qui risque d'investir son corps. Pour le créateur lui-même, l'œuvre n'a pas valeur de fétiche : elle ne va l'acquérir que pour l'esthète, sur le marché de l'art par exemple[1]. À certains égards l'œuvre est sans prix, *priceless* : pour l'amateur sa valeur égale celle d'un fétiche.

Le plaisir de cet esthète correspond-il à une sublimation ? Le terme convient mieux au créateur ! Un artiste sublime ses pulsions dans une œuvre, qu'il encadre et signe. On ne peut parler de sublimation que par approximation, lorsque l'acte de voir, ou d'entendre, est au service d'une excitation indirectement sexuelle. L'esthète sublime moins la pulsion qu'il n'en jouit à petit feu, parfois avec des conséquences plus directement sexuelles. Une forte excitation submerge certains esthètes devant leurs œuvres préférées, jusqu'au plaisir complet. On ignore si cette particularité est répandue, car les élus ne se font pas connaître (et la police ne les inquiète pas non plus). La forte fréquentation des musées laisse penser qu'elle n'est pas si exceptionnelle. S'il est rare de rencontrer un pervers purement esthète, un certain esthétisme cohabite avec les perversions. Et cet attrait devient universel avec la perversité névrotique. Le patrimoine artistique de l'humanité serait sans doute mince sans cette dimension esthétique qui, en réclamant et en thésaurisant les œuvres qui lui sont propices, érige ainsi son dernier bastion civilisé avant le néant. L'œuvre cadre ce qui, autrement, nous emporte.

1. Lieu d'une fétichisation de l'art bien proche de ce que Marx a écrit à propos de la fétichisation de la marchandise.

8

L'orgasme, peut-être

La musique

Par petites touches, Freud a hasardé quelques remarques à propos de l'orgasme. Ses élèves n'ont guère été plus bavards [1], comme s'il existait une difficulté à en parler. Où se documenter ? Si la littérature pornographique et érotique existe depuis longtemps, elle a surtout été écrite pour le solitaire qui, comme le veut la formule, ne lit que d'une main. Et ces œuvres, surtout destinées aux messieurs, se cantonnent dans un érotisme toujours préliminaire. Depuis quand la littérature parle-t-elle non du plaisir (elle l'évoque sans doute depuis toujours), mais de cet acmé de l'excitation, court-circuité et retourné au moment de celui du partenaire ? Les descriptions restent approximatives : elles s'intéressent à l'excitation plutôt qu'à sa résolution. Sur l'excitation, on en lira des tonnes. Sur l'orgasme, pas grand-chose. Sade, par exemple, parle lourdement de « décharge ». Mais cet instant peut-il s'écrire ? En tout cas, avant même que quelqu'un s'y soit

1. À l'exception de Wilhelm Reich, qui s'est démarqué lui-même du point de vue psychanalytique en considérant l'orgasme comme une potentialité physiologique. Ses travaux n'en ont pas moins mis en évidence une lacune de la théorie. On ne trouve pas plus de vingt lignes sur la question dans l'œuvre de Lacan.

essayé, cela a presque toujours été occulté, alors que tout le monde y pense et s'efforce d'atteindre cette limite avec plus ou moins de bonheur [1]. Seuls des écrits d'avant-garde, ceux de Breton, de Bataille, de Blanchot, de Leiris et de quelques autres, ont évoqué la proximité de la sexualité, de la transgression, de la pulsion de mort, dans des œuvres dont les psychanalystes s'inspirent toujours.

On trouve sans doute des références pléthoriques à la jouissance sexuelle dans les écrits psychanalytiques. Mais les articles montrent surtout ses conséquences pathologiques et ses scories symptomatiques, laissant dans l'ombre la question de l'orgasme lui-même, comme s'il s'agissait d'une réponse physiologique de l'organisme qui parfois peut être inhibée mais serait en tout cas naturelle. Pourtant, les animaux éprouvent-ils quelque chose qui ressemble à un orgasme ? Leur excitation se règle sur l'horloge de la reproduction. Et leur plaisir – s'ils en ont un – s'achève avec la décharge destinée à perpétuer l'espèce. Il est vrai que la psychanalyse se distingue de la sexologie, et que la conception freudienne du sexuel s'accommode aussi bien du symptôme que de l'élan mystique, sans nécessité de recueillir des détails sur les ébats nocturnes des analysants (lorsqu'ils en ont). Après tout – on le montrera –, le rapport sexuel est homothétique à la parole qui d'ailleurs le conditionne, et c'est déjà beaucoup que de reconnaître sa valeur de vérité. Quoi qu'il en soit, après plus d'un siècle d'une prolifération de publications, la question posée par l'orgasme demande encore des éclaircissements.

Avec la postmodernité, l'érotisme et la pornographie sont exposés jusqu'à satiété, au point que l'on peine à définir la transgression. Dans le moindre magazine on explique comment atteindre l'orgasme, norme idéale d'une sexualité civilisée. Drôle d'idéal, si l'on devait s'en tenir à ces recettes, si loin de cet « infracassable noyau de nuit » évoqué par Breton ! Quelques livres font

1. Il y a encore quelques dizaines d'années, des écrits qui paraîtraient aujourd'hui à peine licencieux étaient interdits en France, pourtant libérale en la matière. *Lolita* de Nabokov a été censuré pendant un an, en 1955, et le marquis de Sade n'est sorti de l'ombre qu'à la fin du millénaire, après plusieurs passes d'armes de son éditeur avec la préfecture de Police.

exception[1], dont celui de Yukio Mishima, *La Musique* (1964), dans lequel il n'hésite pas à parler au nom de la psychanalyse, comme s'il s'était rendu compte que les élèves de Freud ont encore du chemin à faire sur la question. En effet, le héros du roman, tout du moins celui qui parle à la première personne, est un psychanalyste de Tokyo, Shiomi Kazumori. La jeune femme qui campe le personnage central du roman, Reiko, vient se plaindre auprès de lui de sa frigidité (mais se plaint-elle vraiment ?). Le sous-titre indique qu'il s'agit d'« un cas de frigidité féminine observé en psychanalyse », et donc – comme en avertit l'éditeur – d'une étude scientifique basée sur des faits réels. Pourtant, en dépit de cette scientificité annoncée, on trouvera rarement sous la plume de l'auteur le terme peu poétique d'orgasme, mais surtout celui de « musique », d'une musique qui peut ou non être jouée, être entendue ou rester inaudible. C'est une jouissance entendue autant qu'émise. L'essentiel est ainsi tout de suite résumé dans le titre : un sujet joue ou ne joue pas de cette musique, qui lui est toujours déjà extérieure, qui lui vient malgré lui : il lui a fallu d'abord l'entendre d'un autre désir, avant d'y réagir en son propre impersonnel.

Comme si elle savait d'instinct que cet ordre orgastique s'impose du dehors, Reiko ne parle pas tout de suite de sa frigidité. Elle se plaint d'une surdité spécifique. Elle vient consulter, dit-elle, parce que, dès qu'elle ouvre une radio, dès qu'un orchestre commence à jouer, elle n'entend plus rien. Elle reste sourde à la musique : l'extériorité de son harmonie ne vibre pas avec son intimité. Elle prend son temps avant d'évoquer sa propre musique, celle qui pourrait lui échapper dans le plaisir. Elle n'accuse personne de ne pas la lui arracher, ou de ne pas la lui

1. La littérature d'une époque, son art en général, montrent des problèmes encore à peine entraperçus, et cela bien avant qu'un penseur essaie de les décrire, voire parfois de les résoudre. C'est que la peinture, la narration, le film savent exposer en une image des contradictions opaques difficiles à dénouer l'une de l'autre, et à traduire en idées. De la mise en scène à la mise en chaîne, le théoricien fait figure d'attardé, de pénible raisonneur, comparé à l'écrivain qui, en quelques mots, aura décrit une scène qui montre à chacun son obsession.

restituer, comme cela peut arriver aux femmes, elle le sait. On apprend en même temps les circonstances de sa présence à Tokyo, où elle est venue au prétexte de faire ses études, alors qu'en réalité elle a fui sa province, où l'attend un fiancé dont on saura plus tard qu'il l'a plus ou moins violée lorsqu'elle était adolescente. Elle reste liée par un arrangement des familles à cet homme qu'elle exècre sourdement, sans avoir pourtant rompu. On saura aussi qu'elle aime à Tokyo un autre homme, avec lequel elle entretient une relation suivie, mais sans connaître dans ses bras le moindre plaisir. Elle craint aussi d'en être enceinte.

En prenant connaissance de ces circonstances, le lecteur a déjà compris que la musique est une métaphore du plaisir sexuel – un peu lourde d'ailleurs de l'avis (justifié) du Dr Shiomi. « N'y avait-il pas [...] entre la "musique" telle qu'elle l'évoquait et l'orgasme qu'elle désirait ardemment quelque lien symbolique, difficile à saisir [1] ? » Mais peut-on parler de métaphore, puisque la chose, innommable dans toutes les langues (plus encore que le nom de Dieu), n'a pas d'autres consistances que sa sonorité, celle d'un cri auquel fait écho celui de la naissance, dont Freud écrivit dans l'« Esquisse [2] » qu'il n'était déjà que la mémoire d'un autre cri. La musique est le premier phrasé du cri dans le babillage enfantin. L'enfant chantonne ainsi en réponse au désir de l'Autre. Sans ce désir, il se tait. Sous le coup de ce désir, il module son cri, le vocalise, lui qui ensuite et pour toujours attendra de l'autre la mesure, le ton, le rythme de son plaisir. D'un plaisir scellé par sa première perte à lui-même, celle à laquelle il consentit en lui répondant : le pétrissage, ce modelage du cri signifie. Mais quoi ? Une mise en rapport, qui résulte de multiples significations qui s'emboîtent, se déboîtent, se contrarient, s'inhibent en fonction de situations, qui font que l'on entend ou que l'on n'entend pas ce qui – de toute façon – est là, travaille

1. Y. Mishima, *La Musique* [1964], Paris, Gallimard, 2006, p. 40.
2. S. Freud, « Esquisse d'une psychologie scientifique », in *La Naissance de la psychanalyse. Lettres à Wilhelm Fliess, notes et plans (1887-1902)*, Paris, PUF, 1991.

le sourd comme l'halluciné de l'amour. C'est donc dans la constellation de l'Autre et les accidents de la filiation qu'il faut lire ce qui rend sourd à la musique, au point de ne pouvoir la jouer, d'en être joué, ou d'en jouir plus fort que soi.

Une fois cadré ce symbole fort de la musique, les incidents de l'histoire de Reiko prennent leur relief. Reiko ne jouirait donc pas ? Ce serait croire que la frigidité ne fait pas partie des jouissances. On pensera d'abord que sa frigidité lui assure une vengeance sur une sorte de générique de l'homme, incarné au présent par son amant actuel : elle l'aime, certes, pour le mal qu'elle lui fait, pour le coup qu'elle porte à travers lui à un fantôme. Mais cette vengeance lui coûte, et cette culpabilité gèle son plaisir. Elle court à la poursuite d'une jouissance qu'elle retient, une « petite mort » dont le coup la soulagerait du revenant qui la hante, le mettrait enfin au tombeau. Sa vengeance hésite au seuil de cette mort et sa frigidité ressemble en ce sens à une sorte d'orgasme froid, mais continu, dont son amant fait les frais suite à chacun de ses assauts... « L'idée que les femmes frigides rendaient les hommes esclaves sans se laisser emprisonner par eux avait l'air de l'envoûter à la manière d'un beau poème. Elle percevait là comme une écrasante victoire féminine dans le domaine de l'amour [1]. » Et il est vrai que la frigidité a ses amants, tourmentés par l'idée de faire jouir enfin leurs femmes, fidèles pour une éternité aussi longue que la suspension du plaisir. Demain !

Mais les circonstances montrent que l'amant malheureux n'est pas le seul à attendre la « musique » de Reiko. Car le psychanalyste aussi ! Mishima imagine une vérité qui pourrait bien intéresser la généralité du désir de l'analyste. Car la cure relance indéfiniment (*unendlich*) un rapport dérobé au sexuel, déplacé sur le symptôme. Le Dr Shiomi ne s'y trompe pas, qui écrit : « J'avais tout lieu de frémir devant l'action, pareille à celle d'un poison glacé, qu'exerçait sur moi et sur autrui ce trouble caché qu'on nomme "frigidité [2]". » Shiomi rêve lui aussi, lui qui se

1. Y. Mishima, *La Musique*, *op. cit.*, p. 52-53.
2. *Ibid.*, p. 93.

tient pourtant seulement à l'écoute, dans une sorte de position de sainteté dont la frigidité de Reiko finit par lui faire sentir le sens. La métaphore de la musique, d'un cri immémorial qui est celui de l'orgasme comme celui de la naissance, le travaille aussi, lui dont la fonction est d'entendre. Il rêve de la trajectoire sans fin d'une aiguille sur un disque rayé... « Le grésillement ne cessait pas, et lorsque mon oreille l'a capté, j'ai eu l'impression qu'il était le seul son à se poursuivre depuis une éternité... la musique de ce disque s'était arrêtée en un passé si lointain que ma mémoire ne pouvait remonter jusque-là[1]. » Et comment la mémoire aurait-elle pu remonter jusqu'à ce qui n'est pas une source mais un entre-deux, un pur rapport, celui de la parole comme celui de l'amour ? La parole fait-elle rapport ? Et l'amour ?

La musique de la voix est là, et l'on ne saurait la situer, entre émission et audition. L'enfant qui pousse un cri l'entend comme une chose extérieure, qui lui revient chargée de l'autre désir, et il continue de pleurer parce qu'il pleure, oubliant la cause première de son cri. De sorte que l'origine du cri est immémoriale. Le cri est en lui-même divisé, et si la mémoire cherche à se souvenir de l'origine, elle trouve bien quelque chose, mais toujours autre chose. Elle oublie ce qu'elle cherche au fur et à mesure de son avancée, obsédée par cette mémoire opaque.

Pour l'enfant qui l'entend, son propre cri lui revient plus lourd qu'il ne l'a jeté : il ressemble à un bateau que l'on aurait chargé entre sa sortie et son retour au port. Et il l'a été en effet, puisqu'il a pris une signification pour sa mère, et qu'il lui revient porteur de ses messages. Un enfant qui crie a peut-être eu ses raisons. Mais il les oublie à cause de ce qui lui fait retour. Son cri, qui débuta par une plainte, lui revient comme une injonction d'obéissance à la demande maternelle : à sa jouissance, donc. Il crie parce qu'il entend l'impératif de son propre cri, lui donnant désormais l'ordre de jouir au-delà de ce qu'il peut. Le message de l'Autre, cela aurait pourtant dû être le bonheur jusqu'à

1. *Ibid.*, p. 53-54.

plus soif ! Mais justement, il préfère avoir soif. La satiété le pousserait jusqu'au non-être.

De même, un cri quelconque, entendu n'importe où, frappe aussitôt, car il se souvient du message de cette autre jouissance, extrême puisqu'elle signifie une sorte de dédoublement, de schize allant jusqu'à la dépersonnalisation. Ce cri immémorial traverse les âges, et en son souvenir, l'amant jouit d'entendre le plaisir qu'il provoque, comme le nourrisson pleure d'entendre son frère crier. Il n'éprouverait rien sans cet écho. De même que, pour l'enfant, le cri se divise entre son émission et sa réception (qui semblent pourtant se recouvrir), de même le plaisir du corps dépend d'un autre corps : ils se recouvrent en effet. L'autre corps semble être le répondant du premier, alors qu'il en devient la source – à cause de ce passé qu'il évoque.

D'où vient la « musique » de la jouissance amoureuse ? La femme plutôt que l'homme semble l'émettre, ou bien cela paraît lui être arraché, mais par qui ? Faut-il dire que son amant en est l'artisan ? Mais non ! Car lui aussi est dépassé par cette musique qui le prend lorsqu'il l'entend, alors qu'il semble la provoquer. La cause dépasse le rapport des acteurs en présence, elle recèle son propre au-delà en dehors de la scène, en ce sens « obscène », parce que cela ne peut se voir, même en écarquillant les yeux, sur ce qui semble pourtant si physique.

Un enfant réveillé par les ébats amoureux de ses parents sera toujours instinctivement semblant de dormir, étant pris sans le comprendre dans cette scène. Devant ce théâtre nocturne, il trouve aussitôt le chemin du semblant, car qu'a-t-il donc vu et entendu, qui lui aura aussitôt imposé silence ? Il ne saura discerner le plaisir de la douleur dans ce qui ressemble à la fois à un jeu et au face-à-face le plus sérieux. La plus grande vérité semble se jouer dans une sorte de comédie. Comment comprendre cette lutte contradictoire, cette souffrance apparente accompagnée de mots d'amour, sinon comme le mime d'autre chose ? Ce qui ressemble à des coups lui évoque peut-être d'autres coups, ceux qui le punissent fantasmatiquement lorsqu'il se caresse, lorsqu'il échappe au cercle de l'amour filial, et c'est le même plaisir mêlé de violence qu'il contemple sans le comprendre.

Le psychanalyste écoute le récit de Reiko, qui lui décrit les scènes de ses amours, mais comme ralenties, gelées. Et lui aussi, il est pris dans le même immémorial. Il le répète, quand bien même il l'ignorerait. En lui parlant, sa patiente donne à voir la même répétition, et comme s'il fallait que cette dimension apparaisse clairement, elle écrit un faux journal intime où elle décrit son analyste comme un séducteur « pervers, érotomane et ridicule », qui cherche à abuser d'elle. Pourquoi écrit-elle ces longues pages ? C'est parce qu'elle sait, d'intuition féminine certaine, que son amant va lire ce faux journal intime, qu'il sera furieux, qu'il cherchera à rencontrer ce psychanalyste pervers, que le combat des deux hommes s'ensuivra, et que de l'issue de cette lutte dépendra le sort de la musique. Du choc de ces deux hommes, d'une part l'amant incapable de rompre la glace de sa frigidité, et de l'autre l'analyste décrit comme un pervers jouisseur, l'un d'eux devrait rester sur le carreau. Et n'est-ce pas de cette chute que la musique est attendue ? Il s'agit d'instaurer une dissymétrie entre un mort et un vivant dans un monde masculin dont rien ne vient, comme si la jouissance devait naître de l'issue macabre du combat. Certes, Mishima ne formule pas le problème en ces termes, mais il faut bien qu'un père meure (ou l'un de ses tenants lieu) pour que la jouissance exogame procède de sa perte même.

Cette mise en tension s'exposera jusqu'à la fin du livre : en de multiples circonstances, Reiko opposera un homme à un autre, dans l'espoir secret qu'une sorte de meurtre feutré ouvrira enfin sa prison de glace. Mais le combat qu'il faudrait semble ne devoir jamais débuter. L'attente se prolonge d'un père incestueux qu'un amant affronterait de face et vaincrait à la manière du Cid. D'une façon ou d'une autre les amants successifs paraissent promis au néant, soit par la frigidité elle-même, soit par le rêve de leur suicide, de leur maladie, de leur impuissance. On s'en souvient, rien n'excite plus Héloïse que la castration effective d'Abélard. De même, par exemple, la musique de Reiko se déclenche lors de sa rencontre fortuite avec un impuissant qu'elle sauve du suicide. Sa jouissance aura été provoquée par le contraire de la puissance virile. Presque tous les cas de figure imaginables sont mis en scène par la jeune femme. Rien n'y fait, le cadavre n'est jamais le bon, ou bien l'amour le fait toujours plus loin renaître, glacé.

Et le Dr Shiomi, pourtant bien placé par son art pour l'incarner, ne se laisse pas plus « tuer » que les autres, lui qui, après l'épisode du faux journal intime, se laisse aller à sermonner sa patiente, et à lui expliquer pourquoi elle s'était donné tant de mal à écrire ces pages si calomnieuses à son égard : n'avait-elle pas écrit qu'il réussissait à la faire jouir, tandis qu'il l'écoutait comme un saint ? Il lui « interprète » donc sa motivation en écrivant ce journal, sachant que son amant le lirait, et le sens qu'elle espérait que la lecture aurait pour lui : « Avec toi, je ne ressens rien, mais en revanche, avec un autre homme[1]... » La situation semble bloquée, puisque la porte de l'analyse vient d'être claquée par l'analyste lui-même.

C'est dans ces circonstances que tombent des nouvelles du fiancé que les familles ont autrefois promis à Reiko, ce violeur toujours en attente au fond de sa province. On apprend qu'il est atteint d'une maladie incurable. « Je suis attirée par la maladie et les malades[2] », dit Reiko, qui vole aussitôt au chevet du mourant. En peu de jours, sa transformation est complète. L'odeur fétide que dégage le cancéreux la prend comme un encens. Les mystiques furent toujours friandes de souffrances humaines. Leurs purgatoires de prédilection furent les hôpitaux. Et Reiko est fidèle à ces sœurs, que sa culture ignore pourtant. « De jour en jour, je voyais dans le regard du malade mon image se transformer : je devenais une véritable sainte, auréolée de lumière[3]. » La religion est propice aux miracles, et plus qu'à aucun autre à celui que son historiographie ne mentionne que par métaphore : le point d'orgue de l'orgasme. Le fiancé violeur, jadis maudit, va mourir : il se meurt, il est mort. Et aussitôt la musique se déclenche.

1. *Ibid.*, p. 84.
2. *Ibid.*, p. 115.
3. *Ibid.*, p. 117.

Lorsque la mort survient, il fallait s'y attendre, la main du défunt n'a pas le temps de refroidir dans celle de Reiko que la musique si attendue se fait enfin entendre. « Ce n'est pas avec mes oreilles, mais avec mon corps... que j'ai entendu, le temps d'un sentiment de bonheur ineffable, la "musique[1]". » Devant le violeur mort, la musique retentit, alors qu'elle-même, Reiko, se nimbe de l'auréole de la sainte. L'auréole sacrée d'une bienheureuse la débarrasse de l'aura hystérique, de ses vertiges, de ses suffocations, des yeux obnubilés comme des oreilles en effervescence. La musique l'embarque sans délai pour les béatitudes. De l'auréole de la sainte à l'orgasme, il aura fallu enjamber le corps du violeur, objet d'un amour portant en lui l'exécration.

Il avait donc été possible d'en jouir – oui, mais de quoi ? De l'homme, certes, quoique dans ce rapport hors corps où il se divise entre sa présence charnelle et son être pour la mort. De quoi s'agit-il, sinon de ce legs paternel – son nom ? Ce nom auquel il est réduit à l'heure où il se quitte : c'est une vérité évidente plus qu'ailleurs au Japon, pays où le nom le plus haut est attribué à l'heure des funérailles. Contrairement à l'amant de province, l'amant de Tokyo ne meurt pas, il ne rend pas son nom ni ne le donne : il est donc incapable de faire jouir. Pour cet amant, l'orgasme attesterait moins de son exploit amoureux que de la valeur de son nom. Si ce témoignage se dérobe, son existence chancelle, remet sa preuve à demain, prorogeant son excitation. Son nom, c'est-à-dire ce que le père dérobe à son animalité, qui se rend aussi dans l'amour, à l'heure où l'amant est appelé par son nom : c'est lui qui fait rapport.

Quelques semaines plus tard, l'habit noir de la jeune femme de retour à Tokyo cache mal la félicité qu'elle a connue. Ce n'est pas tant du mort qu'il lui faut maintenant faire le deuil que de l'instant de bonheur où la musique a résonné. Tout a ainsi été exposé, sans que l'on en sache plus sur le ressort de cette vérité. Mais cette joie connue grâce au drame n'appelle-t-elle pas sa répétition ? : « Pour que je conserve ce sentiment, il faudrait

1. *Ibid.*, p. 119.

donc que quelqu'un d'autre accepte de mourir pour moi[1] ? » La « musique » ne serait alors qu'un chant funèbre, réclamant une dramaturgie éreintante, répétitive parce qu'elle voudrait un mort pour cette mort qui n'est pas la fin de la vie, mais le symbole qui lui préexiste et perdure après elle, le totem toujours déjà défunt, renaissant de ses cendres à l'heure des noces. Cette dramaturgie, basse continue de l'hystérie, pique l'excitation sexuelle ordinaire de l'espèce humaine, condition de sa reproduction au nom d'un père jamais assez symbolisé, jamais assez occis, exorcisé depuis toujours à coup de religions et de rites propitiatoires. Tuer le père en chaque amant à force de frigidité laisse moins de place à la musicalité que de le voir vraiment mourir. Dans une confusion dramatique de la mort et de ce qu'elle symbolise, Reiko ne sait écrire leur rapport, dont l'orgasme dépend. De sorte que la spirale s'enfonce toujours plus loin, sans jamais rencontrer le protagoniste qu'il aurait fallu : plutôt qu'au père (potentiellement mort), elle se heurte au frère (à l'homme vivant).

Et effectivement, Mishima a cette intuition extraordinaire : la sexualité de Reiko s'est affrontée dès l'enfance à une figure fraternelle plutôt que paternelle[2]. Ce frère a été le premier homme qui donna son pli au désir. N'y eut il rien avant ? Peut-être, dans sa première enfance, la séduction du père eut-elle de l'importance. Comment n'aurait-elle pas éprouvé cette séduction purement subjective, fatale, dont le parricide orgastique cherche justement la délivrance ? En tout cas, aucune évocation du père connu dans l'enfance ne transpire jusqu'à ce point de la narration. En revanche, un brutal arrêt sur image se produisit avec son frère, traumatisme collatéral mais puissamment concret, qui reprit à son compte les rêveries vagues du fantasme de séduction d'un père. Que s'était-il passé ? À l'occasion des difficultés

1. *Ibid.*, p. 140.
2. Dans les filiations matrilinéaires, le frère de la mère tient la fonction paternelle d'éducateur (voir C. Lévi-Strauss, « Les structures élémentaires de la parenté » [1958], in *L'Anthropologie structurale*, Paris, Pocket, 2003).

d'hôtellerie d'un voyage de sa petite enfance, elle avait dormi dans la même chambre que son frère aîné et que l'une de ses jeunes tantes. Au cœur de la nuit, dans la chambre à peine éclairée, sa tante avait joui, et l'image de l'accouplement était restée gravée dans sa mémoire avec la puissance d'une figure de rêve, incertaine peut-être, mais néanmoins sidérante.

Avant cette réminiscence, le roman semblait tourner en rond, et brusquement le drame s'aggrave, sa spirale entraîne vers le fond, pousse Reiko à la recherche de ce frère dont la trace a été perdue, et dont on sait seulement qu'il vit quelque part dans les quartiers réservés, en *Yakusa* perdu de vice. Reiko erre désormais comme une femme perdue, « livrée à l'enfer » à la recherche de son frère dans les bas-fonds. Elle veut retrouver la sensation d'enfance inoubliable qu'elle a connue grâce à lui, comme si seules des situations aussi infernales pouvaient lui faire approcher la musique, et finalement la sanctifier. Car telle est la puissance de la répétition, qui ne peut plus se satisfaire de petits drames où les amants successifs s'annulent presque d'eux-mêmes.

Reiko finit par retrouver ce frère. Et comme s'il était inévitable que le drame du début se répète enfin selon sa réversion maximale, c'est elle maintenant qui va être violée devant une femme. Violée par ce frère lui-même. C'était lui qui se tenait à l'arrière-plan des séductions successives, et c'est sur lui que se projette à la fin ce qui avait été fantasmé sans conséquence au début : un inceste brutal de la sœur avec le frère, dans l'ivresse, devant sa compagne probablement prostituée. La répétition change les places de la première séduction, celle qu'avait subie Reiko enfant, lorsqu'elle avait seulement vu la scène et qu'elle avait été en quelque sorte foudroyée en voyant ce frère en train de faire l'amour à sa jeune tante, son *alter ego*. Devant elle, cette femme avait joui, et maintenant ce même frère la viole devant une autre femme.

Le viol par le frère « avait dépassé l'obscénité pour prendre la dimension d'une cérémonie sacrée [...] la sensation d'avilissement incommensurable, éprouvée par Reiko, s'était bientôt muée en souvenir de sainteté[1] ». Mutation incompréhensible tant que l'on ne mesure pas que, derrière le frère violeur, se tient un père irreprésentable autrement. La métamorphose de la mémoire répète à l'envers le fil de l'histoire vécue. Ce frère, violeur maudit… « [p]eut-être resurgirait-il un jour, avili, devant elle, avec la fraîcheur d'une apparition divine[2] ». Le complexe paternel divisé en deux personnes : le père violeur de la séduction sexuelle, et le père assassiné pour prix de ce trauma, puis sanctifié, se télescopent et se dédoublent à partir d'une seule figure, celle du frère (puis des hommes qui lui ressemblent).

De la sainte auréole à l'orgasme, des œuvres de rédemption auprès de malades à la fréquentation des bas-fonds, du rêve meurtrier à son pardon, des extrêmes s'opposent sans pouvoir se soulager l'un l'autre. En ce sens, la seule harmonie se fonde sur une rupture de l'harmonie, unique moment musical, quêté sans relâche. La disjonction, le court-circuit, la syncope rythmique des diverses scénographies traquent la *musique*, jusqu'à ce que s'impose une jouissance qu'il ne faudrait pas, assassine, délicieuse. La mise en série de ces multiples scénarios décalque leurs invariants : il s'agit d'opérer *un court-circuit des extrêmes du fantasme de séduction* : séduire et être séduite. Mais comme être séduite, c'est mourir incestueusement, il faut tuer le séducteur, tout du moins tant qu'il est le père, et jouer contre lui l'homme vivant, ou bien jouer contre l'homme vivant sa propre maladie, son impuissance, son suicide, etc. À ces oppositions de contraires, toujours répétées, il faut ajouter que si le père séduit, c'est sur l'arrière-fond de la jouissance qu'il donne à l'autre femme – donc, pendant une scène primitive au cours de laquelle des coups violents semblent lui être infligés, donc sur le fond de ce masochisme qui captive l'érotisme humain. Lorsque Reiko semble ne plus tenir à la vie que par un fil, ce fil la guide encore au fond du labyrinthe où l'attend sa musique. Peut-être un gouffre de désespoir a-t-il une puissance identique à celle de

1. Y. Mishima, *La Musique* [1964], *op. cit.*, p. 256-257.
2. *Ibid.*, p. 262.

l'orgasme lui-même (sinon sa valeur) et son néant est-il parfois préféré aux dédales de l'amour, à son trop certain Minotaure.

S'il existe un court-circuit résolutif de cette pelote de contraires fantasmatiques, comment cela s'appelle-t-il ? Cette opposition de contraires échappe à la raison, et voilà sans doute pourquoi le mot lui-même d'orgasme n'a existé longtemps dans aucune langue, et ne s'est imposé que tardivement en français, sur la foi de scholies d'Hippocrate qui traitaient d'ailleurs d'autres problèmes (médicaux). La musique impose au corps une rupture qui le secoue et le tient dans sa faille, mais la pensée ne peut la saisir dans sa raison d'aucun point de vue. Le mot échappe et la chose résiste à la totalité, plutôt que la femme qui ne serait pas toute, exceptant ainsi au genre humain. Elle non plus ne peut le dire, bien qu'acharnée à mettre en scène l'implacable dramaturgie où cela va arriver, ce foudroiement du centre de la langue. D'ailleurs, plutôt que de la jouissance de la femme, il s'agit de la jouissance féminine, qui concerne les deux sexes, une certaine femme accédant (parfois) à la libération de ce nœud orgastique, qui intéresse sa féminité, mais aussi celle de l'homme qui en jouit à travers elle.

Prise dans le nœud contraire du mort et du vif, la féminité d'aucune femme ne peut en effet se considérer dans la suite de ses raisons. Comme l'écrit Mishima, en faisant parler son héros psychanalyste : « Un corps de femme, à bien des égards, ressemble à une grande ville [...]. C'était ainsi que je voyais Reiko, allongée à cet instant devant moi. Son être recelait toutes les vertus et tous les vices. Un homme ou un autre pouvait sans doute le sonder en partie. Mais finalement, il n'en connaîtrait jamais la totalité, ni le véritable secret[1]. »

Au plus profond de la séduction du père naît un désir sur le champ perdu, puisque son élan incestueux s'écharpe aussitôt sur son interdit. Au creux *presque* le plus profond – car pour Reiko il s'agit de son frère et non du père – se duplique sous son sceau d'origine l'opposition de la sainteté et du diabolique. Le père

1. *Ibid.*, p. 235.

meurt comme un saint, à cause de son désir diabolique, et c'est lui que Reiko ne sait pas figurer, et donc n'atteint jamais ; irreprésentable, il est, au sens premier, sacré : *sacer*, à la fois rejeté avec horreur et vénéré religieusement, tabou.

Mais, fantôme de ce rejet, ce père impalpable devient aussitôt cause d'un désir sans fond : il excite infiniment celle qui ne sait plus se le représenter, et qui court en avant sans savoir qui elle cherche, sinon qu'elle le cherche. Sainte – si l'on veut considérer un désir en son départ pur –, cette excitation n'en est pas moins sexuelle. Ce père absenté fait bander : il donne un phallus dont il se trouve ainsi lui-même privé, castré. Le père mort, introuvable, cause du désir, est dans le même mouvement parricide castré. « Je crois que j'ai toujours cherché des ciseaux qui joueraient de la musique[1] », dit Reiko. Pourquoi la castration aurait-elle un tel pouvoir de séduction, au point de commander ensuite l'ensemble de la machine désirante ? Le père excite : il n'y peut presque rien. Il séduit même s'il dort ! Tout endormi qu'il est, un rôle lui sera malgré lui prêté : celui de fustiger les premières excitations sexuelles. De sorte que la punition – la castration – accompagne le désir dès son départ, au point qu'elle lui donne, en son fond commun, son élan masochiste, non sans le retour d'un vœu parricide puissant, qui noue de principe le désir à la loi.

Dans le sanctuaire shintô de Tagajô, les hommes vénèrent dans leur temple un symbole phallique, tandis qu'une paire de ciseaux est exposée dans celui des femmes. Pour Reiko, les ciseaux de ses jeux d'enfant s'appelaient « Cisabelle ». C'était le nom d'une femme qui, comme les ciseaux, n'avait rien entre les jambes. « Et si un jour je l'attrapais, mon papa, avec Cisabelle ? [...] Le seul qu'il ne fallait surtout pas couper, c'était mon père. En revanche, j'avais le droit de m'attaquer à n'importe quel autre homme, pourvu que je n'éprouve pas pour lui un amour assez fort pour remplacer celui que je vouais à mon père[2]. »

1. *Ibid.*, p. 236.
2. *Ibid.*, p. 238.

Au fond, « féminité » n'est que l'autre nom de cette « castration », à laquelle nul humain n'agrée. Un peu plus que les hommes, les femmes se débattent avec ce fardeau. Beaucoup plus, si les hommes veulent leur faire porter la part qui leur échoit. La castration conditionne le désir, mais au prix d'une féminisation qui le piège. Une sorte de désir de non-désir devient ainsi son tourment permanent. Cette chausse-trappe devrait rendre fou, ce qu'elle fait d'ailleurs, si l'on appelle « folie » cette volition d'un désir qu'il ne faudrait pas. Un désir scellé par son mal propre, qui le porte, c'est-à-dire la noria des quelques fantasmes qui l'allument : séduction, scène primitive à laquelle assiste l'enfant battu qui se venge au talion du parricide. Il se venge de son propre désir. La mort du père se lie ainsi à ce désir infernal, désir sexuel lié au vœu de frapper le père en l'homme, s'il ne l'a déjà fait lui-même. Lorsque Euripide met en scène l'infanticide de Médée, qui cherche à atteindre à travers ses enfants leur père, il aurait pu présenter cette mère monstrueuse comme la négation de l'humanité la plus élémentaire. Mais non ! Il n'oublie pas que Jupiter va absoudre Médée de ce mal irrémédiable. « Nous, les femmes, dit-elle, sans aptitude pour le bien, sommes les très savantes artisanes du mal [1]. »

Du livre de Mishima, une dernière page reste à tourner. Une fois la mémoire du viol sanctifiée, le frère va révéler l'essence paternelle qu'il recouvre dans un ultime épisode. Car Reiko est repartie à la recherche de ce frère, en dépit de la scène du viol, ou à cause d'elle. Après de longues pérégrinations, à nouveau dans les quartiers les plus mal famés, elle le retrouve dans la misère, encore une fois en compagnie d'une prostituée – mais il est alors devenu père ! Pour écrire le mot de la fin, l'histoire introduit la paternité, c'est-à-dire celle qui dût se profiler la première, bien avant le trauma érotique de la scène d'amour du frère et de la tante. Avec la mise en scène de la paternité, l'histoire prend un tour romanesque, résolutif. Reiko pleure devant

1. Euripide, « Médée », in *Théâtre complet*, trad. M. Delcourt-Curvert, Paris, Gallimard, coll. « Bibliothèque de la Pléiade », 1962, vers 407-409.

son frère devenu père, et lui apportant tout le soutien matériel qu'elle peut, elle paie en quelque sorte une dette enfin adressée au lieu symbolique qui convient. Et tout semble s'arranger ! L'amant de Tokyo, qui n'avait jamais disparu de l'histoire, qui avait toujours su garder l'amour de Reiko, quoique sans jamais briser la glace, reprend brusquement du service. La guérison est là, dont cet amant, toujours resté fidèle, sait tirer bénéfice. Avec lui, Reiko s'accorde enfin, au sens musical du terme, et le livre s'achève sur ce point d'orgue très optimiste, car on peine à croire qu'un homme qui n'a payé aucun prix, sinon celui de la patience, puisse connaître les partitions de la musique, ses syncopes et sa dramaturgie.

L'orgasme, mot impossible à dire, entre-t-il en résonance avec le tabou du nom du père ?

Plaisir, jouissance, orgasme : voilà des termes qui n'ont pas la même incidence psychique, ni la même place dans l'histoire de la langue. Au cours des siècles et sans exception, la jouissance a été prise en considération par les systèmes religieux. Ce n'est pas que les religions auraient régenté la sexualité, comme une puissance morale pourrait, de l'extérieur, réglementer certains comportements. C'est plutôt que les « mystères » de la sexualité s'intègrent dans la théologie. Si cet empire s'est surtout exercé au bénéfice de la famille patriarcale et de la masculinité hétérosexuelle, cette voie étroite correspondait à un état des mœurs qui était moins imposé par l'Église qu'il ne reflétait le refoulement du désir de la grande majorité. On imagine mal aujourd'hui ce que dut être l'enfer d'une absence presque totale de liberté sexuelle[1]. En quelques dizaines d'années, cette pénible réalité a été bouleversée et chacun peut agir à sa guise, dans les limites imparties par son surmoi, que les Églises ne relaient plus comme

1. « Ce qui hier apparaissait comme normal est aujourd'hui comme invisible et sans intérêt » (Charles Melman, *La Nouvelle Économie psychique*, *op. cit.*, p. 80).

autrefois (Dieu merci !)[1]. Chacun peut agir à sa guise, pourvu qu'il ne nuise à personne. Cependant, une coercition nouvelle a vu le jour : non seulement chacun a le droit d'en profiter, mais il le doit ! Une sorte de contrainte à jouir s'est imposée : c'est le nouveau *Credo*[2]. Au degré le plus simple, il faut être en bonne santé, profiter de son corps et cultiver ses potentialités. Ce centrage sur l'épanouissement corporel semble si naturel que l'on ne songe même plus qu'il était mal vu dans le passé, et que la maladie était même considérée comme un signe divin dans certaines religions – dont celle de notre culture, friande d'hôpitaux et de services rendus aux mourants. Le corps déifié, aujourd'hui à son zénith, éclipse ces miasmes d'autrefois, comme si la maladie ne restait pas un recours toujours actuel contre les excès de la jouissance ! Car le symptôme a une fonction pratique de limitation du plaisir par une souffrance qui n'est que son excès.

La « jouissance » comporte donc en elle-même un mal. En français, ce terme diffère du « plaisir » : il lui ajoute une pincée d'excès et d'interdit. « Jouissance » a signifié d'abord « profiter d'un bien ». Le mot a ainsi été employé pour parler des plaisirs, et comme le sexe prime parmi eux, les autres emplois du terme se sont amenuisés sous son hégémonie. Comme enfin ce plaisir sexuel ne se réalise jamais si bien que sous le coup d'interdits, un parfum de transgression a fini par contaminer la « jouissance[3] ». Avec beaucoup d'imprécisions, le jargon psychanalytique emploie facilement le mot « jouissance », et cela même

1. Quant aux lois – tout du moins en France –, non seulement elles ne reflètent aucun point de vue moral ni ne prennent parti, mais elles suivent le mouvement avec enthousiasme, quand elles ne le précèdent pas, faisant de revendications minoritaires des propositions valables pour tous.

2. « La satisfaction sexuelle apparaît comme une exigence si justifiée, une dimension si naturelle, une fin en soi si indépendante des finalités de procréation et des pactes d'amour, que non seulement elle est devenue l'objet d'un discours public, qui n'a plus rien d'intime, mais qu'elle est aussi l'objet d'attention et de soins pour toute une série de thérapeutes ou sexologues » (C. Soler, *Ce que Lacan disait des femmes*, *op. cit.*, p. 158).

3. On jouit de ce qu'il ne faudrait pas. Certaines langues ne comportent pas ces nuances. En allemand, *Lust* connote bien en même temps le plaisir et sa fin, mais sans le parfum de transgression de notre « jouissance » (ou de *goce* en espagnol). En anglais, certains psychanalystes qui veulent profiter de la

pour évoquer l'orgasme, alors qu'il s'agit d'un événement distinct. Il existe, certes, une succession temporelle entre jouissance et orgasme, mais la jouissance ne cause pas l'orgasme, qui tombe d'une autre planète. Ce n'est pas au sommet d'un *crescendo* que la jouissance aboutirait à l'orgasme. On ne peut les amalgamer : la première répond toujours présent, sans forcément se libérer dans le second, qui reste parfois un éternel pressenti. Il existe trois degrés bien distincts entre le plaisir, la jouissance et l'orgasme.

La jouissance dégouline de partout : c'est celle du corps, animé par la pulsion. Celle du phallus qui cherche à la soulager. Celle de la langue, qui l'actualise en chaque phrase : et le mot « jouissance » lui-même en paraît presque surnuméraire, voire trompeur, car la « jouissance » n'a en elle-même aucune substance : elle résonne comme une sorte de basse continue partout présente, selon une vectorialisation passive ou active. Parasitaire, constante, n'arrive-t-elle jamais à atteindre son but ? Lorsque le court-circuit orgastique l'interrompt un instant, elle repart aussitôt à la chasse. Aucune échappatoire : on est joui, ou bien on jouit selon une actualisation qui se résume au Verbe lui-même [1]. La jouissance, c'est la Voie, dirait, s'il y pensait, le taoïste, auquel le zélote du Livre répondrait qu'au commencement était le Verbe.

Quant au mot « orgasme », il a longtemps été absent de la langue française, comme il l'était déjà en latin, de même que dans les deux autres « langues mères » de notre culture, le grec et l'hébreu. Dans la Bible, ce mot n'existe pas [2]. La langue populaire dérivée du latin et des idiomes celtes et germains ne connaissait pas non plus ce terme. L'arabe l'ignore également. Peut-être en existait-il un équivalent dans la langue parlée, mais en ce cas, il

---

complexité latine se servent du mot français, car la langue si luxuriante de Shakespeare le méconnaît.

1. Plutôt qu'au signifiant qui ne dénote ni passif, ni actif.

2. On trouve bien dans la Genèse un terme comme *Letzaheck* qui qualifie ce qui se passe entre Isaac et Rebecca, mot employé une deuxième fois lorsque Ismaël est renvoyé, mais sa traduction est controversée. Il faut beaucoup solliciter le commentaire de Rachi (XIIe siècle) pour lui faire dire « orgasme ».

aurait subsisté, comme d'autres mots qui, absents du vocabulaire des lettrés, sont restés en usage. Dans les diverses langues où on le cherche, ce mot n'apparaît sous aucune forme autochtone ancienne : l'événement orgastique est resté comme une sorte de cœur innommable, insaisissable en aucun de ses battements.

Attesté en français pour la première fois en 1612 pour décrire une décharge passionnelle et qualifier un accès de colère, « orgasme » est fidèle en cela au sens grec de *orge*, *orgasmos* : « bouillonner d'ardeur, de désir ». Il n'a dû son apparition qu'à quelques scholies d'Hippocrate, qui l'a bien employé, mais dans un sens différent. Pour cet auteur, le mot « orgasme » décrit la tension et l'excitation d'une fonction ou d'un organe : il n'a pas de sens sexuel[1]. Dans le dictionnaire de grec ancien *Babikiotis*, orgasme est un dérivé de *orge*, la colère. Son lien au plaisir passe à l'arrière-plan derrière une violence[2]. « Orgie » a probablement la même source que « orgasme », parallèle intéressant puisque dans son principe, l'orgie transgresse les us et coutumes, au même titre que l'orgasme comporte un moment si transgressif que le mot n'a pas existé pendant longtemps. Si *orgasmos* dérive du verbe *organ*, il signifie « être plein de suc et de sève[3] ». Il ne désigne donc pas encore le sommet du plaisir, mais seulement une tension vers sa réalisation. Cet hellénisme a désigné d'abord un accès de colère, et qualifiait en même temps le plus haut degré d'une excitation physiologique (pas seulement sexuelle). Il prend ce sens dès 1623, sans supplanter la première signification (accès de colère) qui restera longtemps usitée. Il n'exprimait encore que confusément un sommet de la jouissance

---

1. Mentionné dans Hippocrate, *Aphorismes*, livre IV (n°s 1 et 10), livre V (n° 29), Paris, CGPE, 1957. Dans ces quelques lignes, Hippocrate traite des femmes enceintes et de maladies aiguës.

2. Et on pensera à l'excitation fantasmatique de l'enfant battu, de même qu'au parricide qui prend revanche de cette violence.

3. Le verbe *organ* dérive de la racine *orgê* : « mouvement violent, passion, colère ». On peut le rapprocher du sanskrit *urga*, plutôt centré sur la nourriture et la vigueur. Il s'utilise aussi pour parler d'une terre fertile, et par analogie des débordements du désir.

sexuelle, puisqu'une équivoque demeurait entre une excitation et sa fin (comme pour le *Lust* allemand).

Pendant longtemps encore, le mot « orgasme » a désigné un état de tension, d'excitation, de turgescence d'un organe[1]. En parallèle, il fut utilisé seulement à partir de 1777 et d'abord sporadiquement dans son sens moderne de sommet de jouissance, faisant du français la première langue à nommer ce moment exquis. Il dénote alors le plus haut point de l'excitation sexuelle, mais seulement pour qualifier l'éjaculation masculine, et il ne concernera la jouissance féminine que plus tard. Ce n'est qu'après 1830 que le sens d'une satisfaction sexuelle devient la signification principale du mot. Il reste pendant quelques dizaines d'années l'affaire des hommes, avant de se féminiser toujours plus. Jusqu'en 1920, on trouve dans la littérature des emplois du mot « orgasme » pour décrire une tension, alors qu'aujourd'hui il s'agit non d'une tension, mais de sa résolution. « Orgasme » a continué d'évoluer depuis dans un sens uniquement sexuel, où après avoir désigné le *culmen* de la jouissance pour les deux sexes il s'est peu à peu spécialisé du côté féminin.

Ce mot apparaît donc tardivement en français, où il est un emprunt au grec de la langue préclassique française. Il n'a vu le jour qu'au hasard d'une traduction erronée d'Hippocrate, sous la plume d'un obscur littérateur du XVIIe siècle. Il a été ensuite infléchi par l'usage jusqu'à désigner ce que les hommes n'osaient nommer jusque-là. Ajoutons que l'ensemble des autres langues « occidentales » utilisent également le mot « orgasme » pour parler de cet événement.

Faisons une courte excursion dans une culture distincte de la nôtre. En chinois, « orgasme » s'écrit depuis peu grâce à un ensemble de trois caractères, en pinyin : *Xing Gaochao. Xing*

---

1. L'encyclopédie de Diderot et d'Alembert appelle « attaques d'orgasme » des crises de nerfs manifestement hystériques. Dans le même sens qu'Hippocrate, Lamarck l'a utilisé par exemple dans sa *Philosophie zoologique* [1806], Paris, Flammarion, 1994. Aux XVIIIe et XIXe siècles, il qualifiait au sens propre une effervescence et une tension physiologique, et au sens figuré une ébullition psychique entraînant des manifestations somatiques.

dénote l'esprit, le sexe, la qualité. L'ensemble *Gaochao* se comprend comme « marée montante », « paroxysme ». On peut décomposer *Gaochao* en *Gao* : « haut », « supérieur », et *Chao* : « marée », « humide », vocable de mauvais aloi. « Supérieur » et « de mauvais aloi » se contredisent quelque peu, comme le veut la chose même. Il existe un terme plus ancien, qui doit pourtant être relativement moderne, puisqu'il comporte quatre idéogrammes. En pinyin, *Yusi Yuxian* : « faillir mourir », ou bien « faillir devenir immortel » (comme on peut le devenir dans cette vie d'avant la vie que borde l'inceste). Le mot *yu* répété représente le manque ou encore le désir.

Selon Rainier Lanselle, qui a traduit quelques écrits érotiques de la période Ming, le moment orgastique est davantage évoqué que nommé, notamment par *dia* (se perdre) terme intéressant, puisqu'il évoque la dépersonnalisation. Quant au caractère « xie » « émettre », il est utilisé aussi bien pour l'homme que pour la femme. Il existe certes des métaphores, mais aucun nom spécifique[1]. L'actuel mot chinois pour « orgasme » est apparu avec les milliers de néologismes inventés au contact de l'Occident[2]. Il s'agirait d'une traduction basée sur l'anglais *climax* : *xingyu gaochao*, littéralement « la plus haute vague », la « déferlante » (*gaochao*) du désir sexuel (*xingyu*). Cette traduction récente ne capte pas vraiment cet instant, puisqu'elle le situe dans un *continuum*, dans une relative indistinction du plaisir et de sa fin.

Cette recension rapide souligne un fait linguistique qui semble universel. Pourquoi un tel silence sur un événement aussi important ? Tout s'est passé comme si, l'Histoire majuscule progressant, la signification de l'orgasme s'était peu à peu précisée et découverte. La jouissance la plus grande n'a trouvé son concept que fort tardivement. Du moment orgastique, il n'existe aucun

1. Il semble qu'on en trouve des exemples dans le livre de R. Van Gulik, *La Vie sexuelle dans la Chine ancienne* (Paris, Gallimard, 1971), mais il s'agit de traductions interprétatives de termes comme, par exemple, « la joie ».

2. Voir R. Lanselle, « Les mots chinois de la psychanalyse », *Essaim. Revue de psychanalyse*, n° 13, « Horizons asiatiques de la psychanalyse », Toulouse, Érès, 2004.

symbole direct en effet, si l'on peut employer cette périphrase pour désigner ce qui commande justement l'invention du symbole, ce court-circuit psychique de la *Versönhung*, cette réconciliation qu'aucune langue n'a jamais inventée.

À cette particularité linguistique, il faut ajouter que dans la conceptualisation de la psychanalyse elle-même, le mot orgasme n'a d'abord été prescrit qu'au compte-gouttes. Il n'apparaît qu'une douzaine de fois et souvent incidemment dans l'œuvre de Freud, qui lui préfère l'expression disgracieuse de « plaisir terminal »[1].

Quel statut réserver à un fait psychique aussi important que l'orgasme, alors qu'aucun mot ne l'a désigné pendant des siècles, et qu'il n'existe aujourd'hui dans les diverses langues que depuis peu ? En arabe, en chinois, en russe, en anglais, en allemand : tout s'est passé comme si les hommes n'avaient su désigner cette extrémité de la jouissance, imprononçabilité corrélative de la perte de conscience de cet instant, si l'on peut appeler « perte de conscience » un moment de dépersonnalisation (le Nom étant la condition de la conscience). Que penser de ce silence ? L'orgasme a-t-il été connu à toutes époques et en toutes cultures ? Sa puissance a toujours été en tout cas pressentie et réprimée. Par exemple, l'excision pratiquée dans certaines régions d'Afrique cherche à prévenir la jouissance féminine. Mais il est tant de moyens d'étouffer sa voix : lorsque l'essentiel de l'activité sexuelle bourgeoise du XIXe siècle se déroulait dans les bordels, l'orgasme était sans doute inconnu au bataillon. Les demi-mondaines et plus encore les putains se gardent bien de jouir. Ce serait peu professionnel, et elles sont payées pour se garder de tels excès. Un silence aussi impressionnant résulte d'un nœud de fantasmes si inconscients et si contradictoires que la pensée s'effraie à le désigner.

On essaiera de le montrer, il s'agit d'un tabou au sens plein, qui concerne le fantôme du père, tel qu'il se fait entendre dans

---

1. Curiosité supplémentaire, les traducteurs français de *L'Interprétation des rêves* l'ont fait disparaître à deux reprises. De même, dans la première édition des *Études sur l'hystérie,* le mot « organe » remplace celui d'« orgasme ».

un moment de conjonction-disjonction d'Éros et de Thanatos. De même, le nom de Dieu a longtemps été imprononçable dans les religions du Livre[1]. C'est le tabou d'un Père éternisé. Mais que faut-il dire alors de son envers, l'orgasme, qui n'a même pas été formulé ? Cette absence du mot n'est-elle pas semblable au nom sacré de Dieu, imprononçable parce qu'il convoque un père assassiné ? Cette comparaison de deux tabous est d'ailleurs encore faible, car en réalité, on peut prononcer le nom de Dieu, lire le tétragramme YAHWE, ou énumérer les mille épithètes du Très-Haut. « Orgasme », en revanche, est resté inaudible pendant des millénaires, comme s'il s'agissait d'un mot encore plus tabou que le nom d'un père éternisé. Si ce mot désigne aujourd'hui un moment spécifiquement féminin, c'est bien d'une prise par le père qu'il s'agit : une prise qui se déprend du père, dans le fil d'une jouissance qui, pour aboutir, doit annuler son propre agent : celui dont le nom ne saurait être par conséquent prononcé.

La conclusion masculine de la jouissance

Le titre de l'article de Sandor Ferenczi, « Pollution sans rêve orgastique et orgasme en rêve sans pollution[2] », indique à lui seul que, dès les débuts de la psychanalyse, la valeur psychique de l'orgasme a été distinguée de la décharge physiologique. Nombre de patients ont des pollutions nocturnes, alors que le rêve correspondant n'affiche aucun érotisme. Tausk avait remarqué en ce sens que des pollutions succédaient à des « rêves d'occupations » (bricolage, nettoyage, etc.). Il avait pensé que la compulsion à s'activer représentait une activité sexuelle. Mais, là

1. De même aussi, dans de larges régions d'Asie, le nom de Bouddha ne doit pas être prononcé. Il fonctionne comme un principe paternel monothéiste.
2. « Souvent les patients racontent qu'ils ont eu une pollution dans leur sommeil sans que le contenu onirique qui l'accompagnait eût un caractère sensuel, ou trahît un lien quelconque avec le domaine sexuel » (S. Ferenczi, « Pollution sans rêve orgastique et orgasme en rêve sans pollution » [1917], in *Œuvres complètes*, tome II, 1913-1919, Paris, Payot, 1970, p. 260).

aussi, l'orgasme en était absent. En revanche, il existe des rêves amoureux qu'un orgasme conclut, sans qu'aucune pollution les accompagne. L'orgasme peut se produire pendant les rêves, et cela même lorsque la rêveuse est frigide ou le rêveur impuissant. Certains auteurs anglo-saxons ont appelé « orgasmes fantômes » (par analogie avec les « membres fantômes ») ces manifestations qui affirment au moins qu'aucun être humain n'ignore ce dont il s'agit : ce n'est pas un sommet de la vie sexuelle, que certains atteindraient après une longue escalade, mais une potentialité du fantasme, présente dès la petite enfance. Un orgasme « psychique » peut se produire pendant le rapport sexuel, en dehors de lui, ou encore sans le moindre plaisir ou enfin sous une forme symptomatique sans éjaculation (dans les crises d'épilepsie, par exemple). Existe-t-il aussi d'autres sortes d'orgasmes seulement psychiques – par simple résolution des contradictions internes du fantasme – et cela, alors que le désir a perdu les amarres du désir sexuel ? La question se pose au regard de certaines formes de toxicomanie, dont les adeptes déclarent que leurs drogues leur font éprouver un orgasme supérieur à celui de l'amour. On peut au moins en conclure qu'il existe un lien entre l'extrémité de la jouissance et la pulsion de mort.

Du côté masculin, l'orgasme est trop vite confondu avec l'éjaculation, simple décharge physiologique qui sonne la fin du plaisir. Quand il y en a un ! Car le plaisir masculin – pas plus évident que le féminin – est inconstant, même en cas d'érection et d'une éjaculation dont la ponctualité ne laisserait rien à redire. Les hommes viennent parfois à bout de ces activités sans jouissance et sans orgasme, sans connaître d'autre plaisir que celui de leurs compagnes, qui les satisfait souvent. Ils ressemblent en cela aux nombreuses femmes qui se considèrent comme sexuellement épanouies parce que leurs amants paraissent contents, et qui ne découvrent l'orgasme, son délice et son excès, que tardivement, au hasard d'une aventure.

Souvent oubliée dans la psychopathologie usuelle, la frigidité masculine diffère d'autres difficultés comme l'impuissance ou l'éjaculation précoce. Certains hommes ont l'impression d'avoir un sexe en bois quand ils font l'amour, et ils ne se plaignent de cette insensibilité que lorsqu'elle est occasionnelle, puisqu'ils ne s'en rendent même pas compte si elle est permanente (et leurs compagnes ne s'en plaignent pas non plus). Ce degré zéro du plaisir masculin est compatible avec une décharge, et cette absence de plaisir permet donc de distinguer l'orgasme de l'éjaculation.

Cette « frigidité » masculine représente un critère négatif, qui s'oppose à l'excès de plaisir de l'éjaculation précoce. Certains hommes jouissent toujours trop tôt et s'en plaignent (de même que leurs compagnes). D'autres jouissent trop vite malgré eux, mais seulement avec certaines partenaires lorsqu'elles commencent à exprimer leur plaisir, ou bien (bizarrement) lorsqu'elles sont frigides. D'autres, enfin, ne concluent qu'au moment où leur amante a un orgasme. Cette variabilité montre assez que l'orgasme masculin se distingue de la décharge physiologique. L'éjaculation précoce présente une caractéristique importante : cette décharge intense se produit alors qu'il ne le faudrait pas, et elle procure un déplaisir. Elle s'articule donc directement avec l'interdit, et à ce titre, elle représente un paradigme paradoxal de l'orgasme masculin. En effet, celui-ci se produit alors sur la base du plaisir, mais parce qu'il est contré par une pensée « qu'il ne le faudrait pas ». En même temps que d'autres représentations, la pensée vient que ce n'est vraiment pas le moment de jouir, et c'est aussitôt ce qui arrive.

On peut vérifier, dans d'autres formes d'orgasme, ce rôle de détonateur de l'interdit au sein même du plaisir. C'est le cas, par exemple, lorsque le moment orgastique s'accompagne pour une femme de l'idée d'être attachée, battue ; ou encore que l'amant est indigne de ses faveurs, qu'il n'aurait pas fallu faire l'amour avec lui, ou qu'il présente tel insupportable défaut. Il arrive qu'une femme ait son premier orgasme à l'occasion d'un viol ou d'un équivalent, lorsqu'elle se laisse un peu faire, mais n'aurait pas voulu aller plus loin, ou lorsque son soupirant ne lui plaît pas vraiment, ou même, à certains égards, la dégoûte. L'orgasme peut s'aider de nombre de pratiques transgressives, qui résultent souvent de passages à l'acte débordant le sujet. Il se sent dépassé, mais il y va quand même, alors qu'il s'était promis de ne pas recommencer. Ce sera la dernière fois ! « Ce qu'il ne faut pas » va des représentations violentes à des images honteuses accompagnées de déclarations crues – je te prends, je te mange, je te frappe, je t'attache, etc. – ou même d'ébauches de réalisation de ces intentions. Ces sortes de perversités plus ou moins civilisées ne devraient certes pas être évoquées, mais ce sont justement elles qui hâtent la conclusion. Ces courts-circuits fantasmatiques du plaisir par « ce qu'il ne faudrait pas » le précipitent.

Quels sont les invariants d'un tel court-circuit dans l'éjaculation précoce ? Quand cet orgasme se déclenche au début d'une relation sexuelle – lors des premières expressions du plaisir pris par une femme, la question qui se pose alors est : qu'est-ce qui la met dans cet état ? Où se trouve-t-elle, et avec qui ? Oui ! De qui jouit-elle exactement – surtout si elle a les yeux fermés ? Elle est partie ailleurs, c'est sûr, et l'éjaculateur précoce pensera qu'elle prend son plaisir avec un autre, avec l'homme qu'elle quitte pour être dans ses bras – c'est-à-dire son père, cet homme qui reste éternellement celui d'avant. C'est du moins ce que l'éjaculateur précoce pressentira – et cela d'autant plus facilement qu'ainsi vogue son propre fantasme : qu'il est lui-même en rivalité avec un père au moment de la conquête d'une femme. Et ce père aura encore gagné la partie lorsque son amante commence à prendre son plaisir. Il le fantasmera d'autant plus aisément que, dans sa propre rivalité avec un père, il sera resté dans une position infantile, lui-même féminisé. De sorte que son orgasme précipité va se produire lors de l'expression du plaisir féminin, puisqu'il s'en trouvera lui-même féminisé – alors qu'il ne le faudrait pas. En toute réalité psychique, l'éjaculation rapide résulte d'une sodomie par un père[1]. On objectera que d'autres hommes souffrent d'éjaculations précoces

1. Dans d'autres scénarios, certains hommes demandent à leur amante de leur introduire quelque objet dans l'anus pour actualiser une telle réminiscence. Indépendamment de la relation sexuelle, le grattage de l'anus concerne souvent les mêmes représentations.

alors que leurs femmes restent de bois (ce qui ne les empêche pas de former des couples solides). Mais c'est le même cas de figure ! Une femme frigide reste en compagnie de son père, qui verrouille la porte, infranchissable sans le faire renaître.

Il existe d'autres variétés d'éjaculation précoce, mais on retrouvera sans exception une puissante culpabilité, constante ou occasionnelle. La dimension orgastique de l'éjaculation masculine est toujours quelque peu liée à un moment de passivité où le sujet est non seulement dépassé, mais lui-même féminisé. L'éjaculation précoce actualise une sorte d'*orgasme féminin* : il n'est pas une source de plaisir, puisqu'il est angoissant pour la virilité. Pour l'éjaculateur précoce, chacune de ces crucifixions symptomatiques s'accompagne d'une souffrance, qui purge sa honte d'une féminisation menaçante. Dans la mesure où leur féminisation refoulée fait retour, les hommes connaissent donc eux aussi une forme d'orgasme : son écriture est le plus souvent déplacée dans leur épilepsie, leurs colères, leurs symptômes sexuels. Les clients des prostituées, on l'a dit, sont souvent étranglés par une telle culpabilité qu'ils concluent leur affaire en quelques secondes. Contrairement aux clichés concernant les amours vénales qui relèveraient de la misère sexuelle, il s'agit d'une jouissance orgastique, parfois supérieure pour ces hommes à celle qu'ils connaissent avec leurs épouses légitimes, qu'ils honorent souvent dans les temps réglementaires – mais avec un plaisir inférieur à celui de la transgression. La fréquentation des prostituées leur fait connaître un orgasme « féminin ». L'angoisse et le déplaisir intense de l'éjaculation précoce sont proportionnels à cet orgasme au sens où, à cet instant, la part féminine d'un homme jouit au mépris de son genre, le plongeant dans la honte.

En dehors du cas de l'éjaculation précoce, un homme peut jouir de la jouissance féminine, par personne interposée, en quelque sorte. Il connaît ainsi un certain degré d'impersonnalisation. Mais cette impersonnalisation ne le divise pas, tout du moins tant qu'il jouit en tant qu'homme. La division ne le rattrape que s'il jouit en tant que femme (plutôt que de la femme), comme cela arrive dans l'éjaculation précoce, qui fonctionne comme une sorte d'orgasme féminin pour un homme. C'est pourquoi un tel événement l'angoisse, en dépit et à cause de la jouissance qu'il déclenche.

L'éjaculation précoce éclaire par contraste les conditions psychiques de l'orgasme masculin. En effet, déclenchée par la pensée qu'« il ne faudrait pas » – que cela se produise –, elle donne l'indice de la contradiction fantasmatique qui la provoque. La plupart des hommes débutent leur vie sexuelle en traversant les affres de l'éjaculation précoce, et cette caractéristique s'amenuise avec l'âge. Une telle évolution pourrait donner la mesure de leur progrès dans leur lutte contre le père, et de leur distance prise avec leur féminisation. Cependant, cette réduction est trompeuse, car l'éjaculation précoce n'est pas une simple question de durée : elle peut se produire même si une relation sexuelle se poursuit longtemps. En effet, quel que soit le temps d'une relation, l'orgasme lui-même peut arriver trop vite à cause de la pensée « qu'il ne le faudrait pas ». C'est-à-dire de la rencontre d'un père (cet éternel revenant). Une belle course de fond n'empêche pas d'échouer sur la ligne d'arrivée. De sorte qu'une précipitation au dernier moment évite ou remplace un orgasme féminin.

On voit en tout cas la différence entre l'éjaculateur précoce et celui qui se lâche seulement *parce que* sa compagne a elle-même un orgasme. Si son amante en arrive jusque-là, c'est qu'ils sont allés chacun par leur chemin jusqu'à ce court-circuit où elle renie son père à l'heure où il défie le sien. Un double parricide s'actualise. Un fils supplante son père à l'instant où son amante quitte le sien. Mais la jouissance orgastique ne se trouve-t-elle pas d'un seul côté ? La jouissance vaut sans doute pour les deux amants, également mise en tension par leur bisexualité (leur castration), mais seule la part féminine arrive jusqu'à l'orgasme, terre promise que la part masculine ne peut que contempler.

Le débat sur la jouissance orgastique féminine (vagin *vs* clitoris)

À défaut d'une définition de l'orgasme, nombre de cliniciens se sont souvent rabattus sur des descriptions calquées sur la décharge physiologique. Il faut également souligner que la presque totalité de la littérature actuelle sur la question s'intéresse à l'orgasme féminin, comme s'il y avait une sorte de pressentiment que seule la féminité connaît une jouissance orgastique. Enfin, une grande part des complications du débat sur cet aspect de la féminité (voir Karen Horney[1], Melanie Klein) procède de l'affirmation d'un genre d'origine : homme ou femme. Or, le choix du genre est postérieur à la réalité anatomique des sexes. Cette faiblesse conceptuelle explique sans doute les longs débats entre les tenants de l'orgasme vaginal et ceux de l'orgasme clitoridien[2].

Marie Bonaparte considérait que la sensibilité clitoridienne devait être totalement supprimée pour parvenir à un orgasme vaginal. De manière assez générale, nombre d'analystes ont plutôt rangé l'orgasme clitoridien dans le tiroir de l'immaturité génitale (y compris des femmes, comme Jeanne Lampl-de-Groot, ou Ruth Mack Brunswick). Cependant, certaines d'entre elles, comme Helene Deutsch, ont nuancé leur position et posé des questions qui, jusqu'à aujourd'hui, restent actuelles. « On peut constater – remarque-t-elle – que ni la structure psychique, ni la prétendue maturité affective ne préjugent de la capacité orgastique[3]. »

---

1. Dans son article de 1923 sur la genèse du complexe de castration chez la femme, Karen Horney reprend la conception qui prévalait à l'époque : « le complexe de castration est entièrement centré autour de l'envie du pénis » (K. Horney, « Zur Genese des weiblichen Kastrations Komplexes », *Internat. Zschrift. für Psychoanal.*, n° 9, 1923).
2. Voir J. Glenn, E. H. Kaplan *et al.*, « Différents types d'orgasme chez les femmes », in *La Sexualité féminine controversée. Commentaires psychanalytiques sur le livre de Mary Jane Sherfey*, Nature et Évolution de la sexualité féminine, Paris, PUF, 1976.
3. H. Deutsch, *La Psychanalyse des névroses* [1930], Paris, Payot, 1970, p. 394. Elle écrit, par exemple : « J'ai vu des femmes très malades, et même des femmes psychotiques, qui avaient éprouvé un orgasme vaginal intense et des femmes relativement sans névrose qui n'avaient pas fait cette expérience. J'ai vu des femmes agressives, viriles, exigeantes et efficaces pour lesquelles l'orgasme vaginal était la condition absolue de l'acte sexuel, et des femmes aimantes, maternelles, généreuses et heureuses pour lesquelles l'orgasme vaginal était *terra incognita.* De nombreuses femmes ne doutaient pas le moins du monde que leurs besoins sexuels étaient pleinement gratifiés

Si l'on voulait se contenter des enquêtes, ce qu'une femme dit de son plaisir prouve-t-il quelque chose ? La tendresse, le désir, la jouissance peuvent être grands sans qu'un orgasme en résulte, et tant que cet événement n'est pas arrivé au moins une fois, une femme peut penser qu'elle le connaît. D'autant que la satisfaction de l'amant procurera à elle seule un petit bonheur, une détente qui va passer pour ce fameux orgasme[1]. Tant qu'elle le méconnaît, elle considère souvent que le plaisir qu'elle a correspond à ce que les autres appellent « orgasme », cet événement parfois tardif imposé par les contraintes de l'érotisme, sombres à certains égards, peu ludiques en tout cas, préférant le drame à la comédie. Il existe ainsi une difficulté à s'appuyer sur les témoignages.

Mais puisque l'anatomophysiologie sert si souvent de référence, regardons un instant le fameux rapport Kinsey[2], premier en son genre. On y lit qu'une dissociation se fait entre le retentissement organique, toujours vaginal – mais parfois inconscient – et la sensation consciente, qui peut rester localisée à une zone érogène. Tous « les » orgasmes engendrent des contractions vaginales : « les contractions qui accompagnent ou suivent l'orgasme impliquent le vagin[3] ». On en déduira que si ces contractions impliquent toujours le vagin, l'orgasme psychique leur fait parfois défaut. Le rapport Kinsey confond « contractions » et « orgasme », et il ne s'étonne pas non plus que ces contractions

---

dans les rapports sexuels ; cependant, l'orgasme vaginal n'était pas compris dans leur conception de la gratification » (*ibid.*, p. 393).

1. Une de mes patientes me confia qu'elle n'avait connu la chose qu'à l'âge de soixante ans – et encore seulement en rêve – et encore, avec moi-même, son analyste, qui avais transgressé les règles de l'art durant cette scénographie onirique. Peut-être avait-elle oublié son passé de femme, ou bien la transgression y fut-elle pour beaucoup, ou encore aussi faisait-elle un effort pour me plaire, en donnant un tour superlatif à sa narration ? Toujours est-il que je ne fus pourtant pas davantage fixé sur ce qu'elle avait appelé « orgasme » – événement difficile à attester en dépit de ses descriptions.

2. Le rapport Kinsey est le nom sous lequel a été vulgarisé le livre d'A. Kinsey, W. B. Pomeroy, C. E. Martin, *Sexual Behaviour in the Human*, Philadelphia (Pa.), W. B. Saunders, 1948.

3. *Ibid.*, p. 583.

puissent se produire dans d'autres parties du corps. En ce sens, une crampe du mollet – plutôt douloureuse – peut en faire office ! Et comment peut-on parler d'orgasme pour un événement physiologique non conscient ?

Si l'on regarde maintenant l'étude de Masters et Johnson, ces auteurs affirment que la stimulation clitoridienne est la cause primaire de l'orgasme [1]. Cette excitation concerne un organe qui n'en est un qu'à titre psychique, exactement comme le phallus après tout, membre fantôme par excellence. Les femmes accèdent au phallicisme comme les hommes, l'excitation clitoridienne valant bien celle du pénis. Et il en va ainsi la vie durant, à titre de préalable et d'accompagnateur d'une jouissance vaginale inconstante et aléatoire. Cette qualité seulement psychique n'apparaît jamais si bien que lorsqu'on considère les femmes excisées, qui parviennent à l'orgasme, elles aussi, grâce à une excitation de ce dont elles sont dépourvues [2] ! C'est moins l'érogénéité de cette partie du corps qui compte que son rôle de membre fantôme de la virilité. Tant qu'il n'est pas en érection, le pénis n'est lui aussi qu'un phallus fantôme.

L'orgasme vaginal maximal s'obtient par stimulation clitoridienne, et Masters et Johnson considèrent eux aussi que tous les orgasmes engendrent en même temps une contraction vaginale (même lorsqu'elle n'est pas perçue). Ils ont décrit trois stades de l'orgasme. D'abord une sensation axée sur le clitoris, puis un sentiment d'engloutissement, d'ouverture, enfin la « palpitation pelvienne » de l'orgasme vaginal (pas toujours consciente, là aussi). Ces observations apportent peu, sinon que les témoignages des femmes interrogées reflètent inconstamment le phénomène physiologique.

Ces discussions spécialisées ont entraîné des classifications : 1) d'orgasme purement clitoridien, 2) d'orgasme clitoridien entraînant un orgasme vaginal, ou réciproquement avec des

1. Voir W. H. Masters, V. E. Johnson, *Human Sexual Response*, Boston, Little Brown, 1966.
2. Encore plus démonstratif : une femme homosexuelle jouit et en fait jouir une autre grâce à un organe qu'elle n'a pas. Il suffit d'y croire, en somme.

variantes sur les moyens et les moments de l'excitation. Mais des zones « physiologiquement » érogènes comme le vagin peuvent rester à l'ordinaire insensibles à toute excitation, alors que des localisations sans relation avec la sexualité naturelle peuvent être source de plaisir : il existe des orgasmes stimulés par d'autres parties du corps (le sein, la bouche, etc.), et les classifications ont été relativisées en conséquence. La même personne peut connaître les différents types de stimulation selon les moments.

Ces copieux rapports confirment seulement, s'il en était besoin, qu'il n'existe pas de modèle physiologique de l'orgasme[1]. Ils n'apprennent à personne que les rapports sexuels ne s'accompagnent parfois d'aucune sensation vaginale, ou que le clitoris peut être stimulé sans le moindre plaisir. Leur caractéristique la plus étonnante est qu'à l'évidence leurs auteurs ignorent la caractéristique principale de l'orgasme qui est d'être un événement conscient[2]. En extrayant l'essentiel de ces études fastidieuses, on recueille toutefois une information utile : la décharge orgastique se produit en partant des zones actives (clitoris) pour aller vers celles qui sont passives (vagin), c'est-à-dire en suivant le gradient de « l'activité à but passif » programmée par le fantasme[3].

Si l'anatomie est seulement le théâtre (certes irremplaçable) d'un événement psychique, c'est la décharge des contradictions fantasmatiques qui fonde l'*unité* de l'orgasme. Elle peut s'appuyer sur différents organes ou même sur aucun (par exemple dans l'extase mystique du père mort ou dans le flash toxicomane). Une conversation téléphonique passionnée peut déclencher un orgasme vaginal. Dira-t-on pour autant que l'oreille est une succursale du vagin ? Une telle question rend plus évident que la

1. D'autant que du point de vue de la procréation, l'orgasme féminin est inutile.

2. On peut s'expliquer cette ignorance en supposant que l'obsession « scientifique » des auteurs les a amenés à chercher des critères objectifs qui ne tiennent pas compte de la subjectivité.

3. « [...] en matière de sexualité humaine, l'anatomie ne nous apprend guère que ce que le fantasme lui enseigne » (J. André, *La sexualité féminine*, *op. cit.*, p. 297).

vague orgastique se fomente au creux du fantasme, jusqu'à son raz-de-marée final.

Pour être plus précis, la polarisation du fantasme entre activité et passivité entraîne des conséquences sur l'investissement anatomique de telle ou telle partie du corps – selon qu'elle se dessine en creux ou en pointe. Plus le fantasme sera orienté vers l'activité, plus la jouissance sera « clitoridienne ». Plus le fantasme préférera la passivité, plus la jouissance sera « vaginale » : ces « organes » sont des métaphores charnelles têtues de l'actif et du passif. Dans la mesure où une « activité à but passif » oriente la jouissance féminine, l'actif et le passif s'enchaînent, mais l'actif se présentera toujours en premier (le clitoris est le déclencheur de la jouissance – selon l'harmonique de la bisexualité féminine), alors que le passif (vagin) restera contingent. Le « changement de zone érogène » qui définit, selon Freud, le passage à la féminité décrit un enchaînement allant de l'activité à une « activité à but passif », puisque toutes les filles ont d'abord été des garçons et le restent dans une certaine mesure.

Cet enchaînement de l'activité à la passivité est le point nodal orgastique, jamais établi une fois pour toutes, variable selon les âges, les amants, les situations. Lorsqu'elle n'est pas inhibée (frigidité complète), l'activité féminine clitoridienne est la règle d'une première identification « masculine » (en fait, transgenre). Pour qu'elle puisse aller jusqu'à son point de retournement en passivité, un obstacle doit être franchi, un mur de l'interdit, de quelque limite qu'il ne faudrait pas transgresser (elle s'actualise, par exemple, avec la représentation d'un viol). Ce franchissement s'accomplit de force vive dans une représentation fantasmatique ou par la force de l'amour qui entraîne un certain degré d'identification à l'amant. Par le biais de ce transitivisme amoureux, la femme devient à elle-même son propre objet (grâce à l'amour, une femme s'identifie à son amant, et se baise elle-même). Dans cette mesure, l'orgasme ne résulte pas de n'importe quel rapport avec n'importe quel phallophore.

Les sensations psychiques diffèrent selon les localisations physiques, mais elles peuvent converger vers le lieu d'élection de l'actif ou du passif. Un orgasme « vaginal » peut résulter d'un frôlement, ou de l'excitation des seins ou seulement du regard, de la voix – même à distance au téléphone, etc. De même, un orgasme anal peut procéder de l'excitation de ces différentes zones érogènes pourvu qu'elles se raccordent à un ou plusieurs fantasmes. Ou encore, ce qui est appelé orgasme « clitoridien » peut déclencher un orgasme dit « anal » ou « vaginal ». Cette succession de localisations dépend de l'enchaînement de l'« actif » et de l'« actif à but passif », qui provoque une variété de sensations, de sorte qu'il semble exister différents types d'orgasmes. Cependant, le moteur orgastique lui-même ne consomme qu'un carburant : le fantasme. Grâce à sa contradiction interne, la jouissance pulsionnelle se libère.

Une fois ces caractéristiques soulignées, il est vrai que cette pulsionnalité ne se lâchera jamais si bien que grâce à un organe – le vagin – qui incarne une sorte de trou noir de la pulsion [1]. On a fait grand cas de l'érogénéisation du vagin, et Freud a été critiqué pour l'avoir mésestimé. Le vagin n'a pourtant aucune réalité pulsionnelle, et il reste longtemps méconnu des filles à ce titre. Faut-il des connaissances si poussées pour s'apercevoir que cette cavité (comme d'autres, d'ailleurs) ne s'érotise qu'en fonction du fantasme ? L'excitation sexuelle dépend moins d'une érogénéité anatomique que du fantasme. N'importe qui le constate : sans fantasme, l'excitabilité des organes disparaît. Le plaisir du baiser s'évanouit, s'il n'est pas échangé avec la personne désirée, et il s'inverse même en dégoût avec un(e) inconnu(e). Certains

1. « [...] l'entrée en fonction du vagin comme tel dans la relation génitale est un mécanisme strictement équivalent à tout autre mécanisme hystérique [...] à reconnaître, non seulement la nécessité de cette place vide en un point fonctionnel du désir, mais de voir que même c'est là que la nature elle-même, que la physiologie va trouver son point fonctionnel le plus favorable, nous nous trouvons ainsi dans une position plus claire, à la fois délivrés de ce poids de paradoxe qui va nous faire imaginer tant de constructions mythiques autour de la prétendue jouissance vaginale, non pas bien sûr que quelque chose ne soit pas indicable au-delà » (J. Lacan, *L'Angoisse*, Le Séminaire, Livre X [1962-1963], leçon du 19 décembre 1962, Paris, Seuil, 2004, p. 127).

fantasmes érotisent le vagin, alors que d'autres en barrent l'accès. Il n'est découvert qu'à proportion de la jouissance qui en est attendue. Sinon, il reste de glace.

Dès l'enfance, la pulsion anale investit, comme son nom l'indique, l'anus, et son érogénéité est donc bien compréhensible. Quant à lui, le vagin ne correspond à aucune pulsion, comme le montrent ses projections sensorielles cérébrales minimes. Il s'agit d'une sorte de « hors corps » psychique, dont l'investissement purement fantasmatique représente le point le plus passif, le plus vide de la pulsionnalité. La faible innervation du vagin – d'ailleurs notée par le rapport Kinsey – importe dans un sens inattendu, car cette pauvreté le rend justement propre à représenter la part anéantissante de la jouissance. Elle en fait le lieu électif de décharge du trop-plein érogène, qui converge vers cette sorte d'épicentre hors corps pulsionnel. Si l'on peut risquer cette métaphore, cet œil du cyclone – celui d'un vide vaginal presque désinnervé – centre le néant de la signification phallique, en en faisant une sorte de symbole de l'envie du phallus.

Une fois établie l'unicité de l'orgasme à partir du fantasme, il faut en revenir aux faits : certaines femmes ne vont jusqu'à l'orgasme que grâce à la masturbation clitoridienne. D'autres n'y arrivent qu'à la condition de la pénétration. Il ne s'agit pas de deux sortes d'orgasme, on l'a dit, mais d'un orgasme qui suit une voie indirecte (la femme se prend elle-même, virilement, par le biais de son amant, auquel elle s'identifie) ou bien une voie directe (la femme s'identifiant cette fois à celle que prend son amant, et en résistant plus ou moins à cette identification). Il semblerait que l'orgasme indirect (clitoridien) soit moins violent que l'orgasme direct (celui que l'on peut qualifier de vaginal)[1].

On l'a rappelé, les débats entre psychanalystes des cinquante dernières années sur la jouissance féminine ont abordé la question de l'orgasme comme s'il était évident qu'il était le fait des femmes. Et tout s'est passé comme si cette découverte gommait sa propre dimension historique. Car si le mot « orgasme »

1. Ces différents processus seront détaillés plus loin.

n'existe que depuis peu, il est encore plus récent que sa spécificité féminine soit soulignée. Au point qu'on se demande si les femmes n'en profiteraient que depuis aussi peu de temps, à proportion de leur relative libération. Il est certes impossible de le vérifier, mais comment les femmes auraient-elles pu jouir lorsqu'elles vivaient dans les conditions de l'esclavage ? Dans les sociétés aborigènes d'Australie, les mariages sont réglementés minutieusement entre clans, sous-clans, sous-sections, etc., de manière si féroce que l'on se demande comment l'amour pouvait y trouver son compte[1]. Objets de marchandage, réduites à l'état de monnaie d'échange entre les familles, à peine reconnues comme des êtres humains par les Pères de l'Église, que pouvaient-elles espérer ? Il semblait ne leur rester que les consolations de la maternité, leur vengeance sucrée sur les fils et leur frigidité. Dans ces conditions d'esclaves et même d'esclaves d'esclaves – lorsque leur compagnon en était un –, comment auraient-elles pu disposer de leur corps, offrir leur amour et leur jouissance avec la liberté que le don requiert ? Ce Souverain Bien semble se réduire alors à un rêve à peine entraperçu.

Pourtant, son avènement est attesté, en tous temps et en tous lieux. C'est que l'orgasme ne résulte pas d'une décision ou d'une offrande volontaire à laquelle une femme se refuserait dans des conditions humiliantes. Cela lui échappe, et l'humiliation peut – au contraire – le favoriser (de même que certains hommes ne jouissent qu'avec des prostituées, ou avec des femmes qui les dégoûtent – la leur ou une autre). Dans les conditions les plus contraires à l'amour, l'orgasme réserve ses droits. Après tout, il ne répond qu'aux sollicitations de fantasmes, parmi lesquels ceux de « l'enfant battu » et du parricide s'accommodent fort bien de l'humiliation et de la haine. Il ne résulte pas de la volonté, et s'impose dans une relation ou même contre elle. Une femme peut jouir malgré elle de l'homme qui l'asservit ou qu'elle n'aime pas, et au contraire rester parfois de glace avec un homme aimé et librement choisi. Les femmes actualisent un bien qui les

1. Voir C. Lévi-Strauss, *Le Totémisme aujourd'hui*, *op. cit.*, chapitre II.

dépasse, qu'une force plus grande qu'elles les amène à donner dans certaines conditions, avec le mari qu'elles ont à peine choisi, ou avec quelqu'un d'autre. Chaque femme sait qu'elle en est dépositaire, même si elle n'arrive jamais à le donner. Elle le sait sans le savoir, et commence par protéger ce Bien avant même de l'avoir connu. Semblable au guerrier qui, sa vie durant, se prépare pour un combat qu'il ne livrera peut-être jamais, elle mure sa forteresse sur un trésor qu'elle commence d'autant mieux par ignorer que sa valeur n'apparaît que lorsqu'il est donné.

Peut-être la frigidité a-t-elle été plus répandue pendant les millénaires d'obscurantisme patriarcal. Mais la jouissance féminine n'en dut pas moins se faire entendre, comme ce pouvoir absolu d'une sans droits, intraitable, incolonisable, paria peut-être, mais néanmoins maîtresse de ce qui ne se partage pas, et s'obtient seulement en le donnant. En temps d'esclavage, sous le règne du fétiche, du drapeau ou de l'argent, cette puissance négative (comme on dit : théologie négative) commande sans commander. Quand bien même seraient-elles traitées comme des marchandises échangeables à merci, celles par la grâce desquelles cette puissance s'actualise, battues, voilées, fétichisées peut-être, utilisées comme pions dans une symbolique patriarcale sans doute, n'en restent pas moins au centre du jeu. Le faire de l'amour, puissance quotidienne, retentit sur la généralité du faire, du factice au fétichisme, du fétichisme à la fabrique de l'objet manufacturé comme à sa facture, qui occulte l'ordinaire de sa perversité.

Universalité de l'origine infantile de l'orgasme

La clinique (ou l'expérience de la vie) montre que l'événement orgastique reste aléatoire selon les circonstances, l'âge, les amants, etc. Cela arrive ou pas. Mais si l'orgasme reste une denrée précieuse et parfois rare, il n'en va pas de même pour son origine infantile, dont il est l'écho lointain et soulageant. Si tel n'était pas le cas, pourquoi les enfants auraient-ils de petits équivalents orgastiques, seulement psychiques et sans signification physiologique ? L'existence d'orgasmes précoces réduit à rien les thèses organicistes et sexologiques de la jouissance. Certes, il faut bien que l'organisme croisse jusqu'à une certaine maturité physiologique, mais ce corps reste serf du désir, et il ne peut qu'actualiser les potentialités du rêve.

Dès l'enfance, des équivalents orgastiques correspondent à un moment de libération pulsionnelle, au point de discordance entre jouissance et excès de jouissance. En ce sens, il existe autant de ces sortes d'orgasmes infantiles que de pulsions menacées d'implosion par leur propre excès. Un *pseudo-orgasme* oral de la petite enfance a été décrit depuis longtemps[1]. De même, certaines dynamiques pulsionnelles provoquent une *aura* : un moment épileptique, une crise d'asthme, une migraine, etc., en résultent parfois. Ces moments de crise se répètent jusqu'à ce qu'à l'âge adulte la sexualité prenne le relais et gomme leurs effets par surimposition de la différence sexuelle. En effet et jusque-là, la pulsionnalité n'a que faire de la différence des sexes. Elle peut se contenter de l'emprise et de la libération jouissive qu'elle permet (c'est le credo de la *Queer theory*). L'auto-érotisme pulsionnel connaît une forme d'orgasme différente de l'érotisme : sa décharge résulte du passage de l'être à avoir le phallus, libération qui explique que la pratique masturbatoire soit si courante dans les psychoses, alors que l'orgasme du rapport sexuel y représente un danger.

Ces *pseudo-orgasmes* pulsionnels qui peuvent se translater en symptômes (comme l'asthme ou l'épilepsie) sont plus ou moins résolutifs, ils se distinguent des sortes de *préorgasmes* de l'enfance qui concluent des épisodes masturbatoires, et ils programment déjà la génitalité. Les « pseudo-orgasmes » pulsionnels diffèrent des « préorgasmes » car l'excitation génitale est justement faite pour contredire l'excitation pulsionnelle. Les masturbations de l'enfance s'achèvent sur ces sortes de préorgasmes, si l'on appelle ainsi la chute d'une tension, un bref retournement d'un soi enfin

1. « La volupté de sucer absorbe toute l'attention de l'enfant, puis l'endort ou peut même amener des réactions motrices, une espèce d'orgasme » (S. Freud, *Trois Essais sur la théorie sexuelle*, *op. cit.*, p. 103).

débarrassé de sa poisse. C'est plutôt d'un soulagement qu'il s'agit, d'un moment de certitude de le donner ou de le prendre (et non de « l'avoir » contre « l'être »). Cette fois-ci grâce aux fantasmes [1].

Ces orgasmes de l'enfance démontrent la nature purement psychique de ce soulagement, dont la détente n'a aucune cause physiologique : l'orgasme enfantin décharge la culpabilité qui accompagne le passage du passif (être le phallus) à l'actif (l'avoir) puis à l'affirmation du genre : son plaisir est celui d'une libération. Plus que celui du garçon, l'orgasme féminin de l'enfance présente des caractéristiques de l'orgasme de la femme. Il est certes toujours clitoridien, mais il a déjà ce caractère d'une surprise, d'une rupture inattendue qui doit sans doute beaucoup à la culpabilité d'une masculinité active, brusquement contredite par une féminité latente. Les filles sont d'abord des garçons, au sens où elles ont la même jouissance. Mais c'est en tant que filles, le plus souvent identifiées à leur genre féminin, qu'elles connaissent cette jouissance d'organe. D'où le choc de la surprise : en tant que garçons, elles se prennent comme filles.

L'adulte ajoute à ce soulagement un changement de place : ce n'est plus en tant qu'enfant qu'il se soulage, mais en occupant la place du père, ou bien, pour une femme, dans sa relation à un homme qui l'en débarrasse. Ce changement de place valide le fantasme parricide et donne seulement alors son sens à la jouissance sexuelle. L'orgasme prend donc un sens nouveau : il actualise un fantasme – jusqu'alors dormant – en tenant compte des contradictions du masculin et du féminin, qui configurent désormais le moment résolutoire. L'orgasme pulsionnel enfantin

1. Mais la culpabilité travaille aussitôt le corps, le tire en arrière, l'aspire dans un champ dont seule la fiction – les jeux, une activité intense – déplace la question de prendre et de donner sur d'autres terrains fantasmatiques, par exemple celui des rivalités entre garçons, ou d'avoir un poupon pour les filles. Cette culpabilité masturbatoire ouvre d'ailleurs l'espace d'une pensée déjà éthique, d'un affrontement du bien contre le mal, des bons contre les méchants, des cow-boys contre les Indiens, etc. Il faut faire la guerre, mais la guerre ne suffit pas. D'ailleurs, rien ne suffira plus jamais.

sous-tend ce processus, dont il reste en quelque sorte le moteur initial.

L'universalité de cette poussée venue de l'enfance se résume en deux mots : ceux de « traumatisme sexuel », tel qu'il résulte de la séduction paternelle. Le fantasme de séduction œdipien, infantile, s'oriente selon une poussée constante jusqu'à sa libération à l'âge adulte. Si l'orgasme n'est pas la règle de l'adulte, un savoir inconscient affirme sa latence depuis le traumatisme sexuel de l'enfance qui, lui, concerne chaque humain. Depuis cet instant et en chaque rêve, un orgasme latent pousse vers une libération des contradictions du désir.

Les enfants – les garçons comme les filles – sont aux prises avec la séduction d'un père et un « traumatisme subjectif » en résulte, puisque le désir de l'enfant est sollicité mais ne saurait se réaliser sans risque mortel. Dans le déroulement du complexe d'Œdipe, il arrive un moment où le père porte le masque d'un séducteur impossible. À ce tournant, le désir sexuel du père, s'il s'actualisait, entraînerait une sorte de vertige dépersonnalisant [1], d'où le vœu parricide qui se fomente en rétorsion de ce désir mortel. Ce traumatisme de l'enfance concerne chaque sujet, et il correspond à sa division, écartelé qu'il est entre deux mouvements contraires.

On ne mesure jamais si bien cette relation du désir au traumatisme subjectif qu'en remarquant que le début de la vie sexuelle se présente comme une sorte de coercition intime. Il faut y aller, c'est obligatoire, même lorsque l'angoisse prévaut. Et cette contrainte ne concerne pas simplement quelques individus, mais des classes d'âge entières. Les garçons comme les filles doivent l'avoir fait, même si cela les angoisse. D'ailleurs, si les garçons sont souvent brutaux et maladroits, c'est sous le coup de cette angoisse. Il en va de même des expériences auxquelles se livrent nombre de jeunes filles qui, à marche forcée, accumulent amours, ruptures, aventures, collectionnent les multiples

1. Il s'accomplirait avant la naissance même du sujet, puisque cet acte mettrait l'enfant à la place d'un de ses géniteurs. Ce serait mourir avant de vivre.

modèles de la masculinité, du plus jeune au plus vieux, du camionneur au professeur, seules ou en groupes, avec ou sans drogue et alcool. La tournure extrême et systématique de ces entreprises ne fait-elle pas penser à une sorte de viol de soi-même, dans lequel le plaisir reste secondaire ? Le traumatisme subjectif se répète selon ce tempo d'un trauma de soi par soi. Il fait écho à ce moment premier où l'agent de l'excitation, le père, fut aussi celui d'un inceste soldé par un vœu de mort. C'est cette conjonction de la sexualité et de la mort qui cherche à se résoudre plus tard dans l'orgasme, tout du moins si cet événement contingent n'était inhibé en de nombreuses occasions. En effet, étroitement lié à la pensée du meurtre, le désir sexuel s'oriente selon un vœu qui peut le contredire : d'où la relative rareté de l'orgasme, comparée à l'universalité du trauma sexuel de l'enfance. L'acte final – ce coup fatal destiné au père – n'est pas si facile à porter !

Dans un lointain après-coup du fantasme de séduction, l'orgasme cherche à soulager la tension du traumatisme sexuel. Mais ce fantasme ne fut traumatisant *que sur son versant féminin* (avoir été séduite). C'est pourquoi aucune femme n'accepte sa féminité complètement et chacune garde par-devers soi un peu, beaucoup ou passionnément de sa masculinité d'origine. Chaque femme met en scène cette duplicité du traumatisme sexuel, alors que la masculinité rejette sa propre féminité sur les femmes. Les hommes sont à proportion tenaillés par l'obsession de faire jouir une femme : il en va de leur improbable masculinité. En ce sens, la jouissance féminine ne se réduit pas à une jouissance « supplémentaire » ou « autre » : c'est la jouissance orgastique tout court. *Il n'est de jouissance orgastique que féminine*, au titre d'une libération du nœud contraire du fantasme de séduction. Les hommes se débarrassent de cette contrariété sur les femmes : ce sont donc elles qui jouissent. Si cela arrive à un homme, c'est dans un moment passif – féminin, où il est débordé. Sinon, il a seulement du plaisir, jusqu'à un certain degré de jouissance sans doute, mais pour l'orgasme, il est dévolu à la part féminine.

Si l'on voulait résumer, tout sujet sort traumatisé de la séduction sexuelle infantile du père. La plupart répètent ensuite le traumatisme symptomatiquement, ou bien rejouent sa scénographie dans leurs amours. Le trauma de l'enfance se reconduit de rêve en rêve jusqu'au rapport sexuel lui-même. Et quelques-uns s'en libèrent enfin dans la décharge orgastique (hélas, les heureux élus ne sont dispensés pour autant ni de la répétition, ni des symptômes). Dans l'enfance l'universalité du traumatisme lié au fantasme de séduction reste latente jusqu'à l'adolescence, et il écrit aussitôt sa contradiction dans la souffrance du symptôme. Ensuite, il faut encore attendre un certain événement de l'amour pour aller jusqu'à la libération de l'orgasme.

Le « faire » du semblant

Combien de temps faut-il pour arriver jusqu'à l'orgasme ? Cela n'est pas gagné d'avance, si l'on en croit les rubriques spécialisées des magazines féminins ! Elles conseillent volontiers aux dames ayant des difficultés sexuelles de « se lâcher », de se laisser expulser hors d'elles-mêmes, laissant prévaloir l'idée d'une sexualité féminine passive, livrée au bon vouloir des messieurs (quel ennui !). L'abondance hebdomadaire de ces conseils donne l'impression que nombre de femmes seraient d'abord frigides un certain temps – de même que les hommes sont si souvent coutumiers de l'éjaculation précoce qu'ils doivent s'y reprendre à plusieurs fois avant que l'affaire dure un peu. On se demande d'ailleurs si cette frigidité ne concerne que les jeunes lectrices. Car lorsqu'on lit les conseils donnés – par exemple, accepter la pénétration, se relaxer, penser à un joli paysage, à la mer, etc. –, on se convainc vite que cette frigidité concerne aussi les aînées qui dispensent des avis aussi bêtas, non sans insister sur un droit inaliénable à l'orgasme [1]. Lorsque des spécialistes des rubriques du cœur, supposées connaître l'affaire au moins pour elles-mêmes et pour un échantillon significatif de femmes, proposent

1. Selon une étude récente portant sur 800 femmes, 21 % d'entre elles déclaraient avoir ressenti l'orgasme à 38 ans, 18 % à 46 ans, 13 % à 50 ans, 6 % à 54 ans (M.-C. Laznik, *L'Impensable Désir. Féminité et sexualité au prisme de la ménopause*, Paris, Denoël, 2003, p. 91).

des niaiseries basées sur la morphologie du vagin, sur la meilleure position pour souffrir le moins possible, sur la durée nécessaire d'au moins vingt minutes pour un orgasme, etc., on finit par penser que la frigidité concerne la majorité des femmes – ou que les mots n'arrivent pas à en parler – ou plutôt encore : que les mots font semblant d'en parler.

Ce *semblant* insiste tellement que l'on se convainc peu à peu qu'il intéresse la chose même : les premiers plaisirs de l'auto-érotisme à deux ne s'appuient-ils pas, et parfois pendant longtemps, sur la répétition d'actes encore désinvestis de jouissance, donc sur un semblant ? Les descriptions de la jouissance dans les magazines, dans des rapports « scientifiques », ou dans des livres sexologiques gavés de neurosciences et de statistiques, dépeignent moins le plaisir que ses entours, ses postures, ses circonstances, son anatomie, le bruit qu'il fait. Tout est vrai autant que faux dans ces descriptions. D'autant plus faux que la seule « fausseté » dont il aurait fallu parler passe à la trappe. Il existe en effet un semblant de plaisir lancé sur les brisées du plaisir, un plaisir de la répétition, de faire comme on a lu, comme on a entendu dire qu'il le fallait, un plaisir qui ressemble à celui que d'autres prirent avant, qui amène à agir comme eux, comme des adultes, comme les parents, s'ils furent surpris en train de le faire. Le premier, l'auto-érotisme à deux, se propulse sur des rails mimétiques, moins parce qu'il imiterait ce qui se dit entre ami(e)s, se lit dans les magazines, se voit à la télévision, que parce qu'il mime activement au présent un choc subi passivement dans le passé. Un semblant de plaisir s'affiche ainsi, alors même que les premières expériences sexuelles sont loin d'en avoir toujours été un, et furent parfois une souffrance ou du moins une angoisse, même lorsqu'une jouissance en résulta.

La défloration, événement qui a pourtant fait couler beaucoup d'encre, semble avoir peu d'incidence traumatique. Les analysantes ne mentionnent presque jamais ce moment, qui eut sans doute son importance, mais moins que le premier amour. Peut-être cette défloration ne prend-elle pas la dimension d'un événement parce que la virginité n'est jamais vraiment perdue, parce que la féminité reste en dépit de tout impénétrable. Son continent noir se reforme au fur et à mesure qu'il est conquis. De plus, la pénétration physique, même lorsqu'elle provoque un plaisir, passe au second plan derrière la découverte d'un autre monde, qui importe davantage que les premières sensations, loin d'avoir toujours été convaincantes. Lorsqu'on apprend que « cela a été très bien » depuis le début, on ignorera ce qui a tant plu. La découverte d'un autre corps, qui jouit grâce à vous ? Le don de soi ou la prise de l'autre – ou les deux en même temps ? La fierté d'avoir franchi une étape initiatique ? Le plaisir de raconter aux amies que la chose a été enfin consommée ?

Si le premier plaisir se conjoint à une angoisse – ou même à une douleur, celle de la première pénétration, psychiquement violente même lorsqu'elle est douce –, elle sera à raison auréolée de sang. Comment cette sorte d'effraction ne surprendrait-elle pas, même celle qui l'a voulue ? Et ce qu'elle lâche en un cri remonte de proche en proche jusqu'à la bifidité du premier cri : celle d'une détresse psychique première de l'aliénation, jointe au plaisir de l'appel qui fit lever la nuée des pulsions, armant le corps de leur biface. Leur plaisir contredit la détresse consentie par amour, de même que le choc d'être pénétrée s'oublie dans le bonheur des bras. Si cette pénétration arrache un cri de surprise, ou même de souffrance, et si ce cri simule aussi le plaisir, celle à qui cela arrive croira qu'elle satisfait à la normalité de la sexualité, celle dont elle connaît les descriptions, ou à laquelle elle a assisté. Pourtant, cette simulation se déclenche comme un *réflexe*, et même lorsqu'elle ne s'accompagne d'aucun plaisir, son émotion ouvre une brèche vers la jouissance. Le premier cri de plaisir se fond dans celui d'une douleur : il résonne en écho d'autres cris entendus dans le passé.

De proche en proche, cette conjonction du plaisir et de la douleur remonte loin : elle évoque le premier drame subjectif de la séduction, fantasmée comme un coup du père. Une douleur engendre le plaisir, tout comme l'enfant qui se masturbe rêve des coups du père, convoqués pour purger sa faute aux premiers jours de sa subjectivité. Pour les filles comme pour les garçons, car eux aussi commettent une sorte de viol en répétant un viol psychique, puisque la séduction sexuelle du père concerne chaque sujet. Et lorsque ce dernier se range du côté masculin, il n'en éprouve que davantage un ressentiment contre le père (ou contre ses représentants dans la société).

Mettant en scène le fantasme de séduction, le semblant – le factice – appartient déjà au « faire » de l'amour. Les filles simulent peut-être parfois le plaisir, de même d'ailleurs que les garçons, qui font de plus comme si cela arrivait grâce à eux. Une femme peut faire semblant de jouir pour plaire à son amant : pour être aimée en somme. Mais cette feinte tombe à pic dans la vérité de la séduction. Sa duplicité enclenche une fantasmatique qui, grâce à la seule apparence, va vers la jouissance. Tromper, c'est déjà entrer dans la contradiction de l'amour et du semblant. C'est déjà tuer en pensée. C'est faire résonner une vérité : celle du traumatisme sexuel, qui se démontre ainsi rétroactivement. Car un père n'a presque jamais séduit réellement sa fille ou son fils. Et pourtant un semblant de viol s'est profilé dans la mémoire. Le choc physique de prendre, donné comme à plaisir, remémore la souffrance d'un amour pour toujours sans issue. Un pur semblant, comme bien d'autres simulacres, finit par s'actualiser plus vrai que vrai. Le rêve, par exemple, ou la pensée – même inconsciente – d'un meurtre n'a sans doute été qu'un simulacre, mais la douleur des symptômes le punit quand même – comme s'il s'était agi d'un acte. Le semblant peut engendrer à lui seul une culpabilité si forte que la formation de symptômes en résulte. Et il en va de même pour la jouissance.

De sorte que les premières relations sexuelles cherchent peut-être à imiter une scénographie connue par ouï-dire ou dans les livres, mais la jouissance ne s'enlève pas moins sur les brisées de ce factice, ou tout du moins, elle emprunte leur piste, elle y va. Le cri du nourrisson dans la détresse, que contrebalance la tendresse maternelle ; le fantasme de l'enfant battu, qui en même temps jouit des coups ; les cris de la jouissance maternelle, qui évoquent la souffrance d'un enlacement sexuel entendu ou entrevu. Tous ces cris se font écho en un seul et se relancent au moment de la première expérience et de la surprise qu'elle provoque. Comme si le semblant de plaisir ou de déplaisir allait entraîner le plaisir (dans une sorte de simulation de viol qui tourne bien), le semblant s'impose à la manière d'un réflexe, en effet. Le factice est le performatif de l'orgasme, au moment du passage d'un faux-semblant à un « vrai semblant ».

Oui, quelque chose de factice échafaude et anticipe sur une suite qui arrive, tout de suite ou longtemps après. Cette facticité du faire, qui ignore d'où elle vient, ignore aussi où elle va. Le plaisir peut certes être imité et il l'est parfois, mais ce « semblant » échappe au mimétisme. Car il masque une répétition qui ignore ce qu'elle répète au fur et à mesure que sa violence se double d'une jouissance. La simulation réflexe d'un plaisir sexuel oublie vite d'imiter les pratiques érotiques visibles des adultes. Elle répète sans savoir quoi : elle doit être à la hauteur d'un passé qui s'oublie à mesure qu'il se rejoue. Rien ne l'arrête, il lui faut s'accomplir. L'angoisse elle-même se commue en plaisir (donc en jouissance) eu égard au traumatisme qu'elle évoque. La simulation fait partie de la jouissance : c'est une « pseudo-simulation », dans un redoublement du faux qui s'annule dans sa performance[1].

Vraie surprise douloureuse, faux-semblant de plaisir, cet entrechoc de la douleur et du plaisir précipite vers une jouissance qui ne mime plus les descriptions des magazines, des ouvrages spécialisés, ou ce que racontent les ami(e)s, conformément au statut supposé de l'amour sexuel. Mais cette gestuelle – ce mime vocalique d'une jouissance qu'il faudrait – évoque aussitôt celle qu'il ne faudrait pas, une douleur lointaine, en même temps délicieuse, jusque-là restée sans écho. Si la souffrance sans issue de la première détresse, celle de la première séduction, trouve ainsi brusquement son sens, il fut à la fois celui d'un plaisir intense, d'un amour perdu, d'une culpabilité et des coups rêvés pour s'en blanchir. En réalité, dans ce passé lointain, rien de concret ne s'était passé, sinon une excitation diffuse, une peur de perdre l'amour dans l'angoisse d'être puni, et cela sans en connaître la raison. Il ne s'était rien passé, et maintenant cela se

1. Au sens de John Austin dans les *Speech Acts* (*Quand dire, c'est faire*, *op. cit.*).

passe, dans une réalité charnelle portée par l'irréalité d'un rêve ancien. Et la vie durant, l'excitation sexuelle réitère la levée du même rêve, sans jamais le dissiper.

Le semblant éveille l'écho lointain d'un traumatisme qui n'en fut pas un. De sorte que, depuis, « faire comme si » convoque l'excitation alors qu'elle n'est pas encore là[1]. Parti de loin sur la rampe de lancement de l'auto-érotisme, le factice convoque le plaisir et – à sa remorque – une jouissance qu'on n'attendait pas. En ce sens, Marie Darrieussecq a écrit : « De toute façon, les vraies simulatrices sont celles qui jouissent. Les autres ne produisent que de grossières imitations[2]. » Dans la même nouvelle, cet auteur fait remarquer que la simulation convoque le paradoxe du menteur : Épiménide le Crétois dit-il la vérité quand il déclare : « Je mens » ? S'il dit la vérité, alors il ne ment pas. Et s'il ment, bien sûr, il a dit la vérité – ou presque, car... etc. De même, suivant la pente d'un mensonge non intentionnel sur la jouissance, celle-ci arrive finalement, comme une chose extérieure. Chose lointaine et présente, le semblant actualise la vérité du corps psychique, qui fut d'abord halluciné. Un drame s'annoncerait si le semblant emportait avec lui le corps loin de lui-même : une séparation de soi dans un plaisir qui resterait celui du passé, incestueux, d'avant la vie, halluciné. Ce serait une jouissance, mais dépersonnalisante, fantomatique.

La « guerre des sexes », résultat de la coappartenance d'un seul phallus

La contradiction interne du fantasme de séduction (« qui séduit qui ? ») se met en tension grâce à l'opposition externe du

1. Dans un registre apparemment différent, les croyants sont encouragés à faire les gestes de la foi, à se conformer à la liturgie, à prononcer le nom de Dieu, et à en faire oraison. Ils connaissent ainsi une sorte de bonheur de la prière, mettant leur sort entre les mains d'un père qui n'est pourtant que leur invention. Loin d'être gratuite, cette analogie entre deux semblants, celui du rituel religieux et les gestes de l'amour, convoque chaque fois la duplicité de la séduction paternelle.

2. M. Darrieussecq, « Simulatrix », in *Zoo*, Paris, POL, 2003, p. 139.

masculin et du féminin, et la sorte de lutte qui va jusqu'au rapport sexuel lui-même en procède : qui fait l'amour à qui, lequel est l'homme et laquelle la femme ? Le passage de l'auto-érotisme à l'érotisme se spécifie par la mise en tension du masculin et du féminin, dans la sorte d'affrontement engendrée par la coappartenance d'un seul phallus. Peu nombreux, les fantasmes fondamentaux mettent chaque corps dans le champ d'une polarité active et passive : par exemple, être séduit(e) ou séduire, être battu(e) ou battre, etc., et cela en adéquation avec une identification féminine ou masculine. Une sorte de « guerre des sexes » s'engage : il s'agit de départager pour chacun sa bisexualité psychique d'origine. Il faut savoir qui est du côté masculin, et qui du côté féminin, tel est le premier enjeu d'un rapport que l'onanisme serait bien incapable de solutionner !

Premier mouvement de la jouissance d'organe, une envie d'avoir le phallus jamais satisfaite impulse l'auto-érotisme, puis l'auto-érotisme à deux, et après lui l'érotisme tout court. L'envie d'avoir le phallus – en le donnant – correspond au désir masculin (don sans lequel il n'est pas en érection). Cette envie s'actualise aussi – mais en le recevant – sur le versant féminin (à condition de provoquer l'érection). Si l'on employait seulement l'expression « envie du pénis », on comprendrait à tort qu'il s'agit d'une envie propre aux femmes [1]. Quelques hommes (et même beaucoup) s'imaginent qu'ils ont le phallus. Auquel cas, ils ne sont pas au bout de leurs peines ! Car ils ne peuvent avoir ce phallus, c'est-à-dire l'organe en érection, qu'à la condition du désir de quelqu'un, sans lequel le pénis se réduit, sinon à rien, du moins à une simple promesse [2]. Les hommes s'efforcent d'avoir le phallus, au même titre que les femmes d'ailleurs, et leur désir les

1. Si les hommes prétendaient l'avoir tandis que les femmes en seraient privées, les critiques féministes seraient alors fondées.

2. « Que le phallus ne se trouve pas là où on l'attend, là où on l'exige, à savoir sur le plan de la médiation génitale, voilà qui explique que l'angoisse est la vérité de la sexualité, c'est-à-dire ce qui apparaît chaque fois que son flux se retire et montre le sable. La castration est le prix de cette structure, elle se substitue à cette vérité. Mais en fait, cela est un jeu illusoire. Il n'y a pas de castration parce que, au lieu où elle a à se produire, il n'y a pas d'objet

tient sans répit justement parce qu'ils ne l'ont pas. Ils cherchent à l'avoir en donnant ce qu'ils n'ont pas, ce qui, du coup, leur permet de prétendre qu'ils l'ont. Une sorte de *Phallus Neid*, une envie du phallus – masculine autant que féminine – obsède un désir qui ne va jamais sans un(e) partenaire susceptible d'en faire la preuve[1]. La perversion – polymorphe ou non – n'échappe pas à cette règle : un exhibitionniste, par exemple, doit montrer le phallus qu'il n'a pas, pour l'avoir sur-le-champ. Son érection dépend du regard d'un(e) autre. Le phallus ne prend forme (si l'on ose dire) qu'à la condition du désir[2]. C'est un bien par principe toujours partagé, et nul ne le détient. Ni les hommes, ni les femmes n'ont le phallus – de sorte que son « envie » n'est jamais satisfaite.

Et si l'« envie du phallus » féminine s'inscrit dans la perspective de la proche érection d'un homme, de son pénis devenant phallus, alors, la différence masculin/féminin ne se spécifie plus en termes d'avoir ou ne pas avoir (puisque nul ne l'a sans l'autre). La distinction se fait plutôt *entre l'acte de donner et celui de recevoir*. Une femme sait souvent provoquer le désir d'un homme et lui faire l'amour activement avec son propre pénis, devenu le sien (auquel cas, son orgasme sera secondaire à la féminisation de son compagnon). De même, l'éjaculation précoce masculine correspond plutôt à la position de recevoir, ou même à celle d'être pris malgré soi – tout en l'ayant bien cherché.

Comme cette « envie du phallus » se développe proportionnellement à une angoisse de castration de la mère, elle s'articule au

---

à castrer. Il faudrait pour cela que le phallus fût là, or il n'est là que pour qu'il n'y ait pas d'angoisse » (J. Lacan, *L'Angoisse*, *op. cit.*, p. 311).

1. « Autrement dit, le fait que le désir mâle rencontre sa propre chute avant l'entrée dans la jouissance du partenaire féminin, et même, le fait que la jouissance de la femme s'écrase, pour reprendre un terme emprunté à la phénoménologie du sein et du nourrisson, dans la nostalgie phallique, implique que la femme est dès lors nécessité, et je dirais presque, condamnée, à n'aimer l'Autre, mâle, qu'en un point situé au-delà de ce qui l'arrête elle aussi comme désir, et qui est le phallus » (J. Lacan, *L'Angoisse*, *op. cit.*, p. 352).

2. Les critiques féministes tombent si l'on mesure que les hommes n'ont pas plus ce phallus que les femmes : il ne s'érige que dans un entre-deux.

second degré à l'angoisse de castration par le père, et, à travers lui, à la série des fantasmes qui activent l'ordinaire de l'érotisme (que l'on a détaillés plus haut). Une caractéristique de l'érotisme témoigne de ce passage de l'angoisse de la castration maternelle (être le phallus) à celle de la castration par le père (envie d'avoir). Lorsque la jouissance passe de la pulsionnalité – notamment orale – à l'envie du phallus, cette giration s'enflamme à la croisée du plaisir oral et d'une sorte de passion du phallus. Ce croisement fait de la fellation une jouissance si intense qu'elle peut déclencher à elle seule l'orgasme, non pas celui de qui en profite (c'est la moindre des choses) mais de celle (ou de celui) qui s'y emploie. La fellation ne cherche pas le seul plaisir du partenaire, mais aussi de celle qui le donne.

À ce niveau déjà, le phallus s'érige. De sorte qu'au moment de la pénétration, ce seul phallus vaut pour deux[1]. La femme est en ce sens en érection du même phallus que l'homme[2] : ce dernier perd d'ailleurs souvent les commandes de l'organe qui semble lui appartenir mais n'en fait qu'à sa tête. Loin des clichés reçus, qui voudraient que la femme soit passive et l'homme actif, les deux sont plus ou moins actifs, dans le « faire » de l'amour. Chacun s'arrange avec ce phallus, dont l'érection dépend d'une présence et des fantasmes qu'elle convoque. Le fantasme de chacun des amants garde sa bipolarité d'origine : chacun est tantôt celui qui prend, tantôt celle qui est prise. Mais dans cet affrontement, seul le masculin arrive à se libérer de sa féminité potentielle. L'amante, quant à elle, sera travaillée jusqu'au bout par la négation interne de l'activité à but passif. Les filles sont d'abord des garçons, et lorsqu'elles deviennent jusqu'à un certain point des femmes, elles gardent ce qu'il faut de virilité, qui leur est

1. Cette remarque n'implique pas une symétrie. Car dans cette coappartenance, l'un l'a en *location*, l'autre en *sous-location*. Le premier (qui peut être une femme) est masculin. La seconde (qui peut être un homme) est féminine. Rien ne le montre mieux que certains couples d'homosexuelles « femmes » où l'une, locataire du phallus, fait jouir l'autre, sa sous-locataire. Et pourtant, on ne voit aucun pénis dans cette opération.
2. Ce qui amenuise ainsi pour certaines l'importance de la jouissance clitoridienne.

bien utile lorsqu'elles veulent prendre leurs amants. Certaines images d'Épinal voudraient que ce soit aux hommes de prendre les femmes. Mais c'est mal évaluer que les femmes peuvent prendre aussi bien qu'elles sont prises en se servant du phallus qui s'érige grâce à elles. Elles le font d'autant mieux qu'elles s'identifient à l'homme qu'elles veulent prendre. Elles se prennent elles-mêmes, en somme. Le plaisir vaginal est ainsi indirect, biaisé par un fantasme de pénétration « de » l'homme. Par cette voie réfléchie, la contradiction du masculin et du féminin détone pour elles et pour elles seulement : elles sont femme et homme à la fois, comme le montre la banalité du fantasme de viol pendant l'amour commun à de nombreuses femmes. Cette contradiction va fonctionner comme le détonateur de l'orgasme. Et cela d'autant plus puissamment que cette contradiction en démasque une autre : que ce ne soit pas le père qui pénètre, mais celui qui en délivre. L'orgasme est en quelque sorte la résolution explosive d'une contradiction à double détente (à laquelle correspond sans doute un double degré de jouissance). La contradiction masculin/féminin s'articule sur celle de l'homme et du père.

La bizarre jouissance du phallus, que l'on éprouve seulement en le donnant, se distingue de sa conclusion orgastique, qui requiert un autre paramètre, celui des contradictions du fantasme. N'est-il pas banal de constater que le désir est porté par une violente contradiction interne, dont la détente qualifie en propre l'orgasme ? Lorsque la jouissance monte, qu'elle s'approche de son point d'impersonnalisation, sa résolution requiert un électrochoc contradictoire – le geste ou la pensée transgressive – en même temps qu'une repersonnalisation, par exemple prononcer le nom de l'amant.

Cette actualisation du fantasme et la décharge de sa tension interne sont imprédictibles. Un tête-à-tête avec Dieu peut être propice à certain(e)s, alors que pour d'autres l'alchimie d'un groupe arrivera au même résultat. On ne sait pas non plus à l'avance par quel bout l'affaire va imploser : par voie vaginale, clitoridienne, anale, mammaire, buccale, auriculaire, etc. S'il y faudra un homme détesté ou au contraire aimé, une femme frigide ou une prostituée – habillée ou nue. Tout dépend des contradictions du fantasme et de ce qui les résout.

C'est justement cette contradiction, la sorte de résistance jusqu'au bout de la masculinité à la féminité, qui amène jusqu'à l'orgasme. Un pôle actif et passif polarise chaque fantasme, et des avatars de cette électrisation dépend le court-circuit de la décharge. Rompant le continu de l'excitation sexuelle, l'étincelle des pôles fantasmatiques provoque un orgasme psychique uniquement féminin, puisque seul le féminin maintient l'opposition masculin/féminin. Les hommes suivent le mouvement : ils déchargent, au sens où ils se déchargent d'abord de leur féminité sur les femmes.

L'obsession du féminin[1], dernière frontière avant l'orgasme

Le « faire » de l'amour actualise une guerre des sexes, et signifie dans tous les cas une activité : soit une « activité à but passif », soit une « activité à but actif ». Une « activité à but passif » n'anime pas forcément une femme : elle peut vouloir donner le phallus, c'est-à-dire s'employer activement à provoquer une érection de son partenaire, qui de son côté n'est pas toujours dans une position active, car certains hommes préfèrent l'activité à but passif. Un homme viril sous bien des rapports peut aussi être délicatement féminin. En ce cas, il reçoit le phallus qu'il donne : sa compagne provoque son érection avec son consentement plus ou moins relatif, s'il est dans ce moment féminin du fantasme de séduction où il faut prononcer le non avant le oui (tout comme une femme peut se faire un peu prier, bien qu'elle soit consentante).

1. « Tout peut être mis au compte de la femme pour autant que, dans la dialectique phallocentrique, elle représente l'Autre absolu » (J. Lacan, « Propos directifs pour un congrès sur la sexualité féminine », in *Écrits*, *op. cit.*, p. 732).

La femme « active » qui vient d'être décrite évoque une maîtresse gourmande prête à consommer un amant passif. Raffinons un peu, car en se jetant sur la marchandise on n'arrive pas toujours au résultat escompté. Une activité aussi impérative sait plutôt arriver aux mêmes buts grâce à des feintes. Une femme peut très activement provoquer le désir de son compagnon selon mille procédés retors – par exemple, exciter sa jalousie, lui faire subir quelques violences verbales, être en retard, perdre les clefs, etc. À l'heure d'une vengeance jamais si bien purgée qu'érotiquement, l'homme aura peut-être l'impression que c'est lui qui désire, alors qu'il y aura été malignement poussé.

On pourrait croire qu'une femme ainsi lancée à la conquête de son amant ne connaîtra qu'un plaisir restreint, guère plus étendu que celui des hommes qui ne tirent bénéfice que de celui de leurs compagnes. Sa jouissance ne sera-t-elle pas alors analogue à celle dont se contente un homme, c'est-à-dire limitée au plaisir clitoridien, en ressentant certes beaucoup de plaisir à en donner, mais sans aller jusqu'à l'orgasme ? Son « activité à but *actif* » semble réduire la jouissance à ce qu'elle est souvent du côté masculin : celle d'une virilité confirmée et d'un plaisir donné, plutôt que d'un orgasme.

Les femmes s'obsèdent souvent – elles aussi – de la jouissance de l'homme qu'elles aiment. Étant actives – viriles si l'on veut – elles adorent donner du plaisir. Et cela les satisfait parfois même sans orgasme (fait dont certains hommes s'accommodent mal). Si elles rencontrent un homme qui n'est intéressé lui aussi que par le plaisir de son amante, voilà qui risque de transformer l'amour en une lutte où chacun s'efforce en vain de faire jouir l'autre. En faisant seulement la moitié du chemin de l'« activité à but passif », certaines femmes s'activent quoi qu'il en soit comme les hommes, ou même plus que certains, nanties qu'elles sont – grâce à eux – de l'organe adéquat, une sorte de pénis surtout psychique, « membre fantôme » inexpugnable de chaque sujet.

Pourtant, l'intensité de cette activité peut connaître un retournement, et cela grâce à une identification en toute dernière limite à l'homme féminisé. L'orgasme vient quand même dans un choc en retour au deuxième degré : tout se passe comme si l'amante active était en quelque sorte besognée par elle-même. Dans son élan, elle fait jouir une femme de rêve profilée par son « activité à but actif ». Dans l'arrière-fond de son fantasme, son compagnon se trouve dans les bras d'une autre qui est elle-même, cette part d'elle-même toujours déjà perdue dans un anonymat féminin. Scindée en ses deux moitiés, « l'activité à but passif » arrive ainsi à son dénouement orgastique.

De sorte que l'hyperactivité d'une femme n'en reste pas moins féminine lorsqu'en quelque sorte elle dépasse son but et fait retour sur son agent – par une sorte d'identification boomerang à la passivité de l'homme. « Identification » veut dire qu'un amour transitif la conditionne. Le *feed-back* réussi de cette aventure dépend de l'emportement amoureux d'une femme plutôt que de sa réponse aux sentiments de l'homme. Elle se sert de l'homme pour se rejoindre comme corps : se prenant par personne interposée, jalouse de son propre fantasme de pénétration. Pour prendre cette part passive d'elle-même, l'activité se déploie d'abord dans l'élan du plaisir clitoridien, le plaisir du vagin et de la pénétration n'en étant qu'une conséquence potentielle : c'est un plaisir en attente de l'instant aléatoire d'un retournement. Aller jusqu'au versant passif de l'« activité à but passif » ne signifie pas renoncer à l'activité : il faut seulement se laisser emporter par son élan, jusqu'à ce que la situation se retourne. Jusqu'à ce qu'à force d'activité l'actrice se rejoigne elle-même, comme objet passif, selon la voie retorse d'une féminité déniée, orgastique sous le coup de cette négation même.

Ce mode d'activité féminine arrive-t-il à son terme avec n'importe quel amant ? On peut supposer que l'élu devra savoir supporter au moins un moment la passivité d'être pris. En revanche, tout va se compliquer avec un homme « actif à but actif » – un homme, un « vrai », en quelque sorte. Le plaisir sera peut-être présent, mais son retournement orgastique deviendra difficile avec celui qui ne se laisse pas prendre, prédateur sans partage intéressé seulement par la prise, fasciné avant tout par la musique de la jouissance. Comment alors s'abandonner sans le pressentiment d'être abandonnée dans l'amour, ou même rejetée – rejet qui, de toujours, signe le désir du père : il rejette sa fille justement parce qu'il la désire. L'orgasme devient ainsi périlleux, prenant le sens d'une défaite.

Cette mise en jeu de la division féminine duplique le double versant du fantasme, entre passif et actif. Quelle est la visée du fantasme, sinon de se libérer du traumatisme sexuel en l'actualisant grâce à un autre corps[1] ? L'enfant qui a vécu passivement la séduction voudra séduire à son tour activement. Plus tard, un homme rejouera le même scénario en séduisant une femme. Il s'active pour se débarrasser d'une féminité latente, qui le poursuit, et il s'obsède d'un corps de femme : d'abord un corps, une sans tête, une Vénus à la Milo, une gynoïde. Et une femme peut le vouloir, elle aussi grâce au corps d'une femme : le sien propre, si elle y arrive, mettant elle-même en scène son corps ainsi divisé. Elle « se » montre d'abord. Mais qui montre-t-elle ? C'est elle et ce n'est pas elle, mais une autre elle-même déguisée en femme, voire en femme à la mode dont elle emprunte l'habit. Elle mime la femme mannequin, femme jusqu'au bout, morte donc d'avoir été séduite par un père, il y a longtemps, et dans un temps parallèle à chaque instant.

Le risque du désir tombe sur cette autre, dans une division vertigineuse qui initie la sorte de chute où elle se rejoint. « La femme » n'est une Personne que dédoublée en personne. Peut-on dire qu'elle se montre, si elle ne s'aperçoit que sous ce maquillage ? Seule la part féminine de chaque femme jouit. Cela arrive ou n'arrive pas à quelqu'un, à une autre femme qui est elle-même à cet instant – dépersonnalisée par sa propre jouissance. L'orgasme n'arrive jamais directement à une femme, sinon par le biais d'un fantasme où elle jouit de ce dont elle se débarrasse :

1. « Toute sa vie, l'homme cherche à récupérer cette partie de son érotisme, qui lui échappe sans cesse parce qu'en dehors de lui-même et qui n'a de valeur pour lui que parce qu'elle lui est extérieure » (R. Diatkine, « Un colloque sur l'orgasme », *Revue française de psychanalyse*, n° 4, « L'orgasme », 1977, p. 565).

de la séduction d'un... Qui donc ? Ne dites rien ! Au moment du décrochage, cette explosion d'un inceste renié n'arrive qu'au prix de ce clivage. Toujours déjà idéal, ce corps féminin obsède les hommes comme les femmes. Il n'est celui d'aucune en particulier, mais celui qui subirait pour le refuser l'inceste paternel. Refusée quoique désirée, cette jouissance du père se libère dans la disjonction orgastique. Elle s'accomplit grâce à son propre refus dans un cri qui, à l'instant où il dit « non », l'actualise. Cela n'arrive qu'à cette femme dont a rêvé le père, et l'homme en jouit à travers elle lorsqu'il contemple ce transport : cela ne lui échoit qu'à travers sa part féminine, celle qu'il renie pour être un homme. La jouissance d'une femme l'obsède comme s'il s'agissait de la sienne, celle qu'il éprouverait s'il acceptait d'en être une : il l'attend en ce sens de sa « moitié », de la part de lui-même qu'il récuse. Cette moitié subit ce que l'autre a pourtant bien cherché[1].

Parce qu'ils se qualifient dans leur masculinité en refusant d'être féminisés par leur père, les hommes ne sauraient connaître cette jouissance, dérobée par principe au masculin[2]. S'ils récusent leur féminisation, ils ne connaissent l'orgasme que par femme interposée. Cette jouissance par procuration les libère un instant (l'onanisme ne parvient pas à ce résultat) en les assurant de leur genre comme de leur nom. Et la plupart des amants ne sont comblés que si leur compagne profite de ce qu'ils ne connaissent pas. Provoquer l'orgasme de leur compagne obsède nombre d'hommes, qui sont si peu intéressés par leur propre satisfaction qu'ils préfèrent se retenir jusqu'à ce qu'ils l'obtiennent. Prendre son plaisir seul serait honteux. En ce sens, cette modalité du désir masculin provoque un orgasme qui est l'« alibi » de celui

1. « Je m'habitue à considérer chaque acte sexuel comme un événement impliquant quatre personnes », a écrit Freud dans une lettre où il commentait la bisexualité (S. Freud à W. Fliess, le 1er août 1899, in *La Naissance de la psychanalyse. Lettres à Wilhelm Fliess, notes et plans (1887-1902)*, *op. cit.*, p. 257).
2. « C'est parce que l'homme ne portera jamais jusque-là la pointe de son désir, que l'on peut dire que la jouissance de l'homme et celle de la femme ne se rejoignent pas organiquement » (J. Lacan, *L'Angoisse*, *op. cit.*, p. 307).

qui le méconnaît. Il prend ainsi un masque anonyme, et la femme devient *le seul sujet* de l'orgasme. Mais c'est un sujet sans nom. Une sorte d'amnésie d'identité qualifie le sujet de l'orgasme [1]. Si bien que, impersonnalité d'un côté, dépersonnalisation de l'autre, le nom devient l'enjeu du rapport. Cette double division féminine et masculine explicite certaines bizarreries de l'érotisme humain. Par exemple, celle où l'amant est à la fois acteur et spectateur d'une scène où son amante jouirait dans son fantasme avec une autre femme [2].

L'orgasme féminin vaut donc pour deux et prend une valeur incommensurable, s'il assure l'homme de sa propre identité : celle de son genre, comme celle de son nom qui – lui aussi – vaut pour deux. C'est le *Souverain Bien*, puisque le Nom commande la possession de n'importe quel autre bien. Ne faut-il pas qu'un sujet soit d'abord souverain de son genre et de son nom, s'il veut s'approprier quelque autre bien que ce soit, à commencer par son corps ? C'est le Bien du sujet transcendantal. Souveraineté si grande que celui qui y accède règne déjà, et renoncerait à tout n'était le désir qui le pousse à refaire cette preuve : témoignage *semper incertus*, comme le *Pater* qui s'évanouit dans l'acte.

1. Pour paraphraser Lacan, « La Femme n'existe pas »... au moment de l'orgasme, du moins.
2. C'est d'ailleurs le ressort d'un fantasme masculin ordinaire, celui de voir deux femmes faisant l'amour. Cette division l'assure de sa propre virilité. En regardant une femme en faire jouir une autre, il se déprend de sa propre féminité, libération qui l'achève dans sa masculinité, sans qu'il ait rien fait d'autre que regarder. Il est ainsi voyeur de l'acte qu'il accomplit, alors que sa compagne est exhibitionniste d'elle-même avec une autre. Ce fantasme s'actualise moins en mettant deux femmes dans le même lit qu'en en faisant souffrir une avec l'autre et réciproquement. Elles sont effectivement dans de beaux draps. Les yeux s'écarquillent sur ce qui ne se voit pas du fantasme. Le film de Stanley Kubrick *Eyes Wide Shut* (1999) est exemplaire de cette scénographie, ne serait-ce que pour son titre : *Les Yeux grand fermés*. N'est-ce pas la pratique de nombreux couples, qui naviguent tous feux éteints ?

L'orgasme, envers du fantasme parricide

Essayons de résumer en quelques lignes le mouvement du désir, car sa genèse porte en germe son éventuelle résolution orgastique. Dans la version standard de l'Œdipe, le parricide paraît résulter du désir de la mère, alors qu'elle n'a jamais été désirée au sens génital du terme, sexualisation qui n'apparaît qu'avec la fonction paternelle. La castration, les « coups » du père causent le désir, alors que le but de la jouissance pulsionnelle maternelle est détourné au profit du phallicisme. Les « coups » castrateurs punissent peut-être la masturbation, mais ils sont administrés à son rythme et se décalquent sur la jouissance d'organe. D'un côté, ils féminisent, et de l'autre, ils provoquent une érection : ils masculinisent. La castration masculinise et féminise : c'est la définition même de la « bisexualité psychique » qui résout par une mise en tension externe (entre deux personnes) sa contradiction interne. La quête du phallus se poursuit désormais entre un homme et une femme, mais à une condition : il faut éliminer le père. En effet, si ce dernier est l'agent du désir, il ne faudrait surtout pas qu'il devienne aussi sa cause – eu égard au risque incestueux. La condition est donc univoque : il faut tuer le père. L'appariement de l'homme et de la femme accomplit ce meurtre. Pour sortir de la famille, et jouir avec un homme distinct du père, il faut en finir avec sa séduction première. L'appariement sexuel répète indéfiniment cette scénographie.

Si l'agent du désir devenait aussi sa cause, un inceste avec le père anéantirait dans une jouissance mortelle, outre que, du côté masculin, cette féminisation annulerait la virilité. De sorte que le soulagement final de l'excitation sexuelle resterait inhibé, sauf en supprimant en même temps l'agent du désir. Le problème de l'érotisme est de préserver la cause en se débarrassant de l'agent : si le père ne meurt – alors qu'il cause cette jouissance qu'il ne faudrait pas –, l'orgasme n'aura pas lieu[1].

1. « Le paradoxe n'échappera pas, car, quels que soient les pactes de l'amour, il n'y a pas de rapport contractuel possible avec l'Autre de la jouissance ! Il y eut des cultures où le rapt était élevé au rite, et où les accords mutuels bien

À elle seule, la quête du phallus grâce à l'Autre du sexe amorce une excitation qui pourrait durer sans fin, reculant toujours plus loin l'instant de la décharge. Il faut encore que s'y ajoute un sens parricide qui multiplie la faute pour aller jusqu'à son retournement final, et son point d'orgue parfois mélancolique (*post coitus semper...*). Cette quête du phallus est scellée dès le départ par une culpabilité en quelque sorte préliminaire qui laisse macérer dans une jouissance passive (être battue), et l'orgasme fait passer brusquement sur le versant actif du parricide (battre). D'une jouissance toujours déjà passive, subie, à sa conclusion orgastique au contraire active (alors même qu'elle semble échapper au vouloir), le cycle des fantasmes parcourt la totalité de son arc, jusqu'au décochage de sa flèche.

L'orgasme résout leurs contradictions en choisissant la solution qu'il ne faudrait pas : quitter le père. Cet abandon meurtrier déclenche son électrochoc dans le délice d'une faute consommée. Le plaisir atteint son sommet épileptique grâce à ce qui l'interdit et le contre. Un vœu parricide centre l'orgasme : il clôt la jouissance tout en la réalisant. Cette jouissance est si paradoxale qu'elle peut s'empêtrer à chaque instant dans ses contradictions. Toutefois, alors même qu'elle n'atteint pas l'orgasme, elle reste une jouissance. De ce point de vue, lorsqu'une femme ne saurait quitter son père, son geste correspond à un vœu incestueux de fidélité maintenue. En ce sens, la frigidité est aussi une jouissance – certes « gelée » – puisque alors l'interdit prend le dessus et inhibe la libération orgastique, au lieu de la provoquer. Quoi qu'il en soit, le désir du père, premier moteur de l'excitation phallique, ne se soulage que conjoint à sa mort fantasmatique, ainsi devenue la condition de possibilité de l'orgasme. Ou bien le père est tué, ou bien celle qui jouit en mourrait, si elle ne préférait inhiber son orgasme.

---

réels qui présidaient au mariage, et qui engageaient d'ailleurs beaucoup plus que les deux seuls mariés, étaient recouverts par la violence ritualisée d'un enlèvement fictif de la mariée, comme pour symboliser la part non contractuelle du rapport sexué entre l'homme et la femme » (C. Soler, *Ce que Lacan disait des femmes*, *op. cit.*, p. 177).

Dans la névrose, la figure du père recouvre celle de l'homme. L'orgasme aura donc comme enjeu de débarrasser l'homme de ce double incestueux : s'il explose, c'est sur l'envers d'un fantasme parricide[1]. Le choix est simple : ou bien une jouissance incestueuse tue dès avant la vie, ou bien cette jouissance passe à l'exogamie, mais à la condition de ce fantasme parricide, si l'on appelle ainsi le geste qui se supporte de l'inceste tout en le reniant. Il actualise « une petite mort[2] » selon le dédoublement d'une conjonction : la mort qui aurait pu arriver sous le coup de l'inceste se soulage grâce au meurtre du père, éliminé par l'homme qui le supplante. L'homme avec lequel une femme répète le traumatisme de la séduction sexuelle n'est justement pas son père, et donc, du point de vue du désir, il le chasse. Parallèlement, d'ailleurs, cet homme déloge fantasmatiquement – pour lui-même – le père qui lui interdirait de jouir dans la relation sexuelle[3]. La mise en rapport de ces deux fantasmes – masculin et féminin – implique un parricide, un rapport au nom, à la dette et donc au don. L'amant n'a pas remplacé le père (sauf névrose), mais il l'a symboliquement supplanté en actualisant son désir *de* femme, et la récupération – par personne interposée – de sa propre jouissance. Pour une femme, il reste un homme tant qu'il ne remplace pas le père (tentation de la névrose), exigence dont procède la dramaturgie heurtée du désir.

Le parricide – et la prise du nom qui en témoigne – est la condition exogame de la jouissance, qui reproduit elle-même le parricide (avant de reproduire l'espèce). L'orgasme orchestre ce renversement. Cette jouissance d'échapper à un être joui mortel – et du même coup, ce retournement – revient à prendre son

1. « Nous reconnaissons que la pulsion de destruction est régulièrement mise au service d'Éros aux fins d'une décharge » (S. Freud, « Le moi et le ça » [1923], art. cité, p. 255). La pulsion de mort trouve avec le père quelqu'un à qui parler.
2. « La volupté est si proche de la dilapidation ruineuse, que nous appelons "petite mort" le moment de son paroxysme » (G. Bataille, *L'Érotisme*, Paris, Minuit, 1957, p. 189).
3. Don Juan ou le Cid, par exemple, « tuent le père », condition exogamique de la jouissance.

nom, à savoir qui l'on est. Mais la faute reste alors entière, et relance le moteur d'un désir intact. Le fantasme parricide est ainsi la doublure de l'orgasme, en même temps qu'une dépersonnalisation résulte de son moment, puisqu'il coïncide, du côté féminin, avec la perte du nom de ce père. S'opposant au père, une femme donne son nom à l'homme qu'elle appelle dans l'amour. Mais du coup, elle perd le sien. Dans la plupart des cultures, et jusqu'à aujourd'hui, les femmes ont pris le nom de leur mari pour le bénéfice de leur jouissance, bien au-delà d'une soumission au patriarcat (elles n'y ont jamais été contraintes en droit français). Le nom propre, qui vaut pour deux, écrit ainsi l'invariant du rapport sexuel.

Peut-on vraiment parler d'un « parricide fantasmatique », au moment de ce retournement de la jouissance en orgasme, et cette expression n'est-elle pas un peu grandiloquente ? Ce serait le cas, si ce parricide consistait en des représentations sanglantes ! Mais en réalité, il est soluble dans l'eau de rose. Le « fantasme parricide » ne se présente guère sous forme meurtrière. Dès l'enfance, il est recouvert par l'amour du père. À la condition que ce dernier se laisse d'abord tuer, il est ensuite aimé, à titre de reconnaissance pour sa fonction symbolique d'initiateur du désir. En somme, la dramaturgie parricide peut se jouer entièrement sur la scène de l'amour.

Ce sera encore plus manifeste à partir de l'adolescence, lorsque « tuer le père » se résume à remplacer son amour par celui d'un homme. Le père n'est-il pas ainsi bel et bien abandonné ? Mais cette sorte de meurtre est, elle aussi, recouverte par l'amour : l'amour d'un homme recouvre celui de ce père qui laisse son fils ou sa fille aimer quelqu'un d'autre, c'est-à-dire lui échapper, ou encore qui accepte une sorte de mort symbolique. Sous le manteau de Noé de l'amour, un parricide occulté prend effet [1]. Aimer

1. « Précisons : cet appétit de la mort, ce goût absolu d'une dissolution violente des formes au sein de laquelle les étants sont répudiés en tant qu'inaptes à tenir lieu de l'être ; d'où la fameuse phrase de Wagner : “Elle m'a interrogé un jour, et voici qu'elle me parle encore. Pour quel destin suis-je né ! Pour quel destin ? La vieille mélodie me répète : Pour désirer et pour mourir” » (Roland Gori, *Logique des passions, op. cit.*, p. 40).

un autre homme ou une autre femme trompe un père qui se retrouve au tombeau, couvert du manteau de ces beaux sentiments. Le seul aveu d'amour occulte et réalise cette dramaturgie. Il arrive, par exemple, que dire « je t'aime » déclenche l'orgasme à un certain moment du plaisir. Toute mise en scène meurtrière ne disparaît-t-elle pas complètement derrière ce tendre aveu ? Loin de quelque dramatisation emphatique, l'aveu d'amour semble l'acte le plus simple, comme si avouer l'amour suffisait pour que le passé s'oublie, à commencer par ce qu'il renie, au point que les amants se prennent comme si c'était la première fois, ou en tout cas se situent en un point d'origine, celui de leur renaissance.

Cette dimension parricide de l'orgasme – occultée par l'amour – se voit à peine sur l'instantané d'un fantasme. La photo ne suffit pas pour comprendre le film. En réalité, c'est moins cet amour de couverture que le scénario effectif, la suite des événements, qui révèle dans le déroulement du film son arrière-fond parricide. Il faut voir se déployer les séquences d'une histoire pour que le terme de « parricide fantasmatique » prenne son sens. La dramaturgie effective comporte plusieurs actes qui le rendent plus visible. La trame standard est celle du *Cid* de Corneille : le jeune prétendant, on s'en souvient, tue le père de son aimée en duel, au nom de l'honneur de son propre père[1]. Mais les histoires ordinaires se déroulent rarement selon un aussi joli scénario et il existe nombre de schémas plus courants (mais aussi plus tordus) qui aboutissent au même résultat. Par exemple, le premier homme que va aimer une femme va capitaliser un amour du père destiné à fuir une emprise maternelle, selon les contraintes d'une répétition restreinte. Dans ce recouvrement de l'homme par le père, le plaisir sexuel ne trouvera guère son compte. Mais, pour peu qu'un rival élimine le premier amour de ce bal de revenants, des conditions plus érotiques seront réunies.

1. On n'en finirait pas d'accumuler les exemples littéraires ou cinématographiques qui conjoignent orgasme et scènes meurtrières. Cette conjonction n'est d'ailleurs pas nécessaire, car à elle seule, la représentation de la violence guerrière soulage un trop-plein sexuel, même si elle ne montre aucun érotisme.

Dans le mélodrame qui joue l'homme contre le père, certaines femmes opposent ainsi sans fin deux hommes, éliminant le père grâce à un amant, qui reprend aussitôt les traits du père [1], etc. Un clown chasse l'autre. Une femme n'accède parfois à sa jouissance qu'après une longue série de ces pantomimes (et le bonheur n'arrive souvent qu'à l'improviste, ou quand elle ne le cherche plus). À chaque nouvel amour, ce refoulement du passé fonctionne comme une sorte de linceul, métaphore là aussi du parricide fantasmatique. Un certain donjuanisme féminin, tirant un plaisir acide de situations perfides, n'a sans doute pas d'autre ressort qu'une jouissance qui se refuse à l'un pour fructifier grâce à l'autre. Il est en cela le symétrique du donjuanisme masculin, dont le héros – *sex-symbol* de notre culture – expose avec moins de détours l'affrontement au père. Ces remarques sur les séducteurs donjuanesques des deux sexes sous-entendent-elles qu'ils ne jouissent pas, qu'ils sont lancés dans une chasse à l'orgasme sans résultat (contrairement aux couples monogames mariés à l'église, au nom d'un père crucifié et trahi une fois pour toutes) ? Mais cela leur arrive ! Non sans en tirer la leçon que l'orgasme ne se déclenche qu'à un certain prix – que ni les larmes, ni même le sang ne font baisser.

Dans son livre *Le Nom sur le bout de la langue* [2], Pascal Quignard parle de l'oubli d'un nom propre au moment où un couple va se former. Une jeune femme aime un homme qui lui jure qu'il l'épousera si elle parvient à tisser pour lui la copie d'une précieuse ceinture ouvragée, où sont figurées de multiples scènes enchevêtrées. Aux broderies fantasmatiques de l'un celles que va tisser l'autre peuvent-elles correspondre ? Tâche impossible d'une mise en harmonie des fantasmes, à laquelle la jeune femme ne parvient pas, pour son plus grand désespoir. Elle est

1. L'oscillation du désir d'une femme entre un homme plus âgé et un homme plus jeune est un cas de figure courant. Ces deux positions ne sont pas symétriques, car ce que génère le désir du père – plus âgé – est d'un autre ordre que le désir d'un homme plus jeune, qui est un *alter ego*, mais de l'autre sexe.

2. P. Quignard, *Le Nom sur le bout de la langue*, Paris, POL, 1993.

sur le point de renoncer, quand à la nuit frappe à sa porte un chevalier vêtu de noir – Heidebig de Hel. Le lecteur pressent aussitôt qu'il s'agit d'un avatar du diable. Voulant manifester sa reconnaissance d'avoir été hébergé, le sombre chevalier lui donne une ceinture identique à celle dont elle ne parvenait pas à tisser la copie, mais à la condition que, quand dans un an il reviendra, elle se souvienne de son nom. Au cas où elle ne se le rappellerait pas, lui, Heidebig de Hel, considérera qu'elle est sienne, et il l'emportera où bon lui semble – en enfer, le lecteur le pressent !

Il aura fallu cette rencontre satanique pour que les fantasmagories de la ceinture se dupliquent et que le tissage d'une autre ceinture programme une harmonie : le mariage des deux jeunes gens est célébré. Et comme si le nom du Maudit se scellait aussitôt l'union consommée, la jeune femme oublie comment il s'appelle. Le « Mau dit » porte bien son nom ! Rien ne devrait pourtant être plus simple à retenir que ces cinq syllabes qui, à chaque instant, sont prêtes à se poser sur le bout de sa langue ! Mais rien n'y fait : le nom s'efface, en dépit de ses efforts désespérés. Elle finit par se confier à son époux qui, au nom de leur amour, entreprend plusieurs voyages jusqu'en enfer, dont il revient chaque fois avec le nom – qu'il rappelle à son épouse. Mais cette dernière l'oublie pourtant encore.

Et inexorablement s'approche l'heure fatidique du retour du diable. Le dénouement heureux de cette histoire aura voulu qu'au tout dernier moment le nom du Malin soit prononcé, et que le diable, qui venait chercher sa proie, soit défait. Il n'en va pas toujours ainsi dans la vie, où le nom scellé par l'union d'un couple joue plus d'un mauvais tour. La séduction d'un père satanique programme pour les amants une jouissance qu'il ne faudrait pas – en contrepoint de l'inceste : dans l'oubli parricide de son nom. Elle s'actualise moins parce qu'elle serait interdite que parce qu'elle s'effectue avec un autre homme que le père. Et cela moins dans une sorte de « transgression » occulte que dans une mise en contrechamp fantasmatique du père, réduit à son Esprit. L'oubli du nom de cette sorte de père forge un rêve d'harmonie du couple, en exclusion interne de sa ternarité. Mais le nom du Maudit ne reste-t-il pas toujours sur le bout de la langue, à l'heure des baisers[1] ?

Les femmes jouissent dix fois plus que les hommes !... mais à quel prix ?

« Les femmes jouissent dix fois plus que les hommes ! » On le sait, le malheureux Tirésias eut à peine le temps de faire cette révélation qu'il fut frappé de cécité par Héra. Outre que tout le monde est au courant de cette information, le pauvre ne méritait vraiment pas d'avoir des yeux pour être aussi peu clairvoyant ! Car comment ne pas voir d'abord que cette jouissance féminine allume celle de l'amant ? Et comment ne pas évaluer ensuite le prix de cet apparent bénéfice : si les femmes en profitaient davantage, pourquoi alors une disparité s'instaurerait-elle en leur défaveur au point que leur supposé privilège engendre une réclamation sans fond, en dépit de ce plaisir décuplé ? Si elles jouissaient dix fois plus que les hommes, elles devraient être contentes d'en profiter : deux amants devraient être quittes après l'amour, et se dire au revoir, bons amis ! Or, il n'en est pas question[2] ! Rien ne peut éteindre la réclamation féminine : il faudra toujours accorder un quelque chose « en plus », qui ne réussit d'ailleurs jamais à compenser l'« en moins » de la dépersonnalisation orgastique. Cet « en moins » vient de loin : il est programmé par le désir lui-même, dès son origine hallucinatoire et dépersonnalisant. Et depuis ce début, le désir porte en lui cette menace.

Lorsqu'elle est désirée, une femme est en dehors d'elle-même. L'attrait qu'elle exerce lui plaît peut-être, mais en même temps, elle se rebiffe contre lui dans toute sa façon d'être. Le désir tend un piège et le risque d'y tomber est si fort qu'il provoque souvent un recul. Bien qu'elles cherchent à plaire, nombre de

1. On essaiera de montrer dans un travail ultérieur que les sociétés dites matrilinéaires sont construites sur un « oubli » analogue du nom du père.
2. L'orgasme se présente comme un don gratuit, au sens où rien ne peut le contrebalancer.

femmes subissent le désir des hommes comme un fardeau [1]. Pour le dire brutalement, le désir masculin dédouble le corps des femmes : elles sont à la fois au lieu où elles provoquent une érection, et là où elles sont. Si « avoir le phallus » dépend du désir du partenaire, ce mode d'appropriation se produit dans une sorte d'impersonnalité. Le seul fait de marcher sur le fil de ce dédoublement est une ivresse, qui oblige à accélérer le pas : elles sont ici et ailleurs, dans un engendrement d'espace à certains égards vertigineux. Elles plaisent au titre de ce qu'elles provoquent, de l'érection qui les déplace en dehors d'elles-mêmes, en un lieu où elles ne se retrouvent que si elles désirent aussi ce qui les perd. N'est-ce pas en ce point de fuite que l'orgasme peut se rejoindre ?

Lorsque l'heure est venue de céder à son désir, la question du nom importe à proportion de cette aliénation. Bouée de sauvetage arrimant le sujet contre la marée de son propre fantasme, le nom ancre le sujet. Dès qu'il désire, il éprouve déjà ce risque d'être emporté par cette poussée qui vient pourtant de lui, mais qu'il subit comme si elle venait du dehors. Dès qu'il commence à en jouir – cette force le menace encore plus – et si l'orgasme l'emporte enfin, il craindra une submersion impersonnelle. De sorte que lorsque le corps perd son propre, le nom le devient plus que jamais.

Notre propre désir nous machine, et nous ne savons plus qui nous sommes en lui obéissant. Devant le risque de cette perte, c'est à partir du nom que, comme s'il était à l'extérieur de son corps, le sujet arrive à jouir de lui-même. C'est pourquoi l'amour – qui réclame une reconnaissance de la personne au-delà des qualités et de la beauté – est une condition de l'érotisme pour la plupart. La jouissance transgressive peut, certes, prendre le même sens selon une voie contraire, elle aussi potentiellement orgastique. Transgresser une règle quelconque, c'est – par déplacement – subvertir une loi du père, donc s'abriter de son nom.

1. Au point qu'elles peuvent accepter comme un moindre mal le port du voile dans certaines cultures.

Mais ce sera au prix d'une chute anomique, ou même en prenant le risque d'un bref instant mélancolique.

Si le sexe reste anonyme et ne s'accompagne d'aucun ancrage subjectif, un gouffre s'ouvre après la jouissance. D'un côté, l'excitation s'impose et pousse à céder. Mais de l'autre, son aboutissement angoisse, et il ne faut surtout pas céder, en tout cas pas sans précautions. Les femmes accumulent les préalables et les conditions, à commencer par l'amour, la reconnaissance et le don, et cela bien davantage que les hommes, tout du moins ceux que leur rapport au nom ne soumet pas au même danger.

Le terme de « dépersonnalisation » est-il approprié pour décrire ce contrecoup de l'orgasme ? Ce qualificatif devient plus évident si on le situe d'abord par rapport au désir. Lorsque l'amour fait défaut et que la jouissance les divise violemment, certaines femmes font, presque aussitôt après l'orgasme, de brutales scènes de jalousie, comme si une autre femme avait joui à travers elles. C'est de cette part hallucinée d'elle-même qu'une femme peut être jalouse. Rien de plus difficile à calmer que ce tourment d'une altérité au cœur du plus intime. Bizarrement aussi, la jouissance aboutie peut entraîner une rupture, lorsqu'une femme ne se sent pas assez aimée. Si elle n'arrive à jouir qu'avec un homme de rencontre, la séparation suit de près l'orgasme.

Sans être pareillement divisé, un homme s'impersonnalise aussi lorsqu'il fait jouir et en jouit. Il se sera affronté à un père au moment d'un plaisir qui le dépasse. Une troisième « personne » participe à l'événement. De sorte que la passion sexuelle exacerbe la jalousie, même lorsque rien ne la justifie. L'orgasme à lui seul actualise une scène primitive, que rien ne semble programmer. Et pourtant : l'une aura joui de l'impersonnalité d'un autre, alors que son amant aura vu sa division en une autre. Et pour peu que cette jalousie « normale » trouve quelque prétexte dans la réalité, l'un des protagonistes en tirera une certitude, parfois jusqu'à mettre son existence en danger. Il croira tenir le rôle du mort ou de la morte, de l'exclu d'un couple. La dramatisation des circonstances peut aller jusqu'à la mort réelle, qui fonctionne alors comme une sorte de tenant lieu macabre du moment orgastique[1].

Si l'on examine à nouveau maintenant les comptes de Tirésias, on concédera volontiers que le désir et la jouissance intéressent aussi bien l'homme que la femme quoiqu'en des proportions variables. Pour commencer, le désir de l'homme, qui ne connaît pas la contradiction de « l'activité à but passif », peut s'extérioriser deux fois plus positivement que celui de la femme. La jouissance ensuite est à peu près également répartie, et chacun des deux genres en profite. Mais pour ce qui concerne l'orgasme, il est du seul côté féminin. Il semble donc y avoir chez elle un plaisir supplémentaire. Toutefois une question se pose aussitôt : par « qui » ce plaisir de l'orgasme a-t-il été pris ? Par personne justement, puisqu'il s'accompagne d'une dépersonnalisation. En fait il n'est pas « dix fois supérieur », car il tombe dans l'incommensurable, puisque « personne » ne l'a pris. Pour que ce plaisir infini soit pris, il faut qu'il puisse être donné.

Le prétendu « supplément » annonce un marché de dupes, et l'on comprend que si l'orgasme prend le risque de la dépersonnalisation, son sujet réclamera une contrepartie qui permette aussitôt une sorte de « repersonnalisation ». Il faut que l'homme paie sa dette ! Car il ne peut pas partir comme ça, tout de suite après l'amour. À la brièveté du plaisir succède la durée de cette dette. Il faut commencer par donner du temps, de la présence. Et si finalement l'amant doit quand même s'en aller, il faut qu'il laisse un signe de sa présence. Comme l'orgasme a soulagé de la dimension incestueuse du désir du père, un symbole du père – par exemple, son nom – peut pallier l'« en moins » de la déperdition orgastique. L'érotisme réclame la singularité d'un lien qui devient une condition de l'excitation parfois unique – en tout cas pour une majorité de femmes, pour lesquelles la question de l'exclusivité du lien a priorité, souvent sur la jouissance elle-même.

1. Dans le film de Pascal Bonitzer *Je pense à vous* (2006), une série de situations triangulaires initiées par l'enterrement d'un homme se déboîtent l'une de l'autre, jusqu'au suicide d'une femme.

« L'envie d'avoir le phallus » est certes la boussole qui oriente l'excitation sexuelle féminine. Pourtant, une femme ne jouit qu'exceptionnellement d'un phallus anonyme, avec un inconnu qui n'aurait pas décliné quelque identité, concordante en quelque point avec ses fantasmes. Un pénis de rencontre doit porter un nom, invoqué au moment crucial : il forme l'arche de la jouissance, de son ouverture à sa fermeture. Car l'amour anonyme du phallus peut déclencher la jouissance, mais il ne la libère pas. Le phallus, au fond, ne fait pas problème : on le trouve facilement. Mais que le nom de celui qui le porte se prononce, et que cette énonciation corresponde à un fantasme sexuel, voilà une conjoncture plus difficile à rencontrer.

Tributaire de celle d'un autre corps, la jouissance risque de dépersonnaliser à proportion de son intensité, jusqu'au point où, pour se lâcher, mieux vaut qu'un nom la protège. Le sexe reste anonyme et dépersonnalisant lorsqu'il se disjoint de cette légitimation. La dépersonnalisation, la perte du nom au moment de l'orgasme, a comme contrepartie le don et la prise du nom de l'homme : c'est pourquoi la plupart des femmes refusent de faire l'amour avec des amants interchangeables.

Les femmes jouissent davantage que les hommes, mais ce qu'elles gagnent menace leur identité. De sorte que le don du nom a constitué dans presque toutes les cultures une condition de la jouissance avant d'être un signe de l'alliance. Il est vrai qu'aujourd'hui ce don du nom (qui n'a été qu'une coutume en France) paraît parfois désuet. On le gardera pourtant comme paradigme, parce que, quoi qu'il en soit, le nom est l'ancrage secret du sujet à son corps de jouissance : il s'agit moins de l'acte légal du mariage célébré à la mairie que de l'appartenance qui procède de l'amour sexuel. Deux amants s'appartiennent à égalité, certes, mais ce qu'ils donnent diffère : orgasme d'un côté, nom de l'autre. Un homme peut aussi offrir d'autres présents : bijoux, vêtements, fourrures, autant de cadeaux qui reconnaissent la valeur sans prix de la personne, habillent son vide. Mais parmi les dons possibles, seul celui du nom échappe à l'échange. Une femme ne saurait revendre le nom qui lui a été donné ! Aucun don n'a la particularité du nom propre. Un orgasme pour deux, un nom pour deux : telle est l'équation du rapport.

Ce nom importe certes dans l'instant du don et de l'échange, mais de plus il témoigne à coup sûr de l'exogamie, ce que ne fera jamais aucun autre cadeau. Car il suffit qu'il diffère de celui du père pour qu'un parricide implicite se profile dans cet écart. L'inceste menace, son refus s'y oppose : la crise s'installe, s'étend, au mieux explose. L'orgasme se leste sur son envers du nom, dont l'échange croisé avec un autre sujet fait rapport. La perte qu'implique la jouissance « *de* la femme » s'échange contre le nom « *du* père ». Dans les expressions « *de* la femme » et « *du* père », les génitifs « *de* » et « *du* » se lisent dans leurs sens subjectifs et objectifs. Ils symbolisent un rapport, ou chacun jouit de l'autre dans l'ambiguïté du génitif, et l'orgasme se produit au point de retournement du génitif objectif en génitif subjectif. « Rapport sexuel » signifie cet échange croisé entre deux sujets que tourmente la question du nom tel qu'il arrime la jouissance dans son point de passage exogame.

Cet échange n'implique pas de relation d'appartenance, mais dans la mesure où – selon une double vectorialisation – le génitif subjectif s'échange contre le génitif objectif et réciproquement, chacun se retrouve peut-être seul au bout du compte, mais il s'est retrouvé ! Du point de vue de cette solitude finale, on pourrait croire que le rapport n'a pas eu lieu : il s'oublie dans son résultat [1].

1. On s'est gardé dans cet ouvrage de commenter l'aphorisme lacanien : « Il n'y a pas de rapport sexuel », qui est devenu une sorte de fourre-tout bien fait pour éviter de penser les problèmes de la sexualité. Naturellement, il n'y a pas de rapport sexuel dans les théories sexuelles infantiles – les héros de l'enfance, Tarzan, Spiderman, Lara Croft, etc., n'y pensent jamais et le font encore moins. La jouissance est entièrement pulsionnelle de même que, dans les théories de la reproduction totémique relevée par Frazer, les enfants descendant d'un Totem qui a été vu, rêvé ou manduqué par la mère. C'est l'écart entre cette absence et la réalité psychique du traumatisme sexuel qui écrit un rapport. Ne pas le prendre en considération à titre de préalable est l'une des façons actuelles d'invalider la psychanalyse, qui a été découverte à partir du trauma sexuel et d'une écriture symptomatique du rapport.

Le rapport sexuel trouve-t-il une équation stable dans l'échange croisé de l'orgasme et du nom ? Ce serait trop beau, car un homme n'est pas propriétaire de son nom. Il n'en est que locataire et doit payer le bail au jour le jour, ce qu'il fait grâce aux actes qui le légitiment. Ainsi de l'acte sexuel, qui réclame d'abord la mise en tension du masculin et du féminin, puis la détente orgastique de leur contradiction. Mais si le nom conditionne une telle résolution, à qui appartient-il ? Donné et pris dans l'acte, il date aussi d'avant la vie, et capitalise en même temps la pulsion de mort, la Moïra, la dernière des Parques, qui assiste chacun de nos actes.

La division du sujet perdure en dépit du rapport. Jouir de la jouissance de l'autre ne signifie pas faire Un, conformément aux mythes de l'accouplement. Loin d'unir deux corps, le faire de l'amour sépare, puisqu'il actualise la division subjective de chacun qui se réconcilie peut-être avec lui-même grâce à l'autre, mais ne s'en retrouve pas moins seul. Avec reconnaissance peut-être, mais dans la solitude sûrement, cela s'est fait. Dans une solitude qui distingue chacun du reste des humains, comme si cela n'était arrivé qu'à lui. Les autres font-ils l'amour eux aussi ? Est-ce pareil pour eux ? La sorte de solitude de ce « faire » laisserait presque douter que cela se puisse. Que se fait-il dans l'amour ? Un corps se réconcilie sur l'instant avec lui-même et l'on pourrait croire qu'il s'agit d'une illusion narcissique de plus si, au même moment, le nom ne s'ancrait et n'arrimait le sujet à ce corps réconcilié. Ce pourrait être désormais la paix, mais hélas, le nom n'est légitimé que le temps de l'acte.

Car le fantasme ne s'est ainsi soulagé que par personne interposée, chacun des protagonistes ayant donné à l'autre ce qui, par principe, continue de lui manquer. Le désir reprend donc aussitôt sa course. Il reconduit un manque qui le relance. Depuis le début hallucinatoire, le désir n'a pas d'objet. Le sujet est infiniment tiré hors de lui par cette refente entre lui et lui. Le rapport à son nom, qu'il cherche à stabiliser dans l'érotisme, ne trouvera jamais sa preuve dans l'assouvissement du désir lui-même. Le nom est ce Graal étrange : les hommes sont lancés à la poursuite de ce qu'ils portent déjà, qui n'apparaît et ne brille que lors de cette course. Il s'éteint dès qu'ils cessent de le chercher.

Le rapport de chaque sujet à son nom lui pose une question cruciale, puisque le nom, pris au père à l'occasion du fantasme parricide, symbolise la pulsion de mort, celle-là même qui est en jeu dans l'érotisme. On prendra comme illustration de cette fonction du nom un film de Kiyoshi Kurosawa, *Cure* (1997), qui montre une sorte de vampirisation d'un sujet par un autre lorsque l'un d'eux perd son nom. Le héros principal du scénario est un beau jeune homme, frappé d'amnésie d'identité. Il déclenche l'étincelle de l'amour chez ceux qu'il rencontre, et cet amour, joint à l'oubli de son nom, engendre un transitivisme implacable, une sorte de transfusion de l'agressivité d'un corps à l'autre et de proche en proche, sa contagion. Ce jeune homme déclenche chez autrui une sorte d'amour hypnotique, comme si son absence de nom ne le tenait plus dans son corps : ceux qui l'aiment deviennent comme lui, oublieux de leur identité. Une fois mis en relation avec l'amnésique, une force obscure métamorphose des citoyens ordinaires en meurtriers, ensuite amnésiques à leur tour de leurs actes.

Chacun d'entre eux a rencontré par hasard cet errant, instigateur aussi mystérieux qu'involontaire de leurs crimes : ce fascinant jeune homme, vivant dans un éternel présent, dont l'amour effondre de proche en proche le château de cartes de leurs rêves, jusqu'au passage à l'acte. Il a été successivement recueilli par plusieurs personnes, avec lesquelles s'est vite instaurée une relation hypnotique, et chacun de ses hôtes bascule, d'abord dans la narration de son histoire, puis dans le récit d'un souvenir aussi violent que refoulé. Enfin, l'identification du sujet à ce désir brutal conduit le malheureux hypnotisé à un geste fatal, faisant de lui, à son tour, un assassin amnésique.

Quelle avait été la demande du héros à ses interlocuteurs de rencontre ? Presque rien. Il errait, il fallait l'aider, l'aimer en somme. Et leurs désirs inconscients s'étaient découverts à la faveur de cet amour anomique, qui avait convoqué un désir refoulé et les avait poussés à le réaliser. L'instituteur qui le recueille d'abord tue sa femme et se défenestre au matin. L'employé modèle rencontré ensuite assassine la prostituée qu'il va voir peu après. Une série de drames s'enchaîne et n'épargne aucune des figures archétypales de la société. Et l'on comprend au dernier plan-séquence que le meurtre obsède le commissaire chargé de l'enquête, lui dont le métier a dû l'amener à refouler, plus que d'autres, la fascination du crime. Lorsqu'on voit les visages de ceux qui deviennent ainsi des assassins, leurs regards vides montrent qu'ils ne maîtrisent plus leur folie intime, longtemps retenue. L'amour de l'amnésique leur a fait perdre leur identité, comme s'il la leur avait pompée. Et dans cette défection, ils tuent du fond de leur hypnose. Se révèle ainsi le rôle du nom, grâce auquel chacun habite son propre corps, sans transfuser dans le corps de celui qui le domine du haut de son amour, et qu'il pourrait tuer, n'était l'identité qui retient l'acte. Car avoir pris son nom, c'est avoir tué une fois pour toutes, meurtre du père dont la culpabilité retient ensuite le bras. La faute d'un premier meurtre fantasmatique, lié à la prise du nom, tient en respect le criminel que chacun d'entre nous recèle. Et lorsque ce nom fait défaut, le transitivisme d'un vide d'identité se déplace sur la succession des corps que l'amour accroche. L'amnésique fait de ceux qui l'aiment les agents de la pulsion de mort, il devient une sorte de trou noir dans l'esprit de ses victimes. « Tout ce que j'étais passe à l'intérieur de vous. En échange, j'infiltre les esprits et le mien est plein de vide. »

Les femmes et les enfants d'abord !
Le don, subjectivation de la jouissance

Juste après sa naissance, le moment arrive toujours où un enfant dit « non ». Il aurait dû, pourtant, tout accepter, par amour pour sa mère. Mais non ! Il préfère refuser ce quelque chose de trop qui l'aurait fait ressembler à un ange, à un idéal toujours déjà mort. Il rejette une part de lui-même à laquelle il aurait dû s'identifier, s'il avait accepté d'être le parfait objet de sa mère. De sorte que, psychiquement, se trouve à l'extérieur cette image idéale qu'il a expulsée et qui le menace de représailles à proportion de sa culpabilité.

Cette division est à l'œuvre simplement lorsque l'enfant crie du « dedans » par la bouche : il s'entend par l'oreille au-« dehors ». Le retour diffère de l'aller, car une fois revenus du dehors, les sons se sont chargés en route de la demande maternelle, attentive à ses manifestations. De sorte que son propre cri lui demande quelque chose qu'il ignore, et l'effraie. La sorte de double de lui-même qu'il entend correspond déjà à sa division par sa propre jouissance. Ce qu'il perçoit dehors pourrait l'anéantir, puisque sa sonorité lui revient lourde d'un commandement objectivant, qui enclenche ainsi pour toujours ce rapport de l'Être au Néant spécifique de la subjectivité. Son moteur à deux temps bat entre un plaisir – qui affirme l'Être – et un excès de plaisir – qui pourrait le faire sombrer dans le Néant. Il est désiré, appelé à naître comme phallus de sa mère (Être), mais en même temps ce phallus maternel n'existe pas (Néant). N'être en naissant : cette contradiction initie la dramaturgie du narcissisme, l'agressivité qui le porte, toujours près de se résoudre dans le suicide ou le meurtre.

C'est ce double persécutant qu'un cadeau fait à un enfant cherche à amadouer. L'ours en peluche va offrir à l'enfant la maîtrise de son propre double qui était dehors (c'est un « sujet transitionnel » plutôt qu'un « objet transitionnel »). Il localise une sorte de moitié idéale rejetée qui, sans cette symbolisation, reviendrait le persécuter. Il fonctionne comme une sorte d'*alter ego*, qui représente un confident auquel il s'attache, auquel il parle d'avant les mots, dans sa langue privée pulsionnelle. Ce présent anthropomorphe symbolise l'énigme de son être joui, et il la subjective. L'ours, par exemple, représente le premier gage de l'animalité du corps, rejeté par la subjectivité. Entre l'enfant et l'ours, une réconciliation opère. Il serre dans ses bras cette part intime de lui, mise à sa merci par l'Autre qui aurait pu la rapter. Ce cadeau a été fait par quelqu'un qui le reconnaît dans cette division. De sorte que sa peluche le calme, amadoue sa détresse. Entre lui – comme sujet – et son « moi idéal » se déroulait une lutte à mort, car l'idéal aurait voulu imposer sa loi, au nom d'un amour anéantissant, s'il l'avait emmené avec lui loin de lui. Le don le rend à lui-même : grâce à lui, la subjectivité se distingue de l'idéalité. En ce sens, le don élève un barrage contre une dépersonnalisation. Le cadeau aura permis à l'enfant de se reconnaître dans sa division subjective, parce qu'un autre sujet le lui aura donné. Cette reconnaissance intersubjective lui rend son unité, le réconcilie avec lui-même. Ce lien de sujet à sujet importe plus que la valeur marchande du don, sans lequel, pourtant, il ne se serait pas établi. Le lien importe plus que le bien.

Combien précieux devient le cadeau fait par cette personne, alors que c'est elle qui a causé d'abord la division subjective ! Car la mère incarne à la fois l'Autre et ce sujet qui nie cet Autre, console de son propre excès. Elle est en même temps « personne » (l'Autre impersonnel, source d'un commandement tuant) et « une personne » (sujet de l'amour). L'Autre maternel aurait pu continuer à jouir du corps de l'enfant, qui est d'abord lui-même d'un certain point de vue un cadeau, ou même un symbole. Mais justement, un enfant n'est pas un cadeau : il refuse cette place, et le don qu'il reçoit le reconnaît. La jouissance se déplace ainsi au niveau du cadeau lui-même, cristal sans contrepartie, symbole tenu sur la crête du cri qui le rassemble. Chaque cadeau tombe à l'aplomb de la division du sujet : incarnant sa part idéale, la peluche le réconcilie avec lui-même, parce qu'un semblable, qui a vu sa division, la lui a offerte. Il aime ainsi cette part intime et retrouvée, d'autant plus conforme à son idéalité qu'elle n'est ni utile, ni consommable, ni échangeable.

En donnant, l'Autre maternel a perdu sa toute-puissance, et avoue qu'il n'est qu'un sujet lui aussi. Le symbole signifie cette alliance. Sans ce pacte, l'opposition de l'Être et du Néant, la lutte du maître et de l'esclave, se poursuivrait indéfiniment. La reconnaissance de sujet à sujet fait passer au second plan, refoule, la signification phallique que le corps de l'enfant a pour l'Autre. Un symbole qui échappe à l'échange refoule cette jouissance mortelle : aucun « contre-don » ne le rétribuerait, même si celui qui l'a reçu peut donner à son tour. Car ce dernier voudra lui aussi offrir, s'il veut légitimer sa propre naissance subjective. Ce qu'il donne, ce n'est plus son corps de jouissance, mais la reconnaissance de cette intersubjectivité. En apparence seulement, il semble y avoir un donateur et un débiteur qui rend. Mais quelle contrepartie peut bien offrir un petit enfant ? Il va donner en se conformant à ce qui est attendu de lui : tous ses « apprentissages », à commencer par celui de la parole, sont ses dons.

À un don peut, certes, répondre un autre don, mais chacun d'entre eux reste incommensurable, et leur succession légitime leur sens. Chaque don met deux sujets à égalité, sans qu'il y ait un puissant et un faible, puisque celui qui reçoit peut refuser, et que ce qu'il donne à son tour légitime l'alliance. Le don crée, atteste et commémore cette alliance : il cristallise une performance (au sens d'Austin) et commande un devoir de fidélité[1].

Mais est-ce bien la jouissance que symbolise un cadeau fait à un enfant ? Son corps s'offre, certes, à une emprise, mais a-t-elle ce sens surérotisé, qu'un don va soulager ? Cette dimension apparaît mieux si l'on remarque les conséquences du don ou de son absence : les enfants sans jouets crient, dorment mal, ne mangent plus. Ils se lancent à corps perdu dans le négativisme, et se débattent contre une sorte de dévoration sans médiation. Le sens sexuel de ces prémisses apparaît mieux plus tard. Lorsque l'enfant devenu grand continue d'être travaillé par son passé, et qu'il le revit du point de vue de l'adulte, avec ses expériences érotiques propres, le défaut de don qu'il a pu ressentir dans l'enfance va lui apparaître rétrospectivement comme un viol sexuel. Il en aura parfois la certitude – sans en avoir la moindre preuve – et il construira des fictions en conséquence. Tout se passe comme si les enfants sans jouets avaient été traumatisés, au sens d'un traumatisme sexuel.

C'est que, depuis l'enfance, le sujet affronte une succession d'épreuves qui – en même temps – le font grandir, traumatismes dont le sens sexuel n'apparaît que rétroactivement au dernier

1. D'autres objets quelconques pourraient aussi réconcilier : un morceau d'étoffe, par exemple, peut avoir un sens pulsionnel attachant. Mais, parce qu'il n'a pas été donné, ce « doudou » ne sera jamais cette sorte de symbole qui scelle une séparation et une union.

d'entre eux. Dès la naissance, l'Autre aliène chaque sujet qui grandit psychiquement au cours de cet affrontement. Il gravit ainsi des degrés successifs, et n'échappe à son aliénation première par l'Autre maternel qu'en cherchant son salut auprès du père. Hélas ! pour le meilleur et pour le pire, c'est alors la séduction paternelle qui engendre un trauma, dont la répétition trame au bout du compte l'ordinaire de l'érotisme. Le fantasme de séduction, alors même qu'il actualise le désir du sujet, s'accompagne de l'idée d'un dol qui réclame une contrepartie (un don – de même étymologie). Et il en ira alors de même dans l'amour que pour la jouissance offerte par le corps du nourrisson, symbolisée et dialectisée par les jouets qui lui sont offerts. On voit ainsi l'analogie qui existe entre la jouissance infantile et la séduction sexuelle, éventuellement symbolisée par la dialectique du don. Rétroactivement, un fantasme d'avoir été violé(e) va procéder d'une absence de cadeaux aux premiers jours de la vie. Au niveau infantile, le jouet symbolise une prise incestueuse du corps, alors que dans l'érotisme adulte la jouissance requiert – elle aussi – des dons qui permettent d'échapper à son aliénation.

En ce sens, l'intuition mettrait volontiers sur le même plan la détresse du nourrisson et une certaine angoisse plus spécifiquement féminine, celle d'être rejetée et abandonnée – peut-être après avoir été aimée, mais avec le sentiment d'avoir été abusée. N'est-ce pas d'avoir été traité comme un objet de jouissance qui donne une parenté secrète à ces deux figures de la déréliction ? Après tout, l'enfant comme la femme sont offerts à la jouissance, objectivation qui appelle une compensation. Le don a un rapport évident à la jouissance dans le rapport sexuel : une femme se donne. Faire l'amour jusqu'à son terme orgastique, c'est se perdre. Par rapport à l'abandon du nourrisson, le don de soi de l'orgasme met, certes, en relief d'autres invariants – sexualisés [1] – de la division du sujet, mais il engendre, lui aussi, une sorte de dépersonnalisation momentanée.

1. On l'a dit : l'être et le néant de la jouissance première se sont déplacés en opposition du masculin et du féminin.

Le cri de la jouissance sexuelle dénote cette perte de soi : une femme se donne à cet instant, de même que le cri de l'enfant – évoqué plus haut – dénote que son corps est objet de jouissance pour l'Autre maternel. Et si l'on considère l'orgasme comme un don sans mesure, il appelle lui aussi une donation, ou du moins son symbole. Ce n'est pas un « contre-don » qu'il convoque : tout paiement le tarirait (les prostituées n'ont pas d'orgasme). Un homme peut se méprendre sur l'incommensurabilité de ce don, et croire qu'il peut le payer, se payer une femme. Pour peu qu'il veuille acheter du plaisir, le voilà lancé dans une course-poursuite en défaut dès le départ de son objet, puisque aucun argent ne saurait le monnayer sans le rater [1].

Au-delà de l'intuition, peut-on maintenant articuler ces deux questions jusqu'ici traitées séparément : la jouissance du corps du bébé (que les cadeaux de jouets pallient) et le don de l'orgasme fait par une femme (auquel différentes sortes de dons peuvent faire écho) ? Le déroulement de la vie voudrait que la première de ces jouissances appelant un don – celle de l'enfant – précède celle du rapport sexuel – et le cadeau offert à une femme. Or, l'ordre inverse s'impose, car c'est seulement dans la mesure où l'enfant naît du désir qu'il va être pris comme ce corps de jouissance qui réclame une symbolisation.

L'expression courante « donner un enfant » (à quelqu'un) reflète une vérité : l'amour porte en lui un manque que l'enfant peut pallier. Vouloir donner un enfant à la personne aimée dénote le manque (le fait que l'amour veuille toujours plus) et un moyen de le combler. Naturellement, un enfant n'est un cadeau que le temps d'être désiré : dès qu'il naît, son existence propre le distancie de cette aura, qui continue d'ailleurs de le nimber. La division du sujet s'exprime ainsi sous le jour de la

1. L'un des deux partenaires de l'amour peut donner sans que l'autre fasse de même, et cette disparité entraînera ses conséquences propres. On pourrait croire que celui ou celle qui a reçu sans donner de contrepartie va s'estimer gagnant. Mais c'est généralement plutôt le contraire qui se produit : celui ou celle qui ne rend pas va le plus souvent le faire payer, comme si le fait d'avoir reçu l'aliénait et engendrait sa haine.

dette et du don : en tant que cadeau, l'enfant est objectivé. En tant qu'il résiste à cette objectivation, il réclame des cadeaux (on reconnaît d'ailleurs un enfant à cette caractéristique : il considère que tout lui est dû, en contrepartie du « tout » qu'il représente). L'enfant représente donc un don, mais d'une sorte particulière, puisque son existence l'amène à réclamer un don.

De plus, il représente aussi un don d'un autre point de vue. Car l'histoire ne débute pas à l'heure d'un merveilleux amour entre un homme et une femme, puisque chacun d'entre eux est aussi un fils et une fille, qui doit quelque chose à ses propres parents, notamment sous la forme d'un enfant. L'enfant de l'amour est en même temps celui d'une dette envers les parents de chacun des amants : leur amour recouvre en deçà d'eux une dette transgénérationnelle. De la dette au don d'enfant, un désir de l'Autre s'actualise[1]. Du point de vue de la filiation, et en fonction de la névrose, un enfant né de l'amour entre deux amants est attendu en même temps du père ou donné à la mère de chacun d'entre eux. L'amour entre les amants occulte et refoule cette dimension incestueuse du désir d'enfant, transgénérationnelle. Cette position cruciale du désir d'enfant le situe de telle sorte que l'amour exogamique refoule la dimension incestueuse endogamique de la filiation. Le refoulement de cette même dimension incestueuse donne sa puissance au désir, et sa force de conflagration à l'orgasme.

En effet, si l'orgasme résout la contradiction du fantasme de séduction par actualisation du parricide dans la jouissance, alors cette résolution appelle l'enfant pour prix de la dette. L'orgasme précède donc logiquement, sinon chronologiquement, les enfants comme dons, puis les cadeaux faits aux enfants à leur naissance. D'ailleurs, il faut bien d'abord faire l'amour, avant qu'il en naisse un enfant ! Le don le plus précieux semble être l'enfant, mais le désir d'enfant lui-même dépend du rapport qui précède sa naissance. Pour faire image, l'enfant qui naît naît du

1. Avec ou contre l'amour d'ailleurs, car des amants peuvent aussi vouloir un enfant contre leurs parents, pour effacer un mauvais souvenir de leur propre enfance.

cri orgastique avant de crier lui-même. Son cri poursuit le premier cri : l'orgasme antécède sa naissance et la porte. Curieusement, dans l'« Esquisse[1] », Freud note que le cri de l'enfant se souvient du cri qui le précède. Mais alors, qui émet le cri d'avant le premier cri ? Certes, on répondra que le premier cri poussé par la bouche se souvient tout aussitôt de lui-même par l'oreille. Mais, plus poétiquement sans doute, on peut dire aussi qu'il se souvient du cri orgastique de sa conception. Un milieu de la vie précède son début et lui succède (c'est encore la Moïra). Pour peu qu'on considère l'orgasme comme le *Souverain Bien*, sa logique anticipe la temporalité de la vie, qui semble commencer à la naissance, mais ne débute qu'en un temps *post partum*. Notre vie toujours retarde sur sa propre plénitude à cause de ce délai, de ce moment de limbes. Dans le fantasme, tout se passe comme si nous ne saurions nous rejoindre que dans l'inconscience de l'orgasme, et quand bien même n'y arriverions-nous jamais, cet événement nous hante. Il compte plus que notre naissance divisée, seulement ainsi renouvelée à l'aveugle. De sorte qu'un rêve sexuel habite la *psyché*, obsession de chaque instant.

Nom propre et orgasme

Le nom propre ne se réduit pas au patronyme, comme nos papiers d'identité le laissent penser. Il se tisse entre un nom donné (le prénom), le nom reçu (le patronyme) et éventuellement un nom acquis (le surnom). Chacun a sa fonction, et si le patronyme importe le plus pour l'état civil, le prénom a largement la première place du point de vue de l'amour[2]. Car il est

1. S. Freud, « Esquisse d'une psychologie scientifique », *La Naissance de la psychanalyse*, *op. cit.*, 1979.
2. Pour la clarté, dans les lignes qui suivent, on se conformera à l'usage en distinguant le prénom du nom patronymique. Il fallait toutefois souligner que le nom patronymique n'est pas plus le « nom du père » que le prénom, qui lui aussi est donné au nom d'un certain père (*Certus*). D'ailleurs, notre prénom a été considéré comme le seul nom jusqu'à l'édit de Villers-Cotterêts, promulgué par François Ier... qui ne se l'appliqua pas à lui-même. Son nom resta celui de François.

donné. Le don du nom fait exception dans la liste de ce qui s'offre. Il n'existe aucun symbole plus spécifique de la singularité, alors même qu'il partage : celui qui le porte l'a reçu et pourtant il n'est qu'à lui. Sans la reconnaissance mutuelle qu'il implique, un enfant ne survivra pas, car le don du prénom médiatise la jouissance et évite au corps d'être joui. L'appel du prénom par la mère signifie pour l'enfant un écart entre son « être joui » – son corps pulsionnel – et le sujet qu'il est. Pare-excitation, il dialectise en première ligne le désir de l'Autre. Ce nom donné a – comme les autres dons – en même temps une fonction d'alliance et de séparation. Appeler un enfant par son nom pour lui demander quelque chose engendre un paradoxe : les impératifs de la jouissance sont contredits au moment où ils sont énoncés. Une mère qui, par exemple, exige de son enfant qu'il mange, mais en l'interpellant par son prénom, lui donne un moyen de lui résister en même temps que l'ordre cherche à le réduire. En s'identifiant à ce nom donné, le sujet peut s'opposer aux injonctions. Mais bien plus, du haut de cette nomination, il peut jouir de lui-même comme l'Autre cherche à le faire ! Il profite de son « être joui », en somme.

Avec l'appel du nom sonne l'heure d'un renversement complet du rapport à la jouissance. Le prénom excepte dans la série des dons, il permet de jouir de soi-même du dehors, du haut de son nom, de profiter de son corps pulsionnel de la même manière que l'Autre en profite. L'enfant peut donc se donner, jouir de sa propre objectivation qu'il n'est plus obligé de rejeter en bloc pour exister. La mère, certes, jouit de son enfant : elle le croque, l'astique, s'appuie sur lui par tous les bouts pour exorciser son propre manque. Mais dès qu'elle l'appelle par son nom, la situation se retourne, et l'enfant jouit de sa mère, en abuse, s'en délecte : c'est lui qui profite de l'avoir laissée le prendre : il jouit de lui-même donc, à l'instant de la nomination. La différence est sensible : certains enfants à peine dénommés sont instrumentés, dévorés, ils se débattent – alors que pour d'autres, c'est le contraire. Forts de leur nom, ils jouissent d'être jouis comme objets, d'autant que cet objet, c'est maintenant leur mère qui le devient. Ce qu'elle a voulu prendre, elle l'a pris : elle est maintenant prise, toute Chose.

Un problème complexe concernant le refoulement originaire s'élucide ainsi. Le refoulement résulte de l'investissement par la demande maternelle du corps de l'enfant, qui supporte cette érotisation jusqu'à un certain point, mais au-delà la refoule[1]. Ce rejet d'une demande incestueuse a un motif clair, puisqu'elle est anéantissante. Mais il est plus difficile de comprendre pourquoi elle est acceptée « jusqu'à un certain point », car ce qui objective l'enfant devrait tout uniment l'insupporter. L'érotisation du corps devient au contraire supportable dès qu'une subjectivation par le nom le permet. Et en effet, tout est mauvais, rien ne convient aux enfants qui ne sont pas appelés par leur nom. Seul le négativisme les sauve.

Dans le deuxième tour du rapport à la jouissance que constitue l'acte sexuel, le nom propre joue un rôle analogue. Dans cette répétition générale de la sexualité « adulte », l'appel du nom fonctionne – là encore – comme un symbole de donation de la jouissance : il commande le retournement orgastique de l'être joui en jouir. Être seulement pris(e) comme un objet inhiberait le plaisir qui resterait ainsi en deçà de son soulagement. Au contraire, l'appel du nom dans l'amour ouvre un nouvel espace. L'appelée peut jouir d'elle même, d'être prise comme un objet sans en être abusée, et elle sait donc se donner. Ce moment de retournement de la jouissance la libère : il approprie l'orgasme qui, sans lui, dépersonnalise. C'est que, comme au premier jour, l'appel du nom joue comme un biface : « C'est moi qui le donne et toi qui le prends, alors qu'il est à toi – *bifrons* : je te donne ce qui t'appartient – *Janus*, je m'identifie à toi et la jouissance se retourne. Tu as ainsi le droit de jouir de moi. » Cela ne signifie pas (hélas) qu'il suffirait d'appeler l'amant(e) par son nom pour que l'orgasme se déclenche. Mais cela indique qu'en tout cas l'anonymat contrarie cette libération. Pouvoir appeler quelqu'un

1. Freud parle de ce processus en termes de refoulement de la pulsion dans « Métapsychologie ». Il emploie plus tard le terme de rejet (*Austossung*) dans *La Dénégation* (Le Coq-Héron, 1982).

par son prénom dans l'amour, sans que cet appel signifie aucune demande mais un don, voilà qui subjective une jouissance autrement impersonnelle.

Avec la clef du prénom, la porte s'ouvre, mais que va-t-il arriver une fois qu'elle aura été franchie ? Dans cette confrontation à cet instant solitaire du sujet avec sa jouissance, le patronyme prend en quelque sorte le relais du prénom, fixant le degré d'arrimage du sujet à son propre corps psychique. Car il n'est pas certain qu'un sujet tienne fermement à son corps – tant qu'il n'a pas pris son nom. En dépit des apparences, « il » n'est pas si solidement attaché à son propre corps, et « il » peut s'envoler chaque fois qu'il jouit, puisque la jouissance s'impose d'abord à lui de l'extérieur. Il voltige entre « il » et « je ». On voit ici la fonction du patronyme, cette part du nom qui n'est pas donnée mais transmise. Dire que ce nom est transmis ne suffit pas pour qu'il soit pris. Ce nom reste celui du père pendant un certain temps, et il faut un combat pour que l'enfant se l'approprie, pour qu'il ne soit plus seulement reçu mais pris. Et il se prend d'abord dans le conflit œdipien. Pour la clarté, on pourrait dire que le prénom est un don « préœdipien », alors que le patronyme doit être pris durant les combats du complexe d'Œdipe lui-même (ce qui ne se produit pas toujours). Remarquons d'ailleurs que ces combats sont corrélatifs au choix du genre psychique. Les filles ne livreront cette lutte que très mollement, car pour elles, prendre le nom du père aura le sens d'un lien érotique proportionnel à leur féminisation. C'est d'ailleurs à cause de ce sens sexuel du patronyme qu'elles pourront s'en débarrasser avec facilité. Au contraire, les garçons ne peuvent transiger dans cette prise. S'identifier au père dans leur affrontement, c'est prendre son nom. Et comme cet affrontement interdit la jouissance pulsionnelle, le sujet reste fixé à son corps par le bout de son nom. La culpabilité de la prise du nom refoule le vœu incestueux.

Un homme n'endosse son nom qu'à la mesure de ses actes. Dans l'obscurité enfantine de l'affrontement œdipien, il s'appropria d'abord le nom de son père au moment où – fantasmatiquement – il le supplanta. Ce nom lui avait sans doute le plus souvent été transmis, mais il ne l'avait pas forcément pris. Et il ne se mit à le porter vraiment que lorsqu'il le conquit de vive lutte. Car en réalité, une lutte opposa le père au fils avant que ce dernier s'approprie son nom, qu'il lui fallut ensuite honorer dans ses actes ultérieurs. Certains noms ne tiennent pas à leur corps d'origine à l'heure de l'épreuve. Ils s'envolent. Dans la succession d'événements symboliques qui convoquent le nom, l'un d'eux mérite une mention spéciale : l'acte sexuel.

À peine activée, l'excitation dépossède le sujet de son vouloir. C'est qu'elle procède du fantasme dont un autre est le portemanteau. Une force plus grande a pris les commandes et s'impose du dehors, dans cette sorte de tension qui attend son soulagement de l'autre corps, d'une situation qui dicte sa loi [1]. Sous le coup de cette sorte de dépossession, le désir n'est pas un plaisir. Le corps psychique part contre son vouloir comme au premier jour de sa vie, dans la détresse d'être un corps joui mais consentant. Dans ce naufrage de la première détresse, le sujet n'avait surnagé que grâce à son nom. De même, beaucoup plus tard, au moment de l'excitation sexuelle, le sujet ne s'accroche à son corps que si son nom le retient. Venant de l'autre, la jouissance sexuelle aspire le corps au-dehors, et ce retournement ne se suture que si un nom lui est donné comme la première fois. Sans une forme de réappropriation à l'heure de la jouissance, celle qui jouit – c'est-à-dire la part féminine d'un sujet – peut se jurer que plus jamais cela n'arrivera.

C'est à l'épreuve de l'acte sexuel que cette prise se vérifie dans le deuxième tour de la sexualité humaine, qui met en scène une répétition du drame œdipien, masquée par un changement de rôle, puisque le fils se trouve désormais à une place qui fut celle d'un père, et la fille à la place de celle qui rencontre un homme supplantant le père. De sorte que l'appel du nom prend un sens particulier à l'heure de la jouissance : un fils est appelé de son nom par une femme qui, pour sa part, exorcise au même instant

1. Tout se passe comme si cette puissance toujours déjà extérieure du désir tirait les fils d'une marionnette vers son centre, où elle va la perdre. Mais n'est-elle pas déjà perdue, si elle a toujours su qu'elle finirait par céder ?

le nom de son propre père. Lorsqu'une femme appelle son amant par son nom, elle le lui donne, et il ne peut le prendre que s'il affronte ce parricide renouvelé. Nouveau combat, nouvelle naissance. L'acte sexuel réitère un événement, celui de la prise du nom lors du complexe d'Œdipe[1].

Lorsque dans la petite enfance le sujet prit son nom, cet acte lui permit de capitonner sa parole, de ne pas s'envoler avec ses propres mots au fur et à mesure qu'il parlait. Et ce nom est aussi ce qui, lors de l'acte sexuel, métamorphose la jouissance de l'autre corps en la sienne propre, tout en lui évitant de s'envoler, là encore, lors de l'extrémité du plaisir. L'homme s'approprie une nouvelle fois son nom grâce au rapport. Une défaite grave solde parfois ce moment, justement lorsque le nom n'a pas été pris, qu'il a seulement été apposé comme une sorte d'étiquette, sans la légitimation d'une conquête. Il se décolle sous le souffle d'une jouissance dépersonnalisante qui lui vient d'un autre corps. Les hallucinations explosent dans certaines psychoses au moment de l'orgasme (s'il n'est pas inhibé). Elles sont d'autant plus vives que la jouissance a été déclenchée par un partenaire dont l'amour est par trop incertain, un amant qui ne donne rien – ni le plomb du nom, ni l'or du bijou –, fidèle seulement aux amours de passage qui jurent de tout, sauf de la durée. Au contraire, plus l'amour s'assure, plus son don se fait généreux, et plus il leste l'instabilité du nom.

Comme une sorte de trou noir – envers du père mort – l'orgasme vaut pour les deux amants, mais seule la femme fait ce don, non sans prendre un risque, celui d'une dépersonnalisation. Les hommes évitent cette menace : comme le rapport sexuel les affronte à un père auquel ils s'identifient au moment de l'acte qu'il leur interdisait dans le passé, et comme ils prennent leur nom lors de cet affrontement, ils cessent ainsi d'être des enfants : ils renouvellent leur identification. En ce sens, lorsque l'acte sexuel légitime leur rapport au nom, il les angoisse

---

1. Dans certaines civilisations, les hommes changent de nom lorsqu'ils se marient. De même dans la nôtre, les hommes prennent leur nom d'homme, bien que cela ne se voie pas.

moins qu'il ne les rassure. La contre-démonstration est évidente : dans les psychoses, où la prise du nom du père fut le problème, des hallucinations suivent parfois le rapport sexuel. À cette exception près (qui confirme la règle), les hommes s'assurent d'un nom que les femmes perdent au contraire à proportion de leur jouissance[1].

Pendant le faire de l'amour, l'appel du nom peut déclencher l'orgasme, instant où un fils prend son nom d'homme. S'il veut quitter l'enfance, son nom renouvelé lui échoit à la condition du rapport. Voilà pourquoi il s'obsède de l'acte qui, entre tous les actes, l'attache à son corps. Leurs hormones n'excitent pas les hommes, que la légitimation de leur nom met bien davantage sur les charbons ardents. La sexualité humaine prend ainsi un tour débridé, puisque l'axe fixe de ses obsessions n'appartient pas au corps qu'il oriente tant bien que mal (pour le bien comme pour le mal). Éros ouvre ainsi les unes après les autres les portes de cette course-poursuite qui va d'une entrée auto-érotique à une sortie orgastique.

Dans l'amour, les femmes ne prennent pas le nom des hommes : elles le leur donnent (et du coup, elles l'ont aussi). La subjectivation du nom vaut aussi pour l'homme, qui prend son nom lorsqu'il le donne. C'est une prise qui donne, de même que celui qui donne le phallus ne le doit qu'au désir, selon un échange croisé. De cet arrimage du corps au nom dépend le degré d'inhibition de l'orgasme qui, sans cet ancrage, paraîtra trop risqué. Et la femme ne s'approprie sa jouissance qu'à la condition de recevoir ce qu'elle donne, c'est-à-dire ce qui vaut comme le nom.

Dans la sorte d'échange croisé du nom et de l'orgasme, la femme jouit pour deux, et le nom de l'homme vaut pour deux. Ce rapport devient plus visible lorsque la femme porte le nom d'un mari et il semble donc légitimer le mode de filiation patrilinéaire. Pourtant, les femmes font ce choix sans y être obligées

1. Ils évitent ainsi la dépersonnalisation, sinon une sorte d'impersonnalisation, lorsqu'ils sont agis par leur désir plutôt qu'ils ne l'agissent.

depuis plusieurs siècles en France et dans de nombreux pays. Cette coutume, propice à la jouissance exogamique et pratiquée à l'aveugle, ne garantit certes en rien un résultat orgastique ! Elle demande surtout à être lue dans un autre sens que celui qui assurerait sa majesté à un père dont le nom serait remplacé par celui du mari.

Dans des circonstances fantasmatiques favorables, l'orgasme se déclenche en prononçant le nom de l'aimé(e), pendant la relation sexuelle, ou même simplement dans les conditions d'une excitation un peu affirmée, y compris lorsque les corps sont à distance – voire par téléphone. Ce cas de figure frise-t-il la pathologie ? Moins qu'on ne l'imagine, si l'on se souvient des mystiques qui, toutes religions confondues, tombent en pâmoison à l'énoncé du nom de Dieu. L'oraison les transporte jusqu'à la septième demeure, si l'on en croit les témoignages de leurs confesseurs. Quel Nom que ce nom ! C'est celui du père éternel, à la fois mort et vivant. On pourrait penser qu'il s'agit d'une denrée rare, mais elle est à la portée de quiconque y croit. Loin d'être sublimé, c'est au contraire un *Urvater*, un père d'origine bas de gamme, l'agent de la première jouissance incestueuse, qui fut aussitôt envoyé aux cieux pour cause de traumatisme exagéré. À ce titre, son nom commande une jouissance du corps, qui reste dans l'ordre d'un amour charnel. Il ne s'agit pas d'onanisme spirituel, mais de noces divines – non sans jouir en même temps, de la mort de l'homme de chair et d'os, de celui qui désire sur cette terre. Catherine de Sienne demanda un jour à monter sur l'échafaud pour assister un condamné à mort dans ses derniers instants. Lorsqu'il fut décapité, elle garda longtemps sa tête dans son sein. Elle refusa ensuite pendant longtemps de changer ses vêtements tachés de sang.

La transverbération mystique apparaît en ce sens comme le paradigme du « rapport sexuel ». Rapport paradoxal, puisque Dieu en est le protagoniste ! Mais justement, le paradoxe montre la limite de la disparition du Père, nécessaire à l'orgasme. Il délivre un corps incarcéré dans un fantasme parricide depuis l'enfance. Et fidèle au Tabou porté sur le père mort, seul se prononce un nom enfin décapité du corps : c'est l'Esprit qui souffle. Ce n'est rien ! Rien d'autre que cette échappatoire soulageante. Plus bas niveau de tension, on pourrait dire que cela ne s'écrit pas, si le zéro ne s'écrivait pas. Or le zéro s'écrit, non comme zéro de position (répétition d'un ordre dans une numération), non comme un néant qui précéderait tout, mais comme le zéro qui résulte d'une équation. Ce vocabulaire mathématique montre que l'orgasme sert un calcul de l'inconscient (comme le symptôme, qui trace son écriture déplacée) et que le zéro de son algèbre appelle un symbole qui le subjective (le nom propre) – de même que le zéro d'une équation appelle la quantification d'un x ou d'un y à parité du signe égal (la baisse de tension égalisante de la pulsion de mort).

Du plaisir à la jouissance, et (peut-être) à l'orgasme

Jusqu'à présent différentes étapes ont été examinées dans un ordre chronologique. Or, elles se présentent en réalité à la verticale l'une de l'autre. Il faut donc maintenant les présenter selon cette diachronie, qui éclaire l'événement orgastique. De l'auto-érotisme à l'érotisme et de ce dernier à l'orgasme, chaque palier a ses conditions psychiques spécifiques. La pulsion a ses exigences propres : ses goûts, ses dégoûts, une esthétique, une particularité du visage, une cambrure des reins ou de gros seins, etc. Mais aucun de ces charmes ne suffit pour déclencher l'excitation : il faut, pour commencer, que l'infinité du mouvement actif/passif de la pulsion se transpose en masculin/féminin dans le fantasme de séduction, avant que le désir sexuel se déclenche. Il existe pour cela des points de passage : par exemple, l'emprise s'actualise dans le fantasme de l'enfant battu, etc. Dans la suite des événements amoureux, l'emprise apparaît la première. Sans les charmes de l'apparence, rien ne commence. Cependant, son branchement avec la séduction prend en marche un train fantasmatique qui roule depuis longtemps. « Un jour, mon prince viendra » se fredonne bien avant que le Prince apparaisse. La chanson précède la rencontre du visage. Bien plus, le fantasme a déjà décidé des ingrédients principaux du philtre d'amour, c'est-à-dire le choix du genre psychique et celui de l'objet sexuel. Avant qu'un homme soit séduit « pulsionnellement » par une femme, encore faut-il qu'il se situe du côté masculin, et que les femmes l'attirent ! C'est l'œuvre du fantasme. Le coup de foudre pulsionnel semble premier dans l'histoire d'amour. Mais il ne tombe pas de n'importe quel ciel, et il n'est pas lancé par un Jupiter de hasard. La pulsion est donc rétroactivement reprise dans le fantasme, tout en gardant ses caractéristiques propres.

Le plaisir pulsionnel se distingue de la jouissance qui diffère elle-même de l'orgasme. Chacun de ces degrés a ses caractéristiques propres et ses propres bénéfices. Mais une crise latente travaille chacun de ces paliers et pousse à monter la marche supérieure, qui ne lui ressemble pas. L'auto-érotisme donne sa force à l'érotisme en lui offrant un point d'appui. Mais cet appui refoule ce dont il tire sa puissance. Il s'instaure ensuite une exclusion en continu entre l'auto-érotisme pulsionnel, branché en boucle sur le corps, et l'érotisme, purement fantasmatique, que l'on pourrait qualifier de « hors corps » s'il ne s'accrochait avec constance à un autre corps. Une discontinuité s'impose entre plaisir, jouissance et orgasme. L'envie du phallus initie l'excitation sexuelle et assiste chacun de ses paliers, empilés à la verticale l'un de l'autre. Si la décharge auto-érotique pulsionnelle – tributaire de l'excès – se distingue de l'érotique, elles sont pourtant toutes deux enfilées l'une sur l'autre par le manque. La pulsion soulage seulement son trop-plein et recommence au plus tôt. Un partenaire ne lui manque que par son absence, comme lorsqu'on a faim de pain ou soif de vin. On aime certes le bon pain et le bon vin. Mais quelle différence avec le manque de l'amour, non celui de la personne, mais son manque en sa présence – qu'elle engendre au fur et à mesure qu'elle le comble, et cela sans satisfaire les appétits de la pulsion, toujours en excès ! Si un auto-érotisme d'abord solitaire précède un auto-érotisme à deux, puis l'érotisme proprement dit, comment se gravissent ces différentes marches ?

Dès les jeux sexuels de l'enfance, un amour latent attend de l'autre la libération du manque. C'est sous son empire que l'érotisme va se détacher de l'auto-érotisme à deux, qui, aussi intense soit son plaisir, attend ce qui le soulagerait de son néant. Alors que la pulsion cherche à saisir un autre corps, cette personne-là, et aucune autre, crée un au-delà d'elle-même – contrairement à la pulsion ! Cette mise à feu créationniste de l'érotisme subsume en un seul manque chaque étage de l'érogénéité du corps. Les puissances animistes – le regard, le baiser, la peau, la voix, le parfum – se convertissent au monothéisme du manque. Et cette nouvelle religion commande son déploiement fantasmatique propre. Un baiser ne serait rien, ou même répugnerait, s'il n'était porté par un fantasme. L'attrait sexuel varie selon les personnes, dans le temps et les situations, car l'excitation ne paie tribut qu'aux fantasmes : si leur tension tombait, la pulsion lâcherait prise, incapable de faire monter seule les enchères du désir.

Le manque se creuse dans l'au-delà de la présence, qui convoque le fantasme et avec lui l'excitation. Son érotisme diffère d'une masturbation à deux : réfléchi, il se relance grâce à un autre sujet plutôt qu'un autre corps. Peut-on jouir de faire jouir ? Ainsi configurée, la quête d'une telle jouissance s'avance à l'infini, *sans orgasme*. La main refermée sur la lumière n'enserre que l'ombre. Son soulagement recule comme un horizon jamais atteint, puisque le manque déclenche une excitation, qui cherche à se rabattre aussitôt sur l'emprise : que nous soit enfin rendu cet excès qui nous appartient ! Le « nous » déborde le « je » : il faudrait réduire le « nous » au « je », nous reprendre, dénoncer ce « nous » dans l'intimité subjective du fantasme [1]. L'éclair orgastique va tomber d'une autre planète que celle de ce crescendo ininterrompu. Il jaillira des fantasmes que son infinité

1. « L'agi orgastique devient en quelque sorte inéluctable toutes les fois où l'articulation fantasmatique, et individuelle et duelle comme l'articulation entre fantasmes et réalité se sont effectuées dans des conditions qui dépassent en direction du conscient le seuil des mentalisations possibles » (J. Bergeret, « Essai psychanalytique sur l'activité orgastique », *Revue française de psychanalyse*, n° 4, « L'orgasme », 1977, p. 602).

convoque, et seules leurs contradictions court-circuitent son ascension infinie.

Les contradictions des fantasmes transposent la jouissance pulsionnelle dans un autre système dont l'orgasme peut alors libérer les tensions[1]. Par exemple, la pulsion de mort se métamorphose en fantasme parricide lors des rivalités de l'amour, et elle cherche à se libérer ensuite dans l'orgasme. Chacun de ces paliers ouvre sur le suivant. Lorsque la jouissance pulsionnelle passe à l'emprise d'un autre corps, elle ne se soulage qu'un instant, le temps de rencontrer la résistance du sujet qui habite ce corps. Mais son appel d'air convoque le fantasme. La violence elle-même de l'insatisfaction engendre par exemple le fantasme de l'enfant battu : et avec lui monte en scène un père, maître des transgressions libératrices. Par opposition à l'auto-érotisme et à son onanisme, l'érotisme et *a fortiori* l'orgasme procèdent d'une mise en scène impliquant une autre présence. Les fantasmes montent en scène, activés par le désir d'un partenaire capable d'incarner et de soutenir une telle mise en tension. La contradiction d'un certain fantasme apparaît ou disparaît, selon ce qu'une certaine personne suscite, selon ce qu'elle présentifie d'une part de nous qui met le désir en marche. Cette progression de la jouissance vers le désir, puis vers son soulagement orgastique, se grippe ou s'inhibe facilement sur ses propres contradictions, montrant les frontières marquées entre plaisir, jouissance et orgasme. Cette limite devient, par exemple, évidente à l'heure de la pénétration d'un corps par un autre. Le « faire » de l'amour franchit alors un seuil au-delà duquel il faut prendre la place du père ou avoir affaire à lui. Rien n'est encore joué, la partie commence à peine, puisque ce moment peut aussi bien s'accompagner d'un plaisir intense que d'un rejet total.

Le désir porte en lui une contradiction propice au court-circuit interne orgastique, événement purement psychique, qui d'ailleurs

1. « On assiste au rapprochement puis au mélange chez chaque partenaire d'un fantasme inconscient (bourré énergétiquement et de désir d'expansion et de conflictualisation de ce désir) avec la perception d'un objet ou d'un fantasme conscient exacerbateur du même désir et de la même conflictualisation » (*ibid.*, p. 596).

peut se produire hors corps – et pas seulement dans l'expérience mystique. Mais il peut aussi échouer en son contraire. Là encore de tels effets des contradictions du fantasme sont sans rapport avec la physiologie des organes sexuels[1], et ne tiennent compte que des paliers précédemment franchis, dont les exigences restent présentes. Le dégoût d'un détail physique peut, par exemple, servir de prétexte au rejet de la séduction. Mais ce rejet lui-même peut finalement déclencher l'orgasme. Pour des motifs pulsionnels (par exemple, une certaine caractéristique physique) une certaine personne va appâter la pulsion d'emprise, créant ainsi un manque qui va servir d'écran de projection aux fantasmes. Cette emprise peut être ou non réciproque, commandant ou non un intérêt mutuel. Il peut aussi y avoir, de l'un ou des deux côtés, de l'amour et pas de désir, ou plutôt de l'amour et un désir de non-désir. L'adéquation (par exemple, de l'amour auquel répond de l'amour) n'aura pas forcément un résultat excitant, et encore moins orgastique, alors que l'inadéquation peut en avoir un (par exemple, un orgasme déclenché par un viol). Un fantasme de fustigation – c'est évident – s'actualise mieux avec un fustigateur, au moins moral. Ce qui ne signifie pas que les fantasmes doivent s'accorder, car la dysharmonie sait être – elle aussi – orgastique. D'ailleurs, la machinerie fantasmatique fonctionne à l'insu, avec ou sans l'accord de l'amante, dont le désaccord, réel ou simulé, peut à lui seul déclencher l'orgasme. La discordance interne au fantasme inhibe ou au contraire enflamme le désir jusqu'à l'orgasme, en fonction de ce que représente un(e) amant(e) – ou, au contraire, un symptôme sexuel va s'écrire à sa place. Mais un terme sera ainsi d'abord mis à l'infini vertige de la jouissance pulsionnelle et ensuite au tournis d'une bisexualité en mal de solution, en constant litige dans une guerre des sexes qui ne laisse aucun repos.

1. Ils possèdent une faible innervation – soit effectivement très faible du côté féminin, soit tributaire de la pulsion du côté masculin. Leurs projections cérébrales occupent une surface dérisoire, comparée aux tracas qu'ils provoquent, suffisants pour déclencher la pseudo-crise épileptique de l'orgasme, qui irradie tout le cerveau.

L'orgasme, retour du refoulé originaire

Il faut examiner maintenant un processus qui ne résulte pas d'une escalade de degrés, mais d'un développement interactif dont les modifications s'empilent l'une sur l'autre. La pulsion a voulu se décharger en s'emparant d'un autre corps. Elle a actualisé ainsi son destin, cette sorte d'avidité d'aller vers son abolition : elle a cherché l'emprise, et dans cette étreinte, son propre sujet s'est perdu. C'est sur le fond de cette perte que la machinerie fantasmatique s'est mise en branle, déplaçant l'anéantissement pulsionnel sur le terrain de l'excitation sexuelle. Pour l'être humain, l'actualisation du fantasme est ainsi devenue une question de vie ou de mort. Né de l'étincelle paternelle, le fantasme est « hors corps » et il prend le relais de la pulsion, qui reste toujours « du corps », mais pourrait le faire imploser. C'est dire que le fantasme et la pulsion courent à chaque instant, l'un refoulant l'autre. À chaque seconde la pulsion travaille le corps, le pousse sans savoir vers quoi, et à chaque seconde aussi, le fantasme cherche à libérer ce trop-plein. Le refoulé pulsionnel ourle constamment les dessous du fantasme comme l'envers et l'endroit d'une même surface. Il est à tout instant prêt à le déborder, ce qui se produit en effet lorsqu'une contradiction du fantasme entraîne une rupture de sa tension.

Ce surgissement d'une jouissance pulsionnelle apparaît par exemple lors d'un lapsus : une faille se produit entre ce que voulait dire quelqu'un et ce qu'il dit vraiment. Avant cet instant, le fantasme refoulait la pulsion à la vitesse de la parole, jusqu'à ce qu'il culbute sur sa limite interne. Chaque parole actualise une certaine fantasmatique, et son déroulement lui-même refoule le pulsionnel du corps. Nous parlons en oubliant notre corps – et pour l'oublier – et il resurgit lors de chaque perte de vitesse, si elle laisse apparaître sa rupture interne. Ce débordement jouissif, c'est par exemple aussi le rire. Ce gain de plaisir du corps se produit lorsque se desserrent les contradictions angoissantes qui peuvent piéger un sujet. De même, pendant le sommeil, la conscience cesse d'être mise en tension par des perceptions qu'il faut discriminer, et avec elle nos fantasmes – qui nous situent dans l'espace-temps – se disjoignent. Dans cette rupture, la pulsionnalité fait retour dans le rêve. Les formations de l'inconscient surgissent dans de telles fractures, et dans le même sens que le lapsus, que le rire ou le rêve, *l'orgasme est une formation de l'inconscient*. Il en va de la sorte si, dans la relation sexuelle, une mise en tension et une rupture de la tension fantasmatique entraînent le retour d'une jouissance pulsionnelle. L'orgasme se produit lors d'une disjonction du champ polarisé du fantasme[1]. La pulsionnalité « du corps », dont l'excès refoulé a continué d'insister, va faire effraction grâce à un « hors corps », dans la mesure où un autre corps, celui de l'amant(e), aura été investi par le fantasme. Le fantasme est mis en tension par le portemanteau de la personne aimée, espace dans lequel viennent jouer ses contradictions : dès qu'elles apparaissent, elles libèrent la pulsionnalité refoulée. Le refoulement cède aux conditions de ses propres contradictions.

La variabilité de l'orgasme pour une même personne, le fait qu'il se déclenche ou ne se déclenche pas selon le partenaire, la situation, l'âge de la vie, etc., montre assez qu'il ne dépend pas de la physiologie mais de l'actualisation du fantasme, inhibé ou poussé jusqu'à sa conséquence orgastique par les circonstances, l'amant, l'âge psychique, etc. Il résulte d'un rapport. L'inhibition de l'orgasme dépend en ce sens de discordances fantasmatiques, et au contraire sa réalisation résulte d'une résolution de sa tension interne. Si, par exemple, le mouvement du fantasme élimine un père pourtant aimé, la jouissance pulsionnelle du corps fait retour dans la faille de cette contradiction. Le corps se retrouve dans son étrangeté première, le temps que le sujet, reprenant conscience, se divise encore, mis à nouveau hors de lui par l'infinie circularité du désir.

---

1. « Du point de vue *économique*, quelle qu'en soit sa variété, tout fantasme implique la présence (reconnue ou non) du *sujet* et de ce sujet considéré comme inclus dans une *situation conflictuelle*, archaïque et répétitive, rendant compte tout autant du désir que des interdictions qui frappent ce désir » (*ibid.*, p. 590).

Mais l'orgasme comporte une particularité qui le distingue des autres formations de l'inconscient, pour lesquelles le retour du refoulé s'actualise grâce à l'*objet* pulsionnel et la zone érogène (par exemple, le symptôme se caractérise par la douleur d'une certaine partie du corps, etc.). L'orgasme au contraire ne met pas en jeu le moyen (la pulsion) mais son *but*, c'est-à-dire la signification phallique du corps, rejointe grâce à la mise en jeu du phallus lui-même (le pénis érigé), déplacé dans sa relation à un autre corps. En d'autres termes, ce sont les enjeux du refoulement originaire lui-même qui s'extériorisent dans l'orgasme. Le sujet subit comme un événement indépendant de lui, qui le dépasse, ce retour d'un refoulé originaire, c'est-à-dire le *but phallique* de la pulsionnalité du corps, qui correspond à cette éruption orgastique. Si, au moment de la rupture des contradictions fantasmatiques, ce n'est pas seulement l'excès pulsionnel qui fait retour ; si ce n'est pas simplement un objet de la pulsion, mais son but qui s'extériorise, alors, l'identification au phallus du premier jour, celle du refoulement originaire, se rejoint en une extraordinaire libération du corps : il rejoint un instant son propre excès, celui qui fut à chaque instant rejeté au-dehors au profit de l'existence du sujet. Libération « extraordinaire », car pour que se libère la signification phallique, refoulée depuis le moment reconduit du refoulement originaire, il aura d'abord fallu l'érection du phallus grâce à un autre corps qui aura actualisé la dimension hallucinatoire du désir. Et il aura fallu ensuite que cet autre corps, parce qu'il est dépersonnalisé par une jouissance un instant incestueuse, convoque cette même signification phallique. La distance entre deux corps – un non-rapport, si l'on veut – provoque le résultat orgastique du rapport sexuel.

Quel est le but de la pulsion ? Une identification du corps au phallus. Elle n'y arrive jamais, sauf lors de ce transitivisme avec un autre corps porteur du fantasme dans la distance. Ce phallus n'appartient ni à un corps ni à l'autre, mais résulte du désir, c'est-à-dire du fantasme en effet. Nous ne saurions obtenir cette libération seule : il faut pour cela un lieu d'adresse, une altérité s'impose (de même que nous ne ferons jamais seul un mot d'esprit ou un lapsus). Nous nous libérons par personne interposée.

Il faut – et il suffit donc de – trouver le « quelqu'un » qui suscite et porte ce fantasme qui, même non partagé, met le phallus en commun. Dieu, par exemple, ne partage probablement pas le fantasme de ses créatures, fussent-elles mystiques ! Et pourtant, sans insister sur leur jouissance, si évidemment orgastique, la figure d'un père éternisé oriente leur désir, le propulse après l'avoir longtemps inhibé. Halluciner le corps d'un revenant divin semble invraisemblable ! Et pourtant, un orgasme peut bel et bien se produire dans la constance de l'oraison [1].

L'orgasme est le retour du refoulé le plus profond, celui d'une signification phallique qui hante la mémoire du corps comme un éternel revenant en mal de sa libération. Séparé de lui-même depuis l'origine, il se retrouve dans cette nouvelle naissance. L'hallucinatoire du refoulement originaire s'incarne : Être un instant son corps, qui n'est plus « propre » au sens hégélien de l'appropriation d'un être séparé. Contrairement à ce que dit le mythe, l'amour sexuel ne se résout pas dans une unité avec l'aimé(e), mais dans le rêve qui se rejoint grâce à lui. Ce n'est pas l'harmonie, par complémentation des fantasmes de chaque amant, mais la rupture de leurs contradictions internes grâce à l'autre, qui provoque ces retrouvailles hallucinatoires du corps psychique et du corps réel (cette chair toujours déjà écrantée par le fantasme). C'est une disjonction conjonctive.

L'orgasme serait une formation de l'inconscient comme les autres s'il ne correspondait justement au temps d'abolition de sa formation. Rien ne le montre mieux que les symptômes sexuels, qui se forment à proportion de l'échec orgastique. Ils incarcèrent

1. La dimension orgastique des transports mystiques laisse peu de doute. Béatrice de Nazareth décrit ainsi la « fruition » (l'union intime avec Dieu) : « Par instants, l'amour perd à ce point toute mesure en elle... que sa poitrine éclate, sa gorge se dessèche : son visage et tous ses membres ressentent la blessure intérieure et l'ire souveraine de l'amour » ; ou bien encore Hadewijch d'Anvers décrivant son rapport à Dieu : « L'un pénètre l'autre tout entier [...]. L'hostie qu'elle avait dans la bouche se mit à croître de telle sorte qu'elle en eut la bouche entièrement pleine » (Voir Béatrice de Nazareth, *Les Sept Degrés d'amour*, *in* Hadewijch d'Anvers, *Lettres spirituelles*, trad. J.-B. Porion, Genève, Ed. Martingay, 1972).

la même contradiction fantasmatique que celle que l'orgasme libère. Toutefois, ils s'écrivent à hauteur du refoulement secondaire : ils ratent l'origine, par défaut d'extériorité d'un porte-fantasme.

La concordance d'un retour du refoulé originaire et de l'orgasme apparaît encore mieux si l'on remarque les caractéristiques de la voix à cet instant. L'envie du phallus comme celle de le donner « transportent », et mettent dans un état de fièvre parfois plus fort que tout, dans une dépossession de soi destinée à posséder. Le fantasme de séduction multiplie cette contradiction qui ne saurait se dire, et qui ne laisse plus de place qu'à la voix, à cette voix qui, la première, sut signifier la jouissance hors corps de ce corps. On remarque que cette voix de la jouissance sexuelle comporte – comme la musique – un rythme et une syncope. C'est à partir de cette mise en forme sonore que la jouissance de la femme devient celle de l'homme. Grâce à son heurt sonore, la transfusion pulsionnelle permanente du dehors et du dedans fait éprouver à l'un ce qui arrive à l'autre. La musique proprement dite possède d'autres caractéristiques que le rythme vocalique de l'amour sexuel : elle lui ajoute par exemple un phrasé, des significations propres à évoquer des sentiments selon un expressionnisme plus ou moins appuyé en fonction des cultures et des époques. Mais il est une caractéristique commune entre la musique et la partition sonore de l'amour : c'est cette relation émotionnelle qui unit le musicien à son auditeur, et la sorte de syncope du phrasé, en ce sens orgastique, qui va arracher ce dernier à lui-même, faire couler ses larmes, ou en tout cas lui procurer le profond plaisir intérieur de retrouvailles énigmatiques. Guy Rosolato appelle ce sentiment de fusion « l'écoute hypnosique [1] ». Il vaut la peine de remarquer les particularités de ce transport, terme sans doute plus adéquat que celui de « fusion », comme le montre ce qui sépare chacun des protagonistes

1. G. Rosolato, « L'Écoute musicale comme méditation », in J. et A. Caïn, (sous la dir.), *Psychanalyse et Musique*, Paris, Les Belles lettres, 1985, p. 144-148.

d'un tel événement. Le musicien joue en quelque sorte la partition de celui qui l'écoute, si bien que, de l'extérieur, la musique semble le reconnaître [1]. Comment comprendre que « la musique » – qui est une entité extérieure plutôt impersonnelle – puisse « reconnaître » son auditeur et le prendre par la main ? C'est que « la musique » évoque l'exil commun de plusieurs sujets qui écoutent ensemble, outre le compositeur et le musicien. Il existe une multiplicité de sujets du même exil, et celui qui entend la musique est donc reconnu par cette altérité, ou plus exactement, sa division se présentifie grâce à la *partition* musicale. Du côté de l'artiste comme du côté de l'esthète, ce sont les deux versants d'un sujet divisé que l'œuvre met en rapport.

Au fond, il s'agit du même enjeu heurté que dans l'amour sexuel, où la pulsionnalité refoulée rejoint un corps grâce à l'altérité de sa « moitié » [2]. C'est dire que cette subjectivation du refoulé n'abolit en rien la distance, mais jouit de cet exil lui-même, comme le note Julie de Lespinasse lorsqu'elle écrit après une audition d'*Orphée* : « Je voudrais entendre dix fois par jour cet air qui me déchire et me fait jouir de ce que je regrette. *J'ai perdu mon Eurydice*... cette musique me rend folle : elle m'entraîne, mon âme est avide de cette espèce de douleur [3]. » Le désir – qui n'est pas un plaisir – montre ici sa face obscure, celle d'un désir de cette douleur.

Mais cette mise en parallèle du plaisir musical et de l'érotisme resterait incomplète si elle n'évoquait le moment de rupture où la jouissance devient orgastique : il s'agit de cette syncope qui

---

1. « C'est que vous êtes reconnu par elle » (A. Didier-Weill, « De quatre temps subjectivants », *Ornicar*, n° 8, Navarin, 1976, p. 49).
2. C'est ce que Theodor Reik décrit lorsqu'il évoque « l'époque où le petit enfant écoutait sa mère lui chanter des chansons, ou lui parler... une phase pendant laquelle il comprenait à peine »... dont il n'entendait donc que la musique (T. Reik, *Écrits sur la musique*, Paris, Les Belles Lettres, 1984, p. 151). De même Michel Poizat rapproche la jouissance de la musique : « De l'instant où est vécu l'impossible retrouvaille » (M. Poizat, *L'Opéra ou le Cri de l'ange*, Paris, Métailié, 2001, p. 285).
3. *Lettres de Mademoiselle de Lespinasse*, Paris, Charpentier, 1876, p. 105 et 134.

prend le sujet à contre-pied d'une autre partie de lui-même. La mélodie doit comporter cet élément interne de surprise, ce décalage qui fait accéder la jouissance à son moment résolutoire. C'est lorsque se produit ce qui est incongru eu égard à un certain rythme, cette note décalée par rapport à ce que l'harmonie laissait attendre, celle que Chopin appelait déjà la *note bleue*[1]. Avec la syncope, la face contradictoire du désir s'exprime, ouvrant la brèche du débordement pulsionnel. Entre toutes les pulsions, la voix est la traîtresse qui trahit ses compagnes. En effet, c'est à partir de son matériau sonore que les mots sont forgés, pliés dans la signification des phrases, dont le déroulement refoule la pulsionnalité du corps. C'est donc bien par la voix que le retour du refoulé va se faire entendre, grâce au point de syncope d'une harmonie, qu'elle soit mélodique ou fantasmatique.

1. « Un coup de foudre, un tango, un orgasme, une extase, une angoisse, une ponctuation, un éternuement » (C. Clément, *La Syncope. Philosophie du ravissement*, Paris, Grasset et Fasquelle, 1990, p. 389). Pour elle, la syncope est « une surprise, un retard sur la vie, une violente anticipation et un lent retour à ce qu'on appelle soi » (*ibid.*, p. 41).

9

Ce qu'apporte l'étude de l'orgasme à la théorie psychanalytique

Les homologies de la crise d'épilepsie et de l'orgasme font apparaître ses invariants

Freud n'a pas écrit de texte spécifique sur l'orgasme, qu'il n'a fait qu'évoquer à l'occasion d'autres problèmes de la vie sexuelle, ou à propos de la pulsion de mort. Cependant, son texte intitulé *Dostoïevski et le Parricide*[1] le mentionne – moins comme s'il s'agissait d'un problème que d'une question déjà résolue –, comme s'il allait de soi de mettre sur le même plan le vœu parricide, l'orgasme, et la crise d'épilepsie dans sa version hystérique. Les sexologues oublient en général la localisation organique principale du déclenchement orgastique : le cerveau. L'orgasme commence par un équivalent de crise d'épilepsie, comme les neurophysiologistes l'ont d'ailleurs observé depuis longtemps, en notant aussi que la crise d'épilepsie hystérique se présente de la même manière (cette homologie ne les a pas beaucoup interrogés).

1. S. Freud, *Dostoïevski et le Parricide* [1927], in *Œuvres complètes*, XVIII, Paris, PUF, 2002.

Dans *Dostoïevski et le Parricide*, comment Freud met-il en parallèle la crise d'épilepsie et l'orgasme[1], non sans montrer leur articulation avec un vœu parricide[2] ? Pendant son enfance, Dostoïevski avait eu de nombreux moments d'absence hystérique, sous le coup d'une séduction paternelle qui, lui faisant désirer sa mort, eurent comme conséquence le simulacre de sa propre mort. Tout se passait comme si cette « petite mort » était élevée à la dignité orgastique par l'angoisse d'un inceste paternel. La « crise » résultait à la fois d'une culpabilité et de la jouissance de la faute : sa spasmodicité en purgeait les contradictions. À un premier niveau, cette épilepsie hystérique correspondait à un moment d'annulation du père, donc du nom. Et comme il faut que le sujet porte son nom pour être conscient, il s'évanouissait[3]. Cette courte perte d'identité résout les contradictions du fantasme de séduction. Pendant cette dépersonnalisation, la conscience sombre à proportion de l'acte psychique meurtrier qu'elle préfère ignorer, tandis que les différentiels positifs et négatifs de la signification des perceptions en général s'abolissent.

1. « La "réaction épileptique", comme on peut nommer cet élément commun, se met sans doute également au service de la névrose [...]. L'accès épileptique devient ainsi un symptôme de l'hystérie, adapté et modifié par elle, tout comme il l'est dans le déroulement sexuel normal. On a donc raison de différencier une épilepsie organique d'une épilepsie "psychique". [...] Il est plus que vraisemblable que l'épilepsie de Dostoïevski est de la seconde espèce » (*ibid.*, p. 211-212).
2. « Nous connaissons le sens des premières crises de Dostoïevski dans ses jeunes années, longtemps avant la survenue de l'"épilepsie". Ces accès signifiaient la mort [...]. Ils signifient une identification [...] avec une personne effectivement morte, ou qui vit encore mais dont on souhaite la mort. [...] L'accès a alors la valeur d'une punition. On a souhaité qu'un autre soit mort, l'on s'identifie à cet autre et l'on en meurt soi-même. [...] cet autre est pour le garçon, en règle générale, le père, et donc un tel accès – que l'on nommera hystérique – est une autopunition pour un vœu de mort envers un père détesté » (*ibid.*, p. 213-214).
3. En 1923, Freud note l'idée que l'épilepsie correspond à une excitabilité motrice accrue et une rage excessive. Il écrit : « Nous percevons que, pour des raisons de décharge, la pulsion de destruction est habituellement mise au service de l'Éros » (« Le moi et le ça », art. cité, p. 212) ; voir aussi « Au-delà du principe de plaisir », art. cité.

Une telle crise d'épilepsie hystérique est-elle identique à la sorte de crise qui clôt l'acte sexuel ? Ce sera le cas si les fantasmes requis dans ce dernier cherchent grâce à lui leur résolution. Les études neuroscientifiques corroborent d'ailleurs une telle homothétie sur le plan de l'excitation corticale. La crise d'épilepsie résulte d'une excitation égale et simultanée des neurones qui – à l'état de conscience – présentent une excitation inégale. Cette différence de niveau engendre le flux de la conscience (comme l'eau d'une rivière coule du haut vers le bas). On peut se représenter la conscience comme ce mouvement qui cherche à comprendre un problème (le haut) en allant vers sa solution (ce serait le bas). Ce courant de la conscience stagne lorsque – par exemple, pendant le sommeil – il n'y a plus lieu de répondre aux sollicitations de la vie éveillée. Dans la crise d'épilepsie, ce n'est pas tant l'hyperactivité neuronale qui provoque la perte de conscience que l'*égalisation* des différences de potentiel entre les aires cérébrales. Une crise peut avoir une cause lésionnelle qui provoque une hyperactivité égalisant le haut et le bas, et engendre donc une perte de conscience. Mais cet aplatissement peut aussi résulter à l'inverse de ce qui se produit dans la conscience. C'est le cas dans l'autre sorte d'épilepsie, dite hystérique (qui peut en réalité se produire dans n'importe quelle structure psychique) [1].

De manière générale, la conscience résulte de l'acte d'un sujet qui discrimine – en examinant un certain objet (le haut) – les qualités de ses perceptions, internes ou externes (le bas). Mais qui est ce sujet conscient ? Car il faut d'abord savoir « qui » est

1. S. Freud, *Dostoïevski et le Parricide*, *op. cit.*, p. 207-225. Pour Freud, il est impossible de maintenir l'unité de l'entité clinique « épilepsie » : une « [...] similitude de symptômes [apparaît] aussi bien lors de perturbations de l'activité cérébrale par une grave affection tissulaire ou toxique, que lors d'une déficience dans la maîtrise de l'économie psychique [...]. Derrière cette bipartition, on pressent l'identité du mécanisme de la décharge pulsionnelle [...]. Le même mécanisme ressemble à celui de la sexualité qui, dans son processus, use de neuromédiateurs. Les médecins de l'Antiquité décrivaient déjà la relation sexuelle comme une petite épilepsie, reconnaissant donc dans cet acte sexuel l'atténuation et l'adaptation de la décharge épileptique » (p. 211).

conscient, c'est-à-dire comment le sujet conscient s'appelle ! Les qualités discriminées se rapportent à des sensations pulsionnelles (dénotatives) et la conscience les ordonne dans la mesure où le sujet porte d'abord son nom (performance). À partir de l'*apax* du nom, la pensée consciente s'ordonne sous la forme d'un « Je pense – moi qui m'appelle Untel (performance) – que “ceci est cela” (dénotation d'une sensation par l'une de ses qualités) ». Si la performance n'encadre pas la pensée, le « je pense », s'annule au profit d'un « ça pense » : ainsi vogue d'ailleurs l'ordinaire des rêveries, qui sont en grande partie non conscientes. La différence de potentiel de la conscience ne s'instaure qu'à partir du moment où celui qui pense le fait en son nom – en ce cas consciemment.

Qu'arrive-t-il lors de la crise d'épilepsie « hystérique » ? Un certain événement vient de se produire qui invalide la légitimité du nom du père. Par conséquent, la différence de potentiel – la pente sur laquelle coule la pensée consciente – s'abolit brusquement. Par exemple, un homme possédant une caractéristique paternelle vient de chercher à séduire un(e) hystérique[1]. Du coup, ce séducteur n'est plus un père digne de ce nom, et dans cet effondrement patronymique le monde s'aplatit, provoquant la crise. C'est une chute jouissive, comme le montre le moment enchanté de l'aura qui la précède : lorsque la performance de la prise de conscience s'abolit, la dénotation des sensations continue de fonctionner au rythme d'une sorte d'égalisation de l'Être avec le Tout[2]. La dénotation du monde écrit des analogies de couleurs, d'odeurs, de sons entre telle sensation et telle de ses

1. « [...] nous ramènerons son extraordinaire sentiment de culpabilité, comme celui de sa vie masochiste, à une composante féminine particulièrement forte. Voici la formule pour Dostoïevski : un être à prédisposition bisexuelle particulièrement forte, qui se défend avec intensité contre sa dépendance d'un père particulièrement dur » (*ibid.*, p. 216).

2. « Une chose est remarquable : l'aura qui précède la crise s'accompagne d'un moment de suprême béatitude, qui représente un instant le triomphe et la libération succédant à la nouvelle de la mort, moment aussitôt suivi d'une punition d'autant plus cruelle. Une telle succession de triomphe et de deuil, de joie festive et de deuil, nous l'avons aussi devinée chez les frères de la horde primitive qui abattirent le père, et elle se répète dans la cérémonie du repas totémique » (*ibid.*, p. 217).

qualités, ou encore entre telle association présente ou passée. Le temps s'abolit, selon la dynamique d'un inceste qui précède la vie : voilà l'aura, moment d'hypersensibilité où brille un univers d'analogies pulsionnelles et de réminiscences, dans une grâce irisée d'avant la chute.

On peut parler aussi d'un moment d'aura dans le rapport sexuel. La simple présence d'un autre corps, sa vision font déjà résonner notre extériorité à nous-même. Chaque présence se nimbe d'une aura plus ou moins intense, qui nous distend de nous. « Plus ou moins intense » signifie que notre corps s'échauffe à des degrés variables, jusqu'au point de pouvoir s'oublier en regardant autrui. L'aura de sa présence nous métamorphose, nous met hors de nous, rêvant de nous rejoindre dans son étrangeté. Cette aura appelle sa résolution épileptique, orgastique.

L'épilepsie et l'orgasme concordent[1], si l'on remarque que le moment de dépersonnalisation de la jouissance correspond lui aussi à une perte du nom du père, au profit du nom de l'homme, d'ailleurs souvent appelé par son nom en ces instants. La perte de conscience – épileptique en ce sens – correspond au parricide qui porte le désir. Donner son nom à l'heure de cette chute, c'est l'avoir enfin. Voilà sans doute pourquoi la plupart des hommes deviennent si passionnément obsédés par la jouissance de leur compagne qu'ils tiennent pour presque rien leur plaisir propre. Dans l'orgasme, il est vrai, la perte de conscience reste légère :

1. Freud inverse la proposition de Galien (v. 131-v. 201) pour lequel le coït se compare à une petite attaque épileptique : « Si toutes les névroses remontent à des complexes similaires, quelle est donc la source des différentes formes de névrose, dont les conditions doivent être spécifiques ? Une certaine violence de l'appareil moteur joue certainement un grand rôle. Les composantes motrices, qui dépensent habituellement leur force agressive dans le coït, activent l'attaque [hystérique épileptoïde], qui est le plus pur équivalent du coït. Ainsi se confirme un ancien mot de Galien qui disait que le coït est une petite attaque d'épilepsie. Seulement, nous dirions l'inverse » (S. Freud, « Séance du 21 octobre 1908 », in *Les Premiers Psychanalystes. Minutes de la Société psychanalytique de Vienne* [7 oct. 1908-15 juin 1910], Paris, Gallimard, 1978, p. 26).

c'est que la jouissance foudroie un autre corps que le sien propre ! C'est l'évidence pour l'homme, qui jouit en quelque sorte par personne interposée. Ce l'est aussi pour une femme, prise par la jouissance comme s'il s'agissait de celle d'une autre femme, à laquelle elle peut s'identifier à la condition de l'amour.

La capacité orgastique dépend-elle de la structure psychique ? Ouverture et fermeture de l'orgasme

Les hommes s'enorgueillissent plutôt de l'orgasme de leurs compagnes, et en tout cas, ils s'efforcent souvent de l'obtenir. Consciemment, un homme s'angoisse rarement lorsqu'il le provoque. Ce sont plutôt les conséquences indirectes, les contreparties implicites, notamment l'appel du nom, la demande d'amour qui peuvent le paniquer, provoquant parfois sa fuite ou sa folie. Quant aux femmes, même lorsqu'elles connaissent le plaisir de l'orgasme, ce ne semble pas être leur premier souci. La jouissance et sa conclusion sont largement à la remorque de l'amour, toujours préféré, même lorsqu'il est avare en plaisir. Elles imposent à leur érotisme des conditions symboliques féroces, précautions universelles qui procèdent du risque d'une perte d'identité du moment orgastique. Qui jouit, à cet instant ? Une telle dépersonnalisation angoisse parfois tant certains sujets qu'ils se dérobent après un premier essai à toute nouvelle expérience érotique. Ils se refusent alors non seulement à la dimension sexuelle de leur propre désir – qui pourrait les emporter sans eux –, mais aussi aux plaisirs les plus simples. L'ascèse extrême représente parfois la dernière tentation. Car c'en est encore une de s'acharner contre soi-même, de se faire souffrir de mille façons, de l'anorexie à toutes sortes de tortures physiques. Bien que celui qui se fustige ainsi ne le fasse pas sans ruse – certes de lui méconnue : plus son masochisme sera cruel, plus il s'enferrera dans les griffes de l'Autre qu'il prétend fuir. Il y tombe parfois si bien que, de privations en auras pulsionnelles, il accède aux saintes demeures, à la béatitude mystique, à ces orgasmes paradisiaques qui économisent aux saints tout commerce – en tout cas charnel – avec leurs semblables.

Ces généralités sur la jouissance n'économisent pas une question : l'orgasme est-il une potentialité dans *toutes les structures*, ou bien serait-il réservé seulement à une certaine configuration psychique ? Névrose, psychose, perversion : qui y arrive le mieux ? Les névrosés – qui se considèrent volontiers comme la norme – prétendent souvent qu'ils sont les seuls à en profiter pour de bon, puisqu'ils seraient les seuls sujets vraiment matures (selon eux). Cependant, leurs inhibitions sont souvent telles qu'ils n'en bénéficient pas autant qu'ils en rêvent. Et surtout – les faits s'entêtent –, il est faux que l'amour, l'orgasme, la procréation soient hors de la portée des psychosés. La passion les anime, qu'ils la subissent ou la mettent en acte, qu'elle les sauve ou qu'elle les ravage (ou plus souvent les deux). Il faudrait ne tenir aucun compte de la clinique ou de l'expérience pour affirmer que le désir, l'amour, la sexualité, le vœu d'enfanter n'existent pas dans les psychoses.

La capacité orgastique ne dépend ni de la structure psychique, ni de la capacité d'aimer, ni d'une prétendue maturité génitale. Elle procède uniquement de la résolution de l'excitation sexuelle, c'est-à-dire des contradictions internes au fantasme, en fonction de certaines situations (que l'amour prohibe parfois). Tous les fantasmes de la névrose existent dans la psychose à l'exception d'un seul, le parricide, qui cherche donc à s'incarner selon diverses mises en scène et selon certains passages à l'acte, notamment sur la scène amoureuse. Comme le parricide forme le point de capiton du refoulement secondaire, les fantasmes n'ont pas la même présentation que dans les névroses, mais il est facile de montrer leur présence, et que c'est elle qui commande l'action.

Le défaut de cette sorte de soupape de sécurité de la pulsion de mort que représente le parricide explicite le risque que fait courir l'orgasme dans les psychoses. Le parricide équivaut à la prise du nom du père. Comme le moment où la jouissance se déclenche extériorise le corps à lui-même et le situe au lieu de sa source (le partenaire), alors le défaut d'ancrage du nom a comme résultat une dépersonnalisation. Les conséquences de la jouissance sont parfois dramatiques : une hallucination, puis un délire. C'est souvent ainsi que commencent les schizophrénies adolescentes au début de la vie sexuelle. Qu'une hallucination puisse succéder à un orgasme a beaucoup d'importance théorique. D'un côté, l'impact dépersonnalisant de cet événement s'atteste ainsi, et de l'autre – s'il en était besoin – il démontre quelle place structurale occupent les noms du père dans la jouissance sexuelle[1].

Cette « forclusion du nom du père » résulte du défaut du fantasme parricide, mais elle ne signifie nullement une absence paternelle. Dans les psychoses, les invariants du complexe paternel s'agencent – jusqu'à un certain point – comme dans les névroses. Un père occupe toujours une place dans une case sur l'échiquier du désir, poussant les feux d'une fantasmatique jusqu'au point où elle risque de verser dans l'hallucinatoire. Compatible avec une présence paternelle, la forclusion signifie l'impossibilité de symboliser la mort du père par son nom. On trouvera toujours au moins un père mythique dans les schizophrénies, à une sorte de degré zéro de la présence paternelle. C'est un père suffisant pour décider du choix du genre, même s'il est précaire[2]. Il existe un père sexuel incarné et bien présent dans les paranoïas. Mais jamais ce père ne laisse son enfant grandir (il ne se laisse pas « tuer »). On s'en convaincra en relisant les Mémoires du président Schreber[3], et ce qu'il appelle le « miracle des hurlements » : sorte de jouissance de la copulation par un père divinisé. La chute orgastique commence sous les coups de ce père. Elle aurait pu s'achever avec son meurtre. Mais c'est justement ce que l'autorité écrasante du père réel de Schreber

---

1. L'orgasme dans les psychoses est en ce sens d'ailleurs une preuve de l'existence du désir dans cette structure. Le désir n'est pas un événement tardif postœdipien de la structuration subjective. Il prend seulement la suite de l'hallucination première du nourrisson, refoulée dès l'origine, et animatrice du rêve.
2. Le vœu transsexuel se situe sur la limite de cette précarité.
3. Voir S. Freud, *Cinq Psychanalyses, op. cit.*

n'a jamais laissé espérer : que son fils rivalise de quelque façon avec lui, le laissant pour toujours féminisé. C'est ce qu'il hallucinera un matin : « Qu'il serait beau d'être une femme en train de subir l'accouplement ! », avant de construire le délire de ses épousailles avec Dieu. Enfin, dans les mélancolies, un fantasme parricide fonctionne à l'égard d'un père incarné – mais son meurtre résiste à la symbolisation [1].

Active dans les psychoses – même lorsqu'elle est mythique – cette présence paternelle a toujours une fonction sexuelle : celle d'assister le passage d'un « Être le phallus de la mère » à un « Avoir un pénis ou un clitoris », selon les règles d'entrée dans la jouissance d'organe (comme en attestent, par exemple, les longues masturbations schizophréniques). Une simplification de la psychanalyse laisse penser que, comme « le père » interdirait l'inceste, il protège contre la pulsion de mort. Mais ce père n'interdit la jouissance maternelle que le temps de séduire ; il sauve pour menacer à son tour, bien que cette nouvelle violence change le régime de la jouissance. Lorsqu'il entre en scène, le père violeur fait jouir lui aussi et cela jusqu'à la mort par inceste, sauf si son meurtre symbolique donne un nom qui – plus tard – va s'actualiser sur sa limite interne orgastique. Sans parricide, une présence paternelle increvable livre à l'inceste avec un père vivant, monstre qui pactise avec l'Autre. En ce sens, la jouissance sexuelle incestueuse dépersonnalise et fait chuter le corps dans le vide de cet Autre.

Dans le deuxième tour de la sexualité humaine, l'orgasme va faire courir un risque terrible : il retourne le corps autour de ce trou auquel il risque de ressembler, si la passion ne le retient. La jouissance de l'amant(e) suffit pour ouvrir le champ de l'orgasme. Mais il n'est pas certain qu'il se referme (tout comme la tombe du père ne se referme pas), laissant le sujet sans nom, dépersonnalisé, donc en proie à l'hallucination de sa propre schize. L'hallucination succède à l'orgasme lorsque le corps psychique s'envole et reprend dans l'Autre sa vie à lui, plus grande,

1. Voir G. Pommier, *La Mélancolie. Vie et œuvre d'Althusser*, Paris, Flammarion, coll. « Champs », 2009.

sans limites, ivre, droguée, hors du temps. L'hallucination figure ce corps du dehors que les pensées délirantes cherchent ensuite à contrer. Ce moment de dépersonnalisation succède au défaut de transmission du nom qui aurait retenu le sujet dans son corps.

Soyons même un peu plus précis, car le nom propre se décompose en plusieurs termes qui n'ont pas la même fonction par rapport à la jouissance. Le prénom est en quelque sorte « préœdipien ». Son don permet au sujet de jouir de lui-même, comme il est joui, et il subjective une pratique comme l'onanisme (à laquelle peut se livrer n'importe quel sujet). Mais même à ce niveau, une nuance s'impose, car le prénom n'est pas toujours donné. Certaines mères n'appellent pas leur enfant par leur nom, ou elles l'interpellent autrement – par des insultes, par exemple). En ce sens, la jouissance auto-érotique elle-même est dépersonnalisée, et elle s'ouvre donc en submergeant la subjectivité (par exemple, elle s'accompagne d'insultes parfois franchement hallucinées). Le prénom a quoi qu'il en soit une fonction d'ouverture de l'orgasme, alors que le patronyme prend une fonction de fermeture. Ces deux fonctions du nom propre scandent l'entrée et la sortie du moment orgastique : l'appel du prénom libère la subjectivation de la jouissance, alors que le patronyme délimite et clôt son champ d'expansion, potentiellement hallucinatoire. Dans les psychoses, l'orgasme commence, avec son ouverture hallucinatoire dépersonnalisante, mais il ne se termine pas, laissant le sujet dans une infinité que tente ensuite de justifier le délire. La chute hallucinatoire de l'ouverture orgastique, si elle ne se referme pas, s'enferre vite dans de tels dédales délirants [1]. Parfois, presque aussitôt après le plaisir explose un délire – passionnel en effet : par exemple, jalousie d'une autre femme ou d'un autre homme qui auraient été les véritables acteurs de la jouissance. Tout se passe comme si la foudre du plaisir était tombée sur un autre corps, surtout quand la rambarde de l'amour ou du nom murmuré fait défaut. La jouissance sexuelle

1. En ce sens, on pourrait définir la psychose manifeste comme un orgasme ouvert (ou un demi-orgasme, non refermé).

devient problématique lorsque – bien longtemps avant – le combat pour supplanter le père n'a pu avoir lieu. La lutte devient trop inégale, s'il faut affronter un père seulement mythique, inexpugnable.

Quel que soit le degré de la psychose, l'orgasme peut s'ouvrir lors d'un acte sexuel. Il s'ouvre, mais ne se ferme plus : il ressemble à une chute dans le vide : « Père, y es-tu ? Oui ! M'as-tu nommé et ai-je pris ton nom ? » et l'absence de réponse laisse l'abîme ouvert. L'auto-érotisme – seul ou à deux – fonctionnera sans doute, mais le désir rencontre une limite supérieure dramatique à l'heure de l'orgasme. La relation des psychoses à un excès de jouissance non dialectisée par le Nom du père s'atteste ainsi [1]. Les psychoses montrent l'articulation de l'orgasme au fantasme parricide, et ce lien explique par contraste sa dimension brièvement dépersonnalisante dans les névroses, comme si la jouissance arrivait à un autre corps, un instant schizé.

Dans la névrose, chaque sujet actualise sa division sous les auspices de la bisexualité : il transpose dans les jeux de la séduction entre hommes et femmes ce qui l'oppose à lui-même. De sorte que le soulagement de son angoisse est remis aux bons soins d'un rapport sexuel toujours à venir, en ce sens suture idéale de la division subjective et moment de recouvrement de l'organisme par le corps de jouissance psychique. Le désir sexuel prend ainsi à son compte, dans une mise en tension du temps, la suture de la division subjective. La création de cette temporalité résulte du désir sexuel (comme le montre l'infinité du temps, ou le hors temps, éprouvé dans les moments aigus de la schizophrénie ou de la mélancolie). La division du sujet se résout temporellement grâce au désir s'il est sexualisé, condition sans laquelle sa dimension hallucinatoire devient manifeste.

Dans les psychoses, au contraire, cette même division subjective se présente à l'heure de l'érotisme sous la forme d'un clivage entre une partie du moi et une autre partie, celle qui jouit dans

1. C'est sans doute pourquoi la plupart des médicaments antihallucinatoires sont des antidopaminergiques, la dopamine étant le neuromédiateur du plaisir.

l'Autre à partir de la jouissance du partenaire : elle est située « au-dehors », hallucinatoire et jamais rapatriée sur son corps d'origine. Lorsque se produit cette schize du moi, un gouffre s'ouvre, dont rien ne dit ce qu'il représente. Cette faille ne se referme pas, comme si un orgasme infini aspirait tout dans sa chute[1]. L'ouverture orgastique schize le corps psychique et envoie promener dehors le moi idéal pulsionnel, celui qui jouit toujours déjà trop, et demande un refoulement constant. Ce même « moi idéal » résonne aussi dans les névroses, mais en harmonie avec le corps de l'amante occupée par sa jouissance. La psychose déploie dans un temps linéaire – en quelque sorte horizontal – une infinité qui existe à la perpendiculaire dans l'orgasme névrotique, qui déclenche un infini sur place, à la verticale de l'Éros vital[2]. Pourquoi cette extériorité de la jouissance n'arrive-t-elle pas à se rapatrier sur son corps d'origine dans les psychoses ? C'est que la jouissance sexuelle cherche à résoudre les tensions du fantasme, à commencer par celui de la séduction, qui résulte du traumatisme sexuel du père. Pour que la jouissance sexuelle soit appropriée, il faudrait supprimer l'agent de la séduction, c'est-à-dire ce père. L'orgasme s'ouvre toujours de l'extérieur, mais il ne peut se fermer que grâce au meurtre de son agent : il comporte cette extrémité, qui donne en quelque sorte un but à la pulsion de mort.

Dans certaines psychoses, un suicide brutal vient mettre un terme à un orgasme incestueux sans fin ou – ce qui revient au même – à un commandement hallucinatoire d'un Autre qui jouit à mort – jusqu'au bout – d'un corps passivé à coup d'insultes. Un raptus suicidaire peut chercher à mettre un terme à une vie qui ne commence pas puisque, pour paraphraser Nietzsche, « on peut mourir d'être immortel ». L'inceste avec le père se tient dans un temps d'avant la naissance, et commande une sorte d'impossibilité d'entrer dans le temps de sa propre vie, en restant dans un espace séparé par une sorte de vitre, derrière

1. Voir J. Cournut, « L'orgasme infini », in *L'Ordinaire de la passion. Névroses du trop, névrose du vide*, Paris, PUF, 2002.
2. Au sens où il s'oppose à la pulsion de mort.

laquelle les autres se livrent à leurs incompréhensibles occupations. Seule la pensée du meurtre de ce père pourrait clore cette jouissance hors temps. Telle est l'infinité sur place de cette ouverture de l'orgasme, subie à l'aplomb d'une temporalité d'avant la vie.

Dans la névrose, celui qui est à la fois l'acteur et le sujet passif de ce drame orgastique soutient cette jouissance au titre de parricide. La potentialité infinie de l'orgasme trouve un terme aux conditions symboliques du vœu meurtrier œdipien. Une fois l'orgasme ouvert, il se clôt comme une tombe se refermerait, si l'on peut employer cette image. S'il ne dure qu'un bref instant, il n'en est pas moins hors du temps, infinité qui n'est ni dans sa linéarité, ni dans sa répétition, mais dans cette fente temporelle à peine entrouverte, laissant entrevoir la vie écartelée dans une avant-vie, insoutenable vagin de l'origine.

L'amour sexuel diffère certes d'une psychose, puisqu'il lui ajoute une clôture spatio-temporelle de la jouissance. Mais il pose comme elle la question du nom, qui montre son rôle spécifique au moment de l'orgasme. On en tire quoi qu'il en soit la leçon que l'érotisme se leste d'une sorte de folie, puisque jouer la légitimité de son identité aux dés de la passion engendre un tourment sans fin. Rien d'étonnant alors si la sexualité en général, la jouissance et l'orgasme en particulier, sont une obsession continue, en même temps qu'ils provoquent de fortes résistances. L'amour sexuel attise l'angoisse d'un rapport tourmenté par la question de l'identité, remise aux bons soins du désir.

L'importance de ces enjeux les rend incontournables, et si l'orgasme représente un danger, il faut quand même y aller, psychose ou pas : que cela lui plaise ou non, l'être humain doit en prendre le risque, condition de son existence. Mais l'angoisse complique fortement ses manœuvres d'approche. C'est ainsi que nombre de sujets psychosés préfèrent emprunter des solutions « perverses » à l'heure de l'érotisme [1]. Le recours au masochisme,

1. L'activité perverse fonctionne dans toutes les structures, auxquelles s'ajoute celle de la perversion proprement dite.

par exemple[1], ou à d'autres pratiques transgressives s'en trouve redoublé, comme si le déni pervers de la castration maternelle compensait un défaut d'interdit paternel. Dans les psychoses latentes, diverses pratiques « perverses » sont presque toujours nécessaires. Dans les psychoses manifestes, elles peuvent devenir dangereuses[2].

De même, l'érotisme de la psychose réclame souvent pour arriver à ses fins des mises en scène complexes visant à remplacer le parricide par la transgression : il faut, par exemple, monter des scénarios entre trois personnes, ou bien rendre une femme aimée jalouse, pour que dans la culpabilité la sexualité s'actualise avec quelque succès[3]. Différents montages identificatoires peuvent chercher à contourner l'angoisse de l'orgasme. Par exemple, la psychose d'un homme peut se stabiliser à un certain âge grâce à l'amour d'une femme très jeune. Le signifiant paternel est ainsi à la fois mis en scène et aboli dans la sexualité. D'une certaine façon, un « meurtre » fait toujours partie du programme.

Dans « La vengeance d'une femme », Barbey d'Aurevilly décrit en ces termes la jouissance sans frein d'une femme : « On aurait cru qu'elle voulait laisser sa vie ou perdre celle d'un autre dans chacune de ses caresses[4]. » Son amant pressent qu'il n'est que l'agent de tels transports : « Ce n'est pas toi qu'elle aime en toi[5]. » Mais la vérité plus profonde de ce malentendu ordinaire apparaît lorsqu'il devient clair que la soif d'une vengeance anime sa quête de jouissance, vengeance inassouvie qui la conduit tout droit vers la démence d'un orgasme ouvert et jamais refermé.

Au-delà de tous les stratagèmes, l'érotisme de la psychose ne trouve vraiment son salut que grâce à une majoration

1. Voir la fessée dont parle Jean-Jacques Rousseau au début de ses *Confessions*.
2. Elles posent parfois un problème de diagnostic différentiel avec la perversion proprement dite.
3. Voir G. Pommier, *La Mélancolie*, *op. cit.*
4. J. Barbey d'Aurevilly, « La vengeance d'une femme » [1874], in *Les Diaboliques*, Paris, Gallimard, 2009, p. 307.
5. *Ibid.*, p. 308.

extraordinaire de la passion[1]. Aussi aveugle que son homologue névrotique, cette « passion » se distingue pourtant de l'amour né du manque. Elle a certes la même base pulsionnelle, mais le manque ainsi creusé sert de point d'appui à la projection hallucinatoire, puis délirante. Ces projections extériorisent, par exemple dans la jalousie et l'érotomanie, des caractéristiques que ne méconnaît pas la névrose, à la certitude près. Comment s'expliquer cette caractéristique de l'amour, qui non seulement sauve du gouffre de la psychose mais de plus libère une sexualité périlleuse ? C'est que l'amour remet en scène la ternarité œdipienne : il refonde ainsi « la loi » tant qu'il dure, et il fonctionne comme un nom du père dans nombre de psychoses de basse intensité. Être aimé donne un nom, et permet la clôture de l'orgasme ouvert par la jouissance. Avouer l'amour – comme le déclare Juliette à Roméo –, c'est perdre jusqu'à son nom – symbole de la discorde des Montaigu et des Capulet – pour en fonder un autre. L'amour s'initie ainsi d'une sorte de parricide par perte du nom. Et le nom du père mort est le seul « nom du père », qu'à lui seul il remplace. C'est à ce titre que l'amour prend tant d'importance dans les psychoses : sa passion personnalise la dépersonnalisation[2]. La « passion » psychotique se distingue de l'amour ordinaire à cause de cette exigence. L'amour névrotique est une simple refondation d'un nom qui a déjà été pris. En revanche, la passion psychotique cherche à fonder dans l'amour la légitimité du nom.

1. « Le paradoxe de la passion la fait apparaître comme une douleur subie de l'extérieur, comme un événement malheureux qui arrive (c'est le sens de *pathos*), contraire à la nature et à la raison, alors même qu'elle en constitue les conditions initiales. La passion impose sa dure nécessité et sa logique pour qu'advienne la subjectivité tout en se présentant comme sa plus grave menace » (R. Gori, *Logique des passions*, *op. cit.*, p. 28).

2. Ainsi de ce jeune homme qui croyait avoir perdu l'amour de sa compagne, dont il était sans nouvelles depuis plusieurs jours. Au sentiment qu'on lui avait arraché une partie de lui-même s'était ajoutée d'abord l'idée qu'il aurait préféré que son père meure. Et sur cette obsession s'était enfin greffée la certitude que le père de son amie était responsable de sa disparition. Les deux pères étaient présents au rendez-vous de l'absence.

Les passions des psychoses se résolvent autant que possible – et en dépit du danger – en orgasme. Il est vrai que cette violence se libère à moindres frais dans la chicane du fantasme parricide : un père symbolique est toujours déjà mort, et la réitération orgastique de son meurtre libère la pulsion de sa charge meurtrière. De sorte que, grâce à l'amour, la mort transite d'un bord à l'autre de son empire : elle va de l'inceste pulsionnel maternel à son pas de deux autour du totem, reniée sur sa dernière frontière au moment de l'orgasme, extrémité de la libération d'un corps enfin débarrassé de lui-même, mais vivant. Dans un bref espace d'entre-deux, l'ouverture de l'orgasme se referme – se raccrochant en quelque sorte aux branches de l'amour, qui amortit sa chute.

Salvador Dalí se considérait lui-même comme un paranoïaque. Il voulait que sa peinture témoigne de son rapport hallucinatoire au réel. Courant dans un équilibre incertain sur la sorte de fil tendu entre sa folie et son art, secoué par des amitiés orageuses et sans la moindre vie érotique, en dehors de frénétiques masturbations, il fut du jour au lendemain sauvé – écrit-il – par l'amour de Gala – lui qui n'avait jamais connu de femme auparavant. Sans doute avait-il pressenti que dans cette rencontre se jouait la carte de la dernière chance. « J'approchais de la grande épreuve de ma vie, l'épreuve de l'amour [1] », écrit-il. Il affronta cette expérience sans le moindre préalable, abruptement : « De ma vie encore, *je n'avais fait l'amour* [2] [...]. » Ses amis témoignèrent de sa transformation complète et racontèrent qu'en une nuit Dalí changea du tout au tout, ne faisant que répéter ce que disait Gala. Il venait de se perdre et de se retrouver, comme si l'événement s'était accompagné d'une sorte d'amnésie d'identité. Une telle absence a forcément un prix, lorsque celui qui vient de se perdre ainsi est toujours présent, mais sans l'être, subissant la dure dépossession de l'amour, son aliénation

1. S. Dalí, *La Vie secrète de Salvador Dalí*, Paris, Gallimard, coll. « L'Imaginaire », 2006, p. 270.
2. *Ibid.*, p. 272.

enivrante. Un tel amant ne s'appartient plus. Ne va-t-il pas chercher à se récupérer ? Ainsi de Dalí – le transitivisme de l'amour l'ayant mis hors de lui. La contrepartie n'allait-elle pas consister alors à éliminer cette femme dont l'amour semblait l'annihiler ? Un débordement d'agressivité sans fond s'empara en effet de lui : « Gala était parvenue à saboter et à détruire ma solitude et je l'accablais de reproches injustes, lui répétant qu'elle m'empêchait de travailler, que sa présence en moi me dépersonnalisait [1]. »

Non seulement Gala sut comprendre ce conflit qui paraissait sans issue, mais elle le résolut en le poussant jusqu'à son dernier terme. L'amour d'une femme n'accomplissait-il pas ainsi bien plus que ce qu'aurait obtenu une analyse ? C'est du moins ce dont Dalí fut certain en employant la métaphore de Gradiva (chère à Freud) pour qualifier Gala : « Elle serait ma Gradiva – "celle qui avance" – ma victoire, ma femme. Mais pour cela, il fallait qu'elle me guérisse. Et elle me guérit, grâce à la puissance indomptable et insondable de son amour dont la profondeur de pensée et l'adresse pratique dépassèrent les plus ambitieuses méthodes psychanalytiques [2]. » Comment s'y prit Gala pour obtenir un aussi fulgurant résultat ? Loin de résister à son agressivité meurtrière, elle l'extériorisa et la prit sur elle au contraire, et jusqu'au bout. Lui offrant en cadeau le crime qu'il aurait voulu commettre, elle l'en délivrait. Alors qu'un jour Dalí, exaspéré, lui demandait : « Que voulez-vous que je vous fasse ? », Gala lui répondit : « Je veux que vous me fassiez mourir [3]. » Consentant au fantasme de Dalí qu'elle avait percé à jour, elle l'en délivrait. « Gala me détacha de mon crime et guérit ma folie. Merci ! Je veux t'aimer, je t'épouserai [4]. » Sa réponse n'était peut-être pas la seule possible, mais en tout cas, elle fut celle qui lui permit un engagement dans cet amour à mort.

1. S. Dalí, *La Vie secrète de Salvador Dalí*, *op. cit.*, p. 263.
2. *Ibid.*, p. 262.
3. *Ibid.*, p. 273-274.
4. *Ibid.*, p. 276.

Elle l'avait sauvé, et d'ailleurs sauvé aussi à travers lui sa peinture, comme le montrent les si nombreux tableaux qui furent désormais signés Gala-Dalí. Cette signature en deux noms n'a-t-elle pas une dimension exemplaire ? L'orgasme en continu de la psychose trouvait sa limite dans le don du nom, offert ainsi de manière assez unique par une femme, par cette Gala qui prit en ces circonstances un rôle imparti d'habitude à l'homme. Elle avait su jouir de la jouissance affreuse de son Dalí, et en échange, elle lui avait donné son nom. Il s'agit d'un exemple éclatant du nom donné en échange de l'orgasme, selon un rapport inverse à son croisement ordinaire.

Est-il aventureux d'extrapoler, et de faire l'hypothèse que l'amour sauve la psychose ? Non seulement parce qu'il lui offre un point d'ancrage dans le don du nom, mais parce que ce don fonde une loi qui n'avait pas été légitimée avant lui. Corrélativement, Dalí n'existait plus qu'en la présence de Gala et grâce à elle, elle la *femme visible* et lui l'*homme invisible*, pour reprendre le titre d'un de ses tableaux, qui exemplifie si bien le transitivisme de l'amour et la dépersonnalisation du porte-jouissance. La femme existait, et lui n'existait pas, sinon grâce à elle : « Tout bon peintre qui aspire à créer des chefs-d'œuvre authentiques doit avant toute chose épouser ma femme [1]. »

Homologie décalée du rapport de parole et du rapport sexuel

Il existe quelque secret contact entre parole et sexualité. La découverte freudienne aurait peu innové, si elle avait seulement montré qu'un refoulement du désir sexuel émerge de temps en temps dans la parole. En réalité, le désir porte l'alchimie entière de la parole. Mais de quelle sexualité s'agit-il ? La clinique psychanalytique n'offre qu'un échantillonnage restreint de la vie sexuelle, peut-être plus inhibée ou plus symptomatique pour les analysants que pour la moyenne de la population. D'ailleurs, la

1. *Ibid.*, p. 275.

plupart des patients parlent peu, ou avec réticence, de leurs pratiques érotiques. Cela n'importe pas vraiment, car en analyse, il ne s'agit pas de sexologie, mais du rapport du sujet à la signification phallique et au nom qu'implique la parole – et des formations de l'inconscient qui en procèdent.

De ce point de vue, quels invariants retrouve-t-on entre la sorte de rapport qu'établit la parole et celle du rapport sexuel ? Voilà qui n'est pas évident ! Si quelqu'un demande : « passe-moi le sel ! », s'il commente un verset de la Bible ou une page de Kant, on se demande où se trouve le sexuel ! Et pourtant, aussi austère que soit un énoncé, quelqu'un s'est adressé à quelque autre, et il lui a signifié *autre chose* en même temps. Par exemple : « je t'aime », ou bien « je te déteste », ou encore « tu me plais », etc. Quel que soit le message qui double un énoncé, il est toujours présent, et il signifie que je te dis autre chose que ce dont je parle, et cela en vertu du tourment qu'impose un corps, dès qu'il est confronté à un autre corps.

Chaque fois que quelqu'un s'exprime, cette doublure obligatoire du message peut se représenter dans l'espace : au fur et à mesure que les phrases se déploient, un fantasme se déplie. Deux parallèles se déroulent simultanément : d'une part, l'énoncé d'une phrase explicite, et d'autre part – dans le même espace-temps – un fantasme sexuel implicite. L'acte de parler (quoi qu'il dise) s'accompagne d'une mise en tension fantasmatique (non dite). Chaque parole s'énonce en déployant, au fur et à mesure, l'un des fantasmes fondamentaux : cela ne demande pas de démonstration particulière pour le fantasme de séduction ou le fantasme de l'enfant battu. Il suffit d'écouter les gens parler autour de nous pour remarquer qu'ils cherchent à séduire, ou qu'ils sont en train de se plaindre. N'est-il pas sensible qu'indépendamment de son message chaque parole cherche à séduire, à se plaindre, à montrer ou à agresser, au gré de la position de discours de chaque interlocuteur [1] ? Il suffit d'écouter quelqu'un

1. Cette doublure fantasmatique de la parole lui donne son style. Dans chaque culture, un style prévalent marque l'élocution. Par exemple, le parler brésilien a volontiers une tournure plaintive, souvent infléchie en demande interrogative, alors que la même langue au Portugal asserte sans plainte et

s'exprimer pour entendre cette simultanéité : certaines paroles cherchent à séduire – selon les arcanes du fantasme de séduction. D'autres se lamentent à n'en plus finir : elles exhibent un enfant battu. D'autres encore agressent, vitupèrent contre les politiques, contre un chef local, voire contre Dieu ou le Diable, ou quelque bouc émissaire. D'autres, enfin, ratiocinent, déplacent leurs raisons, en doutent, opposent quelqu'un à quelque autre, accordent une chose à son contraire, font copuler deux éléments métonymiques selon la mise en couple d'une scène primitive. Le fantasme se déploie en même temps que le dire, « inconsciemment » si l'on veut. Il vaudrait mieux dire que ce fantasme est « non conscient » plutôt qu'inconscient, qualité qui concerne ce qui est refoulé, et peut faire retour dans les brèches de la conscience : les lapsus, les rêves, les symptômes, les répétitions... et l'orgasme ! Le fantasme est « non conscient » parce qu'il est immédiatement concomitant d'un énoncé qui, lui, est conscient. Il lui colle et on ne le voit pas.

Le fantasme parricide demande davantage d'explications, car il est profondément impliqué par l'acte de dire « je » en son nom. Nul ne saurait dire son nom en même temps qu'il fait une phrase. S'il croyait utile de décliner son identité, il ne dirait pas par exemple : « Dupont trouve qu'il fait beau. » S'il le faisait, il parlerait comme un très jeune enfant, qui s'exprime souvent à la troisième personne. Pour abandonner le « il » et commencer ses phrases en disant « je », il faut faire passer le nom du père dans les dessous, et ce nom est l'éternel sous-entendu de l'énonciation. Cette torsion grammaticale explicite le désir : parler en son nom sous-entend le parricide. Chaque parole qui commence par « je » refoule le traumatisme sexuel premier d'un père, avec lequel, si la séduction avait abouti, l'inceste aurait signifié la mort. C'est donc la structure grammaticale de la parole la plus

---

sans question, quoique non sans raideur. Tout se passe comme si, entre les maîtres qui colonisèrent et ceux qui furent colonisés, le fantasme prévalent avait changé. De sorte que les flexions nouvelles imposées à la langue en font presque un autre idiome, les uns ayant désormais du mal à comprendre les autres, bien que le vocabulaire reste à peu près identique.

simple qui est « sexuelle », à partir du moment où elle dit « je », évoquant l'érotisme d'un meurtre initial.

Mais ce n'est pas tout, car ensuite il faut forger des mots avec la musicalité des sons : c'est-à-dire en refoulant leur pulsionnalité. Sous les pieds de celui qui, du haut de son nom, pense aussi vite qu'il le peut, s'ouvre l'arrière-monde impersonnel de la jouissance – celui de la langue maternelle –, avec son goût d'interdit et de perdition qui remémore cet instant de mise à distance : l'infracassable obsession de l'érotisme. Cette vitesse de la pensée fuit la pulsionnalité qui la précède et la poursuit, pulsionnalité qui ne connaît pas de rapport, pas d'exil, pas de progrès – toujours déjà là, en excès, sans passé, sans futur : verticale.

La parole est ainsi ourlée par une tension fantasmatique sexuelle. Les hommes, si l'on en croit une statistique, sont obsédés par le sexe toutes les trois minutes. Pour les femmes, on l'ignore. En réalité, cette statistique est fausse, car, tous sexes confondus, ils y pensent chaque fois qu'ils pensent. La cause du désir les pousse dans sa vacuité, qui impose sa raideur avant de dire ce qu'il veut. Son insatisfaction pourrait évoquer le mythe de Sisyphe. Mais Sisyphe sait ce qu'il cherche à mordre : ce fruit qui se dérobe. L'indétermination de l'objet du désir pourrait aussi faire penser à l'enchaînement des signifiants, dont chacun en appelle un autre selon une succession indéfinie. Mais pourquoi la pensée et la parole s'arrêteraient-elles jamais, pourquoi les mots vogueraient-ils ainsi vers le large, sinon parce que quelqu'un cherche à comprendre ce qu'il désire, interrogation qui gonfle la voile de sa pensée ? La concaténation des signifiants ne cause pas ce désir, parce que chacun d'entre eux renverrait indéfiniment au suivant. C'est au contraire parce que le sujet ignore ce qu'il désire qu'il pense – d'ailleurs de préférence à autre chose, donc sans fin. La pensée se met en route dans l'incompréhension de ce qui l'anime. Elle ratiocine, elle invente au fur et à mesure des explications sans rapport[1]. Donc, le sujet pense :

1. C'est la pensée qui est sans rapport avec un objet qu'elle ignore. Il n'y a pas de rapport entre la pensée et la cause qu'elle se donne.

il fait des phrases, il s'explique et cherche à s'y retrouver dans ses ratiocinations.

Mais il faut mesurer l'ampleur du coup magique porté par la parole : sa grammaire – à elle seule – fait naître ce que son contenu idéatif ne découvre jamais. On l'a dit : comme le sujet prend son nom chaque fois qu'il boucle une phrase, comme ce nom est celui de son père, cet acte parricide fait aussitôt lever la nuée des fantasmes : les mêmes que ceux dont l'excitation sexuelle résulte. L'érotisme humain perd ainsi toute conaturalité pour se régler sur le flux langagier, qui lui donne une impulsion incessante. Le sujet qui désire autant qu'il parle navigue orienté par la boussole d'un désir sans objet. Et sans jamais comprendre ce qui le cause, ce désir vogue au rythme de la métonymie signifiante qui capitonne sa pulsionnalité verbeuse. Le sujet de la parole est ainsi identifié à celui du sexe. Si l'on voulait le résumer en une image – sans vouloir choquer Descartes (qui, après tout, exerça longtemps le métier des armes) –, chaque sujet parlant est en érection, certes plus ou moins inhibée (pour la sauvegarde des bonnes mœurs) : je bande, donc je suis ! *Coito, ergo sum* [1]. Dès que la pensée se signe d'un nom – c'est-à-dire dès qu'elle est consciente – s'ouvre en même temps le cycle des fantasmes sexuels qui doublent cette pensée – aussi éthérée soit-elle. Elle suppose l'existence de quelque sujet qui, pour s'approprier son propre contenu, c'est-à-dire pour penser consciemment, doit la produire en son nom. Le nom est la condition réflexive d'appropriation de la pensée consciente. Cette prise d'un nom qui fut d'abord celui du père ourle aussitôt chaque pensée d'un fantasme sexuel.

---

1. Et il en va ainsi pour les hommes comme pour les femmes. C'est d'ailleurs peut-être pourquoi – par pudeur, sans doute – certaines femmes prétendent qu'elles pensent le moins possible, lorsqu'elles ne se montrent pas à plaisir plus bêtes que nature – avec l'arrière-pensée, non dénuée de bon sens, que la bêtise séduit les messieurs. Mais bien sûr, elles pensent comme les hommes et ont à leur égal de fort belles érections (la taille de l'organe ne changeant rien aux sentiments). De même que la plupart parlent avec l'arrière-pensée que leur interlocuteur est en érection en les écoutant (ce qui pourrait bien être le cas).

Dans le rapport à l'interlocuteur de la parole comme dans le rapport sexuel, une fantasmatique régit une mise en tension qui cherche à se décharger et se répète. Pendant longtemps, l'expression « faire l'amour » a voulu dire « courtiser en parole » bien avant de signifier l'acte sexuel. Au revers de la parole, la scénographie fantasmatique répète, mais sans se souvenir de quoi [1]. Ce déploiement conjoint du fantasme et de la parole donne le chiffre symbolique de la rencontre de deux interlocuteurs... ou de deux amants : de ces conditions symboliques dépend la mise en tension du fantasme entre deux corps. Cependant, l'analogie semble s'arrêter là, car c'est seulement entre deux amants que l'orgasme va libérer cette tension.

Mais les particularités de la rencontre amoureuse ne dévoilent-elles pas une potentialité permanente de la parole, qui a d'abord été au service de l'amour et de la jouissance, avant de communiquer des messages ? À l'origine, il y eut une relation consubstantielle de la jouissance pulsionnelle vocale – les cris – et de la formation des phrases. L'enfant commence par babiller avec des sons forgés à partir du cri et des mots sont ensuite usinés avec le matériau de cette musique. Chaque mot est ciselé dans de la sonorité pulsionnelle, et l'union des mots entre eux forme une phrase vectorialisée par la demande maternelle, elle-même orientée par la signification phallique. L'acte de former une phrase consiste à définir un son avec un autre son, à unir un substantif à un qualificatif. Une phrase se construit en faisant copuler un mot avec un autre : elle fait rapport toute seule. De sorte qu'en se mettant à parler, l'enfant ne fait plus rapport avec sa mère. En agissant ainsi, le sujet déplace la pulsionnalité qui travaillait son corps : il la translate grâce à la pulsionnalité des sons à la hauteur du corps des phrases. Parler le libère donc de son

1. Car telle est la bizarrerie de la répétition : elle transite du passif (la séduction subie) à l'actif (séduire, posséder un corps semblable à ce que fut le sien), mais une fois opéré ce changement de place, elle a oublié ce dont il aurait fallu se débarrasser. C'est ce qu'elle n'entraperçoit qu'en un éclair dans la perte orgastique. L'orgasme est cet éclair : une lumière trop vive pour voir un passé aussitôt replongé dans l'obscurité.

identification au phallus. C'est en ce sens que chaque phrase – quoi qu'elle dise – est porteuse de la signification phallique. En parlant, la jouissance pulsionnelle sonore issue du cri se transfère dans le dédale des mots, dont chacun cristallise une particule de plaisir et l'emporte. La « particule », c'est la musicalité de chaque son, qui fut d'abord ce cri dont la pulsionnalité fut l'enjeu de la jouissance de l'Autre. La parole fonctionne comme le « pare-excitation » le plus ordinaire de l'excès de jouissance, puisque du matériau pulsionnel sonore, dévié de son but par l'articulation des mots entre eux, forge des paroles dont la signification refoule la jouissance musicale. L'enfant copule d'abord avec sa mère en gazouillant, plutôt que de se faire copuler. Plus généralement, d'un message adressé à quelqu'un – porté par une sorte d'amour, donc – dépendent la liaison des mots et leur sens. On aura ainsi spécifié le rapport de la pulsionnalité vocale à la signification phallique des phrases. Elle est homologue au rapport de la pulsionnalité à la « génitalité ». Ce « rapport » est l'enjeu infini de la parole comme celui de l'acte sexuel.

Mais d'avoir évoqué le passage de la jouissance de l'Autre à la jouissance phallique ne dit encore rien sur une éventuelle homologie entre la conclusion orgastique de l'amour et le point de capiton qui permet de conclure une phrase. Existe-t-il une homologie entre l'orgasme sexuel et le point final qui capitonne chaque parole ? Oui, si l'on remarque par exemple que, dans certaines façons de parler, la parole peut se dévider en multiples associations, se précipiter en avant sans jamais se conclure (comme, par exemple, pendant les jeux avec les mots schizophréniques, ou lors des accès maniaques). De même certaines copulations n'atteignent jamais leur but orgastique.

Dans la relation sexuelle, le rapport du sujet à son nom est un enjeu implicite. N'en va-t-il pas de même pour ce qui concerne l'acte de parler ? La « performance » de la parole rend plus évidente la relation au nom propre[1]. Si on considère l'acte

1. Le terme « performance » est employé au sens de John Austin dans son livre sur les *Speech Acts* (*Quand dire, c'est faire, op. cit.*).

de parler du point de vue de sa performance plutôt que de ce qu'il dit (la dénotation), on remarque que, dans la plupart des conversations, c'est le « je te parle » qui compte plutôt que les informations transmises. On parle à peu près de n'importe quoi : de la pluie et du beau temps, des sujets à la mode, des spectacles, etc., avant tout pour établir un lien et une reconnaissance. Ce « Je te parle » reste implicite dans chaque message. Lors de son énonciation, un sujet parle en son nom, c'est-à-dire en ce nom qu'il a pris à son père : il actualise ainsi, on l'a dit, un fantasme parricide.

Cet acte de parler se centre – comme l'acte sexuel – sur un point de capiton : qu'il s'agisse de parler ou de faire l'amour, la légitimation de son nom torture le sujet, qui l'a pris par force. Quiconque parle « prend la parole », comme on prendrait une femme, un autre corps. Modelée à partir de la pulsion sonore désamorcée, chaque parole fomente entre deux personnes un ersatz de rapport sexuel, dont le point final parricide vaut comme un orgasme, aussi amorti que la pulsion l'a été par le déminage de la musicalité des mots. Semblable en cela à ce qui se produit dans le rapport sexuel, la jouissance déminée de la parole écrit un rapport entre le sujet et son nom, légitimé par l'interlocuteur et la sorte d'amour impersonnel qui en fit un lieu d'adresse. De même, l'infini orgastique se capitonne grâce au nom dans le rapport sexuel, et il est homothétique en cela du rapport du sujet au langage, lui aussi capitonné à ses phrases par son nom propre. Le rapport sexuel, tout comme celui de la parole, ne saurait s'effectuer sans la personne qui en est le protagoniste. Le nom se capitonne grâce à cet interlocuteur qui – au résultat – aura donné son nom à celui qui lui aura demandé la même légitimation. L'interlocution établit ainsi entre ses deux acteurs un rapport de chacun à lui-même, indépendamment du contenu des messages. Comme dans l'amour sexuel, la parole adressée permet de se retrouver, d'affirmer son identité, de réconcilier une subjectivité de toujours divisée entre elle-même et quelque autre de l'amour.

On peut mesurer maintenant la différence entre le rapport de parole et le rapport sexuel. Disons d'abord pour résumer que dans la parole, la pulsion est refoulée, alors que dans le rapport sexuel, la même pulsionnalité fait retour. S'il s'agit du même rapport, on voit d'un côté son endroit et de l'autre son envers. Chaque phrase fomente un équivalent de rapport sexuel, quoique déminé de sa charge pulsionnelle par le passage du son au sens. La pulsionnalité sonore de chaque mot s'amortit dès qu'il s'associe à un autre mot pour signifier quelque chose (dénoter) et, par la même occasion, la violence de la pulsion de mort se désamorce. Loin du corps, la moindre parole éjacule, lors de chaque énoncé, de la pulsion de mort au goutte-à-goutte. Elle se décharge grâce à l'acte d'énonciation et à la prise de nom qu'il implique, engendrant de l'agressivité ou de l'amour à l'égard de l'interlocuteur. La pulsion de mort s'épuise ainsi selon ces deux axes : celui de la prise de nom (parricide) et celui de l'agressivité par rapport au semblable (narcissique). Au cours de l'acheminement vers la parole, chaque mot démine d'abord les enjeux pulsionnels de la voix ; la signification des messages amortit ensuite la violence des demandes d'amour ; et enfin, l'acte d'énonciation met à son compte l'agressivité du dire. De sorte que la jouissance de la parole reste peu apparente, elle s'échoue dans les vagues successives des énoncés. Bien qu'elle comporte les mêmes invariants que l'acte sexuel, la parole désérotise presque complètement la jouissance qui l'anime, au point que les linguistes l'ont traitée comme s'il s'agissait d'un instrument de communication (ce qu'elle devient – par défaut).

La parole cherche à établir un rapport aussi risqué que l'acte sexuel, dans l'angoisse de la relation du sujet à son nom. Ce rapport concerne l'interlocuteur, qui incarne une sorte de « moitié » du sujet, tout comme un amant évoque sa moitié. Celui à qui nous nous adressons ne reçoit pas simplement notre parole : il nous la restitue. Nous découvrons notre propre pensée en parlant à celui qui tient la place d'une sorte de double idéal. En réalité, notre parole consciente nous revient du lieu d'où nous parlons[1]. En ce sens, celui auquel nous nous adressons détient

1. C'est ce « transfert » que la cure analytique exploite.

la moitié de notre subjectivité qui, sinon, resterait inconsciente. On dit parfois que « le courant passe » entre deux personnes. Lorsque nous parlons, nous pouvons nous rendre compte que la moitié de notre dire nous revient de notre interlocuteur : nous pensons grâce à lui, selon un transfert qui est en réalité le moteur de la parole et l'effecteur de la conscience. Nous ne nous rendons plus compte de ce rôle créateur de l'interlocuteur parce que, une fois que nous avons fini une phrase, nous avons l'impression d'en avoir été les seuls auteurs, sans rien devoir à personne, sans évaluer que nous devons à l'amour jusqu'à ce sentiment d'autonomie. La présence de l'autre nous électrise et nous fait parler [1], suture la division du sujet, tout du moins lorsque le dire se signe d'un nom. La jouissance de parler se capitonne ainsi à chaque fin de phrase qui, comme l'orgasme, libère la subjectivité et nous réconcilie.

De nombreux faits cliniques, ou même toute la clinique psychanalytique, confortent cette homothétie décalée de la parole et de l'acte sexuel. Les symptômes n'ont pas seulement une origine sexuelle, ils possèdent en eux-mêmes un sens sexuel, auquel l'acte de parler peut équivaloir en le résorbant. Certes, la jactance fait moins d'effet que l'éjaculation. Elle secoue seulement le corps des phrases selon leur rythme propre, et elle ne paraît pas provoquer beaucoup de remous corporels. La parole ne déclenche pas un événement semblable à un orgasme... Mais est-ce si sûr ? Car il existe bel et bien dans l'hystérie des moments où la parole provoque une crise d'épilepsie : n'est-ce pas un équivalent orgastique ? La crise d'épilepsie est certes exceptionnelle. Mais n'est-ce pas aussi le cas lorsqu'un symptôme se forme ? On n'en finirait pas d'énumérer de beaux exemples d'orgasmes gelés : une

1. C'est peut-être en suivant cette intuition que le téléphone fut inventé. En 1848, Antonio Meucci, exilé italo-américain, inventeur génial, avait cherché à Cuba à soigner par l'électricité diverses maladies. Il avait l'habitude de régler l'intensité du courant en s'appliquant à lui-même des électrodes en même temps qu'à ses patients. De sorte qu'un jour, tous les fils étant branchés pour soigner un migraineux, et alors qu'il avait pincé une électrode en dérivation sur sa langue, il entendit son patient lui parler dans la bouche. L'invention du téléphone devait s'ensuivre. Quelle jolie métaphore que cette parole qui nous revient d'autrui et s'extériorise par notre bouche !

dame va, par exemple, déclencher une migraine à l'heure d'aller au lit avec son compagnon. Ou encore, un monsieur sera terrassé par une crampe au moment de conclure avec une nouvelle conquête, etc. En deçà de la formation des symptômes, le mot d'esprit et le rire ne sont-ils pas des sortes d'orgasmes déplacés ? N'est-il pas vrai aussi que les fantasmes sexuels ne naîtraient pas sans une parole qui les précède et les réitère ? Une fois la machine lancée, il semble exister une grande différence entre faire l'amour et parler ! Mais la parole fait mijoter les fantasmes pendant si longtemps, avant que l'érotisme les actualise, que cette fraternité s'oublie !

10

Ce qui n'en finit pas

Freud vit dans la « névrose actuelle » (qu'il appelle aussi névrose sexuelle, ou névrose simple) une cause de la neurasthénie, terme qui entrerait aujourd'hui dans le fourre-tout des dépressions[1]. Il attribua d'abord cette névrose à une pratique sexuelle répandue en son temps : le *coitus interruptus* (recommandé à titre contraceptif). Une sorte d'angoisse particulière résulte de ce plaisir différé. De quoi s'agissait-il, sinon d'un orgasme le plus souvent inabouti dans ces conditions ? Succède à cette rétention une stase de la libido, un manque de pression, une « dépression », si l'on tient à ce terme confus. À défaut d'orgasme psychique, la stase de la puissance pulsionnelle pousse dans un trou neurasthénique. Le *coitus interruptus* montre l'écart qui existe entre la décharge physiologique – accomplie dans ces circonstances – et l'électrochoc orgastique – qui, lui, est resté inaccompli, ou est en tout cas amoindri. Cette notion convient d'ailleurs non seulement au *coitus interruptus*, mais aux évitements – non du rapport sexuel, mais de l'orgasme (dans la mesure où l'orgasme engage et effraie). La tension fantasmatique

1. Lacan a noté l'intérêt de Freud pour les névroses actuelles, mais sans développer la question : « Au principe des névroses actuelles, problème qui n'a été que trop délaissé, mais qui est pour nous du plus haut intérêt... » (J. Lacan, Séminaire *Le Transfert* [1961-1962]).

reste ainsi inassouvie, quand bien même l'amour, qui se passe aussi bien du sexe que de la beauté, aurait été présent au rendez-vous.

Ces quelques remarques amènent à distinguer plusieurs sortes de *coitus interruptus* (qui n'ont pas les mêmes conséquences). En effet, s'il s'agit seulement de la manœuvre qui – par angoisse – évite l'orgasme, il faudrait plutôt dire *orgasmus interruptus.* En ce sens, une telle interruption se produit aussi lorsque le rapport sexuel, d'apparence normale, se pratique comme une masturbation jusqu'à la décharge, sans égard pour l'orgasme féminin. Si, en revanche, une pratique sexuelle quelconque reste attentive à cet orgasme qui demeure son objectif plutôt que la décharge physiologique – alors l'électrochoc fantasmatique va se produire : en ce cas, si le *coitus* se produit sans respect pour les lois de la nature, il est moins *interruptus* que *deviatus* : déplacé.

La première occurrence du *coitus interruptus* étudiée par Freud dans les névroses actuelles importe pour mesurer les effets d'un évitement de l'orgasme. La jouissance qui est à la fois plaisir et excès de plaisir se distingue de l'orgasme, qui libère cette contradiction. Un *continuum* caractérise la jouissance, qui n'aboutit pas toujours à l'orgasme, ce dernier pouvant être évité involontairement ou volontairement. Certains hommes, qui retiennent le plus longtemps possible leur propre orgasme, jouissent cependant de celui de leurs partenaires. En revanche, un orgasme peut se produire dans l'angoisse et sans plaisir (c'est le cas de l'éjaculation précoce).

En soulignant la note neurasthénique de la « névrose actuelle », Freud interroge seulement un aspect : l'angoisse d'aller jusqu'à l'orgasme, qui laisse le désir en deçà de sa libération. Car l'affronter est une épreuve psychique intense : il est à la fois désiré et craint, pour le risque de dépersonnalisation qu'il fait courir et l'engagement du nom qu'il réclame. Décharger avant l'orgasme – et le plus vite possible – sera alors la tentation. Ou même ne pas décharger du tout, ne pas arriver au bout de l'affaire, ni physiologiquement, ni fantasmatiquement. En réalité, et quelle que soit la pratique sexuelle, on dira, dans une première approche, que la névrose actuelle de Freud résulte d'un défaut d'orgasme[1].

Ce constat donnerait-il raison à Wilhelm Reich, qui a fondé toute une psychopathologie, une psychosomatique, une sociopolitique sur l'orgasme, qui serait selon lui une donnée naturelle, réprimée par le complexe d'Œdipe et la société ? Ce fut son erreur fatale, qui allait l'éloigner de la psychanalyse et finalement le rapprocher de la neurophysiologie. Dans *La Fonction de l'orgasme*[2], Reich cherche encore à s'appuyer sur le concept freudien de « névroses actuelles », comme si ces névroses résultaient d'une frustration d'un orgasme naturel (alors que l'orgasme dépend de la tension fantasmatique). Pourtant, Freud avait bien précisé dans son *Introduction à la psychanalyse* (1916) la place des symptômes psychonévrotiques par rapport à ces névroses actuelles (auxquelles il n'a jamais renoncé) : « Ils jouent alors le rôle de ces grains de sable qui ont recouvert de couches de nacre la coquille abritant l'animal[3]. »

Reich en vint à postuler ensuite que, pour un orgasme réussi, il faut que les fantasmes inconscients fassent silence : « L'activité imaginaire inconsciente devient inutile[4]. » La solution était désormais toute trouvée : « En éliminant la névrose actuelle, noyau somatique de la névrose, s'élimine aussi la superstructure psychosomatique[5]. » Pour Reich, le « noyau somatique » de l'orgasme devient un concept totalitaire, unificateur de la théorie et de la pratique, la névrose étant réduite à un trouble de la génitalité : « C'est une erreur – écrit-il dans *L'Analyse caractérielle*

1. « En fait, la première intuition de Freud le porte à situer une certaine source de l'angoisse dans le *coitus interruptus*, où, par la nature même des opérations en cours, l'instrument est mis au jour dans sa fonction, et soudain déchu, pour autant que l'orgasme est supposé signifier une satisfaction commune. [...] Le sujet peut en venir à l'éjaculation, mais c'est une éjaculation au-dehors, et l'angoisse est provoquée par la mise hors jeu de l'instrument dans la jouissance. La subjectivité est focalisée sur la chute du phallus » (J. Lacan, *L'Angoisse*, *op. cit.*, p. 194-198).

2. W. Reich, *La Fonction de l'orgasme* [1927], Paris, L'Arche, 1997.

3. S. Freud, *Introduction à la psychanalyse* [1916], *op. cit.*, p. 368.

4. W. Reich, *L'Analyse caractérielle*, Paris, Payot, 1992, p. 45.

5. *Ibid.*, chapitre II, p. 153.

– de donner à l'acte sexuel une interprétation psychologique[1]. » La bioénergétique et le fourre-tout des neurosciences ne sont plus très loin. Cependant, cette erreur de Reich est utile pour comprendre que, en remettant la névrose actuelle à sa place, une question est posée sur ce que l'orgasme ne résout pas du désir.

On pourrait penser que – avec les orgasmes indéfiniment retenus, soit symptomatiquement, soit volontairement – l'auto-érotisme infantile a repris ses droits, parfois avec des justifications de toutes sortes, et sans le prétexte de la contraception : ainsi dans l'amour courtois – *fine amor* –, les pratiques tantriques, le *safe sex made in USA*, ou même sous des prétextes érotiques – certains hommes préférant faire jouir plutôt que de s'y laisser aller. Et certaines femmes aussi[2]. Cependant, il ne s'agit pas d'un simple retour à la névrose infantile. Dans la « névrose actuelle », un homme et une femme peuvent se plaire, s'aimer, sans que leurs fantasmes les laissent aller, chacun de leur côté ou ensemble, jusqu'à leur moment orgastique. Leurs désirs sont orientés différemment, alors même que l'amour est présent. Le « faire » de l'amour proportionne – sous couvert de masculin et de féminin – du passif et de l'actif, et son chiffre résonne avec le fantasme de séduction. Comme le montre la clinique (ou l'expérience ordinaire), lorsque cette proportion ne s'établit pas, la différence se solde en symptômes sexuels : impuissance, frigidité, éjaculation précoce, etc., auxquels on peut justement ajouter la neurasthénie ! Une réflexion sur la névrose actuelle amène donc à distinguer des *symptômes sexuels*, dont la neurasthénie de l'*orgasmus interruptus* fait partie. Le symptôme sexuel déplace l'écriture d'un rapport qui ne se proportionne pas. Les symptômes sexuels eux-mêmes réalisent le désir : ils écrivent un *orgasme déplacé*. La frigidité, l'éjaculation précoce, l'impuissance, etc., actualisent un rêve de jouissance, en même

1. *Ibid.*, p. 154.
2. « La théorie de l'orgasme telle que Reich l'exprime dès le commencement de son œuvre a contribué et contribue encore à effacer le scandale freudien : *celui de la découverte de la sexualité infantile* » (J. Chasseguet-Smirgel, « La théorie de l'orgasme chez Freud », *Revue française de psychanalyse*, n° 4, « L'orgasme », 1977, p. 640-641).

temps que sa punition. Si, par exemple, un homme actif rencontre une femme active, ils vont prendre beaucoup de plaisir et s'épuiser en accumulant figures, poses, situations. Mais l'orgasme peut se refuser. Ou bien encore un homme, éjaculateur précoce avec sa tendre épouse, accomplira au contraire des prouesses avec une femme laide, bête, méchante, etc. Ou encore, un homme sur le versant de la séduction passive restera impuissant lorsqu'il sera en prise avec une femme active, etc. La résonance fantasmatique qui conditionne le terme de la jouissance se dérobe. Un symptôme s'écrit dans le dérapport : il remémore son dérapage. Lorsque la jouissance des fantasmes dure sans se soulager, un symptôme sexuel prend note de cet écart.

Les symptômes sexuels qui s'écrivent dans la discordance, comme les cystites, l'éjaculation précoce, la frigidité, l'impuissance, etc., ne sont pas des symptômes d'*après-coup*, au sens névrotique du terme, mais des symptômes que l'on peut rapporter à la névrose actuelle, puisque c'est l'orgasme psychique qui fait défaut. « Actuel » veut dire que la névrose résulte de l'éternité du fantasme. Elle n'est pas formatée dans l'après-coup de l'infantile dans le présent, mais résulte du seul mouvement fantasmatique, de cette sorte de répétition sur place qui s'inaboutit en s'accomplissant. Les équivalents d'un orgasme inaccompli qui s'écrivent dans les symptômes sexuels sont des écritures décalées du rapport sexuel, dont les diverses auras – comme celle de l'épilepsie – dessinent une caricature approchée. Ces symptômes sont la projection diplopique d'un soulagement qui se cherche, mais s'enlise dans ses contradictions[1]. Une situation présente engendre le symptôme, et non le passé : par exemple, un homme sera impuissant avec une certaine femme et ne le sera pas avec une autre, etc. De tels symptômes de la névrose actuelle procèdent de l'inadéquation des fantasmes et non de l'après-coup d'un trauma infantile[2].

1. On pourrait les appeler « symptômes actuels ».
2. Freud écrit à propos des névroses actuelles : « Elles ne se laissent pas décomposer analytiquement comme les symptômes psychonévrotiques, et elles n'autorisent pas une explication historique ou symbolique les ramenant à une expérience agissante. Elles ne se laissent pas interpréter comme des

Les symptômes sexuels, écritures déplacées du rapport sexuel, se présentent comme une sorte de gel de l'orgasme, inhibant la pulsionnalité. Cette coquette définition du symptôme comme « orgasme gelé » signifie qu'une jouissance s'empêtre dans son interdit, tout comme le « oui » de l'orgasme s'appuie sur le « non » à l'inceste, ou encore l'exogamie sur l'endogamie. Le « gel » dénote la régression endogame de la jouissance sur le lieu du délit : un corps désiré autant que désirant qui, du coup, fait du surplace. Le symptôme, pourtant, ne procure aucun plaisir, bien au contraire ! En effet, puisqu'un excès de jouissance tourne mal, confronté à un corps exogame auquel il n'ose accéder. Régressant sur un corps endogame, il évite ainsi le corps de l'autre. Sa souffrance paie le prix incestueux de l'endogamie et reste en quelque sorte en deçà de la schize hallucinatoire de l'orgasme. Le symptôme névrotique actuel est le doublon endogame de l'orgasme sexuel exogame. Juste avant, la douleur du premier paie la culpabilité requise, alors que juste après, l'orgasme en libère au prix d'une schize (exquise en ce sens, si l'on peut dire).

Les symptômes sexuels « actuels » écrivent une inadéquation du fantasme de l'amant à celui de l'aimé(e), tout du moins pour aller jusqu'à leur résolution, et cela en dépit de l'amour, de l'esthétique, de l'estime, etc. Ils peuvent se cristalliser dès la première rencontre, par exemple, dans une migraine, une crampe, une angine ou la cystite du lendemain. Mais ils se déclenchent aussi parfois plus tard, lorsque des fantasmes jusqu'alors adéquats cessent de l'être. Par exemple, lorsqu'un couple a eu un enfant, ce dernier tire sur lui un tel investissement que des fantasmes autrefois actifs demeurent inopérants. Ou encore, lorsque la « guerre des sexes » s'interrompt, lorsque les enjeux de la bisexualité n'activent plus le désir. Lorsque se suspend cette sorte de tourment de la bisexualité dans le face-à-face, cet arrêt de la dispute risque d'aboutir « normalement » à un amour dont le désir sexuel s'assoupit. C'est après tout le destin de bien des

---

satisfactions substitutives sexuelles, comme des compromis de pulsions opposées, contrairement aux symptômes psychonévrotiques » (S. Freud, *Résultats, Idées, Problèmes*, *op. cit.*, p. 116).

couples, et encore plus lorsqu'ils ont eu des enfants. L'espace familial devient propice à une désérotisation plus ou moins accentuée. Quel est l'avenir d'un amour sans désir sexuel ? Lorsque la névrose n'y trouve pas son compte, il peut s'arranger d'une scission de l'amour et du désir jouant chacun leur partie sur des scènes différentes. Mais il arrive que le désir de la personne aimée persiste, quoique sans pouvoir passer à l'acte. En ce cas, il rend souvent malade, sans que le défaut d'érotisme soit consciemment connecté aux symptômes. C'est, si l'on peut employer cette formule un peu sucrée, la « maladie du bonheur »[1].

Les symptômes sexuels actuels ne résultent pas de la névrose, puisqu'il ne s'agit pas du recouvrement du présent d'une situation par un souvenir infantile. Et pourtant, comme ce défaut orgastique fait régresser à la sexualité de l'enfance, il constitue une sorte de point d'appel de la névrose, qu'entourent les pelures des traumas de l'histoire – à proprement parler névrotiques. Cette sorte de vacuole, ce noyau d'insatisfaction, forme un noyau potentiel de la névrose tout court : elle convoque les figures majeures du manque infantile. Ce monde passé risque de revivre au prétexte d'une réminiscence occasionnelle, ou d'une situation nouvelle qui va entraîner une régression et la formation de symptômes – alors que tout allait si bien. De sorte que la névrose tout court risque de se relancer à partir de l'insatisfaction de la névrose actuelle. C'est en ce sens que n'importe quel raté de la vie érotique peut avoir une conséquence symptomatique immédiate : une migraine, une crampe, etc.

On pouvait se demander s'il était bien pertinent d'appeler « névrose actuelle » un état si différent de la névrose *après coup*. Cette communauté de dénomination se justifie pourtant, car la « névrose actuelle » met en évidence une caractéristique de l'érotisme normal, qui apparaît au rythme de la seule fantasmatique. Car l'orgasme démasque ce qu'il n'a pas réussi à satisfaire, qui

1. En rupture avec ce modèle, seuls continuent d'en profiter les « anormaux », c'est-à-dire ceux qui remettent en crise leur désir, ramené à la case contradiction.

répète indéfiniment une insatisfaction jouissive. Le désir s'exacerbe sans fin dans cette actualité, alors qu'il est par ailleurs en état de marche, poussé par des fantasmes en bonne santé, voguant à pleines voiles, sans autre pli pathologique que celui de vouloir durer pour eux-mêmes. Jouissance de la contradiction des fantasmes, relancée par leur propre résolution, c'est une jouissance du désir, donc. La névrose proprement dite rajoute les impuretés de l'histoire passée au même scénario. Ces scories de l'infantile existent toujours, mais elles s'évaporent jusqu'à un certain point tant qu'un amour affirme sa force au présent. Dès que sa puissance décroît, les scories de la névrose tout court recommencent à faire valoir leurs droits, présentant leurs lettres de créance venant parfois de fort loin (par exemple, telle déception amoureuse sera suivie d'anorexie, de boulimie, etc.).

Cette communauté du concept de névrose pour deux entités en apparence distinctes est tellement fondée que Freud a utilisé encore un autre terme : celui de « névrose mixte », pour témoigner de l'interactivité de l'actuel et de l'infantile. La névrose actuelle, elle-même latente dans un érotisme en bon état de marche, reste constamment branchée sur la névrose tout court : hystérie, obsessions, phobies : le feu d'artifice est là, prêt à fuser à la première occasion[1]. Cette relance potentielle de la névrose forme une sorte de centre pulsatile de l'actuel. Car ce qui ne va pas bat au cœur de ce qui va, et rythme à chaque instant l'infantile dans l'actuel. Le 3 août 1938, Freud écrivit à propos de ce manque qui est le moteur indéfini de la libido dès l'enfance : « Mais peut-être faut-il aller plus loin ; peut-être n'est-ce pas l'inhibition de la masturbation sous l'effet d'influences externes qui compte, mais sa nature insatisfaisante en soi. Il y a toujours quelque chose qui manque pour une complète décharge et sa satisfaction – *en attendant toujours quelque chose qui ne vient*

1. Freud écrit, par exemple : « L'étiologie de la névrose actuelle est devenue l'étiologie auxiliaire de la névrose après coup. Entre elles existent des rapports cliniques intimes, au point que le symptôme de la névrose actuelle constitue souvent le noyau et la phase préliminaire du symptôme névrotique » (S. Freud, *Introduction à la psychanalyse*, *op. cit.*, p. 368).

pas[1] – et cette partie manquante, l'orgasme, se manifeste par des équivalents dans d'autres sphères, des absences, des crises de rire, de larmes, et peut-être d'autres manières[2]. » Ce qui un jour lointain n'alla pas, ce fut d'abord le drame de l'enfance, que chaque faux pas rappelle en scène. Ce cœur battant de l'actualité relance indéfiniment le désir. Il le fait tourner en rond ou gravir des degrés, le poussant vers une histoire qui répétera souvent à l'envers ce que fut la sienne (l'ex-enfant devient un adolescent, qui veut devenir père, etc.). Le moment de crise de la névrose actuelle pousse vers de tels franchissements. Cette répétition élargie – qui n'avance pas sans prendre le risque de la névrose tout court – est finalement le moteur de l'histoire des amours, qui sont choses vivantes.

Quel ennui ! Cette vacuole, cette impureté qui grippe la machine érotique, n'est nulle autre que son moteur, ou plutôt son détonateur, la force de l'actif qui cherche à se soulager de son passif dans la répétition, mais justement ne le saurait : il suffit d'avoir changé de place, du passif à l'actif, pour que le risque du ratage se programme aussitôt. Une rection infinie oriente la boussole du désir vers la vacuole. La sexualité humaine comporte ce risque, si constant qu'un nombre appréciable d'hommes et de femmes préfère renoncer plus ou moins tôt à l'érotisme, cessation d'activité pour bilan, pause, andropause ou ménopause psychique.

Les névroses actuelles ont à cet égard l'intérêt de questionner une généralité de l'érotisme. Si le soulagement orgastique lui-même relance en avant de lui une insatisfaction, elles rendent évidente une caractéristique du régime de croisière de l'érotisme normal, en bonne santé, qui ne devient pathologique – au sens de la neurasthénie décrite par Freud – que dans des circonstances particulières. La forme non pathologique de la névrose actuelle,

1. En français dans le texte.

2. S. Freud, *Résultats, Idées, Problèmes*, *op. cit.*, p. 288 [The Standard Edition of the Complete Psychological Works of Sigmund Freud, vol. XXIII, The Hogarth Press and the Institute of Psychoanalysis, London, 1964, p. 300].

c'est la sorte de folie d'un désir que rien n'assouvit et dont l'insatisfaction risque de renvoyer à la case départ de la névrose proprement dite.

Quand bien même le plaisir orgastique se serait échangé grâce au corps de l'une, arrimé grâce au nom de l'autre, une insatisfaction demeure au cœur de l'amour, une sorte de buisson d'épines qui peut certes relancer le désir, mais aussi le désespérer, l'inhiber ou l'éloigner. Comment comprendre cette « actualité » donc, sinon comme une sorte de difficulté interne à la vie sexuelle ? Même lorsqu'elle répond au désir de l'amant(e), l'actualisation des fantasmes reste inaccomplie – d'une part du point de vue de la répétition, d'autre part du point de vue de l'amour. Même partagé, l'amour porte un coup. Il crée un manque que ne comblera pas la satisfaction sexuelle. Le manque de l'amour antécède l'orgasme, et il lui succède encore. C'est que l'orgasme lui-même n'est pas une union, mais une *séparation*. Voilà un coup qui restera toujours méconnu, surtout quand tout fut gracieux et facile, un coup qui frappe l'amant alors même qu'il est comblé. Et cette invisible fustigation relance à plein régime le fantasme de l'enfant battu et une excitation à venir. Cette potentialité de la névrose naît de la consommation et non de son impossibilité. Son actualisation relance une répétition dont le rapport reste à faire. Le désir actualisé relance le désir et cherche le soulagement orgastique des contradictions du fantasme. Mais il ne commande qu'à la condition du rapport qui – anticipé au futur antérieur – le crée et le prouve. *Endlich und Unendlich*. Ce qui peut se finir, c'est l'écriture du rapport, mais dans le symptôme. Ce qui ne se finit pas, c'est cette sorte de rapport qui s'oublie lui-même au moment orgastique, et reste à faire.

11

À la recherche du Souverain Bien... moteur immobile de la valeur (?)

L'orgasme représente une sorte de Souverain Bien, puisque grâce à lui se refonde le Nom, sans lequel l'appropriation de n'importe quel autre bien est problématique. Il constitue donc une clef de voûte de la subjectivité, au même titre que le nom propre. Mais son avènement suppose, de la part de la femme, un don incommensurable, et cela d'autant plus qu'il est inapparent. Il entraîne immédiatement chez elle une réclamation, la demande d'une sorte de « contre-don » destiné à le symboliser. L'importance de tels symboles dans les relations des hommes et des femmes apparaît dans toutes les sociétés, mais ils semblent relégués dans la sphère de la vie privée. On ne voit plus qu'ils organisent au contraire les échanges bien au-delà de ce qui lie un homme et une femme. Cette fonction sociale des symboles du Souverain Bien apparaît encore clairement dans certaines sociétés dites « primitives », où circulent des symboles qui, sans être assimilables à des monnaies, sont investis d'une haute valeur. De nombreux travaux d'anthropologues ont montré que certains dons d'objets précieux scellent des alliances entre clans, et sont l'occasion de contre-dons alors qu'ils ne servent à rien et ne sont pas commercialisables. En retour, cette circulation d'objets – sans jamais entrer directement dans les échanges marchands –

forme un flux qui est parallèle aux échanges commerciaux. En fait, n'a-t-elle pas dû les précéder ? N'a-t-il pas fallu d'abord tisser ces alliances sur la base de symboles de la jouissance, avant que le commerce proprement dit apparaisse ? La circulation de symboles concernant la vie sexuelle dut précéder les autres échanges.

Lorsque les symboles de la jouissance font lien social

On remarque en effet que, dans certaines cultures, ces symboles sont sexués – mâles ou femelles –, ce qui ne sera plus le cas pour les monnaies proprement dites. Dans les tribus polynésiennes des Samoa [1], George Turner a par exemple étudié des pratiques assimilables au *potlatch*, au cours desquelles s'échangent des cadeaux dont les uns sont masculins, les autres féminins. Certains de ces ornements prestigieux et appréciés avaient d'abord été destinés aux femmes.

Mais c'est surtout dans les cérémonies de la *kula* que Bronislaw Malinowski [2] a remarqué aux îles Trobriand des échanges donations de monnaies (*vaggu'a*) de deux types : des colliers (*sulava*) uniquement destinés aux femmes, de même que des bracelets portés par les deux sexes (*mwali*) [3]. « Elle [la *kula*] consiste uniquement en un échange, sans cesse répété, de deux articles destinés à la parure, mais qui, en fait, ne sont même plus employés à cet effet. Pourtant cet acte si simple – ce passage de main en main de deux objets sans signification et sans utilité, est devenu la base d'une vaste institution intertribale, du fait qu'il est lié à un nombre incalculable d'autres activités [4]. » Certes, ce sont des hommes qui président à ces cérémonies. « La *kula* [...] est une activité essentiellement réservée à l'homme [5]. » Et

1. G. Turner, *Samoa. A Hundred Years Ago and Long Before* [1884], Suva, University of the South Pacific, 1989, p. 52.
2. B. Malinowski, *Les Argonautes du Pacifique occidental* [1922], Paris, Gallimard, 1989.
3. *Ibid.*, p. 144.
4. *Ibid.*.
5. *Ibid.*, p. 343.

l'on se demande alors pourquoi les symboles qu'ils échangent ne sont pas purement et simplement ceux de la virilité, ou même sans référence sexuelle. Non, ces cérémonies spéciales purement masculines mettent en jeu des symboles des deux genres, et « on tient pour inférieur en valeur l'élément féminin [1] ». Le sens sexuel de cette circulation d'offrandes est indéniable : « Lorsqu'un collier et des brassards se rencontrent dans la *kula* et sont échangés, on dit qu'ils se marient. Le premier est considéré comme l'élément mâle, les seconds comme l'élément femelle [2]. » La circulation commence à partir d'un premier don, *vaga* (présent d'entrée en matière) [3], *opening gift* qui engage celui qui reçoit à faire à son tour un autre don, *kudu*, traduit par Malinowski par « le don qui verrouille », mais la polysémie de sens est plus large : « la dent qui mord, qui coupe, tranche et libère [4] ». Ces pratiques de la *kula* s'inscrivent dans de larges circuits d'échanges, de dons et de marchés obligatoires qui contaminent toute la vie économique et morale des îles Trobriand.

La clef du système réside dans l'*opening gift*, parure de valeur d'abord esthétique et, encore une fois, surtout sexuée [5]. Ces ornements prestigieux se thésaurisent et ils ne servent pas au commerce. Lorsqu'elles cessent de circuler, les offrandes témoignent de l'autorité et de la grandeur de leurs dépositaires. Elles deviennent des « biens de prestige » : l'importance d'un trésor signifie que la parole de son dépositaire a été engagée avec succès de nombreuses fois et pourra l'être encore. Le poids d'une parole, donc l'autorité du nom qui l'énonce, s'accroît au fur et à mesure que s'accumulent des objets précieux.

Un mouvement circulaire entre les îles anime ces parures. Les *mwali* (bisexués) naviguent d'ouest en est, et les *sulava* (féminins) d'est en ouest. Leur « sexe » décide de leur vectorialisation.

1. *Ibid.*, p. 149.
2. *Ibid.*, p. 148.
3. *Ibid.*, p. 157.
4. *Ibid.*, p. 418.
5. M. Mauss, « Essai sur le don », in *Sociologie et Anthropologie*, Paris, PUF, 1950, p. 188.

Tout se passe comme si le sens contraire de leur navigation indiquait une hétérogénéité liée à la sexualité, en même temps que la circulation des uns conditionne celle des autres. La circulation de ces richesses ne doit pas s'interrompre, et il ne convient pas de les thésauriser trop longtemps [1]. Seuls des partenaires privilégiés peuvent en bénéficier, à condition qu'ils habitent sur la route des colliers ou des bracelets [2]. Leur possession est à la fois une propriété provisoire, un gage, une location, une offrande fidéicommissaire : « La possession de ceux-ci [*vaygu'a*] serait à la fois temporaire, intermittente et cumulative [3]. » Impérativement, ces dons doivent être transmis à un tiers, un partenaire lointain (*muri muri*). C'est parce que chaque propriétaire doit se séparer du bien précieux que cette pratique équivaut au potlatch [4]. Ces objets ont une valeur comme une monnaie, bien qu'ils n'en soient pas une. Seule leur circulation, hautement ritualisée, les rapproche de la monnaie. Ils montrent de plus une caractéristique que la monnaie occulte, c'est leur intense personnalisation : chaque objet possède un nom propre, une histoire ou même un roman [5]. Bien plus, certaines personnes empruntent leur nom, et elles considèrent quoi qu'il en soit leur compagnie comme un réconfort, un soulagement, une guérison. Mais hélas ! Ces symboles vivants aspirent à rencontrer leur prochain propriétaire, et il faut s'en séparer, sans jamais cesser de donner et de recevoir.

Des symboles familiaux à ceux qui fondent la société

Une découverte aussi importante que celle qui vient d'être décrite est souvent critiquée, mais sa mise en cause finit souvent par la renforcer. Ce fut et c'est le cas de la psychanalyse : les études de

1. B. Malinowski, *Les Argonautes du Pacifique occidental*, *op. cit.*, p. 152.
2. *Ibid.*, p. 149-152.
3. *Ibid.*, p. 186.
4. L'analogie du *potlatch* et de la cérémonie des dons trobriandaise devient évidente dès que l'on considère qu'il faut se séparer de ce qui a été donné. L'homothétie apparaît dans la séparation, en même temps qu'elle rend plus manifeste le rôle de lien social du sacrifice.
5. *Ibid.*, p. 147.

Malinowski ont longtemps nourri des spéculations antifreudiennes sur l'universalité de l'Œdipe [1]. Mais la même mésaventure a failli aussi arriver à Malinowski. Car ce n'était encore pas assez d'avoir mis en cause le complexe d'Œdipe. La *kula* réservait encore une part trop grande aux hommes. C'est en étudiant la place des femmes que ces critiques ont été formulées. L'obligation de donner, telle qu'elle résulte d'un enjeu sexuel, est apparue sous d'autres formes – féminines cette fois – dans plusieurs coutumes trobriandaises étudiées après les observations de Malinowski. Ce fut d'abord le cas au sujet de la distribution des vivres. Dans ces îles où les ignames sont la nourriture de base, un homme ne les récolte pas pour sa propre famille. Il doit les offrir à la famille de sa sœur (les enfants appartiennent au clan de la mère et sont placés sous l'autorité de leur oncle maternel). Lorsqu'une femme se marie, sa famille s'engage à nourrir le couple, et un frère (réel ou classificatoire, un cousin par exemple) lui offre sa récolte. Quant au marié, il procède de même avec sa sœur, etc. Une circulation résulte ainsi d'une obligation de don qui procède elle-même d'un lien sexuel. La propagation par le biais des femmes de dons qui ne sont pas des échanges marchands (au sens paritaire) prend pour base l'enjeu du mariage, lequel concerne la jouissance sexuelle avant même la procréation.

Bien plus, un rôle encore plus actif des femmes apparaît dans l'étude d'Annette Weiner [2], qui a pensé que la découverte d'une

1. En effet, les enfants des îles Trobriand sont élevés non par leur père, mais par leur oncle, le frère de leur mère, qui exerce l'équivalent de la puissance paternelle. Pourtant, ce cas de figure montre au contraire que « le père » n'est pas une personne, mais un complexe de fonctions. Aux îles Trobriand, le père éducateur est incarné par l'oncle, alors que le père géniteur est exclu de ce rôle : toujours déjà mort en somme, comme l'exige une autre fonction paternelle. Mais faut-il aller chercher au cœur du Pacifique un tel cas de figure qui n'appartiendrait en rien à notre culture ? Regardons mieux pourtant une pièce de théâtre aussi prestigieuse que *Hamlet*, dont le héros est élevé par son oncle, assassin à sa place (et selon son désir) d'un père réduit au rôle de revenant ! C'est donc injustement que Freud a été critiqué sur la base des travaux de Malinowski.

2. A. Weiner, *La Richesse des femmes ou Comment l'esprit vient aux hommes* [1976], trad. de l'américain par R. Sabban et D. Van de Velde, Paris, Seuil, 1983.

sorte de pendant féminin de la *kula* mettait en cause les déductions de Malinowski. « [...] la contestation la plus retentissante [des thèses de Malinowski] a été amenée par la découverte aux Trobriand d'objets précieux réservés aux femmes [1] ». Les mêmes épouses qui nourrissent leur propre famille grâce aux récoltes de leurs frères se doivent d'organiser, lorsqu'un homme décède, les rites mortuaires qui l'accompagnent vers sa dernière demeure. À cette occasion, elles doivent distribuer des monnaies coutumières : des jupes ou des feuilles de bananier, symboles de fertilité des plus précieux, quoique sans valeur mercantile. Ces biens cérémoniels féminins sont exhibés et offerts lors des temps forts de la vie sociale, en supplément des rites mortuaires. Selon Annette Weiner, l'ensemble des prestations et des actes protocolaires qui s'y rattachent ferait donc pendant au système de la *kula* chez les hommes.

Cependant, loin de contredire les observations de Malinowski, ces coutumes montrent au contraire un retour à l'origine de la valeur (les parures des femmes aux moments cruciaux des rites mortuaires). Car il existe une différence importante entre la *kula* (masculine) et son pendant féminin. C'est que ce dernier se limite à l'espace familial, ou tout au plus au clan endogame des filiations matrilinéaires. En revanche, la *kula* est franchement exogamique : ses procédures contaminent de vastes espaces géographiques interclaniques, et ses rituels sont le préalable de multiples activités. Tout se passe comme si le pendant féminin endogame, réglé sur les parures données aux femmes et les offrandes mortuaires, n'était que les préliminaires de la *kula*. Les rituels féminins restent dans la famille, d'une part au moment du mariage, d'autre part à l'heure de l'hommage rendu aux morts. Ils sont en quelque sorte relayés par les symboles des échanges exogames, repris cette fois dans les rites de la *kula*, qui sont à ce moment seulement masculins. Entre l'espace endogame et l'espace exogame, l'attention est attirée par la nature sexuée

1. M. Panoff, « Introduction », in B. Malinowski, *Les Argonautes du Pacifique occidental*, *op. cit.*, p. VII.

de l'*opening gift* (un symbole féminin), qui sert en quelque sorte d'écluse (sa première porte) entre ces deux espaces, endogame et exogame. Il existe une sorte de nécessité à sortir de la famille à partir de l'*opening gift* (des bijoux féminins). La nature sexuée du cadeau d'introduction est ensuite déplacée sur une scène d'apparence non sexuée, celle du rapport des hommes entre eux. À quoi tient cette magie de l'*opening gift*, sinon à la puissance sexuelle de son aura féminine première ?

Le sens fondateur du cadeau fait aux femmes

Il faut ici interrompre cette description de faits observés par les anthropologues pour rappeler le sens du cadeau fait à une femme, et cela en reprenant une remarque faite plus haut. Une fois l'acte sexuel consommé, l'homme et la femme qui y ont pris également plaisir devraient être quittes. Mais pas du tout : la femme demande quelque chose de plus [1]. Une disparité déséquilibre l'échange, un « plus de valeur », mis en évidence par une demande féminine surnuméraire : que ce soit la présence, le mariage, le nom, le cadeau, l'argent, l'enfant, une sortie – bref, quelque chose de plus, ou parfois même de manifestement impossible. Une femme exige un cadeau parce qu'elle se donne, donc se perd, et que d'ailleurs rien ne sera jamais assez précieux pour compenser cette perte. Entre la satisfaction sexuelle de l'homme et la jouissance de la femme, le rapport paraît inéquitable, disparité qui appelle une valeur supplémentaire. C'est ce caractère toujours excédentaire de l'orgasme qui fait de son don le seul don véritable (sans « contre-don » possible, sinon grâce à la foi accordée à son symbole). Aucune parité ne compense cette dette, quand bien même son paiement serait réclamé.

Cette réclamation parfois inextinguible, exacerbée par ce qui aurait dû la calmer, précède ce qui est réclamé, et c'est ce « rien » qui se concrétise dans les bijoux, un vêtement, un objet esthétique, un fétiche, le nom, un enfant, etc. Cet investissement du

1. Et cela, même si elle semble avoir obtenu ce qu'elle pouvait espérer de mieux, et alors que son plaisir est réputé plus important.

« rien » apporte sa dimension symbolique à ce qui est donné. Une chose (*res*) fait vêture de ce « rien » (de même étymologie). Les cadeaux sont ainsi des sortes de parures du néant, cœur de leur préciosité qui les distingue d'autres objets de prix. Une fois offert, un bijou sort du domaine commercial : il scintille de la singularité du nom : une certaine personne a offert un joyau désormais unique.

Remarque linguistique sur la nature d'un don qui en serait vraiment un

Dans son article « Le don et l'échange dans le vocabulaire indo-européen[1] », Émile Benveniste remarque que la racine du verbe donner : « do », se retrouve dans la plupart des langues indo-européennes. Cinq termes distincts existent en grec ancien pour rendre ce que nous traduisons aujourd'hui par « don » ou « cadeau ». La plupart de ces cinq mots sont symétriques de contre-dons : ils entraînent des compensations et n'entrent donc pas dans le cadre du don gratuit. Mais il existe certaines exceptions où la même racine signifie non seulement « donner », mais aussi son contraire : « prendre[2] ». Notons que la même particularité existe aux antipodes. Aux îles Fidji, des dents de cachalot représentent une monnaie, le *tambua*. Des pierres appelées « mères des dents » complètent chaque dent. L'ensemble forme une sorte de poupée en deux parties dont l'implication est double : les présenter, c'est implicitement faire une requête. Les accepter, c'est aussi s'engager[3], comme si leur duplicité comportait en elle-même un don et un contre-don. Et en effet, un donateur reçoit quelque chose quand il donne, même si rien ne lui est en retour donné. Lorsqu'il est utilisé dans les échanges commerciaux, le

1. E. Benveniste, *Problèmes de linguistique générale*, Paris, Gallimard, 1966.
2. C'est aussi le cas pour d'autres verbes concernant l'échange, comme acheter et vendre dans les langues germaniques (*kaufen*), ou bien prêter et emprunter, qui eux aussi possèdent la même racine.
3. M. Mauss, « Essai sur le don », in *Sociologie et Anthropologie*, *op. cit.*, p. 191.

tambua continue de porter ce double sens : le même mot signifie l'achat et la vente, le prêt et l'emprunt.

Or, la conjonction de « prendre » et de « donner » a un sens particulier dès qu'il s'agit de l'érotisme. Qui prend et qui donne le phallus ? Une femme donne le phallus à un homme lorsqu'elle est désirée par lui, puisqu'elle provoque son érection. Elle prend ce qu'elle donne, qui est son bien en quelque sorte. Ce biface du don apparaît dans le génitif subjectif ou objectif du désir. Lorsqu'on emploie l'expression : « le désir *d'*Untel », Untel est-il désiré ou bien désire-t-il ? Loin d'être une exception linguistique, cette forme de don, qui est aussi une manière de prendre, délimite l'enjeu sexuel.

Or, on l'a rappelé, ce qui est donné relativement à l'orgasme correspond à une dette inextinguible, c'est-à-dire à un dommage lié à la jouissance de se donner. Ce dommage jouissif vient de loin ! Il s'origine dans le fantasme de séduction du jeune enfant, séduit par son père, mais ne pouvant y céder sans tomber sous le coup d'une mort par inceste. D'où procède un vœu parricide, proportionnel au désir du père. Un dommage – comme celui du traumatisme sexuel de l'enfance – se reproduit au fur et à mesure qu'il se compense dans des symptômes, puis dans l'orgasme. En ce sens, la racine indo-européenne du don : « do », a la même étymologie que « dommage » (que l'on retrouve dans le latin *damnum*). Le dommage du traumatisme sexuel est consubstantiel à la jouissance sexuelle, laquelle impose un don gratuit, puisque rien ne saurait la compenser paritairement. La disparité du traumatisme sexuel bat au cœur de l'érotisme et donne sa raison à une valeur vide, celle qui résulte de la contradiction entre un dommage et sa jouissance. Comment symboliser la jouissance ? L'or, les ornements offerts aux femmes, le nom, l'enfant y parviendront-ils ? Quelle que soit leur importance, la part de dommage que comporte cette même jouissance échappera du même coup. La création de valeurs fiduciaires reste toujours inégale à l'absolu de la valeur, d'abord réclamée par la femme en compensation d'une jouissance dont elle profite peut-être, mais qui la lèse aussi.

Comment le don gratuit se fétichise dans les rapports entre hommes

Un cadeau a été fait à une femme, en écho de la jouissance sans prix qu'elle donne. L'aura s'origine dans ce don qui symbolise l'orgasme. La spécificité du don d'un homme à une femme – par exemple, un bijou *sulava* (don qui verrouille) – symbolise le don dépersonnalisant d'une femme à un homme (son orgasme). L'homme offre son cadeau, à titre d'envers de l'orgasme (*opening gift*). Ce don entre ensuite dans un circuit d'échange forcé, parce que – entre hommes – il est toujours inégal à sa fonction. Car ne peut-on considérer alors que le même enjeu existe lorsque ce sont des hommes qui se font de tels cadeaux ? Ils mettent ainsi leur féminité dans la balance, dans une cérémonie sacrificielle qui économise la guerre. La bisexualité des hommes est la sorte d'écluse (sa deuxième porte) qui fait communiquer l'échange privé du rapport sexuel homme-femme, et les échanges généralisés entre hommes. Ce qui fut d'abord un bijou offert à une femme circule ensuite entre les hommes, à la poursuite de sa propre valeur, navigation certes plus longue que celle d'une destruction. Navigation infinie.

Le moment anéanti de l'orgasme est remplacé dans les alliances masculines, non par une cérémonie aussi évidente que le potlatch, mais par l'obligation de se séparer de l'objet donné : la fonction de l'alliance est ainsi conjointe à celle d'une séparation plutôt que d'une destruction, séparation qui entraîne d'ailleurs une extension de proche en proche du lien social, en somme fondé grâce à la symbolisation d'un rapport sexuel et à la reconnaissance mutuelle que chaque cérémonie de donation implique. En résumant beaucoup, l'*opening gift* a la même valeur du côté des hommes qu'un rapport dont l'orgasme est mimé par la destruction. Il fait jouer à la circulation d'un symbole qui porte encore l'odeur du féminin le même rôle qu'un potlatch (ou qu'une guerre). Car la guerre n'est-elle pas inévitable, dès qu'il s'agit du rapport des hommes entre eux, dans la mesure où ils renient leur féminité pour être des hommes ?

Dans le rapport sexuel, le don de soi reste certes incommensurable à un don qui serait son écho. Dans le rapport entre hommes, en revanche, et plus encore lorsqu'ils luttent contre leur féminisation, le don appelle un contre-don, une équivalence qui annulerait cette féminisation potentielle, une neutralisation jamais si bien mise en œuvre que grâce à l'abstraction monétaire. Pourtant, si l'on considère l'orgasme comme le Souverain Bien, il reste le modèle implicite de ces échanges (tout comme l'or reste l'étalon de la monnaie). Forte de la confiance établie par l'alliance, une monnaie d'échange asexuée prend le relais des premiers bijoux sexuels, ouvrant leurs brisées aux équivalents monétaires, tombant ainsi en quelque sorte d'une signification érotique déviée à des échanges désexualisés. Dans le commerce ordinaire, les dons s'annulent en contre-dons dans le mouvement des échanges, non sans une inflation constante, pâle reflet de l'incommensurabilité qui reste le moteur latent de leur navigation.

La désacralisation du bijou d'origine, c'est-à-dire le refoulement de son aura orgastique dans l'or, se poursuit ensuite dans l'univers marchand qui, à force d'échange, perd son parfum d'origine. À ce deuxième degré, utilisé dans le commerce des objets utiles, les échanges paritaires annulent complètement toute notion d'un don gratuit. Réputé sans odeur, l'argent ne présente certes plus aucune caractéristique de la valeur du Souverain Bien [1].

Navigation infinie, mais néanmoins bouclée sur son propre cercle

Malinowski n'a trouvé dans le droit coutumier ou dans les romans aucune source qui illustrerait la vie des offrandes, et qui

1. Pourtant, même si cela ne se voit pas, il véhicule une sorte d'esprit de la valeur, toujours de quelque façon personnalisé, puisque celui qui a produit un bien y met son âme, une part de lui-même qui personnalise les objets de manière plus ou moins visible, jusqu'à leur abstraction monétaire. Car tout objet, aussi loin que portent les sens, s'investit en quelque sorte du *mana* de qui l'a fabriqué.

expliquerait la nécessité de la circulation des objets. Mais le mouvement obligatoire ne résulte-t-il pas tout simplement d'une nécessité interne à l'offrande ? Si elle symbolise d'abord une jouissance anéantissante (l'orgasme) elle doit donc circuler (ou être détruite). Dans la mesure où les hommes ne peuvent réaliser dans leurs échanges ce que l'objet était destiné à symboliser (le rapport sexuel), il va être donné à un autre qui fera de même. La féminisation relative de tout homme, sa bisexualité (*mwali*), doit naviguer, tout en étant mesurée à l'aune du Souverain Bien.

La parure destinée à une femme a servi à sceller les alliances entre hommes. Le bijou détourne une jouissance vers les circuits de l'échange : il se fiduciarise à contre-courant de son sens sexuel d'origine, de même que les offrandes « masculines » (ou plutôt bisexuelles) tournent à contresens des offrandes « féminines », autour des îles Trobriand. Un rapport masculin/féminin, une sorte d'engrenage contraire, fait tourner des échanges en quête de symbolisation. Données d'abord aux femmes, les parures, dont le fétichisme dénie la castration, forment la matrice de la valeur. En les échangeant, les hommes entrent en lutte contre leur féminisation mutuelle : c'est à qui ne sera pas « la femme ». Leur violence, qu'elle soit guerrière, sacrificielle ou commerciale, se proroge à proportion d'un impossible orgasme. Lorsqu'ils évitent la destruction, ils échangent les symboles de la jouissance qu'ils refoulent. Si les offrandes préliminaires à la reconnaissance d'une alliance, puis au commerce tirent leur valeur fiduciaire (de confiance) d'ornements, de fétiches, ayant d'abord servi de bijoux aux femmes, c'est à partir de ces parures de la castration que cette confiance est accordée aux prix des marchandises. Jusqu'à aujourd'hui l'or, étalon entre tous inutile, rêve de sa filiation orgastique dans les coffres des banques centrales.

De sorte que, de fétichisation en fiduciarisation, l'argent n'a plus d'odeur, ni celle des étreintes, ni celle de l'homme en labeur pour s'extraire de lui-même, pour se rejoindre en se perdant dans son faire. Par angoisse, par tromperie, par trahison, les fils détournent un Souverain Bien de son sens sexuel, et de multiples biens naissent et prolifèrent de leur duplicité.

Le symbole de l'orgasme, incommensurable, échoue dans la parité en s'échangeant entre les hommes

Pourquoi le Souverain Bien, puis son symbole, se dégradent-ils jusqu'aux circuits marchands ? En effet, le Souverain Bien né du rapport sexuel semble strictement privé : pourquoi devrait-il servir d'étalon secret de la monnaie, chose publique ? On peut certes comprendre que le refoulement de l'homosexualité va faire du symbole de l'orgasme l'étalon déplacé de l'échange. Mais l'homosexualité n'est pas toujours refoulée, même si sa conséquence guerrière est un universel : dans une société d'hommes (même homosexuels), la violence décide de qui est du côté masculin et qui du côté féminin. On dira que la guerre, le don, ou le *potlatch*, symbolisent cet affrontement. Pourtant, cette hypothèse ne suffit pas pour s'expliquer la circulation forcée des symboles, qui ne se localise pas au moment d'une cérémonie sacrificielle : elle exerce une pression constante.

C'est que le symbole de la jouissance convoque la question du nom et de l'identité de chaque sujet, et elle l'interroge à chaque instant, comme condition de n'importe laquelle de ses pensées et de ses actions. Quiconque jouit se donne – même lorsqu'il se contente d'y penser : il risque de se perdre et il se raccroche comme il peut à son nom, aux actes et aux œuvres qu'il signe. S'agissant de jouissance, c'est son moment le plus extrême qui convoque le nom, dont dépend la reconnaissance sociale. Le lien social est ainsi convoqué au cœur même du plus intime. En même temps, ce sujet qui prend son nom réalise un fantasme parricide, qui le met cette fois encore dans un rapport de dette. Et avec quoi va-t-il payer cette culpabilité, sinon avec une monnaie légitimée au second degré par le Souverain Bien ? Le sujet qui a pris son nom tombe dans le monde de la culpabilité et de la dette, et il commence l'interminable poursuite de son paiement. Il s'instaure ainsi une hiérarchie forcée qui transfuse du Souverain Bien (l'orgasme privé) à la circulation des biens (dans le lien social, public).

Le nom propre et la circulation du symbole s'articulent ainsi : il est frappant que, dans la navigation des bijoux trobriandais, certains cadeaux portent un nom propre, que leurs propriétaires momentanés peuvent emprunter. Fait notable, car si l'écriture du rapport sexuel est le nom propre, légitimé pendant l'amour, le cadeau qui symbolise le don orgastique porte lui aussi un nom [1].

Forts d'un nom légitimé par l'amour, les hommes n'en rejettent pas moins le féminin, c'est-à-dire leur propre castration. Et ils font de même lorsqu'ils disposent du bijou, et en usent à contre-courant de sa valeur incommensurable pour un commerce qu'ils entretiennent entre eux – mais en s'arrangeant pour qu'il devienne paritaire. De sorte que, dans le déni de la castration (c'est-à-dire la perversion), ils détournent le bijou de sa fonction érotique première. N'est-ce pas à ce titre qu'une valeur fétichisée – un fétichisme de la marchandise – domine les circuits de l'échange entre hommes ? C'est la question que l'on peut poser en lisant Malinowski et Mauss, pour peu que l'on interroge un don qui en serait vraiment un, c'est-à-dire l'enjeu du rapport sexuel. Si cet enjeu réclame son symbole, il va engendrer de proche en proche une série de conséquences :

Le conflit psychique interne au fantasme cherche sa solution dans l'orgasme. Incommensurable, ce fait psychique n'a pas de contrepartie.

L'orgasme dépersonnalise et pourtant réclame une contrepartie identificatoire (le nom, le totem), en même temps que la déperdition de valeur cherche à se compenser (les fétiches). Elle commande l'économie du don, celui d'un symbole toujours inégal à son objet, expansif.

Les cadeaux faits aux femmes, à commencer par les bijoux, l'or, les fétiches, symbolisent ce Souverain Bien.

Sur ce modèle, et sur la base d'une féminisation latente, des dons circulent de même entre hommes mais, parce que la

---

1. De même, quoique seulement à titre d'exception remarquable, Maurice Leenhardt a pu observer « [...] que souvent son nom [de la monnaie] est donné à la jeune fille comme nom propre, mais non nécessairement à la fille aînée » (M. Leenhardt, *Notes d'ethnologie néo-calédonienne* [1930], Paris, Institut d'ethnologie, 1980, p. 48).

féminisation est refoulée, soit ils sont détruits (*potlatch*), soit l'égalitarisme des échanges paritaires occulte leur « plus de valeur ». Les biens du rapport marchand circulent en sens contraire du rapport sexuel refoulé dans l'échange.

C'est ce dont on peut trouver exemple dans les sociétés des îles Trobriand : les dons qui ont été faits aux femmes circulent dans un sens, alors que ceux qui concernent les hommes circulent dans l'autre. Un certain bien ne peut s'échanger : celui qui peut s'obtenir aléatoirement dans la jouissance sexuelle. À corps défendant peut-être, ou même à corps perdu, c'est le seul don « gratuit », qui n'en cherche pas moins aussitôt sa contrepartie, son symbole toujours inégal au Souverain Bien d'origine. Vertige d'un rapport en quête de son écriture, oubliée dès qu'elle est tracée.

Bibliographie

AGUERRE, J.-C., *La Naissance du vampire au XVIIIe siècle* [1981], diplôme d'études supérieures de l'Institut polytechnique de philosophie, université Paris-VIII, dirigé par F. Châtelet (non publiée).

ANDRÉ, Jacques, *La Sexualité féminine*, Paris, PUF, coll. « Que sais-je ? », 1994.

ANDRÉAS-SALOMÉ, Lou, « Anal et sexuel » [1916], in *L'Amour du narcissisme*, trad. de l'allemand par I. Hildenbrand, Paris, Gallimard, 1980.

ANOUILH, Jean, *Ardèle ou la Marguerite*, Paris, La Table ronde, 1948.

ASSOUN, Paul-Laurent, *Le Fétichisme*, Paris, PUF, 2002

— *Le Masochisme*, Paris, Economica- Anthropos, 2003.

— *Masculin et Féminin*, Paris, Economica- Anthropos, 2005.

AUSTIN, John, *Quand dire, c'est faire*, Paris, Seuil, 1970.

BAAS, Bernard, *Le Pur Désir. Parcours philosophiques dans les parages de J. Lacan*, Louvain, Peeters, 1992.

BARBEY D'AUREVILLY, Jules, « La vengeance d'une femme », in *Les diaboliques* [1874], Paris, Gallimard, 2009.

BARTHES, Roland, *Fragments d'un discours amoureux*, Paris, Seuil, 1977.

BATAILLE, Georges, *Le Coupable*, in *Le Coupable*, suivi de *L'Alléluia*, Paris, Gallimard, coll. « L'Imaginaire », 1961, p. 166.

— *Les Larmes d'Éros*, Paris, Pauvert, 1971.

— *L'Érotisme*, Paris, Minuit, 1957.

BÉATRICE DE NAZARETH, *Les Sept Degrés d'amour*, trad. par J.-B Porion, Genève, Martingay, 1972.

BENVENISTE, Émile, *Problèmes de linguistique générale*, Paris, Gallimard, 1966.

BERGERET, Jean, « Essai psychanalytique sur l'activité orgastique », *Revue française de psychanalyse*, n° 4, « L'orgasme », 1977.

BRETON, André, *L'Amour fou* [1937], Paris, Gallimard, 1989.

BRODA, Martine, *L'Amour du nom. Essai sur le lyrisme et la lyrique amoureuse*, Paris, Corti, 1997.

BRUNO, Catherine, « Fabriquer la femme qui n'existe pas », *Psychanalyse*, n° 14, Érès, 2009, p. 57-74.

BUTLER, Judith, « Le genre comme performance », in *Humain, inhumain. Le travail critique des normes*, Paris, Éditions Amsterdam, 2005.

CHABOUDEZ, Gisèle, *Rapport sexuel et Rapport des sexes*, Paris, Denoël, 2004.

CHASSEGUET-SMIRGEL, Janine, « La théorie de l'orgasme chez Freud », *Revue française de psychanalyse*, vol. 41, n° 4, « L'orgasme », 1977, p. 639-652.

CLÉMENT, Catherine, *La Syncope. Philosophie du ravissement*, Paris, Grasset et Fasquelle, 1990.

CORRAZÉ, Jacques, *L'Homosexualité* [1982], Paris, PUF, coll. « Que sais-je ? », 2006.

COURNUT, Jean, *L'Ordinaire de la passion. Névroses du trop, névrose du vide*, Paris, PUF, 2002.

DALI, Salvador, *La Vie secrète de Salvador Dali*, Paris, La Table ronde, 1952 ; rééd. Paris, Gallimard, coll. « L'Imaginaire », 2006.

DANTE, « Sept chants de l'Enfer », trad. par J. Risset, *L'Infini*, n° 2, Denoël, 1983.

DARRIEUSSECQ, Marie, « Simulatrix », in *Zoo*, Paris, POL, 2003.

DEUTSCH, Helene, *La Psychanalyse des névroses* [1930], Paris, Payot, 1970.

DIATKINE, René, « Un colloque sur l'orgasme », *Revue française de psychanalyse*, vol. 41, nº 4, « L'orgasme », 1977, p. 563-566.

DIDIER-WEILL, Alain, « De quatre temps subjectivants », *Ornicar*, nº 8, Navarin, 1976, p. 41-52.

DUBY, Georges, PERROT, Michelle (sous la dir.), *Histoire des femmes*, tome II, Paris, Plon, 1990.

ENGELS, Friedrich, MARX, Karl, *L'Origine de la famille, de la propriété privée et de l'État*, Paris, Les Éditions sociales, 1974.

EURIPIDE, « Médée », in *Théâtre complet*, trad. par M. Delcourt-Curvert, Paris, Gallimard, coll. « Bibliothèque de la Pléiade », 1962.

FERENCZI, Sandor, « Pollution sans rêve orgastique et orgasme en rêve sans pollution » [1917], in *Œuvres complètes*, tome II, 1913-1919, trad. de l'allemand par J. Dupont et M. Viliker, Paris, Payot, 1970.

FOUCAULT, Michel, « Préface à la transgression », in « Hommage à Georges Bataille » [1963], *Critique*, nº 195-196, Paris, Minuit, 1991.

FREUD, Sigmund, *La Naissance de la psychanalyse. Lettres à Wilhelm Fliess, notes et plans (1887-1902)*, trad. de l'allemand par A. Berman, Paris, PUF, 1996.

— *L'Interprétation des rêves* [1900], trad. de l'allemand par I. Meyerson, révisée par D. Berger, Paris, PUF, 1967.

— « Les théories sexuelles infantiles » [1908], in *La Vie sexuelle*, trad. de l'allemand par D. Berger, J. Laplanche *et al.*, Paris, PUF, 1969.

— *Trois Essais sur la théorie sexuelle* [1905], trad. de l'allemand par Ph. Koeppel, Paris, Gallimard, 1987.

— « Séance du 21 octobre 1908 », in *Les Premiers Psychanalystes. Minutes de la Société psychanalytique de Vienne* [7 oct. 1908-15 juin 1910], trad. de l'allemand par N. Bakman, Paris, Gallimard, 1978.

— « Les fantasmes hystériques et leur relation à la bisexualité » [1908], in *Névrose, Psychose, Perversion*, trad. de l'allemand sous la direction de J. Laplanche, Paris, PUF, 1973.

— *Un souvenir d'enfance de Léonard de Vinci* [1910], trad. de l'allemand par M. Bonaparte, Paris, Gallimard, 1977.
— « Considérations sur le plus commun des ravalements de la vie amoureuse » [1912], in *Revue française de psychanalyse*, vol. IX, n° 1, 1936, p. 10-21.
— « Pour introduire le narcissisme » [1914], in *La Vie sexuelle*, trad. de l'allemand par D. Berger, J. Laplanche *et al.*, Paris, PUF, 1969.
— « Métapsychologie » [1915], in *Œuvres complètes*, XIII, Paris, PUF, 1988.
— « Deuil et mélancolie » [1915-1917], in *Œuvres Complètes. Psychanalyse*, trad. de l'allemand par J. Altounian, A. Bourguignon, P. Cotet *et al.*, vol. XIII, Paris, PUF, 1988.
— « Extrait de l'histoire d'une névrose infantile (L'homme aux loups) » [1918], in *Cinq Psychanalyses*, trad. de l'allemand par M. Bonaparte et R. M. Loewenstein, Paris, PUF, 1970.
— *Introduction à la psychanalyse* [1916], trad de l'allemand par S. Jankélévitch, Payot, coll. « Petite Bibliothèque Payot », 1969.
— « Un souvenir d'enfance dans *Fiction et Vérité* de Goethe » [1917], in *Essais de psychanalyse appliquée*, trad. de l'allemand par M. Bonaparte et E. Marty, Paris, Gallimard, 1971.
— « L'inquiétante étrangeté » [1919], in *Essais de psychanalyse appliquée*, trad. de l'allemand par M. Bonaparte et E. Marty, Paris, Gallimard, 1971.
— « Un enfant est battu » [1919], in *Névrose, Psychose, Perversion*, trad. de l'allemand sous la dir. de J. Laplanche, Paris, PUF, 1999.
— « Au-delà du principe de plaisir » [1920], in *Essais de psychanalyse*, trad. de l'allemand par A. Bourguignon, Paris, Payot, coll. « Petite bibliothèque Payot », 2001.
— « De la psychogenèse d'un cas d'homosexualité féminine » [1920], in *Œuvres Complètes. Psychanalyse*, trad. de l'allemand par J. Altounian, A. Bourguignon, P. Cotet *et al.*, vol. XV, Paris, PUF, 1996.

— « Au-delà du principe de plaisir » [1920], in *Essais de psychanalyse*, trad. de l'allemand par A. Bourguignon, Paris, Payot, coll. « Petite bibliothèque Payot », 1971.
— « Le moi et le ça » [1923], in *Essais de psychanalyse*, trad. de l'allemand par A. Bourguignon, Paris, Payot, coll. « Petite bibliothèque Payot », 1971.
— « L'organisation génitale infantile » [1923], in *La Vie sexuelle*, trad. de l'allemand par D. Berger, J. Laplanche *et al.*, Paris, PUF, 1969.
— « Le problème économique du masochisme » [1924], in *Névrose, Psychose, Perversion*, trad. de l'allemand sous la dir. de J. Laplanche, Paris, PUF, 1973.
— « Quelques conséquences psychiques de la différence anatomique entre les sexes » [1925], in *La Vie sexuelle*, trad. de l'allemand par D. Berger, J. Laplanche *et al.*, Paris, PUF, 1969.
— *Inhibition, Symptôme, Angoisse* [1925-1926], trad. de l'allemand par M. Tort, Paris, PUF, 1993. Le lecteur pourra également consulter la traduction de J. et R. Doron, Paris, PUF, coll. « Quadrige », 2005.
— *Dostoïevski et le Parricide* [1927], in *Œuvres complètes*, XVIII, Paris, PUF, 2002.
— « Le fétichisme » [1927], in *La Vie sexuelle*, trad. de l'allemand par D. Berger, J. Laplanche *et al.*, Paris, PUF, 1969.
— « La sexualité féminine » [1932], in *La Vie sexuelle*, trad. de l'allemand par D. Berger, J. Laplanche *et al.*, Paris, PUF, 1969.
— *Nouvelles Conférences sur la psychanalyse* [1932], trad. de l'allemand par A. Berman, Paris, Gallimard, 1971.
— « Analyse terminée et interminable » [1937], in *Résultats, Idées, Problèmes II, 1921-1938*, trad. de l'allemand par E. R. Hawelka, U. Huber, J. Laplanche, Paris, PUF, 1985.
— *Résultats, Idées, Problèmes, II, 1921-1938*, trad. de l'allemand par E. R. Hawelka, U. Huber, J. Laplanche, Paris, PUF, 1985.
— *Cinq Psychanalyses*, trad. de l'allemand par M. Bonaparte et R. M. Loewenstein, Paris, PUF, 1954 ; le lecteur pourra

également se reporter à la traduction de J. Altounian, P. Cotet, F. Kahn *et al.*, Paris, PUF, coll. « Quadrige », 2008.

FREUD, S., ABRAHAM, K., *Correspondance, 1907-1925*, trad. de l'allemand par F. Cambon, Paris, Gallimard, 2006.

GLENN, Jules, KAPLAN, Eugene H. *et al.*, « Différents types d'orgasme chez les femmes », in *La Sexualité féminine controversée. Commentaires psychanalytiques sur le livre de Mary Jane Sherfey* Nature et Évolution de la sexualité féminine, trad. de l'anglais par C. Kestemberg, Paris, PUF, 1976.

GOGOL, Nikolai, *Le Manteau*, in *Les Nouvelles de Saint-Pétersbourg* [1842], Paris, Gallimard, 1998.

GORI, Roland, *Logique des passions*, Paris, Flammarion, coll. « Champs », 2005.

HADEWIJCH D'ANVERS, *Lettres spirituelles*, trad. par J.-B Porion, Genève, Martingay, 1972.

HÉSIODE, *Théogonie*, *Les Travaux et les Jours*, *Le Bouclier*, Paris, Le Belles Lettres, 1996.

HIPPOCRATE, *Aphorismes*, Paris, CGPE, 1957.

HOFFMANN, Ernst Theodor Amadeus, *L'Homme au sable* [1816], trad. de l'allemand par Loève-Veimars, Paris, GF-Flammarion, 2005.

HORNEY, Karen, « Zur Genese des weiblichen Kastrations Komplexes », *Internat. Zschrift. für Psychoanal.*, n° 9, 1923 ; traduction anglaise dans *Feminine Psychology*, Londres, 1967.

HOUELLEBECQ, M., *Rester vivant*, Paris, Libris, 1991.

KAFKA, Franz, *La Lettre au père* [1919], trad. de l'allemand par M. Robert, Paris, Gallimard, 2002.

KINSEY, Alfred, POMEROY, Wardell B., MARTIN, Clyde E., *Sexual Behaviour in the Human*, Philadelphia (Pa.), W. B. Saunders, 1948.

KRAFFT-EBING, R. von, *Psychopatia sexualis. Étude médico-légale à l'usage des médecins et des juristes* [1891], trad. de l'allemand par R. Lobstein à partir de la 8e éd. de 1886, Paris, Presses Pocket, 1999.

LACAN Jacques, *La Relation d'objet*, Le Séminaire, Livre IV [1956-1957], Paris, Seuil, 1994.

— « La signification du phallus » [1958], in *Écrits*, Paris, Seuil, 1966.

— « Subversion du sujet et dialectique du désir dans l'inconscient freudien » [1960], in *Écrits*, Paris, Seuil, 1966

— « Propos directifs pour un congrès sur la sexualité féminine » [1960], in *Écrits*, Paris, Seuil, 1966.

— *Le Transfert*, Le Séminaire, Livre VIII [1961-1962], Paris, Seuil, 1991.

— *L'Angoisse*, Le Séminaire, Livre X [1962-1963], Paris, Seuil, 2004.

— *La Logique du fantasme*, Le Séminaire [1966-1967], inédit.

— *D'un discours qui ne serait pas du semblant*, Le Séminaire, Livre XVII [1971], Paris, Seuil, 2006.

— *Encore*, Le Séminaire, Livre XX [1972-1973], Paris, Seuil, 1975.

LAMARCK, Jean-Baptiste Monet de, *Philosophie zoologique* [1806], Paris, Flammarion, 1994.

LANSELLE, Rainier, « Les mots chinois de la psychanalyse », *Essaim. Revue de psychanalyse*, n° 13, « Horizons asiatiques de la psychanalyse », Toulouse, Érès, 2004, p. 63-103.

LAZNIK, Marie-Christine, *L'Impensable Désir. Féminité et sexualité au prisme de la ménopause*, Paris, Denoël, 2003.

LEBRUN, Jean-Pierre, *La Perversion ordinaire*, Paris, Denoël, 2007.

LEENHARDT, Maurice, *Notes d'ethnologie néo-calédonienne* [1930], Paris, Institut d'ethnologie, 1980.

LESPINASSE, Julie de, *Lettres de Mlle de Lespinasse*, Paris, Charpentier, 1876.

LEVINAS, Emmanuel, *Entre nous. Essais sur le penser à l'autre*, Paris, Grasset, 1991.

LÉVI-STRAUSS, Claude, « Les structures élémentaires de la parenté » [1958], in *L'Anthropologie structurale*, Paris, Pocket, 2003.

— *Le Totémisme aujourd'hui*, Paris, PUF, 1962.

MALINOWSKI, Bronislaw, *Les Argonautes du Pacifique occidental* [1922], trad. de l'anglais par A. et S. Devyver, Paris, Gallimard, 1989.

MANN, Thomas, *La Mort à Venise* [1912], Paris, LGF, 2001.
MARX, K., *Le Capital* [1867], livre I, Paris, Gallimard, 2008.
MARZANO, Michela, *La Pornographie ou l'Épuisement du désir*, Paris, Buchet-Chastel, 2003.
MASTERS, William H., JOHNSON, Virginia E., *Human Sexual Response*, Boston, Little Brown, 1966.
MAUSS, Marcel, « Essai sur le don », in *Sociologie et Anthropologie*, Paris, PUF, 1950.
MELMAN, Charles, *La Nouvelle Économie psychique. La façon de penser et de jouir aujourd'hui,* Toulouse, Érès, 2009.
MILLOT, Catherine, *La Vie parfaite. Jeanne Guyon, Simone Weil, Etty Hillesum,* Paris, Gallimard, 2006.
MISHIMA, Yukio, *La Musique* [1964], Paris, Gallimard, 2000.
— *Madame de Sade* [1965], trad. du japonais par N. Miura, Paris, Gallimard, 2000.
OGIEN, Ruwen, *Penser la pornographie*, Paris, PUF, 2003.
OLIEVENSTEIN, Claude, *La Drogue ou la Vie*, Paris, Robert Laffont, 1983.
PANOFF, Michel, « Introduction », *in* B. Malinowski, *Les Argonautes du Pacifique occidental* [1922], Paris, Gallimard, 1989.
PLATON, *Phèdre*, in *Œuvres complètes*, tome II, Paris, Gallimard, coll. « Bibliothèque de la Pléiade », 1950.
POIZAT, Michel, *L'Opéra ou le Cri de l'ange*, Paris, Métailié, 2001.
POMMIER, Gérard, *La Mélancolie. Vie et œuvre d'Althusser*, Paris, Flammarion, coll. « Champs », 2009.
QUIGNARD, Pascal, *Le Nom sur le bout de la langue*, Paris, POL, 1993.
RANK, Otto, *Le Mythe de la naissance du héros* [1909], trad. de l'allemand par E. Klein, Paris, Payot, 2000.
REICH, Wilhelm, *L'Analyse caractérielle*, trad. de l'allemand par P. Kamnitzer, Paris, Payot, 1992.
— *La Fonction de l'orgasme* [1927], trad. de l'anglais revue et corrigée par l'auteur, Paris, L'Arche, 1997.
REIK, Theodor, *Écrits sur la musique*, trad. de l'américain par C. Davenet, Paris, Les Belles Lettres, 1984.

RIVIERE, Joan, « Womanliness as a mascarade », *International Journal of Psychoanalysis*, X, 1929, p. 303-313 (trad. de l'anglais par V. Smirnoff sous le titre « La féminité en tant que mascarade », *La Psychanalyse*, nº 7, p. 257-270.

ROSOLATO, Guy, « L'écoute musicale comme méditation », *Psychiatries*, nº 47-48, 1981 ; repris *in* J. et A. Caïn (sous la dir.), *Psychanalyse et Musique*, Paris, Les Belles Lettres, 1985.

ROUGEMONT, Denis de, *L'Amour en Occident* [1939], Paris, Bourgois, coll. « 10/18 », 2001.

SADE D. A. F. de, *Les 120 journées de Sodome* [1785], *Œuvres I*, Paris, Gallimard, coll. « Bibliothèque de la Pléiade », 1990.

SAFOUAN, Moustapha, *La Sexualité féminine dans la doctrine freudienne*, Paris, Seuil, 1976.

SCHAEFFER, Jacqueline, « Horror feminae », *Bulletin de la Société psychanalytique de Paris*, nº 28, 1993, p. 91-97.

SOLER, Colette, *Ce que Lacan disait des femmes*, Paris, Éditions du Champ lacanien, 2003.

STENDHAL, *Chroniques italiennes* [1837-1839], Paris, Gallimard, 2009.

TAROT, Camille, « Don et grâce, une famille à recomposer », *Revue du Mauss*, nº 32, 2008, p. 469-494.

TOLSTOÏ, Léon, *Le Bonheur conjugal* [1859], Paris, Gallimard, 1974.

TURNER, George, *Samoa. A Hundred Years Ago and Long Before* [1884], Suva, University of the South Pacific, 1989.

VAN GULIK, Robert, *La Vie sexuelle dans la Chine ancienne*, Paris, Gallimard, 1971.

WEINER, Annette, *Women of Value, Men of Renown*, Austin, Texas, 1976 ; trad. de l'américain par R. Sabban et D. Van de Velde sous le titre *La Richesse des femmes ou Comment l'esprit vient aux femmes*, Paris, Seuil, 1983.

WITTIG, Monique, *Le Corps lesbien*, Paris, Minuit, 1973.

ZUMBIEHL, F., *Des taureaux dans la tête. Dominguin, Vazquez, Ordoñez, Paco Camino, El Viti et El Cordobés par eux-mêmes*, Paris, Autrement, 1987.

ZWEIG, Stephan, *Amok* [1922], Paris, Stock, 1990.

Index

Table

N° d'édition : L.01EHQN000685.N001
Dépôt légal : février 2013
Imprimé en Espagne par Novoprint (Barcelone)